KB212909

붓다 가이드

소태산의 견성 · 성불 안내서

최정풍 교무 엮고 씀

도서출판
마음공부

붓다 가이드

소태산의 견성·성불 안내서

가이드 소태산과 함께

이 책은 원불교 교조인 원각성존 소태산 박중빈 대종사(이하 '소태산')의 가르침 가운데서 견성과 성불에 관련된 주요 내용을 경전 원문 중심으로 소개하는 목적으로 쓰여졌다.

첫째로는 소태산을 교조로 모시고 원불교 신앙 수행을 하는 원불교 교도 분들에게 견성 성불에 관한 원불교 경전의 주요 내용들을 소개하고자 했고, 둘째로는 필자가 관여하고 있는 '소태산 마음학교'의 학습프로그램용 교재로 사용하고자 했으며, 셋째로는 견성과 깨달음 그리고 부처의 인격을 배우고 이루려는 일반인 또는 타종교인들에게 소태산의 가르침을 전달하기 위한 목적으로 내용을 구성하고자 했다.

따라서 이 책의 내용은 이미 원불교 경전들의 내용을 잘 파악하고 있는 원불교 교도들에게는 싱거운 내용이 될 수 있고, 일반인들에게는 낯선 표현들이 그대로 인용된 이해하기 어려운 내용이 될 수도 있는 단점이 있다. 하지만 이미 원불교에 입문해서 여섯 단계의 '법위등급'을 표준해서 마음공부에 매진하고 있는 교도들에게도 관련 주제를 중심으로 구성한 내용들은 공부의 보조교재가 될 수도 있겠다는 작은 기대를 품고 책을 만들었다. 주로 소태산의 법문 중심으로 내용을 구성했지만 소태산의 친견 수제자인 정산 송규 종사와 대산 김대거 종사의 법문도 일부분 인용했으니 법위향상을 위한 노력에 작은 도움이 되면 좋겠다.

한편, 원불교교도가 아닌 일반인들에게는 어렵고 낯선 내용이 될 수도 있겠으나 소태산의 가르침이 갖는 대중성과 탁월성을 감안한다면 멀게만 느껴지던 견성, 깨달음, 수행, 성불(부처되기)등에 관한 이해를 돕는 데 도움이 되리라 믿는다. 특히 일상생활 속에서 할 수 있는 마음공부에 초점을 맞춘 소태산의 가르침은 마음의 안식과 깨달음 그리고 자기계발의 갈증을 달래주는 바른 길잡이가 될 수 있을 것이다.

소태산의 사상 전체를 이해하기 위해서는 그가 직접 쓴 『정전』과 그의 제자들이 기록한 소태산의 언행록인 『대종경』 같은 경전들을 정독해야 하고, 원불교 전반을 이해하기 위해서는 관련 경전들을 참고해야만 한다. 따라서 편저자 임의로 발췌 인용한 내용들로 채워진 이 책이 소태산의 본의를 온전히 전달하지 못 할 위험이 있다는 말을 하지 않을 수 없다. 특히, 필자가 덧붙인 글들은 이해를 돕고 독서의 편의를 위한 것이지만 일종의 사족과 같은 것임을 유념해주길 바란다.

끝으로 소태산의 온전한 가르침을 접하고 싶다면 그의 생생한 가르침이 담긴 『원불교 전서』를 일독하길 권한다. 후일에 빠뜨린 내용을 채우고 소태산의 본의를 더욱 잘 드러낼 수 있는 기회를 가질 수 있기를 기대한다. 깨달음과 수행이 부족한 사람이 소태산 스승님의 가르침을 세상에 전하고자 하는 욕심으로 버거운 일을 시작해서 후환이 두려운 결과를 낸 것 같아 마음이 무겁다. 독자 제현께서 가르쳐 주시고 부족한 부분을 채워주시길 고대한다.

오랜 시간 함께 해준 토음디자인 박유성님, 실무적 지원을 아끼지 않은 소태산마음학교 양영인 교무님, 장은서 정토님, 도서출판 마음공부의 박인수님에게 감사의 마음을 전한다.

소태산 마음학교 용산교실에서

원기 107년(서기2022년) 7월 1일 균산 최정풍 교무 합장

이 책은 故 최인오·상인전님 유족의 후원으로 출판했습니다. 감사합니다.

일러두기

· 『정전正典』 『대종경大宗經』 등 원불교 경전의 법문들은 원불교 공식 홈페이지 (https://won.or.kr/) '경전법문집' 콘텐츠를 주로 인용했다.

· 『정전正典』은 소태산少太山 박중빈朴重彬 대종사大宗師가 직접 저술한 경전이고 『대종경大宗經』은 소태산의 법문을 제자들이 편술한 원불교의 대표 교서이다.

· 『정산종사법어』는 정산鼎山 송규宋奎 종사宗師, 『대산종사법어』는 대산大山 김대거金大擧 종사宗師의 법문집으로서 원불교 교서이다.

· 『대종경』 법문 인용시 '대종사 말씀하시기를' 이라는 서두와 『정산종사법어』 법문의 서두 '말씀하시기를' 『대산종사법어』 법문의 서두 '대산종사 말씀하시기를' 부분은 생략했다.

· 대부분의 경우 호칭에서 존칭을 생략했다. 예를 들어 '석가모니 부처님' 은 대개 '석가모니부처' 나 '석가모니불' 또는 '석가모니' 로, '소태산 대종사' 나 '원각성존 소태산 대종사' 는 '소태산' 으로 간략히 표기했다. '정산 종사' 나 '대산 종사' 의 경우도 대부분 법호인 '정산' 과 '대산' 으로만 표기했다.

· 원불교 용어의 경우 원불교 홈페이지 '원불교대사전' 내용을, 일반 용어는 '네이버 사전 검색' 의 '표준국어대사전' 내용을 활용했다.

목차

머리말 4

I 소태산 少太山 10

1 소태산은 누구인가? 12

2 부처는 누구인가? 16

3 소태산의 견성과 성불 47

II 견성 見性 62

1 견성이란? 64

2 견성을 왜 해야 하나? 79

3 견성 인가는 누가 어떻게 하나? 91

4 나는 견성을 했나? 105

【견성 자문자답】 117

5 견성은 어떻게 하나? 122

III 성불 成佛 168
1 견성에서 성불로 170
2 부처의 능력과 대자대비 186
3 나는 얼마나 부처인가 210
【성불 자문자답】 217
·보통급 자문자답 219
·특신급 자문자답 239
·법마상전급 자문자답 253
·법강항마위 자문자답 280
·출가위 자문자답 291
·대각여래위 자문자답 300

4 성불의 두 가지 큰 길 313
·인생의 요도와 공부의 요도 314
·은혜의 길 – 지은보은 – 사은 사요 321
·마음의 길 – 마음공부 – 삼학 팔조 336
·소태산의 꿈 347

IV 소태산이 답하다 352

V 참고 자료 370

I

소태산 少太山

1. 소태산은 누구인가?
2. 부처는 누구인가?
3. 소태산의 견성과 성불

1. 소태산은 누구인가

대종사
대각을 이루신 후
모든 종교의 경전을 두루 열람하시다가
금강경金剛經을 보시고 말씀하시기를
[서가모니 불釋迦牟尼佛은 진실로 성인들 중의 성인이라] 하시고,

또 말씀하시기를
[내가 스승의 지도 없이 도를 얻었으나
발심한 동기로부터 도 얻은 경로를 돌아본다면
과거 부처님의 행적과 말씀에 부합되는 바 많으므로
나의 연원淵源을 부처님에게 정하노라] 하시고,

[장차 회상會上을 열 때에도
불법으로 주체를 삼아
완전무결한 큰 회상을 이 세상에 건설하리라.]
하시니라.

『대종경』 서품 2장

소태산

'소태산' 少太山은 원불교의 교조 박중빈朴重彬의 법호法號이다. '대종사' 大宗師는 원불교 교단의 존호이다. 원불교 교단적으로 '원각성존圓覺聖尊' 이란 존호를 앞에 붙이기도 한다. '원각성존 소태산 박중빈 대종사' 같은 식이다. 이 책에서는 '소태산' 이란 법호만 쓰기로 한다. 【참고-1】

불교와 무관한 깨달음

소태산은 7세 소년 시절부터 구도를 시작해서 25세 되던 때에 큰 깨달음을 얻었다. 흔히 '대각' 大覺이라고 한다. 특이한 점은 소태산의 대각에 별다른 종교적 배경이 없다는 점이다. 대각을 하고 난 뒤에 다른 종교의 경전들을 보면서 자신의 깨달음과 대조를 했다. 불교는 그런 과정에서 만나게 되었고 그 매개는 『금강경』이었다. 소태산이 꿈속에서 그 제목을 얻었다는 일화도 전해진다. 특정 종교에 입문을 하고 스승을 만나서 지도를 받아 깨달음에 이르는 과정을 거치지 않고 홀로 갖은 고생을 하면서 대각에 이른 점이 특이하다. 불교와의 관계를 파악하는 데 참고할 대목이다.

그러나 불교에 맥을 대다

서세동점의 도도한 흐름에 대한 동학혁명의 거센 저항이 한창이던 조선시대의 끝자락 즈음에 전라남도 영광의 궁촌벽지에서 태어나고 자란 소태산은 20년간 자수자각自修自覺했다. 어떤 종교에도 귀의하지 못하고 어떤 스승도 구하지 못한 채 구도하고 깨달음을 얻었다. 대승불교의 대표경전인 『금강경』을 읽은 것도 그의 대각 이후의 일이고 유교나 기독교 등 여러 종교의 경전을 읽은 것도 마찬가지였다.

소태산은 자신이 깨달은 바와 옛 성현들의 깨달음을 대조하면서 큰 틀에서 그 깨달음들이 서로 다르지 않음을 알게 된다. 그 가운데서도 석가모니부처의 깨달음과 가르침에 더 공감하며 자신의 정신적 맥을 석가모니부처에게 대고 자신이 새로운 회상會上

을 펼 때도 불교 사상에 기반할 것을 구상하게 된다. 훗날 원불교의 정체성을 이해하는 데 매우 중요한 역사적 배경이되는 사실들이다.

소태산의 꿈

소태산은 별다른 종교적 배경 없이 대각에 이르렀지만 매우 겸손한 자세로 과거 성현들의 가르침을 그들의 경전으로 접한다. 그리고 그들 모두의 깨달음에 공감한다. 우주의 궁극적 진리를 자신만 깨달은 것이 아님을 알게 된다. 그리고 그는 법맥法脈을 석가모니부처와 불교에 댄다. 소태산은 '불법으로 주체를 삼아 완전 무결한 큰 회상을 이 세상에 건설' 하겠다는 꿈을 꾸고 죽음에 이르기까지 그 꿈의 실현을 위해 초지일관한다.

*소태산에 대해 잘 모르는 분들은 책 뒤쪽 **【참고자료】** 가운데 **【참고-1】** **【참고-2】** **【참고-3】** **【참고-4】**등을 참고하기 바란다.

2. 부처는 누구인가?

한 사람이 여쭙기를

[귀교에서는 어느 부처님을 본사本師로 모시나이까.]

대종사 말씀하시기를

[서가모니불을 본사로 숭배하노라.]

또 여쭙기를

[서가모니불이 본사일진대

법당에 어찌 서가모니 불상을 모시지 아니하고 일원상을 모셨나이까.]

대종사 말씀하시기를

[서가모니 불상이 우리에게 죄 주고 복 주는 증거는

사실적으로 해석하여 가르치기가 어려우나,

일원상은 곧 청정 법신불을 나타낸 바로서

천지·부모·동포가 다 법신불의 화신이요,

법률도 또한 법신불의 주신 바이라

이 천지·부모·동포·법률이 우리에게 죄 주고 복 주는 증거는

얼마든지 해석하여 가르칠 수가 있으므로

일원상을 신앙의 대상으로 모신 것이니라.]

『대종경』 교의품 9장

이 책은 견성과 성불에 관한 소태산의 가르침을 소개하는 데 그 목적이 있다. '성불' 成佛이란 '부처를 이룬다' 는 말인데 '이룬다' 는 과정으로 진입하기에 앞서서 '부처' 의 의미에 대해서 살펴볼 필요가 있다. '부처' 라는 말의 쓰임새가 매우 다양해서 그 의미에 대해 먼저 살펴두지 않으면 의미 전달에 상당한 오해가 발생하기 쉽기 때문이다.

석가모니
부처

'성불'成佛이란 '부처를 이룬다.'는 말이다. 그러면 '부처'는 누구인가, 또는 무엇을 의미하는 것일까? 사전적 의미로는 '깨달은 자覺者. 불타佛陀, buddha·불타佛馱부타浮陀 등으로 음역한다. 한자로는 불타 또는 줄여서 불佛이라고 한다. 의미상으로는 각자覺者·지자知者·각覺의 뜻이므로, 붓다인 석가모니불 곧 석존釋尊이나 모든 부처를 가리킨다.'

『원불교대사전』

쉽게 말해서 진리를 깨달은 사람을 이르는 보통 대명사로서의 '부처' 도 있지만, 대개는 'B.C. 6세기경 인도의 카필라국에서 태어나 태자의 지위를 버리고 출가한 뒤 6년의 수행을 거쳐 일체의 번뇌를 끊고 무상無上의 진리를 깨달아 중생을 교화했던 석가모니' 『원불교대사전』를 이르는 고유 대명사로서의 부처를 의미한다. 수 천 년이 지났어도 현대인들이 흔히 일컫는 '부처님' 은 거의 대부분 '석가모니 부처' 를 의미한다고 볼 수 있다.

이 책에서 '부처' '붓다' 라는 말을 자주 쓰는 이유는 '부처님' 이란 말이 인간의 몸으로 깨달음을 얻었던 약2500년 전의 '석가모니' 를 떠올리게 하기 때문이다. 자칫하면 '부처' 의 다양한 의미에 도달하기 어렵기 때문이다.

삼신불 三身佛

대승불교의 발전에 따라 부처를 법신불法身佛 · 보신불報身佛 · 화신불化身佛의 세 가지로 나눠서 설명하는 삼신불 사상이 나왔다. '법신불은 위의 법신사상이 발전된 것으로 항구불변하는 진리 그 자체로서의 부처를 말한다. 〈화엄경〉華嚴經과〈대일경〉大日經 등에서 주불主佛로 등장하는 비로자나불毘盧遮那佛은 상징적인 법신불이다. 보신불은 한량없는 수행과 정진의 과보로서 주어진 부처를 말하는데, 전생에 법장비구였을 때 48가지의 서원誓願을 세우고 오랜 수행을 통해 부처가 된 아미타불阿彌陀佛은 보신불의 대표적인 예이다. 화신불은 중생의 바람에 응하여 여러 가지로 몸을 변신한 뒤 나타나 그들을 교화하는 부처를 말한다. 『원불교대사전』

부처, 불佛을 법신불·보신불·화신불로 나눠보는 삼신불 사상은 부처에 대한 이해를 돕기는 하나 한편으로는 '부처란 누구이고, 부처란 무엇인가' 라는 의문에 답이 되기보다 의문을 더하기도 한다. 특히 초입자에게는 불교는 어렵다는 생각을 하게 할 수도 있다. 하지만 깨달음을 중심에 둔 불교에서 '부처란 무엇인가' 라는 질문은 일종의 화두, 의두와 같아야 함을 유념할 필요가 있다. 이 물음에 대한 대답 없이 '부처를 믿는다' 는 것은 맹신에 다름없고, '부처가 된다' 는 수행도 부질없는 노력이 될 수 있기 때문이다. 깨닫고자 하는 수행자들이 기꺼이 고군분투해서 넘어서야 할 관문인 것이다.

법신불 일원상 法身佛 一圓相

소태산은 불교에 바탕한 새로운 회상을 펴고 신앙의 대상을 '법신불 일원상' 으로 했는데, 이를 세분해서 보면 신앙의 내용인 '법신불' 과 신앙의 상징인 '○' 일원상一圓相을 합한 것이라고 볼 수 있다. 시각적으로는 과거의 '불상' 佛像 대신에 '○' 이 되는 것이고, 이를 부르는 호칭은 '일원상' 인 것이고, 그것이 상징하는 내용은 '법신불' 인 것이다.

광전光田이 여쭙기를 [일원상과 인간과의 관계가 어떠하오니까.] 대종사 말씀하시기를 [네가 큰 진리를 물었도다. 우리 회상에서 일원상을 모시는 것은 과거 불가에서 불상을 모시는 것과 같으나, 불상은 부처님의 형체形體를 나타낸 것이요, 일원상은 부처님의 심체心體를 나타낸 것이므로, 형체라 하는 것은 한 인형에 불과한 것이요, 심체라 하는 것은 광대 무량하여 능히 유와 무를 총섭하고 삼세를 관통하였나니, 곧 천지 만물의 본원이며 언어도단의 입정처入定處라, 유가에서는 이를 일러 태극太極 혹은 무극無極이라 하고, 선가에서는 이를 일러 자연 혹은 도라 하고, 불가에서는 이를 일러 청정 법신불이라 하였으나, 원리에 있어서는 모두 같은 바로서 비록 어떠한 방면 어떠한 길을 통한다 할지라도 최후 구경에 들어가서는 다 이 일원의 진리에 돌아가나니, 만일 종교라 이름하여 이러한 진리에 근원을 세운 바가 없다면 그것은 곧 사도邪道라, 그러므로 우리 회상에서는 이 일원상의 진리로써 우리의 현실 생활과 연락시키는 표준을 삼았으며, 또는 신앙과 수행의 두 문을 밝히었나니라.] 『대종경』 교의품 3장

소태산은 법당에 불상을 모시지 않은 이유가 부처를 모시지 않으려는 것이 아니라 부처의 본질을 더 드러내려는 의도임을 설명하고 있다. 불가의 청정 법신불에 맥을 대고 법신불을 심체로 비유하고 있다. 또한 소태산은 법신불을 '심체라 하는 것은 광대 무량하여 능히 유와 무를 총섭하고 삼세를 관통하였나니, 곧 천지 만물의 본원이며 언어도단의 입정처入定處' 라고 압축적으로 설명하고 있다. 더구나 진리에 대한 표현이 유가儒家·불가佛家·선가仙家 마다 다를 뿐이라는 관점을 설하면서 소태산 특유의 원융회통한 교법을 설하고 있다. 단순히 종교간의 현실적 갈등 해소 차원에서 종교간 원융회통을 주장하는 것이 아니라 궁극적 진리에 대한 깨달음의 관점에서 보니 각 종교와 종파가 제도와 방편을 달리했을 뿐이지 그 근본은 같다고 보는 것이다.

화신불이 아니라 법신불을 보아야

소태산의 언행록인 『대종경』大宗經에는 삼신불에 대한 내용보다는 법신불에 대한 내용이 훨씬 많다. 그가 신앙의 대상으로 삼은 것이 바로 법신불이기 때문일 것이다. 다음과 같은 법문에서는 화신불化身佛이 아니라 법신불法身佛을 보아야 진리를 깨닫는 것이라고 강조한다.

> 내가 오랫동안 그대들을 가르쳐 왔으나 마음에 유감되는 바 셋이 있으니, 그 하나는 입으로는 현묘한 진리를 말하나 그 행실과 증득한 것이 진경에 이른 사람이 귀함이요, 둘은 육안으로는 보나 심안心眼으로 보는 사람이 귀함이며, 셋은 화신불은 보았으나 법신불을 확실히 본 사람이 귀함이니라.
>
> 『대종경』 부촉품 11장

정산鼎山이 설한 삼신불

> 학인의 삼신불에 대한 질문에 답하시기를 [법신불은 본연 청정하여 제법이 개공한 부처님의 자성 진체를 이름이요, 보신불은 원만한 영지로써 부처님의 자성에 반조하는 반야의 지혜를 이름이요, 화신불은 천백억 방편으로 중생을 교화하신 부처님의 분별심과 그 색신을 이름이니라.]
>
> 『정산종사법어』 경의편 46장

소태산보다는 소태산의 수제자인 정산鼎山**【참고-6】**이 삼신불에 관한 법문을 많이 남겼다. 이 설명에 의하면 색신으로 표현될 수 있는 부처는 오직 '화신불' 이니, 청정 법신불을 이르는 비로자나불을 불상으로 표현해서 모시는 등의 행위는 교화를 위한 방편이고 사실은 고육지책인 셈이다. 이 법문에 의하면 석가모니불을 원만보신불로 모시는 경우에도 하는 수 없이 그 색신을 형상화해서 모셨을 뿐이지 보신불 그 자체를 형상화 할 수는 없는 것이다. 더구나 화신불도 특정 인물을 화신불로 모시는 것은 가능한 방편이지만 '천백억 방편으로 중생을 교화하신 부처님의 분별심' 을 형상화하기는 불가능하다. 어쩌면 이런 이유로 인해서 전통적 불가에서는 천불千佛과 같이 많은 불상을 모시기도 하고 오백 나한과 같이 많은 나한상羅漢像을 모시기도 하는 것 같다. 다양한 마음들을 표현하기 위해서.

대산大山이 설한 삼신불

> 법신불 일원상을 내 것으로 삼기 위해서는 성불 제중의 큰 서원을 세워야 할 것인바, 그러기 위해서는 먼저 견성을 해야 하나니 견성은 청정법신불을 보는 것으로 우주만유 삼라만상이 모두 부처임을 아는 것이요, 성불은 원만보신불이 되는 것으로 모든 행동이 다 선禪이 되고 법이 되어 자신 제도를 하는 것이며, 제중은 백억화신불로 화하는 것으로 언제 어디서나 보은 불공으로 타인 제도에 힘쓰는 것이니라.
>
> 『대산종사법어』 교리편 26장

정산의 뒤를 이어 종법사 직을 수행한 대산大山**【참고-7】**은 삼신불에 관해 좀 더 이해하기 쉽게 설명했다. 그는 진리 그 자체를 청정법신불로 설하고 이를 깨닫는 것이 견성이라고 했다. 이 진리를 체받아서 가장 원만하게 부처의 인격을 이룬 경지를 원만보신불이라고 하고, 원만보신불이 되어 중생 제도를 위해 천만 방편으로 노력하는 것을 백억화신불이라고 표현했다. 요컨대, 진리 그 자체인 법신불을 보는 것은 견성見性이고, 견성한 다음에 진리 그대로를 인격화하는 과정은 성불成佛이고, 타인 제도를 하는 것은 제중濟衆이라고 본 것인데 이 세 가지 과정을 삼신불 사상과 연계한 것이다. 이 관점에 의하면 석가모니부처를 대표적인 원만보신불로 숭배하는 것이 타당하다. 진리를 깨달아 성불한 부처님들이 아니면 법신불을 알기도 힘들고 깨닫기도 매우 힘들 것이고 앞서 간 부처님들이 있었기에 후래 제자들이 그들의 마음 씀씀이를 본받아 성불의 길을 갈 수 있으니 원만보신불을 이룬 부처님들의 존재가 매우 소중하지 않을 수 없다.

부처는 신인가?

> 객이 묻기를 [귀교는 무신입니까, 유신입니까.] 답하시기를 [우리는 어디에 따로 계시는 인격적 신은 인정하지 아니하나, 우주를 관통하여 두루 있는 신령한 진리는 이를 인정하나니, 우리의 마음을 단련하여 우주의 그 진리를 이용하며 그 위력을 얻자는 것이 우리의 주장이니라.] 또 묻기를 [귀교는 유심입니까, 유물입니까.] 답하시기를 [물심일여로 보나니, 우주 만유의 본체는 물과 심이 둘이 아닌 동일체이나 운용하는 데 있어서는 심이 체가 되고 물이 용이 되나니라.]
>
> 『정산종사법어』 경의편 40장

정산은 소태산의 법신불 사상을 이해하는 데 매우 중요한 설명을 하고 있다. '우주를 관통하여 두루 있는 신령한 진리' 인 법신불의 진리는 인정하지만 '인격적 신' 은 인정하지 않는다고 단언한다. 또한 유물론이냐 유심론이냐를 묻는 질문엔 '물심일여' 物心一如로 응답하여 진리의 내용을 설명하고 있다. '진리' 라는 말이 쓰이는 사람마다 다를 수 있는 데 소태산이 깨달아 전하고자 하는 진리인 '일원상의 진리' 란 이런 것이라고 부연한 대목이다.

며느리가
산 부처

'부처' 라는 표현이 얼마나 다양하게 쓰이는지를 잘 보여주는 법문이 있다. 이 법문을 깊게 살펴 보면 '부처' 라는 개념에 대한 이해에 큰 도움이 된다.

> 대종사 봉래 정사蓬萊精舍에 계실 때에 하루는 어떤 노인 부부가 지나가다 말하기를, 자기들의 자부子婦가 성질이 불순하여 불효가 막심하므로 실상사實相寺 부처님께 불공이나 올려 볼까 하고 가는 중이라고 하는지라, 대종사 들으시고 말씀하시기를 [그대들이 어찌 등상불에게는 불공할 줄을 알면서 산 부처에게는 불공할 줄을 모르는가.] 그 부부 여쭙기를 [산 부처가 어디 계시나이까.] 대종사 말씀하시기를 [그대들의 집에 있는 자부가 곧 산 부처이니, 그대들에게 효도하고 불효할 직접 권능이 그 사람에게 있는 연고라, 거기에 먼저 공을 드려 봄이 어떠하겠는가.] 그들이 다시 여쭙기를 [어떻게 공을 드리오리까.] 대종사 말씀하시기를 [그대들이 불공할 비용으로 자부의 뜻에 맞을 물건도 사다 주며 자부를 오직 부처님 공경하듯 위해 주어 보라. 그리하면, 그대들의 정성을 따라 불공한 효과가 나타나리라.] 그들이 집에 돌아가 그대로 하였더니, 과연 몇 달 안에 효부가 되는지라 그들이 다시 와서 무수히 감사를 올리거늘, 대종사 옆에 있는 제자들에게 말씀하시기를 [이것이 곧 죄복을 직접 당처에 비는 실지불공實地佛供이니라.]
>
> 『대종경』 교의품 15장

이 법문에는 매우 다양한 '부처' 관련 용어가 등장한다. '실상사 부처님' , '불공' , '등상불' , '산 부처' , '부처님' , '실지불공' 등이다. 노부부가 실상사에 불공을 드리러 가는 데서부터 법문의 이야기가 시작되는데 줄거리는 노부부에게 불효를 하는 며느리를 부처님으로 공경하듯이 위하는 실지불공을 해서 불효하던 며느리가 몇 달 안에 효부가 된다는 내용이다.

소태산은 이 흥미로운 실화를 통해서 몇 가지 중요한 가르침을 전하고 있다. 첫째는 '실상사 부처님' 이라고 하는 '등상불等像佛' 이 진짜 부처인가를 묻고 있다. 둘째, 정말 살아 있는 '산 부처' 는 '실상사 부처님' 이 아니라 불효를 하고 있는 자부가 산 부처라는 사실이다. 셋째, 며느리가 '산 부처' 인 까닭은 '그대들에게 효도하고 불효할 직접 권능이 그 사람에게 있는 연고' 라고 인과의 이치를 동원해서 매우 사실적으로 설명하고 있다. 넷째, '그 직접적 권능' 이 있는 며느리에게 '먼저' 불공을 하라고 한다. 다섯째, 며느리가 비록 불효를 하고 있어도 '부처님 공경하듯 위하여' 주라고 한다. '불공' 의 핵심을 설하고 있다.

이 법문에서 실상사 부처님을 찾아가는 노부부는 '부처' 의 '실상' 을 제대로 알지 못하고 있다. 그래서 불공의 효과에 대해서 반신반의하고 있다. 노부부나 불효를 하는 며느리도 부처에 대한 깨달음이 부족한 상태인 것이다.

오히려 이들을 지켜보며 훈수를 하는 소태산이 부처의 본질을 깨닫고 있는 살아있는 붓다라고 할 수 있다. 이들은 소태산과의 만남으로 인해 새로운 깨달음을 얻었을 터인데 이런 과정이 진정한 교화요 진급의 과정이 아닐까 싶다.

정화신불 正化身佛
편화신불 偏化身佛

앞선 법문에서도 알 수 있듯이 '범부' 와 '중생' 을 어떤 때는 '부처' 로 부르기도 한다. '불효가 막심한 자부' 를 '산 부처' 라고 하니까 말이다. 이를 어떻게 봐야 할까.

> 법신불이라 함은 곧 만법의 근원인 진리불을 이름이요, 보신불과 화신불은 그 진리에서 화현한 경로를 이름인 바, 화신불 가운데에는 진리 그대로 화현한 정화신불이 있고 또는 진리 그대로 받지 못한 편화신불이 있으니, 정화신불은 곧 제불 제성을 이름이요 편화신불은 곧 일체 중생을 이름인 바, 비록 지금은 중생이나 불성만은 다 같이 갊아 있으므로 편화신불이라 하나

니라. 그러므로, 우리의 마음이 청정하고 바른 때에는 곧 내가 정화신불이 요 삿되고 어두울 때에는 편화신불임을 알아야 할 것이니라.

『정산종사법어』 원리편 5장

보신불과 화신불에 관한 설명이 경우에 따라 다르게 되기도 하는데 여기서는 제불 제성이나 범부 중생이나 모두 불성이 갊아 있으므로 모두를 '부처' 로 보되 '진리 그대로 화현한 정화신불正化身佛' 과 '진리 그대로 받지 못한 편화신불偏化身佛' 로 나눠보고 있다. 정화신불은 성불의 과정을 거쳐서 부처의 인격을 이룬 사람들을 이름하는 것이고 편화신불은 아직 성불의 수행을 해서 부처의 인격을 이뤄야 할 사람들이라고 보면 되겠다.

또한 정산은 모든 사람을 '불성' 이 갊아 있는 '부처' 로 보아서 각자의 마음이 '청정하고 바른때' 를 정화신불로, 각자의 마음이 '삿되고 어두울때' 를 편화신불이라고 해서 부처를 이루기 힘들다는 생각에서 벗어나 누구나 마음공부로 정화신불이 될 수 있다는 희망의 소식을 전하고 있다.

처처불상 處處佛像 사사불공 事事佛供

소태산은 자신이 강조하고픈 교리를 표어로 압축적으로 표현하기를 좋아했다. '물질이 개벽되니 정신을 개벽하자' 는 '개교표어' 가 대표적이다. 여기에 더해 교리 전체를 몇 가지 표어로 만들었다.

처처불상處處佛像 사사불공事事佛供

무시선無時禪 무처선無處禪

동정일여動靜一如 영육쌍전靈肉雙全

불법시생활佛法是生活 생활시불법生活是佛法 『정전』

이 표어만 봐도 소태산이 지향하는 불교의 방향을 알 수 있다. '처처불상 사사불공'에서는 법당 안에 모셔진 등상불이 부처가 아니라 우주만유 모두가 부처라는 사상과 그들을 위한 행위가 진정한 불공이라는 소태산의 신앙관이 잘 표현되고 있다. '무시선 무처선' 을 통해서는 선이나 수행, 마음공부를 하는데 특정한 시간과 장소에 국집하거나 제한을 받아서는 안된다는 소태산의 수행관이 잘 나타나고 있다. '동정일여 영육쌍전' 에서는 일과 공부가 둘이 아니어야 하고 수도와 생활이 둘이 아닌 '산 종교' 를 지향해야 한다는 소태산의 종교관이 잘 드러나고 있다. '불법시생활 생활시불법' 에서는 불교가 실생활에 도움을 주어야 하고 생활 속에서 불교의 신앙과 수행을 해야 한다는 소태산의 불교관을 잘 보여주고 있다.

특히 '처처불상 사사불공' 의 가르침은 대중들이 흔히 생각하는 '부처' 의 개념으로는 진정한 신앙에 이를 수 없다는 것을 깨닫게 하고 있다. 신앙심 고취를 위해서 법당에 불상을 모시고 그 앞에서 향과 초, 음식 등을 바치며 불공을 하지만 그런 행위들이 진리에 부합하는 것인지, 석가모니부처의 본의인지를 성찰하게 한다.

소태산의 '처처불상 사사불공' 가르침을 이해하지 못하면 소태산이 '불상' 대신에 '법신불 일원상' 을 신앙의 대상 또는 상징으로 모시고 과거 불교의 여러 가지 제도들을 왜 혁신하려고 했는지 이해할 수 없다. '물질이 개벽되니 정신을 개벽하자' 라는 개교표어를 제외하고는 아마도 이 교리 표어가 소태산 사상의 핵심을 가장 잘 표현한 것이라고 생각한다. '견성' 이란 것과 '부처' 를 발견한다는 것은 말은 다르지만 내용은 같을 수 있다. 부처를 언제 어디서 찾을 수 있고 불공을 언제 어디서 어떻게 할 수 있는지를 알려면 견성을 해야 하고 그래야 언제 어디서나 부처를 볼 수 있고 언제 어디서나 부처를 위한 불공을 해서 모두가 행복한 세상을 살 수 있다. 견성을 해야 처처불상이 가능하고 사사불공을 하는 과정이 곧 성불의 과정이다.

천지 만물 허공 법계가 다 부처

또 여쭙기를

[일원상의 신앙은 어떻게 하나이까.]

대종사 말씀하시기를

[일원상을 신앙의 대상으로 하고 그 진리를 믿어 복락을 구하나니,

일원상의 내역을 말하자면 곧 사은이요,

사은의 내역을 말하자면 곧 우주 만유로서

천지 만물 허공 법계가 다 부처 아님이 없나니,

우리는 어느 때 어느 곳이든지 항상 경외심을 놓지 말고

존엄하신 부처님을 대하는 청정한 마음과 경건한 태도로

천만 사물에 응할 것이며,

천만 사물의 당처에 직접 불공하기를 힘써서 현실적으로 복락을

장만할지니, 이를 몰아 말하자면

편협한 신앙을 돌려 원만한 신앙을 만들며,

미신적 신앙을 돌려 사실적 신앙을 하게 한 것이니라.]

『대종경』 교의품 4장

이 법문에서는 '처처불상' 處處佛像의 소식을 '천지 만물 허공 법계가 다 부처 아님이 없나니' 라고 설명하고, '사사불공' 事事佛供의 소식은 '어느 때 어느 곳이든지 항상 경외심을 놓지 말고 존엄하신 부처님을 대하는 청정한 마음과 경건한 태도로 천만 사물에 응할 것' 이라고 부연하고 있다. 또한 '처처불상' 은 '원만한 신앙' 으로 '사사불공' 은 '사실적 신앙' 으로 개념화해서 설명하고 있다. 다음 법문에서는 '사실적 신앙' 을 '사실적 권능' 과 연관해서 풀이하고 있다

사실적 권능이 있어야 부처

공부하는 사람들이 현묘한 진리를 깨치려 하는 것은 그 진리를 실생활에 활용하고자 함이니 만일 활용하지 못하고 그대로 둔다면 이는 쓸 데 없는 일이라, 이제 법신불 일원상을 실생활에 부합시켜 말해 주리라. 첫째는 일원상을 대할 때마다 견성 성불하는 화두話頭를 삼을 것이요, 둘째는 일상 생활에 일원상과 같이 원만하게 수행하여 나아가는 표본을 삼을 것이며, 세째는 이 우주 만유 전체가 죄복을 직접 내려주는 사실적 권능이 있는 것을 알아서 진리적으로 믿어 나아가는 대상을 삼을 것이니, 이러한 진리를 아는 사람은 일원상을 대할 때마다 마치 부모의 사진 같이 숭배될 것이니라.

『대종경』 교의품 8장

그저 관념적으로 우주만유가 모두 소중한 존재여서 부처로 모시자고 하는 것이 아니라 '우주 만유 전체가 죄복을 직접 내려주는 사실적 권능이 있는 것' 을 안다면 '진리적으로 믿어 나아가는 대상' 으로 삼아야 하지 않겠느냐고 매우 사실적으로 인과의 이치에 맞게 처처불상의 소식을 설명하고 있다.

이 내용을 실생활에 적용한 사례가 앞에서 살펴보았던 『대종경』「교의품」15장 '실상사 부처님께 불공하러 가는 노부부' 의 법문이다. 노부부에게 효를 하거나 불효를 하는 사실적 권능을 가진 주체가 며느리이니 며느리에게 먼저 불공을 하라는 설명을 통해서 '사실적 신앙' 이 '실지불공' 으로 연결되는 좋은 예를 보여주고 있다. 실생활과 신앙이 유리되고 그 신앙조차 형식적 신앙에 물들어 진정한 신앙의 공덕을 얻기 어려워진 오래된 신앙 전통에 일대 변화를 가져오는 신앙의 개벽을 설하고 있다.

은혜와 부처

기존의 신앙적 통념으로는 '처처불상 사사불공' 을 받아들이기가 쉽지 않을 수 있다. 어쩌면 유일무이한 '하나의 부처' 에서 '우주만물이 모두 부처' 인 세계로 인식의 지평이 넓어져야 하기 때문이다. 그야말로 '견성' 이나 폭넓은 깨달음을 얻지 않고는 도달하기 힘든 경지이다. 이런 인식의 확장 내지 깨달음의 확장을 위해서 소태산이 시도한 것들 가운데 대표적인 것이 신앙의 대상을 '법신불 일원상' 으로 과감히 교체한 것이다. 앞서 설명한 바와 같이 '부처' 의 개념을 '법신불' 로 정의하고 그 시각적 상징물을 'ㅇ' 으로 표현했다.

그런데 소태산은 여기서 한 걸음 더 나아가 '부처', '법신불' 과 같은 불교적 개념을 '은혜', '은' 恩이란 유가적 또는 탈종교적 용어와 호환하면서 개념의 확장을 시도한다. 아마도 '부처' 라는 개념만으로는 가정·사회·국가·세계라는 인간 사회에 대한 구세 경륜을 구조화하기 어렵다고 느낀 것 아닌가 추측된다. 소태산이 꿈 꾼 이상 사회인 '광대무량한 낙원' 이나 '참 문명 세계' 를 디자인하기 위해서는 다른 종교에 비해서 개인적 깨달음에 비중을 둔 불교보다는 사회적 윤리 체계에 천착한 유교적 교리체계에서 도움을 받고자 했던 것은 아닌가 싶다. 소태산이 핵심 교리로 내세운 '은' 恩의 개념이 과연 유가에서 유래한 것이라고 한정해야 할지는 단언하기 힘들다. 필자의 지식과 연구가 부족하기 때문이다. 향후 연구가 필요한 대목이다.

분명한 것은 소태산이 교리 체계를 세우면서 '신앙문' 과 '수행문' 으로 두 축을 삼아 '인과보응의 신앙문' 因果報應 信仰門과 '진공묘유의 수행문' 眞空妙有 修行門으로 표현하여 불교의 핵심 교리를 그대로 사용하고 수행의 강령도 불교의 '삼학' 三學을 계승했지만, 신앙의 강령은 '사은' 四恩이라는 새로운 개념을 사용했다는 점이다. 대승불교에서 '부모은' 을 비롯해 '은혜' 에 관한 교리가 비중 있게 등장하지만 '4제諦 12인연因緣 8정도正道' 로 이뤄진 기본 교리에서는 '은' 의 개념을 직접적으로 찾아볼 수 없는 점을 고려하면 소태산이 신앙의 강령으로 삼은 '천지은·부모은·동포은·법률은' 의 '사은' 교리는 기존의 불교적 관점에서 보자면 매우 독특한 부분이다.

『정전』「교리도」에는 '인과보응의 신앙문' 바로 옆에 '지은보은'知恩報恩이라는 「사대강령」중 한 강령이 등장하고 '처처불상 사사불공'의 표어 내용 위에는 '보은즉 불공'報恩卽佛供이란 매우 의미심장한 교리 표현이 등장하는 것만 봐도 그 비중을 가늠할 수 있다.

없어서는 살지 못할 관계

> 우리가 천지에서 입은 은혜를 가장 쉽게 알고자 할진대 먼저 마땅히 천지가 없어도 이 존재를 보전하여 살 수 있을 것인가 하고 생각해 볼 것이니, 그런다면 아무리 천치天痴요 하우자下愚者라도 천지 없어서는 살지 못할 것을 다 인증할 것이다. 없어서는 살지 못할 관계가 있다면 그 같이 큰 은혜가 또 어디 있으리요.
>
> 『정전』 천지은 중에서

천지은 만이 아니라 부모은·동포은·법률은에서도 같은 설명을 하고 있다.

> 부모가 아니면 이 몸을 나타내지 못하고 장양되지 못한다면 그 같이 큰 은혜가 또 어디 있으리요.
>
> 『정전』 부모은 중에서

> 만일, 동포의 도움이 없이, 동포의 의지가 없이, 동포의 공급이 없이는 살 수 없다면 그 같이 큰 은혜가 또 어디 있으리요.
>
> 『정전』 동포은 중에서

> 법률이 없고도 안녕 질서를 유지하고 살 수 있겠는가 생각해 볼 것이니, 그런다면 누구나 살 수 없다는 것은 다 인증할 것이다. 없어서는 살 수 없다면 그 같이 큰 은혜가 또 어디 있으리요.
>
> 『정전』 법률은 중에서

소태산이 말한 '은혜' 는 '없어서는 살지 못할 관계' 를 핵심 속성으로 갖고 있다. 불교의 연기론緣起論, 인과론과 맥락을 같이 하고 있다. '부처' 란 우리 삶과 동떨어진 그 어떤 관념적 존재가 아니라 실제로, 사실적으로 영향을 주고 받는 '사실적 권능' 이 있는 존재여야 하고 서로가 서로에게 '없어서는 살지 못할' 은혜의 관계여야 한다. 그래서 소태산은 '일원상' 이 곧 '법신불' 이고 법신불은 '사은' (천지은·부모은·동포은·법률은), '은혜' 이고 '우주 만물 허공 법계' 모두가 '죄주고 복주는 사실적 권능' 을 가진 존재로 시 '부처' 라고 한 것이다.

연원불 淵源佛

소태산은 석가모니부처를 연원불淵源佛로 모신다. '연원' 이란 '사물의 근원' 을 의미한다. 마치 큰 강물을 거슬러 올라가면 맑은 물이 솟아나는 샘물을 만나게 되는 것과 같다. 소태산은 2500여년 전의 석가모니에게 자신의 연원을 댄 것이다. 앞서 『대종경』 서품 2장에서 본 바와 같다. 그 뿐만 아니라 현재 소태산을 교조로 삼고 있는 원불교의 교헌 제4조는 '본교本敎는 석가모니불釋迦牟尼佛을 연원불淵源佛로 한다.' 라고 규정하고 있다. 사상적으로 맥을 대는 것에 그치는 것이 아니라 규범적으로도 연원불임을 명시하고 있다.

법신불 法身佛

소태산은 그가 깨달은 진리를 '법신불 일원상' 으로 이름하고 '일원은 법신불이니 우주만유宇宙萬有의 본원本原이요 제불제성諸佛諸聖의 심인心印이요 일체一切 중생衆生의 본성本性이다.' 『정전』교리도라고 설명한다. 원불교교헌 제3조에서는 '신앙의 대상' 을 '본교本敎는 법신불法身佛 일원상一圓相을 신앙信仰의 대상對像과 수행修行의 표본標本으로 한다.' 라고 규정하고 있다.

즉, 소태산은 석가모니부처를 '진실로 성인들 중의 성인이라' 고 칭송을 하고 그를 자신의 연원불로 삼았지만 신앙의 대상으로 삼지는 않았다. 물론 소태산 자신을 신앙의 대상으로 삼지도 않았다. 그 대신 '법신불' 을 신앙의 대상으로 삼도록 했다. 그리고 오랜 역사 동안 불교 사찰마다 모셔온 불상佛像 대신 '법신불' 을 상징하는 '일원상' 一圓相을 '신앙의 대상과 수행의 표본' 으로 숭배하도록 했다.

> 우주 만유는 곧 법신불의 응화신應化身이니, 당하는 곳마다 부처님處處佛像이요, 일일이 불공 법事事佛供이라,
>
> 『정전』 불공하는 법 중에서

이 법문에서는 우주만유를 부처로 보고 법신불과 화신불도 하나임을 밝히고 있다. 이런 관점에서 보면 소태산의 처처불상·사사불공의 교리는 당연한 귀결이다.

『원불교대사전』에서는 '법신불' 에 대한 풀이를 이렇게 하고 있다. '진리 그 자체로서의 불佛. 싼스끄리뜨 다르마까야붓다Dharma-kāya Buddha의 의역으로, 법·보·화法報化 삼신불 중의 하나. 법불法佛·자성신自性身·법성신法性身·진여신眞如身·여여불如如佛·실불實佛이라고도 한다. 석존이 열반에 들자 불제자들은 영원불멸의 불타를 추모하게 되었는데, 후에 점차 석존이 깨달은 불변의 진리, 곧 진여 그 자체가 불타의 참몸眞身이라 하는 법신불사상이 발달하게 된다. 법신은 원래 이지불이理智不二의 불신을 의미하지만, 삼신설을 확립한 유가행파에서는 이와 지를 나누어 전자를 법신, 후자를 보신이라 하기도 한다. 유가행파에 의하면 진여법신은 언어명상과 사려분별을 넘어선 평등일상으로서, 부증불감하고 불생불멸하며 보편평등한 무한절대의 진여체성인바, 그것은 제불여래의 근본 자성신이며, 나아가 일체법의 소의所依가 될 뿐만 아니라, 보신과 화신 또한 이에 의지한다고 한다.(하략)'

소태산이 모신 법신불 일원상

> 불교는 무상 대도無上大道라 그 진리와 방편이 호대하므로
> 여러 선지식善知識이 이에 근원하여 각종 각파로 분립하고

포교문을 열어 많은 사람을 가르쳐 왔으며,
세계의 모든 종교도 그 근본되는 원리는 본래 하나이나,
교문을 별립하여 오랫동안 제도와 방편을 달리하여 온 만큼
교파들 사이에 서로 융통을 보지 못한 일이 없지 아니하였나니,
이는 다 모든 종교와 종파의 근본 원리를 알지 못하는 소치라
이 어찌 제불 제성의 본의시리요.

그 중에도, 과거의 불교는 그 제도가
출세간出世間 생활하는 승려를 본위하여 조직이 되었는지라,
세간 생활하는 일반 사람에 있어서는 모든 것이 서로 맞지 아니하였으므로,
누구나 불교의 참다운 신자가 되기로 하면
세간 생활에 대한 의무와 책임이며 직업 까지라도 불고하게 되었나니,
이와 같이 되고 보면 아무리 불법이 좋다 할지라도
너른 세상의 많은 생령이 다 불은佛恩을 입기 어려울지라,
이 어찌 원만한 대도라 하리요.

그러므로,
우리는 우주 만유의 본원이요, 제불제성의 심인心印인
법신불 일원상을 신앙의 대상과 수행의 표본으로 모시고,
천지·부모·동포·법률의 사은四恩과 수양·연구·취사의 삼학三學으로써
신앙과 수행의 강령을 정하였으며,
모든 종교의 교지敎旨도 이를 통합 활용하여
광대하고 원만한 종교의 신자가 되자는 것이니라.

『정전』 교법의 총설

소태산은 석가모니부처를 연원불로 모셨으나 석가모니부처를 신앙의 대상으로 삼지는 않고 그가 깨달은 진리를 대상으로 삼고자 했다. 이 진리를 불교적으로 표현하면 '법신불' 또는 '청정 법신불' 이다. 소태산은 똑 같은 진리를 불교적 표현을 넘어서서 '일원' 一圓으로 표현하고, 이 진리를 도형으로도 상징화해서 'O', 일원상一圓相이라고 이름했다. 아마도 불교적 표현의 한계까지도 넘어서서 인류 보편의 상징을 활용해서 불법의 진수를 대중화하려고 한 것 같다.

『정전』「교법의 총설」을 보면 그가 왜 불교를 무상대도라고 칭송을 하면서도 석가모니부처 대신 법신불 일원상을 신앙의 대상으로 삼았는지를 알 수 있다. 소태산은 불교가 무상대도임을 선언하면서 불교에 대한 소회와 자신의 대안을 제시한다. 그동안의 종교계가 종파와 교파로 나뉘면서 서로 다른 제도와 방편을 펼쳐서 중생 제도를 위해 노력했지만 서로 회통하지 못한 것에 대한 무거운 비판을 한다. 특히 불교는 과거와 같은 제도와 방편으로는 '불은' 佛恩을 모든 사람들에게 입히기 힘들다고 지적한다.

'그러므로, 우리는 우주 만유의 본원이요, 제불제성의 심인心印인 법신불 일원상을 신앙의 대상과 수행의 표본으로 모시고, 천지·부모·동포·법률의 사은四恩과 수양·연구·취사의 삼학三學으로써 신앙과 수행의 강령을 정하였으며,' 라는 내용에서 우리는 소태산이 왜 굳이 수천년간 인류에게 익숙해지고 엄청난 교화의 성과를 촉진한 불교의 불상을 신앙의 상징으로 삼지 않고 단출하게 일원상(O)을 모시고자 한 이유를 알 수 있다. 불상을 신앙의 대상이나 상징으로 모시고는 사람들을 우주만유의 본원을 깨우치게 하거나, 제불제성의 심인의 세계로 인도하기 힘들다고 본 것 같다.

더구나 '모든 종교의 교지教旨도 이를 통합 활용하여 광대하고 원만한 종교의 신자가 되자는 것이니라.' 는 내용에서는 소태산이 꿈꾸는 종교가 좁은 의미의 불교의 틀을 벗어나고 있음을 알 수 있다. 모든 종교의 가르침의 핵심을 공유하고 자유롭게 활용하는 '광대하고 원만한 종교' 를 지향하고 있는 것이다. 그리고 세상 사람들이 그렇게 '광대하고 원만한 종교의 신자' 가 되기를 꿈꾸고 있는 것이다. 그러니 그가 깨친 진리를 설명하면서 '우주만유의 본원이요 제불제성의 심인이요 일체중생의 본성' 이라고 한 게 아닐까 싶다. 광대하고 원만한 종교의 신자라면 남녀노소 선악귀천 유무식의 경계를 넘어서야 하고, 내 종교 네 종교의 경계도 초월해야 하고, 결국엔 부질없는 분별을 넘어서는 평등과 자유의 세계를 지향해야 하기 때문이다.

소태산이 왜 불교의 전통을 이어받으면서도 '법신불' 을 더 드러내고 이를 또 다시 '일원' 으로 표현하고, 이를 또 '일원상' 으로 시각화했는지 그 의도를 깊이 살펴볼 필요가 있다. 다음과 같은 법문은 법당에 석가모니 불상을 모시지 않고 법신불 일원상을 모셨는지에 대한 대표적인 문답 내용이다.

> 한 사람이 여쭙기를 [귀교에서는 어느 부처님을 본사本師로 모시나이까.] 대종사 말씀하시기를 [서가모니불을 본사로 숭배하노라.] 또 여쭙기를 [서가모니불이 본사일진대 법당에 어찌 서가모니 불상을 모시지 아니하고 일원상을 모셨나이까.] 대종사 말씀하시기를 **[서가모니 불상이 우리에게 죄 주고 복 주는 증거는 사실적으로 해석하여 가르치기가 어려우나, 일원상은 곧 청정 법신불을 나타낸 바로서** 천지·부모·동포가 다 법신불의 화신化身이요, 법률도 또한 법신불의 주신 바이라 이 천지·부모·동포·법률이 우리에게 죄 주고 복 주는 증거는 얼마든지 해석하여 가르칠 수가 있으므로 일원상을 신앙의 대상으로 모신 것이니라.] 또 여쭙기를 [그러하오면 서가모니 불을 본사로 모신다는 것은 말뿐이요, 특별히 숭배하는 행사는 없지 아니하나이까.] 대종사 말씀하시기를 [비록 법당에 불상을 모시지는 아니하였으나, 일반 신자들에게 부처님을 지극히 존숭하도록 신심을 인도하는 동시에 참다운 숭배는 부처님의 말씀하신 근본 정신을 존중히 받들고 또한 육근을 작용할 때에 그대로 행을 닦아서 부처님의 법통과 사업을 영원히 계승 발전시킴에 있다는 뜻을 역설하는 바인즉, 어찌 불상을 모시고 조석 예불하는 것만을 숭배라 하리요.]
>
> 『대종경』 교의품 9장

법신불 일원상 ‘○’ 신앙하기

[일원상을 신앙의 대상으로 하고
그 진리를 믿어 복락을 구하나니,
일원상의 내역을 말하자면 곧 사은이요,
사은의 내역을 말하자면 곧 우주 만유로서
천지 만물 허공 법계가 다 부처 아님이 없나니,
우리는 어느 때 어느 곳이든지 항상 경외심을 놓지 말고
존엄하신 부처님을 대하는 청정한 마음과 경건한 태도로
천만 사물에 응할 것이며,
천만 사물의 당처에 직접 불공하기를 힘써서
현실적으로 복락을 장만할지니,
이를 몰아 말하자면 편협한 신앙을 돌려 원만한 신앙을 만들며,
미신적 신앙을 돌려 사실적 신앙을 하게 한 것이니라.]

『대종경』 교의품 4장

천지 만물 허공 법계가 다 부처

소태산의 서술 방식을 뒤집어 보면 그의 뜻을 더 쉽게 알 수 있다. 소태산은 이 우주만유가 모두 유일무이한 존귀한 존재라고 말하고 싶은 것이다. 그들이 서로 긴밀하게 ‘없어서는 살지 못하는’ 은혜의 관계로 맺어져 있다고 본 것이다. 그렇기 때문에 모든 존재는 서로가 서로에게 ‘사실적 권능’ 을 갖고 있다고도 본 것이다. 소태산은 이 ‘인과 관계’를 깨달은 것이다. 이를 알려주기 쉽게 하려고 ‘은’恩의 개념을 활용하고 다시 천지은·부모은·동포은·법률은의 사은으로 범주화했다. 이 가르침을 펴려면 등상불보다는 법신불 개념을 활용하는 것이 실용적이고 사실적이라고 본 것 같다. 그리고 이를 시각적

으로 상징화해서 신앙과 수행의 대상으로 삼기 위해서 'ㅇ' (일원상)을 제시한 것이다.

편협한 신앙에서 원만한 신앙으로

우주 만유가 모두 부처이고 모든 존재가 서로에게 복福과 화禍를 줄 수 있는 '사실적 권능' 이 있는 부처인데 이를 모르거나 무시하고 어떤 특정한 존재만을 신앙의 대상으로 삼는 행위는 '편협한 신앙' 인 것이다. 이 편협한 신앙을 극복하고자 소태산이 새로운 신앙체계를 제시한 것이다.

하나의 생명체로 이 세상에 태어나서 한 인간으로 살아가는 모든 과정을 세세하게 들여다보면 참으로 많은 존재들에게 의존하고 빚지고 있음을 알 수 있다. 공기를 마시고 물 한 모금을 마시고 부모님의 보살핌으로 성장하고 선생님들로부터 지식을 얻고 사회의 일원이 되는 과정에서 입은 은혜는 사량으로 계산하기 힘들 정도로 많고 크다.

이 상식적인 사실을 외면하고 특별한 존재를 상정해서 거기에 복락을 구하는 것은 맞지 않다. 나를 둘러싼 모든 존재들이 내게 '없어서는 살지 못할' 유일무이한 존귀한 존재임을 잊지 말아야 한다. 그래야 편협한 신앙에서 벗어나서 '원만한 신앙' 으로 나아갈 수 있다.

미신적 신앙에서 사실적 신앙으로

우물에서 숭늉을 찾는 것은 앞뒤가 맞지 않는 일이다. 원인과 결과가 상응하지 않는, 이치에 맞지 않는 일인 셈이다. 이런 행태를 신앙이라는 영역에서 범할 때 우리는 이런 신앙 행위를 '미신' 迷信이라고 한다. 불상이 상징하는 진정한 의미를 아는 사람들이야 문제가 없겠지만 막연하게 구태의연한 신앙적 관습에 의지해서 불상에 복을 구하는 기복 행위는 대표적인 미신적 신앙행위라고 할 수 있다. 소태산이 거듭해서 강조하는 바는 바로 신앙 행위야 말로 합리적인 인과관계가 적용되어야 한다는 가르침이다. 소태산은 미신적 신앙을 극복하기 위해서 인과의 이치에 철저한 사실적 신앙을 제시했다.

불상 대신 일원상을 모신 이유

위 법문을 보면 그 당시로서는 제자나 일반 대중들이 이해하기 힘들었을 법신불 일원상 숭배를 왜 감행했는지를 추측할 수 있다. '천지 만물 허공 법계' 를 다 부처로 모시려니 부득이 불상 숭배를 하지 않도록 한 것이다. 불상 숭배를 하다 보면 '진리' 그 자체를 신앙하라고 했던 석가모니부처의 가르침과는 달리 자연히 석가모니부처를 향해 복을 비는 행위가 지속될 것임을 걱정했기 때문이다. 편협한 신앙과 미신적 신앙에서 벗어나려니 석가모니 일불一佛 숭배로 빠질 위험을 최소화해야 했던 것이다.

수 천 년 전 석가모니 부처님이 내게 무엇을 해줄 수 있을까?
부와 명예를 줄 수 있을까.
건강과 가정의 행복을 줄 수 있을까.
사업의 성공을 줄 수 있을까
그가 줄 수 있는 것은 따로 있다.
너무 뻔한 것들을
줄 수 없는 존재에게 구하지 말자.
사실적으로 살자.
이런 상식적인 깨달음이 석가모니가
우리에게 주는 소중한 가르침이 아닐까?

항상 경외심을 놓지 말고

석가모니 부처님만 존경스럽다면 그에게만 경외심을 가지면 된다. 하지만 그것은 착각이고 잘못이다. 우주 만유 모두가 존귀한 존재이고 우리에게 복락을 줄 수 있는 '사실적 권능' 이 있는 존재이니 이들 모두에게 경외심을 놓지 말아야 마땅하다. 소태산은 이를 '원만한 신앙' 이라고 했다. 원만한 신앙을 하는 태도는 어떠해야 하는지에 대해서 소태산은 '우리는 어느 때 어느 곳이든지 항상 경외심을 놓지 말라' 고 한다. 우주 만유가 모두 부처라면 우리는 언제 어디서든지 부처를 대하고 있는 셈이니 그 태도가 어떠해야 할지는 자명하다.

청정한 마음과 경건한 태도로

어떤 사람이 신앙을 제대로 하고 있는지를 알려면 그 사람의 태도를 보면 된다. 어떤 마음가짐으로 살아가는지 세상 만물을 어떻게 인식하고 있는지 거기서 비롯되는 삶의 태도는 어떤지를 보면 그 사람의 신앙의 깊이를 알 수 있다. 예컨대, 권력자에게는 굽신거리고 자신에게 이익이 되는 대상에게는 친절하지만 그렇지 않은 경우에는 그와 상반된 태도를 보인다면 그 사람의 신앙을 의심하지 않을 수 있겠는가. 우주만유를 부처로 섬기라는 소태산과 같은 관점으로 살아간다면 언제 어디서나 '경외심' 과 '청정한 마음' 에서 우러나는 '경건한 태도' 가 심신작용으로 나타나지 않을 수 없을 것이다.

권력이 있든 말든
부자든 빈자든 나이가 많든 적든
'청정한 마음'과 '경건한 태도'로 대하는 사람이 있다면
그 사람이 깨달은 사람이고
그 사람이 부처에 가까운 사람일 것이다.

'어느 때 어느 곳이든지 항상 경외심을 놓지 않는' 사람이 있다면
그가 바로 처처불상處處佛像 사사불공事事佛供
무시선無時禪 무처선無處禪을 하는 도인일 것이다.
'천지 만물 허공 법계가 다 부처 아님이 없음'을 깨달은 사람이다.

달을 가리키는 손가락

물론 이와 같은 교설이 가능한 이유는 소태산이 제시한 '일원상' 이 그저 하나의 도형으로서의 'O' 이 아니라 석가모니부처를 비롯한 모든 부처들이 깨달았던 무상의 진리 '법신불' 을 상징하기 때문이다. 불상佛像 숭배의 단점을 보완하고자 법신불 일원상 신앙을 제시했지만 대중들의 의문은 이어진다. 소태산은 이렇게 응답한다.

> 또 여쭙기를 [그러하오면 도형圖形으로 그려진 저 일원상 자체에 그러한 진리와 위력과 공부법이 그대로 갊아 있다는 것이오니까.] 대종사 말씀하시기를 [**저 원상은 참 일원을 알리기 위한 한 표본이라**, 비하건대 손가락으로 달을 가리킴에 손가락이 참 달은 아닌 것과 같나니라. 그런즉 공부하는 사람은 마땅히 저 표본의 일원상으로 인하여 참 일원을 발견하여야 할 것이며, 일원의 참된 성품을 지키고, 일원의 원만한 마음을 실행하여야 일원상의 진리와 우리의 생활이 완전히 합치되리라.]
>
> 『대종경』 교의품 6장

소태산이 뼈대를 잡은 교리를 제자들과 체계적으로 정립하면서 '법신불' 을 'O' , '일원상' 으로 표현하고 교리 구성도 '일원상의 진리' , '일원상의 신앙' , '일원상의 수행' , '일원상 서원문' , '일원상 법어' 등으로 기술한 것만 봐도 그가 법신불 일원상 중심의 신앙 수행 체계를 세우는 데 상당한 공을 들였음을 알 수 있다. 비록 '일원상'

이 '달을 가리키는 손가락' 과 같이 진리에 이르기 위한 방편이고, '일원은 언어도단言語道斷의 입정처入定處' 라고 서술했듯이 언어로도 설명하기 어려운 방편임을 너무나 잘 알고 있었다.

하지만 달을 가리키는 손가락이 있어야 달을 쉽게 발견할 수 있는 것 또한 사실이니, 인간의 언어로 표현하기 벅찬 진리의 실상을 인간의 언어로 표현해서 아직 깨닫지 못한 이들을 깨달음의 세계로 안내해야 하는 것 또한 먼저 진리를 깨달은 자, 붓다, 부처의 의무가 아니겠는가. 다음 법문은 언어도단의 진리를 언어로 담아내야 하는 깨달은 자의 고민이 엿보이는 대목이다.

> 근래에 왕왕이 성리를 다루는 사람들이 말 없는 것으로만 해결을 지으려고 하는 수가 많으나 그것이 큰 병이라, 참으로 아는 사람은 그 자리가 원래 두미頭尾가 없는 자리지마는 두미를 분명하게 갈라낼 줄도 알고, 언어도言語道가 끊어진 자리지마는 능히 언어로 형언할 줄도 아나니, 참으로 아는 사람은 아무렇게 하더라도 아는 것이 나오고, 모르는 사람은 아무렇게 하여도 모르는 것이 나오나니라. 그러나, 또한 말 있는 것만으로 능사能事를 삼을 것도 아니니 불조佛祖들의 천경 만론은 마치 저 달을 가리키는 손가락과 같나니라.
>
> 『대종경』 성리품 25장

소태산은 그가 깨달은 진리의 표현을 사람의 언어, 불교적 전통의 언어로 '법신불' 로 표현했고, 여기서 한 걸음 더 나아가서 문자 언어가 아닌 도형으로까지 표현했으니 그것이 '일원상' 'O' 이다.

> 달을 가리키는 손가락이 없다면
> 몇 사람이나 달을 볼 것인가?
> 손가락의 고마움을 알아야 한다.
> 달을 잘 보려면 손가락부터 잘 보아야 한다.

그냥 고개를 들어서 보면 된다지만
달을 가리키는 손가락의 은혜를 무겁게 알아야 한다.

우리 집 부처

'불상' 또는 '부처'에 관한 소태산의 이런 관점을 이해해야 교단 초기에 익산 총부를 찾아온 일본인 시찰단의 다음과 같은 어리석은 질문을 반복하지 않을 수 있다.

> 대종사 조실에 계시더니, 때마침 시찰단 일행이 와서 인사하고 여쭙기를 [귀교의 부처님은 어디에 봉안하였나이까.] 대종사 말씀하시기를 [우리 집 부처님은 방금 밖에 나가 있으니 보시려거든 잠간 기다리라.] 일행이 말씀의 뜻을 알지 못하여 의아하게 여기더니, 조금 후 점심 때가 되매 산업부원 일동이 농구를 메고 들에서 돌아오거늘 대종사 그들을 가리키시며 말씀하시기를 [저들이 다 우리 집 부처니라.] 그 사람들이 더욱 그 뜻을 알지 못하니라.
>
> 『대종경』 성리품 29장

석가모니불의 형상을 모시지 않고 법신불 일원상만을 법당에 모신 것은 이처럼 농사짓고 노동하는 세상의 보통 사람들을 '우리 집 부처'로 모시려는 대자대비의 방편인 셈이다. 소태산의 이런 관점은 '처처불상 사사불공' 處處佛像 事事佛供, '무시선 무처선' 無時禪 無處禪, '동정일여 영육쌍전' 動靜一如 靈肉雙全, '불법시생활 생활시불법' 佛法是生活 生活是佛法과 같은 새로운 교리를 탄생시키고 과거 불교와 달리 시대화·생활화·대중화된 혁신된 체제의 새로운 불교의 탄생으로 전개된다. 다음 법문을 참고하면 법신불 일원상과 석가모니불의 관계를 일목요연하게 파악할 수 있다.

> 또 여쭙기를 [일원상과 서가모니 불과의 관계는 어떠하오니까.] 대종사 말

씀하시기를 [일원은 곧 모든 진리의 근원이요, 서가모니 불은 이 진리를 깨치사 우리에게 가르쳐 주신 스승님이시니, 비록 이 세상에 아무리 좋은 진리가 있다 할지라도 그를 발견하여 가르쳐 주시는 분이 없다면 그 진리가 우리에게 활용되지 못할 것이요, 비록 서가모니 불이 이 세상에 나오셨다 할지라도 이 세상에 일원상의 진리가 없었다면 서가모니 불이 되실 수도 없고, 또는 사십 구년 동안 설법하실 자료도 없었을지라, 그러므로 우리는 법신불 일원상을 진리의 상징으로 하고 서가모니 불을 본사로 하여 법신 여래法身如來와 색신 여래色身如來를 같이 숭배하노라. 그러나, 이것은 **일원상과 서가모니 불을 구별하여 보는 자리에서 하는 말이요 만일 구별 없는 진리 자리에서 본다면 일원상과 서가모니 불이 둘이 아님을 또한 알아야 하리라.**]

『대종경』 교의품 11장

이미 모두 부처 이뤄야 할 부처

'성불' 成佛이란 부처를 이룬다는 말이다. 그런데 부처에 관한 논의를 하다보면 성불에 관해 두 가지 상충되는 관점에 맞닥뜨리게 된다. 하나는 우리 모두가 이미 부처이고, 우주 만유가 모두 부처라는 관점이다. 다른 하나는 우리는 진리를 깨닫지 못했고 부처의 인격을 이루지 못한 불완전한 존재이니 부처의 인격을 이루기 위해 부단히 노력해야 한다는 관점이다. 다음 법문이 해답이 될 듯하다. 화신불을 정화신불과 편화신불로 나누어서 설명한 정산鼎山의 법문은 정화신불이 되기 위해 부단히 노력해야 함을 쉽게 깨닫게 한다.

법신불이라 함은 곧 만법의 근원인 진리불을 이름이요, 보신불과 화신불은 그 진리에서 화현한 경로를 이름인 바, 화신불 가운데에는 진리 그대로 화현한 정화신불이 있고 또는 진리 그대로 받지 못한 편화신불이 있으니, 정화신불은 곧 제불 제성을 이름이요 편화신불은 곧 일체 중생을 이름인 바, 비록 지금은 중생이나 불성만은 다 같이 갊아 있으므로 편화신불이라 하나니라. 그러므로, 우리의 마음이 청정하고 바른 때에는 곧 내가 정화신불이요 삿되고 어두울 때에는 편화신불임을 알아야 할 것이니라.

『정산종사법어』 원리편 5장

정산은 이 법문에서 제불 제성을 정화신불로, 일체 중생을 편화신불로 구분해서 성불에 관한 가르침을 주고 있다. 한 마음 낼 때마다 정심과 사심을 구분해서 마음을 사용하고 심신작용을 하는 공부를 지성으로 하면 점점 더 정화신불로 화하게 되고 더 나아가 그것이 인격으로 완성되면 모든 부처·성현들과 같은 정화신불 또는 원만보신불을 이룰 수 있다고 할 수 있다.

천만 경계에 천만 가지 마음을 내야 하는 것은 우리가 천만 화신불이 되어야 하고 완전한 인격 완성을 위해 부단히 수행에 적공해야 함을 의미한다. 이미 부처이지만 끝없이 노력해서 정화신불이 되고 원만보신불이 되어야 한다는 것은 서로 상충되는 가르침이 아니다.

부처님을 아는 단계

부처님을 아는 데에도 단계가 있나니, 비유하자면 등상불이 부처인 줄 아는 사람은 초등학생 수준이요, 삼천 년 전 석가모니 부처님만이 부처인 줄 아는 사람은 중학생 수준이요, 저 사람도 깨치면 부처요 나도 깨치면 부처인 줄을 아는 사람은 고등학생 수준이요, 우주 만상이 다 부처의 화신임을 아는 사람은 대학생 수준이요, 나의 자성이 부처인 것을 깨친 사람은 대학원생 수준이니라. 우리가 공부할 때 밖에서만 구하지 말고 안으로 돌려 자성이 부처인 것을 깨치면 항마도 되고 출가도 되고 여래도 되나니, 자기를 업신여기거나 포기하지 말고 자성불을 깨치는 데 적공해야 하느니라.

『대산종사법어』 적공편 50장

대산의 이 법문이 '부처는 누구인가?' 라는 질문에 대한 가장 쉬운 답이 될 듯하다. 인지가 발달하고 깨달음이 커지는 데 따라서 첫째는 등상불에서 시작해서 둘째 석가모니부처, 셋째 깨친 사람, 넷째 처처불상, 다섯째 자성불自性佛의 순서로 부처를 인식하게 된다는 내용이다. 사람마다의 근기에 따라 부처에 대한 인식 수준이 다를 수 있지만 결국은 처처불, 자성불의 단계까지 이르러야 함을 설하고 있다.

견성했다고 부처가 된 게 아니다

자칫하면 진리를 깨닫는 것에 중점을 둔 나머지 견성을 하면 성불까지 될 것으로 착각을 하기 쉬운 수행자들에게 소태산은 많은 경계의 말을 하고 있다.

수도修道하는 사람이 견성을 하려는 것은 성품의 본래 자리를 알아, 그와 같이 결함 없게 심신을 사용하여 원만한 부처를 이루는 데에 그 목적이 있나니, 만일 견성만 하고 성불하는 데에 공을 들이지 아니 한다면 이는 보기 좋은 납도끼와 같아서 별 소용이 없나니라.

『대종경』 성리품 7장

견성을 했다는 것은 우주만유를 관통하는 하나의 진리를 깨달은 것이고 자신의 성품을 깨달은 것이니 마치 자신의 마음에 부처의 씨앗이 존재함을 안 것과 같다. 이 씨앗을 틔우고 정성스럽게 가꾸어야 부처라는 거대한 나무로 성장할 수 있는 것이다. 이미 자신이 부처라는 깨달음도 중요하지만 그것만으로는 부처의 인격을 이룰 수 없다는 것도 절실히 깨달아야 진정한 수행 길에 들어갈 수 있는 것이다.

갓난아이도 사람이다.
하지만 사람 노릇을 제대로 할 수는 없다.
초등학교 수영 선수도 수영 선수지만
물에 빠진 어른을 구하기는 어렵다.
갓난 아이가 사람은 사람이지만 다 자란 사람이 아닌 것처럼,
초등 수영 선수가 선수인 것은 맞지만 어른 선수가 아닌 것처럼,
자신이 부처임을 깨달았다고 해서
그가 진정한 부처가 된 것은 아니다.

3. 소태산의 견성과 성불

한 사람이 대종사께 여쭙기를

[이러한 세상에도 견성한 도인이 있사오리까.]

대종사 말씀하시기를

[이러한 세상일수록 더욱 견성한 도인이 많이 나야 할 것이 아닌가.]

그 사람이 다시 말하기를 [선생께서는 참으로 견성성불을 하셨나이까.]

대종사 웃으시며 말씀하시기를

[견성 성불은 말로 하는 것도 아니요 말만 듣고 아는 것도 아니므로,

그만한 지각을 얻은 사람이라야 그 지경을 알아볼 수 있는 것이며,

도덕의 참다운 가치는 후대의 천하 사람들이 증명할 바이니라.]

『대종경』 실시품 11장

소태산은
견성을 했을까?

소태산은 스스로 '견성見性을 했다', '대각大覺을 했다' 또는 '대원정각大圓正覺을 했다' 고 직접적으로 말하지 않았다. 소태산이 견성을 했는지 그 견성의 깊이는 어느 정도인지를 알 수 있을까? 소태산의 견성과 성불에 대한 가르침을 참고하고 배우려면 그가 어느 단계에 도달했는지를 알아야 하는데 사실은 그 자체가 앞뒤가 맞지 않는 말이 되고 만다. 자신이 확실히 견성을 하고 깨달았다면 다른 사람의 견성 여부와 깨달음의 크기를 가늠할 수 있겠지만, 본인이 견성을 하지 못했거나 했는지 못했는지 조차 알 수 없는 정도라면 다른 사람을 평가하기란 사실상 불가능하기 때문이다. 이런 난처한 상황에 대한 소태산의 적절한 비유 법문이 있다.

> 자기가 도인이 아니면 도인을 보아도 도인인 줄을 잘 알지 못하나니, 자기가 외국 말을 할 줄 알아야 다른 사람이 그 외국 말을 잘 하는지 못 하는지를 알 것이며 자기가 음악을 잘 알아야 다른 사람의 음악이 맞고 안 맞는 것을 알 것이니라. 그러므로, 그 사람이 아니면 그 사람을 잘 알지 못한다 하노라.
>
> 『대종경』 인도품 59장 중에서

소태산이 예로 든 외국어, 음악의 경우도 난감한 데 도가에 입문해서 깨달음을 구하고자 할 때는 더욱 난감할 수밖에 없다. 외국어나 음악의 경우는 그 실력을 평가하는 다양한 잣대가 존재하지만 견성이나 깨달음과 같은 무형의 것에 대한 실력 여부를 가늠하는 평가 기준을 찾기란 매우 어렵기 때문이다.

깨달음의
핵심 내용

원기圓紀 원년元年 사월 이십팔일(음 3월 26일)에 대종사大宗師 대각大覺을 이루시고 말씀하시기를 [만유가 한 체성이며 만법이 한 근원이로다. 이 가운데 생멸 없는 도道와 인과 보응되는 이치가 서로 바탕하여 한 두렷한 기틀을 지었도다.]

『대종경』 서품 1장

흔히 원불교에서 '대각일성' 大覺一聲이라고 일컫는 대목이다. 약 20년 정도의 구도 끝에 가장 크고 근본적인 진리를 온전히 깨달았음을 나타내는 첫 번째 표현이다. 이 깨달음으로부터 구도자 소태산은 비로소 새로운 붓다, 부처로서의 소태산으로 거듭나게 되고 본격적인 성불제중의 길을 걷게 되는 것이다. 이 법문은 두세 줄에 불과한 짧은 문장으로 매우 압축적인 표현이다. 이 짧은 내용이 무엇을 의미하는지를 제대로 알려면 소태산의 가르침 전반을 이해해야 가능하다.

*원기元紀: 원불교의 기년紀年. 소태산 대종사가 대각을 이룬 서기 1916년을 원기 원년元年으로 한다.

만유가 한 체성

소태산이 깨달은 첫 번째 내용이 바로 '만유萬有가 한 체성體性' 이라는 내용이다. 만유란 모든 존재를 의미한다. 그러면 '체성' 體性이란 무엇일까. '체' 體라고 했다면 '몸' 이라고 직역을 해서 새겨도 되겠지만 '체성' 이라고 했기 때문에 그 뜻에 대한 부연이 필요하다. 좀 단순하게 생각해본다면 만유가 한 몸이라고 할 수는 없다. 하나의 존재가 생하면 다른 존재도 생해야 하고, 하나의 존재가 멸하면 다른 존재들도 멸해야 하기 때문이다. 만유가 '한 몸과 같은 성질' 을 가졌다는 의미 정도로 보는 것이 타당할 것이다. 소태산은 우주 만유가 하나의 거대한 몸과 같다는 것을 깨달은 것이다.

이는 소태산이 그의 교리를 한 장의 도표로 표현한 「교리도」에서 그가 깨달은 진리를 그의 방식대로 표현한 '일원' 一圓의 진리를 설명하면서 '일원은 법신불이니 우주만유의 본원이요, 제불제성의 심인이요, 일체중생의 본성이다.' 라고 표현한 대목에서 '우주만유의 본원' 이라고 한 대목과 상관해서 의미를 새겨볼 만하다.

만법이 한 근원

'만법이 한 근원이로다' 의 '만법' 萬法의 의미는 어떤 '존재' 로서의 만법이라고 하기보다는 '이법', '이치' 로서의 만법이라고 보는 게 맞는 것 같다. '존재' 로서의 의미는 이미 '만유' 로 표현되었기 때문이다. 세상에는 여러 가지 진리, 이법, 이치들이 존재하는 것 같아도 깨달은 안목에서 보면 모든 이치들이 하나의 근원에서 비롯되었다는 것을 소태산이 깨달은 것이다.

소태산의 법맥을 이은 정산鼎山은 그의 깨달음과 구세 경륜을 이름하여 '삼동윤리' **【참고-8】**라는 게송으로 표현했는데 그 내용이 소태산의 대각 일성과 맥을 같이 하고 있다.

> 한 울안 한 이치에 한 집안 한 권속이 한 일터 한 일꾼으로 일원 세계 건설하자.
>
> 『정산종사법어』 유촉편 38장 중에서

내용을 따로 나누기 어렵지만 굳이 나눈다면 '만유가 한 체성' 이라는 내용은 '한 집안 한 권속' 이란 부분, '만법이 한 근원' 이란 내용은 '한 울안 한 이치' 라는 부분과 일맥상통한다고 볼 수 있겠다.

제불·조사·범부·중생의 성품

'견성' 을 심성론적으로 국한시켜 본다면 '인간의 본성을 깨달았다' 정도로 이해할 수 있는데, 이는 소태산이 그의 교리를 한 장의 도표로 표현한 「교리도」에서 그가 깨달은 진리를 그의 방식대로 표현한 '일원' 一圓의 진리를 설명하면서 '일원은 법신불이니 우주만유의 본원이요, 제불제성의 심인이요, 일체중생의 본성이다.' 라고 표현한 대목의 '일체중생의 본성' 과 맥을 같이 한다. 또한 「일원상 서원문」에서는 '일원은 언어도단의 입정처이요 유무초월의 생사문인 바, 천지·부모·동포·법률의 본원이요 제불·조사·범부·중생의 성품으로' 라고 설명했으니, '일체중생의 본성' 과 '제불·조사·범부·중생의 성품' 으로 달리 표현되었지만 결국은 '본성' 이나 '성품' 이라는 표현이 둘이 아님을 알 수 있다. 그래서 '견성' 을 하면 제불·조사·범부·중생 사이의 '경계' 가 무너지고 크게 평등한 경지로 나아가게 되고 그 평등의 경지에서 자유의 경지를 맛보게 되는 것이다.

그런데 여기서 훨씬 더 나아가서 '만유가 한 체성' 이라고 한다면 여기서 '만유' 란 유정물과 무정물 즉 생물과 무생물을 모두 포함한 개념이기 때문에 '체성' 을 깨달은 것을 '견성' 이라고 한다면 이 때의 견성은 앞서 말한 '일체중생의 본성' 정도를 깨달았다고 할 때의 견성과는 '차원이 다른 견성' 이라고 할 수 있다. 이 때 맛보는 평등과 자유의 경지는 앞의 것과 대비해서 대평등과 대자유의 경지라고 할 수 있을 것이다. 그래서 이 때의 '깨달음' 을 '큰 깨달음' 이라고 할 수 밖에 없고 '대각' 이라는 표현을 하게 되는 것이다. 요컨대, '견성' 의 범위와 내용이 용처에 따라 다를 수 있음에 주의가 필요하다.

생멸 없는 도와 인과보응되는 이치

생멸生滅 없음에 대한 교설은 불교 교리의 핵심이라고 할 수 있다. 생멸로 인한 고통에서 벗어나고자 하는 노력이 생멸 없음의 깨달음으로 결실을 맺는 것이 불교의 핵심 내용 가운데 하나라고 할 수 있다. 소태산이 불교 경전 중에서 꼭 배워야 할 경문들을 선별해서 묶은『불조요경』가운데서 대표적인 대승경전인『반야바라밀다심경』의 핵심 내용 역시 '불생불멸' 不生不滅임을 상기할 필요가 있다.

또한 '인과보응의 이치' , '인과론' 을 깨달음의 핵심 내용으로 드러내고 있다. 소태산의 교리 가운데 인과론이 일관되게 등장하는 것만 보아도 소태산의 깨달음에서 인과론이 차지하는 비중을 충분히 알 수 있다. '생멸 없는 도' 와 '인과보응되는 이치' 가 서로 다른 것인지, 또는 하나인 진리의 양면적 속성인지 등에 대한 탐구는 깨달음을 구하는 이들의 몫이라고 본다.

서로 바탕하여 한 두렷한 기틀을 지었도다

'만유가 한 체성', '만법이 한 근원', '생멸없는 도', '인과보응되는 이치' 등이 따로 있는 것이 아니고 소태산의 깨달음도 이들을 따로 깨달은 것은 아닐 것이다. 이들 진리를 '통째'로 깨달았을 것이다. 이들 깨달음의 내용들이 '서로 바탕해서' 라고 했으니 어떤 것이 먼저고 나중인지를 따질 수도 없고, 어떤 것이 본질적이고 어떤 것이 부수적인 것인지를 나눌 수 없이 서로 '한 두렷한 기틀'을 이루었다고 본 것이다. 그리고 이 '한 두렷한 기틀'을 소태산은 'O' 으로 시각적 상징화를 한 것이다.

일원상의 진리

마찬가지로 소태산이 깨달은 바를 '일원상의 진리' 라고 이름하여 그 내용을 『정전』에서 정의하고 있는데 그 내용은 다음과 같다.

> 일원一圓은 우주 만유의 본원이며, 제불 제성의 심인이며, 일체 중생의 본성이며, 대소 유무大小有無에 분별이 없는 자리며, 생멸 거래에 변함이 없는 자리며, 선악 업보가 끊어진 자리며, 언어 명상言語名相이 돈공頓空한 자리로서 공적 영지空寂靈知의 광명을 따라 대소 유무에 분별이 나타나서 선악 업보에 차별이 생겨나며, 언어 명상이 완연하여 시방 삼계十方三界가 장중掌中에 한 구슬같이 드러나고, 진공 묘유의 조화는 우주 만유를 통하여 무시광겁無始曠劫에 은현 자재隱顯自在하는 것이 곧 일원상의 진리니라.
>
> 『정전』 일원상의 진리

이 내용 전체를 확실히 깨달아 안다면 소태산이 깨달은 일원의 진리를 깨달은 것이 된다. 종교들 가운데 교조가 깨달은 진리가 무엇인지 그리고 세상에 전하고자 하는 진리의 소식이 무엇인지를 이렇게 조작적 정의로 기술한 전례가 있는지 궁금하다. 이런 작업들을 통해서 후대 공부인들은 그들이 추구하고자 하는 진리의 내용이 무엇인지 자신들이 깨달은 바가 과연 깨달음이라고 할 수 있는지를 가늠할 수 있도록 길을 알려준 셈이다.

일원상 법어

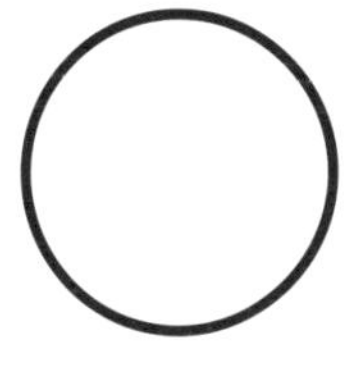

이 원상圓相의 진리를 각覺하면 시방 삼계가 다 오가吾家의 소유인 줄을 알며, 또는 우주 만물이 이름은 각각 다르나 둘이 아닌 줄을 알며, 또는 제불·조사와 범부·중생의 성품인 줄을 알며, 또는 생·로·병·사의 이치가 춘·하·추·동과 같이 되는 줄을 알며, 인과 보응의 이치가 음양상승陰陽相勝과 같이 되는 줄을 알며, 또는 원만 구족圓滿具足한 것이며 지공 무사至公無私한 것인 줄을 알리로다.

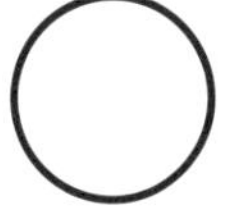

이 원상은 눈을 사용할 때에 쓰는 것이니
원만 구족한 것이며 지공 무사한 것이로다.

이 원상은 귀를 사용할 때에 쓰는 것이니
원만 구족한 것이며 지공 무사한 것이로다.

이 원상은 코를 사용할 때에 쓰는 것이니
원만 구족한 것이며 지공 무사한 것이로다.

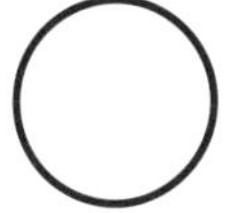

이 원상은 입을 사용할 때에 쓰는 것이니
원만 구족한 것이며 지공 무사한 것이로다.

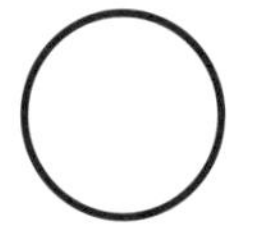

이 원상은 몸을 사용할 때에 쓰는 것이니
원만 구족한 것이며 지공 무사한 것이로다.

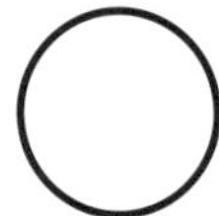

이 원상은 마음을 사용할 때에 쓰는 것이니
원만 구족한 것이며 지공 무사한 것이로다.

『정전』 일원상 법어

아울러 소태산은 『정전』에서 「일원상」에 관한 내용을 다룬 마지막 부분에 「일원상 법어」라는 내용을 넣어서 모름지기 원불교에 입문한 공부인들이 깨달아야 할 내용을 구체적으로 정의했다. 그리고 뒷부분에는 이 깨달음을 인간의 육근으로 어떻게 실생활에서 활용해야 할지를 설명하고 있다. 그래서 크게 둘로 나뉜 내용 가운데 앞부분은 '견성' 또는 '깨달음' 에 관한 기준을 제시하고 뒷부분은 '성불' 의 방법을 알려준 것으로 볼 수 있다. 이 법문이야말로 소태산의 깨달음과 성불의 핵심내용을 잘 드러내고 있다고 할 수 있다.

만상자연명萬像自然明

대종사 대각을 이루시고 그 심경을 시로써 읊으시되 [청풍월상시淸風月上時에 만상자연명萬像自然明이라.] 하시니라.

『대종경』 성리품 1장

소태산이 대각大覺을 이루고 처음 설했다고 하는 '만유가 한 체성이며 만법이 한 근원이로다. 이 가운데 생멸 없는 도道와 인과 보응되는 이치가 서로 바탕하여 한 두렷한 기틀을 지었도다.' 라는 법문이 큰 깨달음의 내용을 표현한 것이라면 '청풍월상시淸風月上時 만상자연명萬像自然明' 이란 문구는 대각의 심경을 시적으로 표현한 것이다. 깨달음에 관한 직접적인 표현 대신에 시적 은유만으로 이뤄진 매우 짧은 글이다.

청풍월상시清風月上時에 만상자연명萬像自然明이란 '달 위에 맑은 바람이 불면 삼라만상이 자연히 밝게 드러난다' 정도로 직역할 수 있겠다. 잘못된 해석의 위험을 무릅쓰고 풀어보자면, 본래 밝은 달을 사람의 '성품' 으로 본다면 밝은 자성의 광명을 가리는 구름을 맑은 바람을 불려서 걷어가 버리기만 한다면 모든 존재의 실상이 자연히 밝게 드러난다는 의미로 볼 수 있겠다. 매우 평이 간명한 글로써 대각을 이룬 소태산 자신의 심경은 물론 대각의 내용까지 비유적으로 표현한 것으로 볼 수 있다. 소태산이 대각을 했을 때의 정황을 자세히 알고 싶으면 원불교의 공식 역사인 『원불교교사』를 참고하면 된다.

먹구름이 끼었어도 달은 그 달이고
비가 쏟아져도 달은 그 달이다
낮이고 밤이고
달은 늘 그렇게 떠 있다.
달이 자취를 감췄다느니
달이 흐리다느니 하는 말은
그저 달을 보는 이들이 하는 말일 뿐이다.

소태산의 성불

소태산이 자신을 '부처님' 이라고 한 기록은 없다. 적어도 그의 언행을 담은 『대종경』이나 여타의 경전에도 그런 기록은 없다. 다만 그가 불가에 몸을 담지 않고 홀로 수행을 하고 대각을 한 다음에 석가모니부처에게 법맥을 대고 불법에 기초해서 완전무결한 회상을 창립하려고 한 대목이나 범부 중생들을 신앙과 수행으로 훈련해서 부처의 경지에 오르게 하려는 그의 교리 체계가 모두 그의 성불을 전제한 것이라고 하지 않을 수 없다. 이와 관련한 몇 가지 내용들을 살펴보도록 한다.

대종사 대각을 이루신 후 모든 종교의 경전을 두루 열람하시다가 금강경金剛經을 보시고 말씀하시기를 [서가모니 불釋迦牟尼佛은 진실로 성인들 중의 성인이라] 하시고, 또 말씀하시기를 [내가 스승의 지도 없이 도를 얻었으나 발심한 동기로부터 도 얻은 경로를 돌아본다면 과거 부처님의 행적과 말씀에 부합되는 바 많으므로 나의 연원淵源을 부처님에게 정하노라] 하시고, [장차 회상會上을 열 때에도 불법으로 주체를 삼아 완전 무결한 큰 회상을 이 세상에 건설하리라.] 하시니라. 『대종경』 서품 2장

여기서 알 수 있는 것은 첫째, 소태산이 스승의 지도 없이 도를 터득했다는 것, 둘째는 소태산의 연원을 석가모니부처에게 정했다는 것. 그 이유는 발심한 동기와 도 얻은 경로 등이 석가모니의 행적과 말씀에 부합되는 바 많기 때문이라는 것. 셋째는 앞으로 세상에 건설할 회상을 불법으로 주체 삼아서 열 것이라는 사실이다.

석가모니 이후로 불가에 수많은 조사들이 등장했지만 그들에게 맥을 대기보다는 직접 석가모니부처에게 맥을 댄 것에 주목할 필요가 있다. 그리고 자신이 불교적 배경 없이 깨달음을 얻었음에도 겸손한 자세로 앞선 부처와 성현들의 경전을 통해 증오처를 대조해보고 교리를 배우고 파악하려는 점이 매우 독특하다고 하겠다. 그런 가운데 석가모니부처를 '성인들 중의 성인' 이라고 칭송하는 데서도 그의 깊은 불연佛緣을 추측할 수 있다.

구세 성자의 출현

소태산은 자신을 부처로 규정하지도 않았고 성자의 반열에 올려놓지도 않았으나 그들이 세상에 출현하는 이유를 이렇게 말한다.

때를 따라 성자들이 출현하여 종교와 도덕으로써 우리에게 정로正路를 밝게

하여 주심이요, 『정전』 법률은 중에서

세상이 말세가 되고 험난한 때를 당하면 반드시 한 세상을 주장할 만한 법을 가진 구세 성자救世聖者가 출현하여 능히 천지 기운을 돌려 그 세상을 바로잡고 그 인심을 골라 놓나니라. 『대종경』 전망품 1장

부처와 성현들은 우연히 세상에 나오는 것이 아니라 세상이 말세가 되고 험난한 때를 당하면 '반드시' 출현한다고 단언하고 있다. 거래의 사유를 가진 부처와 성현의 출현 배경을 설명하고 있다.

내가 다생 겁래로 많은 회상을 열어 왔으나 이 회상이 가장 판이 크므로 창립 당초의 구인을 비롯하여 이 회상과 생명을 같이 할 만한 혈심 인물이 앞으로도 수를 헤아릴 수 없이 많이 나리라.

『대종경』 부촉품 10장

또한 소태산은 스스로 자신이 이번에 연 회상이 처음이 아니라 과거 여러 생에 여러 회상을 열어왔음을 밝히고 있다. 아무나 말할 수 있는 내용이 아니다.

불교는 장차 세계적 주교가 될 것

이제 그 근본적 진리를 발견하고 참다운 공부를 성취하여 일체 중생의 혜·복慧福 두 길을 인도하기로 하면 이 불법으로 주체를 삼아야 할 것이며, 뿐만아니라 불교는 장차 세계적 주교가 될 것이니라. 그러나, 미래의 불법은 재래와 같은 제도의 불법이 아니라

『대종경』 서품 15장 중에서

여기서 소태산은 그 당시 오래도록 천대를 받아왔던 불교에 맥을 대고 회상을 펴려는 이유를 밝히고 있다. 아마도 세력이 미약하고 사회의 천대를 받고 있던 불교를 표방하는 것에 대해 부정적 의견을 피력한 인연들이 적지 않았을 것이고 소태산의 독자적인 회상을 펴라는 권유도 있지 않았겠나 추측된다. 어쩌면 이 법문은 그런 사람들에게 자신의 관점과 입장 그리고 장래 구상과 계획까지도 피력하는 내용으로 보인다.

분명한 것은 그 당시의 불교는 장래가 불투명한 종교였을 지라도 소태산은 불교가 미래에는 세계적 주교가 될 것이라고 확언한다는 점이다. 그리고 그렇게 되기 위해서는 과거의 불교를 새롭게 혁신해야 한다는 의지를 밝힌 점이다.

소태산은 이렇게 부처와 성자의 출현 배경을 설명하고, 자신의 법맥을 석가모니에게 대고, 불교가 세계적 주교가 될 것이라고 확언하면서 과거의 불교를 새롭게 혁신해야겠다는 구상까지 구체적으로 밝힌다. 소태산의 법위 또는 '성불' 여부는 본인의 입으로 언급되지 않는다. 오히려 소태산의 뒤를 이어 교단을 이끈 정산 송규 종사에 의해서 소태산에 대한 평가가 구체화 된다.

> 한 몸의 주장은 마음이요, 교教 가운데 주장은 마음 잘 밝힌 교라, 불법이 마음 법을 가장 잘 밝혀 놓았나니, 불법의 정맥을 올바로 살려낸 회상이 새 세상의 주교主教가 되나니라. 『정산종사법어』 도운편 13장

이 법문에서 정산은 불교가 장차 세계적 주교가 될 것이라고 한 소태산의 예언에 대한 근거와 이유를 덧붙이고 있다. '마음을 가장 잘 밝혀' 놓은 종교인 불교의 정맥을 올바로 살려낸 회상이 새 세상의 주교가 될 것이라고 부연하고 있다. 정산이 보는 원불교의 정체성과 비전이 드러나는 대목이다.

주세불 소태산 主世佛 少太山

> 과거에 모든 부처님이 많이 지나가셨으나 우리 대종사의 교법처럼 원만한

교법은 전무 후무하나니, 그 첫째는 일원상을 진리의 근원과 신앙의 대상과 수행의 표본으로 모시고 일체를 이 일원에 통합하여 신앙과 수행에 직접 활용케 하여 주셨음이요, 둘째는 사은의 큰 윤리를 밝히시어 인간과 인간 사이의 윤리 뿐 아니라 천지 부모 동포 법률과 우리 사이의 윤리 인연을 원만하게 통달시켜 주셨음이요, 세째는 이적을 말씀하지 아니하시고 오직 인도상 요법으로 주체를 삼아 진리와 사실에 맞은 원만한 대도로써 대중을 제도하는 참다운 법을 삼아 주셨음이라, 아직도 대종사를 참으로 아는 이가 많지 않으나 앞으로 세상이 발달하면 할수록 대종사께서 새 주세불主世佛이심을 세상이 고루 인증하게 되리라.

『정산종사법어』 기연편 11장

정산은 불교가 세계적 주교가 되는 이유에 이어 소태산의 교법이 불교의 정맥을 바로 살려내는 원만한 교법인 이유를 말하고 앞으로 세상이 발달할수록 소태산의 교법에 귀의할 것이고 결국은 불법의 정맥을 올바로 살려낸 주인공인 그를 '새 주세불' 로 인증할 것이라고 확신하고 있다. 즉, 소태산은 자신의 위상에 대해서 말하지 않았지만 그의 뒤를 이은 수제자 정산에 의해서 소태산은 붓다, 부처임은 물론이고 더 나아가 '새 주세불' 로서의 정체성을 확립하게 된다. 정산의 말대로 아직도 소태산의 위대함을 참으로 아는 이가 많지 않으니 원불교인들의 믿음과는 별개로 소태산에 대한 세간의 객관적 평가에는 더 많은 시간이 필요해 보인다.

집군성이대성 集群聖而大成

원기 38년 4월, 원각성존 소태산 대종사 비圓覺聖尊 少太山 大宗師碑를 영모원에 세우시며 비에 새기시기를 [대범, 천지에는 사시가 순환하고 일월이 대명代明하므로 만물이 그 생성의 도를 얻게 되고, 세상에는 불불이 계세하고 성성이 상전하므로 중생이 그 제도의 은恩을 입게 되나니 이는 우주 자연의 정칙이다. 옛날 영산 회상이 열린 후 정법과 상법을 지내고 계법 시대에 들어와서 바른 도가 행하지 못하고 삿된 법이 세상에 편만하며 정신이 세력을 잃고 물질이 천하를 지배하여 생령의 고해가 날로 증심하였나니 이것이 곧 구주이신 대종사께서 다시 이 세상에 출현하시게 된 기연이다.]하시고 (중략) 일원 대도의 바른 법을 시방 삼세에 한 없이 열으시었으니, 이른 바 백억 화신의 여래시요 집군성이대성集群聖而大成이시라] 하시니라.

『정산종사법어』 기연편 17장 중에서

원불교인들의 소태산에 대한 정체성 인식은 소태산 열반후 그의 비에 새긴 정산의 글에서 잘 드러난다.【참고-3】 소태산을 향해서 '불불계세' 佛佛繼世, '성성상전' 聖聖相傳, '구주' 救主, '광겁종성' 曠劫種聖, '백억화신의 여래' 如來, '집군성이대성' 集群聖而大成 등의 호칭과 표현을 하고 있다. 부처와 부처가 세상 구제의 책임을 이어받으며 성자와 성자들이 구세의 뜻을 서로 전해주고 받는다는 의미의 표현인데 정산을 비롯한 소태산의 제자들은 그들의 스승 소태산이 바로 그런 뜻을 이어받은 구세의 책임을 진 주세불과 구세 성자라고 본 것이다. 또한 이미 인류 역사에 출현했던 모든 성현의 훌륭한 점을 집대성한 성인이라고 본 것이다. 그리고 당연하게도 제자들은 소태산이 구분한 3급 3위의 법위 등급 가운데 최고법위인 대각여래위로 추존하고 있다.

II

견성 見性

1. 견성이란?
2. 견성을 왜 해야 하나?
3. 견성 인가는 누가 어떻게 하나?
4. 나는 견성을 했나?
   【견성 자문자답】
5. 견성은 어떻게 하나?

1. 견성이란?

이 원상圓相의 진리를 각覺하면

시방 삼계가 다 오가吾家의 소유인 줄을 알며,

또는 우주 만물이 이름은 각각 다르나

둘이 아닌 줄을 알며,

또는 제불·조사와 범부·중생의 성품인 줄을 알며,

또는 생·로·병·사의 이치가 춘·하·추·동과 같이 되는 줄을 알며,

인과 보응의 이치가 음양상승陰陽相勝과 같이 되는 줄을 알며,

또는 원만구족한 것이며 지공무사한 것인 줄을 알리로다.

『정전』 일원상 법어 중에서

언어가 끊어진 자리

마음을 뺀 불교는 성립할 수 없다. 불교는 마음의 종교이기 때문이다. 그런데 마음이란 것을 인간의 언어로 간단히 정의하거나 표현하기란 매우 어렵다. 더구나 마음공부의 큰 전제라고 할 수 있는 '견성' 도 마찬가지다. '견성' 見性이란 '성품을 본다' 는 것인데 성품을 인간의 언어로 표현하기가 매우 어렵다는 근본적인 문제가 있다. 이 같은 문제는 이미 불교에서 오래 전부터 치열하게 논의되어 왔으니 교외별전敎外別傳, 불립문자不立文字 등을 주장하는 선종禪宗이 출현하게 된 배경이다. 소태산 역시 마음과 성품에 관한 가르침에서 언어의 한계를 말하고 있다.

원불교에서 교도들이 가장 자주 외우는 대표 경문인 「일원상 서원문」一圓相誓願文은 아예 '일원은 언어도단言語道斷의 입정처入定處이요, 유무 초월의 생사문生死門인 바' 라는 대목으로 시작된다. '일원' 一圓 은 소태산이 깨달은 궁극의 진리를 그의 방식으로 표현한 것이다. 이 진리를 표현한다는 것은 그 표현을 통해서 이 진리를 깨닫고자 하는 사람들과 소통을 하고자 함이고 그 소통은 인간의 언어로 할 수 밖에 없다. 그런데 그 표현이 바로 인간의 언어가 끊어진 자리로서 표현되고 있는 것이다. 매우 모순적이라고 할 수 있고 동시에 선종의 전통을 잇고 있다고 볼 수도 있는 대목이다. 이같은 내용은 소태산의 법문 곳곳에서 등장한다.

> 일원의 진리를 요약하여 말하자면 곧 공空과 원圓과 정正이니, 양성에 있어서는 유무 초월한 자리를 관하는 것이 공이요, 마음의 거래 없는 것이 원이요, 마음이 기울어지지 않는 것이 정이며, 견성에 있어서는 일원의 진리가 철저하여 언어의 도가 끊어지고 심행처가 없는 자리를 아는 것이 공이요, 지량知量이 광대하여 막힘이 없는 것이 원이요, 아는 것이 적실하여 모든 사물을 바르게 보고 바르게 판단하는 것이 정이며, 솔성에 있어서는 모든 일에 무념행을 하는 것이 공이요, 모든 일에 무착행을 하는 것이 원이요, 모든 일에 중도행을 하는 것이 정이니라. 『대종경』 교의품 7장

이와 같은 내용이 정산과의 성리문답性理問答 장면에서도 나온다.

> 대종사께서 대중에게 말씀하시었다. [성품 자리를 일러 보라.]이에 여러 가지로 대답하는데 인증을 아니하시고 정산 종사에게 말씀하셨다.[정산이 한 번 말하여 보라.] [언어도가 끊어지고 심행처가 멸했습니다.] [그 말이 꼭 맞다.]하시고 인가를 하여 주시었다. 『한울안 한이치에』 중에서

제자 김광선과의 문답에서는 이렇게 말한다.

> 김 광선이 여쭙기를 [천지 만물의 미생전未生前에는 무엇이 체體가 되었나이까.] 대종사 말씀하시기를 [그대가 말하기 전 소식을 묵묵히 반조返照하여 보라.] 『대종경』 성리품 20장 중에서

여기서 김 광선이 알고자 하는 것을 '성품' 이라고 해도 될 것이다. 견성에 관한 선문답, 원불교식으로는 성리문답을 하고 있는 것이다. 소태산의 대답은 '말하기 전 소식' 이다. 무언가를 묻고 대답하는 행위는 이미 '마음' 이 발한 것이니 한 마음이 발하기 전의 마음 상태를 '반조' 하라는 응답이다. 거기에 견성에 대한 답이 있다고 한다. '언어도가 끊어진 자리' 를 '묵묵히 반조' 하라는 것이니 '언어가 끊어진 자리' 를 언어가 사라진 '묵묵' 默默함으로 보라는 것이다.

입만 열면
바로 말 할 수 있어야

반면에 '언어가 끊어진 자리' 라는 언어적 표현이 이미 '언어' 이고 '묵묵' 함 역시 인간의 언어임을 부정할 수 없다. '언어가 끊어진' 절대의 자리, 관조로써 파악할 수 밖에 없는 경지까지도 결국은 인간의 언어로 표현되어야 하고 그 진리에 대한 깨달음 역시 전승

과 학습의 과정에서는 의미의 왜곡이나 오해를 무릅쓰고서라도 언어의 방편을 빌리지 않을 수 없다. 마치 '불립문자' 를 주장하고 설명하는 선가의 가르침들이 '문자' 로서 수많은 서적들에 담겨서 깨달음의 요체를 전달하고 있는 역설과도 같다. '언어의 도가 끊어진' 자리만을 강조하느라 진리에 대한 깨달음의 전승과 학습이 무력해지는 상황을 소태산은 어떻게 타개하고 있는지를 보여주는 법문이 있다.

> 만일, 마음은 형체가 없으므로 형상을 가히 볼 수 없다고 하며 성품은 언어가 끊어졌으므로 말로 가히 할 수 없다고만 한다면 이는 참으로 성품을 본 사람이 아니니, 이에 마음의 형상과 성품의 체가 완연히 눈 앞에 있어서 눈을 궁굴리지 아니하고도 능히 보며 입만 열면 바로 말할 수 있어야 가히 밝게 불성을 본 사람이라고 하리라. 『대종경』 성리품 6장

소태산은 견성을 하고도 '말로 가히 할 수 없다고만' 하는 사람들에 대해서 '참으로 성품을 본 사람이 아니' 라고 경책을 한다. 어떤 방식으로든지 표현을 할 수 있어야 하고 또 그렇게 하기를 촉구하고 있는 듯하다. 소태산의 이런 견해는 단지 개인적 소신에서 비롯된 것이 아니라 그가 깨달은 진리의 속성에서 비롯된 것임을 알 수 있다.

> 일원一圓은 우주 만유의 본원이며, 제불 제성의 심인이며, 일체 중생의 본성이며, 대소 유무大小有無에 분별이 없는 자리며, 생멸 거래에 변함이 없는 자리며, 선악 업보가 끊어진 자리며, 언어 명상言語名相이 돈공頓空한 자리로서 공적 영지空寂靈知의 광명을 따라 대소 유무에 분별이 나타나서 선악 업보에 차별이 생겨나며, 언어 명상이 완연하여 시방 삼계十方三界가 장중掌中에 한 구슬같이 드러나고, 진공 묘유의 조화는 우주 만유를 통하여 무시광겁無始曠劫에 은현 자재隱顯自在하는 것이 곧 일원상의 진리니라.
>
> 『정전』 일원상 진리

그가 깨달은 진리를 '언어명상이 돈공한 자리' 로서 설명하면서도 이어서 '공적 영지의 광명을 따라 언어 명상이 완연' 한 것으로 설명하고 있다. 앞부분이 '분별이 없는' 세계라면 뒤쪽은 '분별이 있는' 세계인 것이다. 소태산의 입장에서는 '말 없음' 만을 능사로 아는 사람들은 그것이 아주 기초적인 초견성의 단계일지는 몰라도 '입만 열면 바로 말할 수 있' 는 단계가 되어야 '가히 밝게 불성을 본 사람' 이라고 인정을 하겠다는 뜻이다.

심전心田 성품性稟

불교는 마음의 종교이다. '일체유심조' 一切唯心造라는 말을 모르는 사람은 아마도 드물 것이다. 불교는 여러 가지 교리를 갖추고 있지만 그 중에서도 가장 돋보이는 가르침은 인간의 '마음' 에 관한 것이라고 하겠다. 원불교 교조 소태산의 가르침 역시 마음을 핵심에 두고 있다. 소태산의 수행론이 대중적으로 '마음공부' 라고 불리는 이유도 여기에 있을 것이다. 이 마음공부 안에는 견성을 위한 공부도 당연히 포함되어 있다. 구체적인 마음공부 이전에 마음과 성품에 관한 소태산의 주요 법문을 살펴보면서 마음과 성품에 관한 이해의 깊이를 더해보자. 마음과 성품은 따로 떨어진 것이 아니기 때문이다.

> 본래에 분별과 주착이 없는 우리의 성품性稟에서 선악간 마음 발하는 것이 마치 저 밭에서 여러 가지 농작물과 잡초가 나오는 것 같다 하여 우리의 마음 바탕을 심전心田이라 하고 묵은 밭을 잘 개척하여 좋은 밭을 만들 듯이 우리의 마음 바탕을 잘 단련하여 혜복을 갖추어 얻자는 뜻에서 심전 계발啓發이라는 말이 있게 되었나니라.
>
> 『대종경』 수행품 59장 중에서

소태산은 육안으로는 볼 수 없는 각자의 '성품' 을 설명하기 위해서 '심전' 心田이라는 표현을 사용했다. 무형한 마음과 유형한 밭을 결합해서 마음과 성품을 설명하기 위한 도구로 삼은 셈이다. 콩을 심은 콩밭에서는 콩이 나오고 팥을 심은 팥밭에서는 팥이 나오는 것과 같이 무형한 마음밭에서는 마음이 나온다는 비유를 해서 마음이 나오는 마음밭이 바로 '성품' 이라는 설명을 한다. 이어서 말한다.

> 예로부터 도가道家에서는 심전을 발견한 것을 견성見性이라 하고 심전을 계발하는 것을 양성養性과 솔성率性이라 하나니, 이 심전의 공부는 모든 부처와 모든 성인이 다 같이 천직天職으로 삼으신 것이요, 이 세상을 선도善導하는 데에도 또한 그 근본이 되는 것이니라. 『대종경』 수행품 60장

심전이 성품을 비유한 것이니 이 심전을 발견한 것이 바로 성품을 발견한 것, 견성이라는 것이다.

심지心地 자성自性

또 다른 곳에선 성품이란 표현 대신에 '심지' 心地와 '자성' 自性이라는 표현이 사용되기도 한다.

> **일상수행의 요법** 日常修行-要法
>
> 1. 심지心地는 원래 요란함이 없건마는 경계를 따라 있어지나니,
> 그 요란함을 없게 하는 것으로써 자성自性의 정定을 세우자.
> 2. 심지는 원래 어리석음이 없건마는 경계를 따라 있어지나니,
> 그 어리석음을 없게 하는 것으로써 자성의 혜慧를 세우자.
> 3. 심지는 원래 그름이 없건마는 경계를 따라 있어지나니,

그 그름을 없게 하는 것으로써 자성의 계戒를 세우자.

4. 신과 분과 의와 성으로써 불신과 탐욕과 나와 우를 제거하자.
5. 원망 생활을 감사 생활로 돌리자.
6. 타력 생활을 자력 생활로 돌리자.
7. 배울 줄 모르는 사람을 잘 배우는 사람으로 돌리자.
8. 가르칠 줄 모르는 사람을 잘 가르치는 사람으로 돌리자.
9. 공익심 없는 사람을 공익심 있는 사람으로 돌리자.

『정전』 일상수행의 요법

'심지' 라는 말이 나온 1조, 2조, 3조의 내용을 보면, 원래에는 아무것도 없던 심지에서 경계를 따라 있어지는 '요란함' , '어리석음' , '그름' 이 바로 '마음' 이라고 할 수 있다. 요란한 마음, 어리석은 마음, 그른 마음이 경계에 따라 발생하는 것이다. 경계를 응할 때 '원래 요란함이 없' 는 심지와 '원래 어리석음이 없' 는 심지, '원래 그름이 없' 는 심지를 보는 것이 견성 공부이고 그 마음들을 자성, 자신의 성품 자리에 대조해서 마음을 다스리는 것이 일상수행의 요법에서 요청하는 마음공부인 것이다. '염불' 에 관한 소태산의 가르침 가운데는 이런 대목도 나온다.

나무아미타불南無阿彌陀佛은 여기 말로 무량수각無量壽覺에 귀의한다는 뜻인 바, 과거에는 부처님의 신력에 의지하여 서방 정토 극락極樂에 나기를 원하며 미타 성호를 염송하였으나 우리는 바로 자심自心미타를 발견하여 자성 극락에 돌아가기를 목적하나니, 우리의 마음은 원래 생멸이 없으므로 곧 무량수라 할 것이요, 그 가운데에도 또한 소소영령昭昭靈靈하여 매昧하지 아니한 바가 있으니 곧 각覺이라 이것을 자심 미타라고 하는 것이며, 우리의 자성은 원래 청정하여 죄복이 돈공하고 고뇌가 영멸永滅하였나니, 이것이 곧 여여如如하여 변함이 없는 자성 극락이니라. 『정전』 염불법 중에서

'우리의 마음은 원래 생멸이 없으므로', '소소영령하여 매하지 아니한 바', '우리의 자성은 원래 청정하여 죄복이 돈공하고 고뇌가 영멸' 하다고 설한 것이 모두 성품에 관한 다양한 설명 가운데 하나라고 하겠다.

진성眞性 진여眞如
본래 면목本來面目

『정전』「좌선법」에서는 진성, 진여의 본성이라는 표현으로 성품을 달리 칭하고 있다. 선불교에서 많이 사용하는 '본래 면목' 이라는 표현도 등장한다.

> 대범, 좌선이라 함은 마음에 있어 망념을 쉬고 진성을 나타내는 공부이며, 몸에 있어 화기를 내리게 하고 수기를 오르게 하는 방법이니, 망념이 쉰즉 수기가 오르고 수기가 오른즉 망념이 쉬어서 몸과 마음이 한결 같으며 정신과 기운이 상쾌하리라.
>
> 그러므로, 좌선은 이 모든 망념을 제거하고 진여眞如의 본성을 나타내며, 일체의 화기를 내리게 하고 청정한 수기를 불어내기 위한 공부니라.
>
> 정신은 항상 적적寂寂한 가운데 성성惺惺함을 가지고 성성한 가운데 적적함을 가질지니, 만일 혼침에 기울어지거든 새로운 정신을 차리고 망상에 흐르거든 정념으로 돌이켜서 무위 자연의 본래 면목本來面目 자리에 그쳐 있으라.
>
> 『정전』 좌선법 중에서

주로 불교에서 유래한 성품의 다른 이름들을 일일이 살펴보는 것도 중요하지만 여기서는 성품의 다른 표현이라는 정도로 인식하고 구체적 표현보다는 성품의 속성을 이해하고 그 성품을 보고 깨닫는 '견성' 에 대한 관심을 깊게 할 필요가 있다.

견성見性이라 하는 것은 비하건대 거부 장자가 자기의 재산을 자기의 재산으로 알지 못하고 지내다가 비로소 알게 된 것과 같고, 솔성率性이라 하는 것은 이미 자기의 소유인 것을 알았으나 전일에 잃어버리고 지내는 동안 모두 다른 사람에게 빼앗긴 바 되었는지라 여러모로 주선하여 그 잃었던 권리를 회복함과 같나니라.

『대종경』 성리품 8장

등에 금덩어리를 지고 빌어먹는다는 말이 있다.
내 것인지도 모르고 사는 것이다.
내 밭인 줄 알아야 빌어먹지 않고
내 밭인 줄 알아야 내 손으로 농사를 지을 것 아닌가.
세상에 널린 거짓 거지들에게 부처가 말한다.
당장 거지 행각 그만두라고.

유라고도 무라고도 할 수 없는

게송偈頌

유有는 무無로 무는 유로
돌고 돌아 지극至極하면
유와 무가 구공俱空이나
구공 역시 구족具足이라.

『정전』 게송

게송偈頌이란 여러 가지 설명이 가능하지만 대개는 고승들이 깨달은 바를 싯구와 같이 짧은 운문으로 표현한 것을 의미한다. 인간의 언어로 표현하기 힘든 경지와 깨달음의 기쁨 등이 게송의 형태로 후래 수행자들에게 전승되어 깨달음을 촉진하는 기능을 하곤 한다. 수행자들이 열반을 앞두고 열반게를 남기곤 하는데 여기서 말하는 소태산의 게송 역시 그렇다고 볼 수 있다. 소태산이 대각 후 28년 간의 제생의세의 교화 활동을 접고 열반에 든 때가 서기 1943년, 원기 28년이니 이 게송은 그의 열반 2년 전에 설해진 것이다. 이 게송에 대해서 소태산이 부연한다.

> 원기 이십육년 일월에 대종사 게송偈頌을 내리신 후 말씀하시기를 [유有는 변하는 자리요 무無는 불변하는 자리나, 유라고도 할 수 없고 무라고도 할 수 없는 자리가 이 자리며, 돌고 돈다, 지극하다 하였으나 이도 또한 가르치기 위하여 강연히 표현한 말에 불과하나니, 구공이다, 구족하다를 논할 여지가 어디 있으리요. 이 자리가 곧 성품의 진체이니 사량으로 이 자리를 알아내려고 말고 관조로써 이 자리를 깨쳐 얻으라.]
>
> 『대종경』 성리품 31장

소태산은 언어로 표현하기 어려운 자리를 언어로 표현하는 것의 어려움을 토로하지만 앞서 본대로 '성품은 언어가 끊어졌으므로 말로 가히 할 수 없다고만 한다면 이는 참으로 성품을 본 사람이 아니' 라고 생각하기에 '성품의 진체' 를 강연히 언어로 표현했다. 그리고 이를 '깨쳐 얻으' 려면 '사량' 이 아니라 '관조' 로써 얻으라고 한다. '유' 와 '무' 의 개념으로 진리나 성품을 표현한 내용은 다른 데서도 나온다. 「일원상 서원문」一圓相誓願文에서는 '일원은 언어도단言語道斷의 입정처入定處이요, 유무초월의 생사문生死門인 바' 라고 해서 '유무초월' 이란 표현을 쓰고 있다.

무선무악 無善無惡
능선능악 能善能惡

> 사람의 성품이 정한즉 선도 없고 악도 없으며, 동한즉 능히 선하고 능히 악하나니라. 『대종경』 성리품 2장

세상에는 이미 사람의 성품에 관한 이론이 매우 많다. 유교의 경우 성선설性善說, 성악설性惡說과 같은 다양한 성품론이 있다. 소태산의 견해는 어떤가? 사람의 성품이란 것이 원래부터 선善한 것도 아니고, 그렇다고 해서 악惡하지도 않다고 보았다. 하지만 움직일 경우에는 악한 마음과 선한 마음이 똑같이 나올 수 있다고 보았다. 소위 무선무악無善無惡 능선능악能善能惡의 이론이라고 할 수 있다. 이 견해는 불교의 전통적인 성품론과 같다고 할 수 있다. 앞에서 나온 심전心田, 마음밭의 비유와 같이 원래 마음밭에는 아무 것도 없는 것이지만 어떤 작물이나 잡초든지 똑같이 자라날 수 있는 것과 같다. 심전이란 성품에서 선한 마음이나 악한 마음은 물론이고 그 어떤 마음이든 나온다고 본 것이다.

순발 順發
역발 逆發

정산 종사는 소태산의 성품론에 바탕해서 성품에서 마음이 발하는 이치에 대해 좀 더 자세히 설명한다.

> 우리의 성품은 원래 청정하나, 경계를 따라 그 성품에서 순하게 발하면 선이 되고 거슬려 발하면 악이 되나니 이것이 선악의 분기점이요, 바르게 발하면 정正이 되고 굽게 발하면 사邪가 되나니 이것이 정사의 분기점이요, 가리움을 받으면 어둠이 되고 참이 나타나면 밝아지나니 이것이 지우의 분기점이니라. 『정산종사법어』 원리편 10장

특별한 누군가의 성품만이 청정한 것이 아니라 '우리' 모두의 성품이 원래 청정하다고 한다. 소태산이 '제불조사 범부중생의 성품' 을 하나로 본 것과 같다. 경계를 따라 순발順發하느냐 역발逆發하느냐에 따라 '선악善惡의 분기점' , '정사正邪의 분기점' , '지우智愚의 분기점' 이 생긴다고 보았다. 경계 따라 한 마음이 발하는 것은 순식간에 일어나기 때문에 소태산의 마음공부는 언제 어디서나 해야 하는 마음공부인 '무시선법' 無時禪法으로 귀결될 수밖에 없음을 알 수 있다.

일체 중생의 본성 一切衆生 本性

앞에서 이미 인용했지만 소태산의 성품에 관한 대표적인 법문들을 보자.

> 일원一圓은 법신불이니 우주만유의 본원이요, 제불제성의 심인이요, 일체 중생의 본성이다. 『정전』 교리도 중에서

> 일원一圓은 우주 만유의 본원이며, 제불 제성의 심인이며, 일체 중생의 본성이며, 『정전』 일원상의 진리 중에서

> 일원상一圓相의 진리를 우주 만유의 본원으로 믿으며, 제불 제성의 심인으로 믿으며, 일체 중생의 본성으로 믿으며,
>
> 『정전』 일원상의 신앙 중에서

소태산이 직접 쓴 경전인 『정전』의 가장 중심된 내용에서 모두 '일체 중생의 본성' 이라는 표현이 사용되고 있다. 그런데 「일원상 서원문」에서는 '제불·조사·범부·중생의 성품' 性稟이라 표현된다. 제불 제성, 모든 부처들과 성현들에게는 '심인' 心印이라는 표현을 쓰고 일체 중생에게는 '본성' 本性이라는 표현을 썼다가 이 두 대상을 아울러서는 '성품' 이란 표현을 썼다. 좀 복잡한 면이 있지만 소태산이 왜 이 둘을 나누어서 표현했을

까 생각해볼 필요가 있다.

> 일원은 언어도단言語道斷의 입정처入定處이요, 유무 초월의 생사문生死門인 바, 천지·부모·동포·법률의 본원이요, 제불·조사·범부·중생의 성품으로
>
> 『정전』 일원상 서원문 중에서

분명한 것은 진리를 깨달은 모든 부처와 성현들 그리고 진리를 깨닫지 못한 평범한 보통 사람이나 어리석은 사람이거나 이들의 타고난 본성, 성품이 모두 같다고 본 것이다. 즉 부처와 중생, 성현과 범부의 차이가 성품의 면에서는 없다는 것이다. 누군가 자신의 성품을 보았다면 그는 자신만의 독특한 성품만을 본 것이 아니라 모든 부처와 성현, 범부와 중생들의 공통된 성품을 발견한 것이 된다. 부처와 성현, 범부와 중생 사이의 차별이 사라지고 경계도 무의미해지는 초월과 자유와 평등의 경지를 발견하게 되는 것이다. 덧붙여서 살펴볼 것은 여기서 '중생' 은 진리를 깨달은 존재인 부처와 상대되는 개념으로서 진리를 깨닫지 못해서 고통 받는 어리석은 사람을 의미하기도 하지만 원래는 모든 생명체를 의미한다. 즉, 무수한 중생들과 부처와 성현들의 성품이 같다고 본 것이다.

원만구족 圓滿具足
지공무사 至公無私

> 일원상의 진리를 신앙하는 동시에 수행의 표본을 삼아서 일원상과 같이 원만 구족圓滿具足하고 지공 무사至公無私한 각자의 마음을 알자는 것이며, 또는 일원상과 같이 원만 구족하고 지공 무사한 각자의 마음을 양성하자는 것이며, 또는 일원상과 같이 원만 구족하고 지공 무사한 각자의 마음을 사용하자는 것이 곧 일원상의 수행이니라.
>
> 『정전』 일원상의 수행

「일원상의 수행」에서는 '성품' 이라는 표현 대신에 '원만 구족하고 지공 무사한 각자의 마음' 이라는 표현이 쓰이고, '견성' 보다 '원만 구족하고 지공무사한 각자의 마음을 알자는 것' 이란 표현이 등장한다. 마음공부 중심의 수행적 측면을 강조하기 위해서 의도적으로 표현을 달리한 것 같다.

분별 주착이 없는

대범, 선禪이라 함은 원래에 분별 주착이 없는 각자의 성품을 오득하여 마음의 자유를 얻게 하는 공부인 바, 예로부터 큰 도에 뜻을 둔 사람으로서 선을 닦지 아니한 일이 없나니라.

『정전』 무시선법 중에서

분별分別이란 '서로 다른 일이나 사물을 구별하여 가름' , 주착住着은 '일정한 곳에 머물러 있음' 「네이버-표준국어대사전」을 의미한다. 마음이 분별을 하지 않고 그 분별한 곳에 머물러 집착하지 않은 상태를 성품이라고 할 수 있다. 우리 모두의 성품은 원래에 분별이 없고 그래서 분별이 없는 까닭에 주착할 것도 없으니 이 성품자리에 바탕해서 마음을 자유롭게 쓰는 것을 선禪이라고 소태산은 설한다.

성품, 정신, 마음, 뜻

정신이라 함은 마음이 두렷하고 고요하여 분별성과 주착심이 없는 경지를 이름이요, 수양이라 함은 안으로 분별성과 주착심을 없이하며 밖으로 산란하게 하는 경계에 끌리지 아니하여 두렷하고 고요한 정신을 양성함을 이름이니라.

『정전』 정신수양의 요지

소태산이 인간의 '정신' 에 대해 정의한 대목인데 「무시선법」에서 성품을 설명한 내용과 매우 비슷하다. '분별' , '주착' 이라는 표현이 '분별성' 과 '주착심' 으로 바뀌었을 뿐이다. 정산鼎山이 성품과 정신에 대해 설명한 대목도 참고하자.

> 정정요론定靜要論을 설하실 때에 성품과 정신과 마음과 뜻을 분석하여 말씀하시기를 [성품은 본연의 체요, 성품에서 정신이 나타나나니, 정신은 성품과 대동하나 영령한 감이 있는 것이며, 정신에서 분별이 나타날 때가 마음이요, 마음에서 뜻이 나타나나니, 뜻은 곧 마음이 동하여 가는 곳이니라.] 학인이 묻기를 [영혼이란 무엇이오니까.] 답하시기를 [영혼이란 허령불매한 각자의 정신 바탕이니라.] 『정산종사법어』 원리편 12장

대산大山도 성품과 정신, 마음, 뜻에 대해 정산鼎山과 같이 설명하고 있다. 가족 관계로 비유를 들어서 정신수양의 방법까지 쉽게 설명하고 있다.

> 우리가 정신수양을 하자는 것은 정신이 혼탁하고 미혹해서는 잘 살 수 없는 까닭이니라. 우리의 정신에는 아버지인 성품이 있고 아들인 마음이 있고 손자인 뜻이 있나니, 정신은 본래 밉지도 곱지도 크지도 작지도 않은 성품 그대로를 타고났으나 정신의 아들인 마음이 손자인 뜻에게 본성 자리를 빼앗겨 혼탁해지고 미혹해졌느니라. 그러므로 우리는 뜻이 마음으로 마음이 정신으로 정신이 성품으로 돌아갈 수 있도록 정신수양에 힘써야 하느니라.
>
> 『대산종사법어』 적공편 27장

2. 견성을 왜 해야 하나?

수도인이 구하는 바는,
마음을 알아서 마음의 자유를 얻자는 것이며,
생사의 원리를 알아서 생사를 초월하자는 것이며,
죄복의 이치를 알아서 죄복을 임의로 하자는 것이니라.

『대종경』 요훈품 2장

신앙인이라면 신앙을 잘 하면 되고 수행자라면 수행을 잘 하면 되는데 왜 굳이 '견성'이 필요하다고 하는 것일까. 견성을 하면 무엇이 유익하기에 견성을 중요시 하는 것일까. 견성을 해야 하는 목적은 무엇일까. 너무나 당연해서 묻지 않았던 질문의 답을 찾아보자.

마음의 자유

> 대범, 선禪이라 함은 원래에 분별 주착이 없는 각자의 성품을 오득悟得하여 마음의 자유를 얻게 하는 공부인 바, 예로부터 큰 도에 뜻을 둔 사람으로서 선을 닦지 아니한 일이 없나니라.
>
> 『정전』 무시선법 중에서

소태산은 무엇을 하든 그 목적을 분명히 했다. 새로운 회상을 열면서도 '개교의 동기'를 직접 기술하고 그 밖에 여러 교설을 하면서도 늘 그 목적과 요지를 밝히고 내용과 방법 등을 순차적으로 기술하곤 했다. 「무시선법」에서도 마찬가지다. '도대체 선을 왜 하는 것이냐?' 라고 묻고 거기에 대한 명확한 답을 하는 데서부터 가르침을 시작하고 있다.

'선'禪은 '마음의 자유를 얻게 하는 공부' 라고 규정하고 이를 위해서 '각자의 성품을 오득' 해야 한다고 설한다. 그리고 '각자의 성품' 을 설명하는 수식 문장을 그 앞에 덧붙였다. '원래에 분별 주착이 없는' 이라고. 이어서 유구한 수행의 역사를 간략히 언급해서 공부인의 발심을 진작한다. '예로부터 큰 도에 뜻을 둔 사람으로서 선을 닦지 아니한 일이 없나니라' 라고. 그리고 이 문장 다음의 본문에서는 당연히 '무시선' 을 어떻게 하는지 그리고 그 공덕은 무엇인지를 소상하게 밝히고 있다.

'각자의 성품을 오득' 하는 공부, 견성을 위한 노력은 바로 '마음의 자유' 를 얻기 위한 것임을 분명히 하지 않으면 견성을 위한 첫걸음부터 옆길로 샐 수도 있다. 수많은 수행자들이 견성의 개념과 목적을 자기 마음대로 생각하고 나름대로의 방법으로 수행을 하기 때문에 엉뚱한 결과에 도달하게 된다. 물론 '마음의 자유' 라는 개념 역시 간단히 정리하기 어려운 점이 있지만 일단은 '마음의 자유' 를 얻기 위해서 '견성' 이 반드시 필요하다는 확고한 전제를 공부의 출발점으로 삼을 필요가 있다.

참회懺悔

> 대범, 참회라 하는 것은 옛 생활을 버리고 새 생활을 개척하는 초보이며, 악도를 놓고 선도에 들어오는 초문이라, 사람이 과거의 잘못을 참회하여 날로 선도를 행한즉 구업舊業은 점점 사라지고 신업은 다시 짓지 아니하여 선도는 날로 가까와지고 악도는 스스로 멀어지나니라. 그러므로, 경에 이르시되 「전심 작악前心作惡은 구름이 해를 가린 것과 같고 후심 기선後心起善은 밝은 불이 어둠을 파함과 같나니라」 하시었나니, 죄는 본래 마음으로부터 일어난 것이라 마음이 멸함을 따라 반드시 없어질 것이며, **업은 본래 무명無明인지라 자성自性의 혜광慧光을 따라 반드시 없어지나니**, 죄고에 신음하는 사람들이여! 어찌 이 문에 들지 아니하리요.
>
> 『정전』 참회문 중에서

참회의 원리와 방법 그리고 결과까지를 자세히 설명한 『정전』 「참회문」을 보면 견성을 해야 진정한 참회를 할 수 있고 마음의 자유를 얻을 수 있다는 내용이 있다.

'참회' 란 과거의 잘못된 마음을 깨달아서 뉘우치고 새로운 선한 마음으로, 새로운 삶으로 옮겨가는 것이다. 일단 자신의 잘못을 인식해야 하는데 결국은 내가 나의 잘못을 알아차려야 하는 것이다. '견성' 을 하지 않고는 자기 마음의 옳고 그름을 제대로 알아차리기 힘들다. '견성' 은 참회의 전제라고 할 수 있다. 견성을 하지 못하고 참회를 하려한들 그 기준을 찾기가 어렵고 혼란스럽다. 사회적 규범이나 도덕 관념 등을 참회의 기준으로 삼는 것이 통례이지만 과연 그것들이 진정한 참회의 기준으로 충분한 것인가는 매우 의심스럽다. '정확한 잣대와 먹줄을 가진 목수' 처럼 자신의 가치 판단이 가능해야 참회도 가능하다. 세상 사람들이 자신에게 잘못이 없다고 해도 자신의 양심에 비춰서 자신의 잘못을 찾을 수 있어야 하고, 반대로 세상 사람들이 모두 자신에게 잘못했다고 해도 자신의 마음 바탕까지 훑어보아서 잘못이 없다면 그들의 비난과 평가를 이겨내야 한다. 이런 온전한 판단의 근거가 바로 자신의 성품을 보는 '견성' 공부에서 비롯되는 것이다. '자성의 혜광' 이 온전히 빛나게 하려면 견성을 해야 하고 죄업을 짓지 말아서 구름이 해를 가리지 못하게 해야 한다.

거울이 없는데 어떻게 얼굴을 비춰볼 것인가?
거울이 얼룩졌는데 내 얼굴의 얼룩을 어떻게 발견할 것인가?
얼룩졌는 줄을 모르는데 어떻게 얼룩을 지울 수 있겠나?
'성품'이 맑은 거울이라고 한다면 얼룩은 '마음'이라고 할까.
거울을 보면서 얼굴만 보지 말고 거울도 보아야 한다.
거울을 보는 일은 어렵지 않으니,
견성도 그럴 것이다.

천업, 생사 자유

인간의 모든 행위들은 '업' 業으로 화한다. 그래서 『정전』 「작업취사」作業取捨에서는 '작업' 作業을 '무슨 일에나 안·이·비·설·신·의眼耳鼻舌身意 육근을 작용함을 이름이요' 라고 정의했다. '심신작용' 心身作用, '육근작용' 六根作用이라고 하지만 가장 핵심적인 것은 결국 마음, 의근意根이라고 보아야 마땅하다. 인간의 모든 행위는 '마음' 이 좌우하는 것이고 그 행위에 따라 '작업' 이 이뤄지는 것이다. 그래서 '마음공부' 가 중요한 것이다. 마음의 본질을 알아서 마음을 어떻게 써야 하는지를 공부하지 않으면 자신의 마음을 자신의 마음대로 사용할 수 없게 된다. 업은 나름의 힘을 갖고 있는데 이를 소위 '업력' 業力이라고 한다. 이 업력에 끌려가는 삶은 과거에 끌려가는 삶이고 그렇게 해서는 새로운 삶을 살기 힘들다.

또는, 공부인이 성심으로 참회 수도하여 **적적 성성한 자성불을 깨쳐 마음의 자유를 얻고 보면, 천업天業을 임의로 하고 생사를 자유로 하여** 취할 것도 없고 버릴 것도 없고 미워할 것도 없고 사랑할 것도 없어서, 삼계 육도三界六途가 평등 일미요, 동정 역순이 무비 삼매無非三昧라, 이러한 사람은 천만 죄고가 더운 물에 얼음 녹듯하여 고도 고가 아니요, 죄도 죄가 아니며, 항상 자성의 혜광이 발하여 진대지가 이 도량이요, 진대지가 이 정토라 내 외 중간에 털끝만한 죄상罪相도 찾아볼 수 없나니, 이것이 이른바 불조의 참회요, 대승의 참회라 이 지경에 이르러야 가히 죄업을 마쳤다 하리라.

『정전』 참회문 중에서

'적적성성寂寂惺惺한 자성불自性佛'을 깨치면, 즉 견성을 하면 '업력業力'을 무력화시킬 수 있다. 정확히 말하자면 원래 '공空'한 업력의 실상을 깨닫게 된다. 과거의 삶에 끌려다닐 필요가 없게 된다. 새로운 마음을 내서 새로운 삶을 살아갈 수 있게 된다.

귀천과 화복의 자유

부처와 조사는 자성의 본래를 각득하여 마음의 자유를 얻었으므로 이 천업을 돌파하고 육도와 사생을 자기 마음대로 수용하나, 범부와 중생은 자성의 본래와 마음의 자유를 얻지 못한 관계로 이 천업에 끌려 무량 고를 받게 되므로, 부처와 조사며 범부와 중생이며 귀천貴賤과 화복禍福이며 명지장단命之長短을 다 네가 짓고 짓나니라.

『대종경』 천도품 5장 중에서

죽은 사람의 영혼을 천도하기 위한 천도 법문薦度法門인 '열반 전후에 후생 길 인도하는 법설' 에 나오는 대목이다.

'자성의 본래를 각득' 한다는 표현이 조금 다를 뿐 '견성' 을 해야 '마음의 자유' 를 얻을 수 있다는 전제가 천업을 돌파하는 것과 육도와 사생을 자유로 하는 것의 전제가 됨을 알 수 있다. 이 법문에서 명확히 알 수 있는 사실은 견성을 해서 마음의 자유를 얻은 사람이 '부처와 조사' 祖師인 것이고, 견성을 못해서 마음의 자유를 얻지 못한 이들이 '범부와 중생' 이란 것이다. 천업에 끌려가서 무량한 고통을 받는 것도 마음의 자유를 얻지 못한 관계이고 귀천과 화복, 명命의 길고 짧음도 모두 마음의 자유을 얻어서 어떻게 살아가느냐에 달렸다고 본 것이다. 앞서서 본대로 참회는 물론이고 천도의 여부도 견성에 달린 것이다.

극락 생활

'유무 초월' , '천업을 임의로 한다' , '생사를 자유한다' , '천업을 돌파한다' , '육도와 사생을 자기 마음대로 수용한다' , '죄복과 고락을 초월한다' 라는 여러 표현들의 핵심은 '마음의 자유' 이다. 극락極樂과 지옥地獄도 마찬가지로 마음의 자유가 본질임을 소태산은 말하고 있다. 죄복과 고락도 초월한 자유로운 마음이 바로 극락임을 말하고 있다.

> 한 제자 여쭙기를 [극락과 지옥이 어느 곳에 있나이까.] 대종사 말씀하시기를 [네 마음이 죄복과 고락을 초월한 자리에 그쳐 있으면 그 자리가 곧 극락이요, 죄복과 고락에 사로잡혀 있으면 그 자리가 곧 지옥이니라.] 또 여쭙기를 [어찌하여야 길이 극락 생활만 하고 지옥에 떨어지지 아니하오리까.] 대종사 말씀하시기를 [성품의 본래 이치를 오득하여 마음이 항상 자성을 떠나지 아니하면 길이 극락 생활을 하게 되고 지옥에 떨어지지 아니하리라.]
>
> 『대종경』 변의품 10장

그리고 '마음이 항상 자성을 떠나지 아니하면' 길이 극락 생활을 할 수 있다고 답한다. 자신의 성품을 떠나지 않는다는 말은 소위 '불리자성' 不離自性이라고 하는데 일상생활 속에서 심신작용을 하면서 마음의 뿌리인 자성을 떠나지 않는 '온전한 마음' 으로 생활할 수 있도록 언제 어디서나 유념해야 지옥이라는 고통을 멀리하고 극락 생활을 할 수 있다는 것이다. 여기서도 핵심은 마음의 자유인 것이고 견성이란 그 마음 자유의 원천을 확인하는 것이라고 하겠다.

혹시 우리는 행복이 무엇인지도 모르고
행복을 구하고 있는 것은 아닐까?
극락이 어디 있는지도 모르면서
극락을 찾는 것은 아닐까?
혹시 지옥에 살고 있으면서
행복하다며 살고 있는 것은 아닐까?

목수가 잣대와 먹줄을 얻다

한 제자 여쭙기를 [견성을 하면 어찌 되나이까.] 대종사 말씀하시기를 [우주 만물의 본래 이치를 알게 되고 목수가 잣대와 먹줄을 얻은 것 같이 되나니라.]

『대종경』 성리품 21장

여기서 소태산이 말한 견성은 심성론적인 깨달음을 넘어서 '우주만물의 본래 이치' 까지를 포함한 깨달음을 의미한다. 수행자를 목수에 비유해서 잣대와 먹줄을 얻은 것과 같다고 설명한다. 목수가 아무리 훌륭하다고 하더라도 잣대와 먹줄이 없다면 목재의 길이를 재서 자르고 다듬는 기본적인 일을 할 수가 없을 것이다. 목수가 집을 지을 때 재목을 일정한 크기로 재단할 수 없다면 목수는 집을 짓지 못할 것이다. 그냥 눈대중으로 목재를 재단해서 될 일이 아니기 때문이다. 여러 사람이 일을 해도 마찬가지다. 서로 공유하는 잣대와 먹줄이 있어야 서로 합력을 해서 집을 지을 수 있다.

마음공부에 있어서 견성이 중요한 이유는 보이지 않아서 재단할 수 없는 마음을 상황에 맞게 재단하려면 일단 마음바탕인 성품을 알아야 하기 때문이다. 무형한 마음의 세계에서 무엇이 정의인지 불의인지, 무엇이 사심인지 정심인지, 무엇이 어리석음이고 지혜로움인지, 무엇이 요란함인지 고요함인지, 무엇이 욕심인지 아닌지 등 셀 수 없는 마음을 어떻게 알아차리고 그 마음들을 제대로 다스릴 것인가? 마음의 본질을 꿰고 있어야 하고 깊은 마음 바탕까지 보고 있어야 가능한 일들이다. 쓰러지거나 무너진 마음을 다시 세우기도 하고 방향을 잘 못 잡은 마음들의 방향을 돌려주는 공부를 하려면 견성이 필수적인 것이다. 마음을 깊이 제대로 보는 것을 견성이라고 생각한다면 마음공부에 견성이 왜 필요한지를 쉽게 추측할 수 있다.

1미터짜리 목재 10개를 가져오라고 했는데
목수들이 제 각각의 잣대를 가지고 있다면
1미터짜리 목재를 구하는 것은 불가능하다.
누구 잣대가 정확하단 말인가?
가치관의 혼란으로 세상이 어지러운 이유는 뭘까?
견성한 사람들이 적기 때문이다.
진리는커녕 자신의 마음도 정확히 볼 줄 모르는데
어떻게 소통이 가능하고
어떻게 가치 있고 질서 있는 삶이 가능하겠는가?

성불을 하려면

수도修道하는 사람이 견성을 하려는 것은 성품의 본래 자리를 알아, 그와 같이 결함 없게 심신을 사용하여 원만한 부처를 이루는 데에 그 목적이 있나니, 만일 견성만 하고 성불하는 데에 공을 들이지 아니 한다면 이는 보기 좋은 납도끼와 같아서 별 소용이 없나니라. 『대종경』 성리품 7장

소태산이 말하는 성불이란 우리 자신을 버리고 완전히 새롭고 낯선 인격을 향해 나아가야 얻어지는 것이 아니다. 오히려 자신 안으로 침잠해서 '성품의 본래 자리를 알아' 나아가야 가능하다. 각자의 성품을 성불의 출발점으로 삼아야 성불에 이를 수 있는 것이다. 소태산은 부처의 씨앗 또는 원형이 이미 우리 모두의 성품에 존재하고 있다고 보았다. 그가 누누이 '제불·조사·범부·중생의 성품' 이 모두 같다고 한 것에 주목해야 한다.

어느 조각가가 말했다던가.
조각은 이미 돌 안에 있는 형상을 꺼내는 것이라고.
견성도 그와 같지 않을까.
내 안에 이미 있는 나를 새로 찾아내는 것.

원만한 종교의 신앙을 하려면

종교의 문에 성리性理를 밝힌 바가 없으면 이는 원만한 도가 아니니 성리는 모든 법의 조종祖宗이 되고 모든 이치의 바탕이 되는 까닭이니라.

『대종경』 성리품 9장

소태산은「정기훈련법」에서 '성리' 를 '우주 만유의 본래 이치와 우리의 자성 원리를 해결하여 알자 함이요,' 라고 설했다. 성리의 '성' 性은 '우리의 자성 원리' 인 것이고 성리의 '리' 理는 '우주 만유의 본래 이치' 를 의미한다고 할 수 있다. 인간의 내면은 심성 원리를 연구해서 해결해야 할 것이고, 인간을 둘러싼 외부 환경의 탐구는 우주만유의 본래 이치를 연구해야 한다고 나누어서 설명할 수 있겠다. 거칠게 표현하자면 내면의 탐구는 심리心理 연구로, 외면의 탐구는 물리物理연구로 한다고 볼 수 있다. 요컨대 '인과의 이치' 가 인간 내면에서는 심리心理로, 외부의 물질 세계에서는 물리物理로 작용하고 있다고 보아도 될 듯하다. 그러니 '성리' 라는 말에는 우주만유와 심성 모두의 원리가 갊아 있으니 성리 안에는 모든 원리와 진리가 포함되어 있는 것이다. 따라서 '성리' 를 제대로 밝히지 못한 종교 교리는 원만한 교리가 될 수 없다고 할 수 있다. 이미 우리 각자의 내면에 있는 심성 원리와 우리 외부 세계에 편만한 인과의 이치에 근거한 종교라야 원만다고 할 수 있는 것이다. 이런 관점이 소태산으로 하여금 '도학·과학의 병진' 을 강조하게 했다고 볼 수 있다.

심리학 책을 봐야 내 마음을 알 수 있는 것은 아니다.
눈만 밝다면 내 마음을 그냥 잘 보면 된다.
물리학 책을 봐야 만유인력을 알 수 있는 것은 아니다.
눈 밝은 사람은 떨어지는 사과를 보면서 원리를 발견한다.
누구도 부정할 수 없는 유일무이한 진리는
우리 마음 안에 그리고 창 밖의 세상에 꽉 차있다.

마음공부를 제대로 하려면

불법은 천하의 큰 도라 참된 성품의 원리를 밝히고 생사의 큰 일을 해결하며 인과의 이치를 드러내고 수행의 길을 갖추어서 능히 모든 교법에 뛰어난 바 있나니라.

『대종경』 서품 3장

마음이 성품에서 비롯되는 것일진대 마음공부를 하고자 하는 수행자들이 어찌 성품에 대한 공부를 하지 않을 수 있겠는가. 소태산은 불교의 탁월성을 매우 간명하게 확언하고 있다. 그 가운데 첫 번째 내용이 '성품의 원리' 를 밝힌 점을 들고 있다. 그가 불교에 맥을 댄 이유이기도 하다. 불교가 장차 주세主世 종교가 될 것이라고 본 것도 '마음의 원리' 를 잘 밝혔기 때문이라고 한 말을 상기할 필요가 있다. 요컨대 마음공부를 하는데 가장 최적화된 종교가 불교라고 본 것이다. 마음공부를 제대로 하려면 마음의 원리를 제대로 알아야 하고 그러려면 성품의 원리를 제대로 공부해야 한다.

가나다라 가갸거겨

김 광선이 여쭙기를 [천지 만물의 미생전未生前에는 무엇이 체體가 되었나이까.] 대종사 말씀하시기를 [그대가 말하기 전 소식을 묵묵히 반조返照하여 보라.] 또 여쭙기를 [수행하는 데 견성이 무슨 필요가 있나이까.] 대종사 말씀하시기를 [국문國文에 본문을 아는 것과 같나니라.]

『대종경』 성리품 20장

한글로 뭔가 뜻을 파악하고 전하려고 해도 '가나다라' 를 모른다면 어떻게 하겠는가? 소태산의 비유에서 큰 안타까움이 묻어난다. 마음공부가 중요한 것을 알아서 마음공부를 하려고 해도 마음의 근본인 성품을 알지 못하면 어떻게 마음공부를 해서 마음을 마음대로 할 수 있겠는가. 소태산의 수행을 한마디로 표현하자면 '용심법' 用心法이라고 할 수 있는데 마음의 본질을 알아야 그 사용법도 알 수 있을 것 아닌가. 마음을 모르고 마음을 잘 사용하려고 하는 것은 마치 어떤 기계의 작동 원리는 모르면서 그 기계를 잘 사용하려는 것과 같다. 마음을 잘 사용하고 싶다면 당연히 마음의 본질과 원리에 대한 깨달음이 전제되어야 한다. 견성을 수행에 앞세우는 까닭이다.

* '성품' 과 '견성' 의 사전적 의미를 참고하기 바란다. **【참고-9】【참고-10】**

3. 견성 인가는 누가 어떻게 하나?

대종사 봉래 정사에 계실 때에
백 학명白鶴鳴 선사가 내왕하며
간혹 격외格外의 설說로써 성리 이야기 하기를 즐기는지라
대종사 하루는 짐짓 동녀 이 청풍李淸風에게 몇 말씀 일러 두시었더니,
다음 날 선사가 월명암月明庵으로부터 오는지라,
대종사 맞으시며 말씀하시기를
[저 방아 찧고 있는 청풍이가 도가 익어 가는 것 같도다.] 하시니,
선사가 곧 청풍의 앞으로 가서 큰 소리로
[발을 옮기지 말고 도를 일러오라.] 하니,
청풍이 엄연히 서서 절굿대를 공중에 쳐들고 있는지라,
선사가 말없이 방으로 들어오니, 청풍이 그 뒤를 따라 들어오거늘,
선사 말하되 [저 벽에 걸린 달마를 걸릴 수 있겠느냐.]
청풍이 말하기를 [있습니다.]
선사 말하기를 [걸려 보라.]
청풍이 일어서서 서너 걸음 걸어가니,
선사 무릎을 치며 십삼세각十三歲覺이라고 허락하는지라,
대종사 그 광경을 보시고 미소하시며 말씀하시기를
[견성하는 것이 말에 있지도 아니하고 없지도 아니하나,
앞으로는 그런 방식을 가지고는 견성의 인가印可를 내리지 못하리라.] 하시니라.

『대종경』 성리품 18장

지혜의 종교라고 할 수 있는 불교의 수행은 깨달음을 매우 중요시한다. 따라서 기본적인 견성 여부가 수행자들에게 하나의 피할 수 없는 관문으로 인식되곤 한다. 특히 간화선을 중시하는 선종에서는 흔히 '선문답' 禪問答이라고 하는 격외格外의 대화를 통해서 견성 여부를 검증하고 인증해주는 오랜 전통이 있다. 그래서 소위 도가 높다고 하는 스승을 찾아가서 선문답을 하는 것이 마음공부의 중요한 과정으로 인식되었다. 선가禪家의 교범들이 이런 선문답으로 채워진 것도 그런 까닭이다.

선문답 禪問答
성리 문답 性理問答

아는 바와 같이 소태산은 불법의 기초 위에 자신의 교법을 더하고 과거 불교의 제도와 방편을 혁신하고자 했다. 그의 이런 의도는 그와 제자들이 엮은 경전에도 반영되었으니 『금강경』을 비롯한 불교 경전과 경문 8개를 『불조요경』이라고 이름하여 원불교의 정식 경전으로 삼았다. 이 가운데 대표적인 선가의 수양서인 보조지눌普照知訥의 『수심결』修心訣에 전형적인 선문답의 사례가 나온다.

> 곧 불성이 현재 네 몸에 있거늘 어찌 밖에서 구하리오. 네가 만일 믿지 아니할진대 옛 성현들의 입도한 인연을 대략 들어서 너로 하여금 의심을 제거하게 하리니 너는 마땅히 진실히 믿을지어다. 옛적에 이견 왕이 바라제 존자에게 물어 가로되 "어떠한 것이 이 부처이오니까." 존자 가로되 "견성을 하면 이 부처이옵나이다." 왕이 가로되 "대사는 견성하셨나이까." 존자 가로되 "나는 불성을 보았나이다." 왕이 가로되 "성품이 어느 곳에 있나이까." 존자 가로되 "작용하는데 있나이다." 왕이 가로되 "이 무엇이 작용이기에 나는 지금에 보지 못하나이까." 존자 가로되 "지금도 작용을 하건마는 왕이 스스로 보지 못하나이다." 왕이 가로되 "그러면 나에게도 있나이까." 존자 가로되 "왕이 만일 작용을 하시면 불성 아님이 없거니와 왕이 만일 작용하

지 않으시면 체體도 또한 보기가 어렵나이다." 왕이 가로되 "작용할 때에 당해서는 몇 군데로 출현하나이까." 존자 가로되 "만일 출현할 때에는 마땅히 여덟군데가 있나이다." 왕이 가로되 "그 여덟 군데로 나타나는 것을 마땅히 나를 위하여 설하소서." 존자 가로되 "태중에 있을 때에는 몸이요 세상에 처할 때에는 사람이요 눈에 있어서는 보는 것이요 귀에 있어서는 듣는 것이요 코에 있어서는 냄새 맡는 것이요 혀에 있어서는 말하는 것이요 손에 있어서는 잡는 것이요 발에 있어서는 걸어 다니는 것으로서 펴 놓으면 항하의 모래 수효와 같은 세계에 가득 차고 거둬 들이면 한 미진 속에 들어가 나니 아는 이는 이것을 불성이라 하고 모르는 이는 정혼精魂이라 하나이다." 왕이 이 말씀을 듣고 마음이 곧 열리었나니라.

또 어떠한 중이 귀종 화상에게 묻되 "무엇이 부처이오니까." 귀종이 이르시되 "내가 지금 네게 일러 주고자 하나 네가 믿지 아니할까 염려하노라." 중이 이르되 "화상의 진실하신 말씀을 어찌 감히 믿지 아니하오리까." 대사 이르시되 "곧 네가 부처니라." 중이 이르되 "어떻게 보림 공부를 하오리까." 대사 이르시되 "한 티끌이 눈에 있으매 허공 꽃이 요란하게 떨어지나니라." 하시니, 그 중이 언하에 크게 깨달으니라.(한문 원문 생략)

『수심결』 5장

소태산의 경우에도 선가의 선문답과 같은 사례가 적지 않다. 아마도 소태산의 법력이 주위에 소문이 났던 모양이다. 선승들과의 문답이나 제자들과의 문답들이 주로 『대종경』 「성리품」에 실려 있는데 실제로는 이보다 훨씬 더 많은 선문답이 이뤄졌으리라 추측한다.

대종사 봉래 정사에 계시더니 선승禪僧 한 사람이 금강산으로부터 와서 뵈옵는지라, 물으시기를 [그대가 수고를 생각하지 아니하고 멀리 찾아왔으니 무슨 구하는 바가 있는가.] 선승이 사뢰기를 [도를 듣고자 하나이다. 도의 있는 데를 일러 주옵소서.] 대종사 말씀하시기를 [도가 그대의 묻는 데에 있나니라.] 선승이 예배하고 물러 가니라.

『대종경』 성리품 15장

선승 한 사람이 봉래 정사에 와서, 대종사께 뵈옵고 여쭙기를 [여래如來는 도솔천兜率天을 여의지 아니하시고 몸이 이미 왕궁가에 내리셨으며, 어머니의 태중에서 중생 제도하시기를 다 마치셨다 하였사오니 무슨 뜻이오니까.] 대종사 말씀하시기를 [그대가 실상사實相寺를 여의지 아니하고 몸이 석두암石頭庵에 있으며, 비록 석두암에 있으나 드디어 중생 제도를 다 마쳤나니라.]

『대종경』 성리품 16장

이런 선문답은 깨달음을 구하는 질문자와 그 질문에 답하는 스승, 깨달은 자의 대화로 이뤄지는데 이 대화의 귀결은 견성에 대한 인가로 이어지곤 한다. 선문답의 묘미는 매우 짧은 시간에 이뤄지는 압축적인 이심전심의 소통에 있다. 짧은 언어의 틀에 담긴 선문답은 그 언어의 틀을 깨면서 문답의 주인공들만이 아니라 후대의 독자들에게도 깨달음을 촉발하는 힘을 발휘하곤 한다.

대종사 봉래 정사에서 문 정규에게 물으시기를 [벽에 걸린 저 달마 대사의 영상을 능히 걸릴 수 있겠는가.] 정규 사뢰기를 [능히 걸리겠나이다.] 대종사 말씀하시기를 [그러면 한 번 걸려 보라.] 정규 곧 일어나 몸소 걸어가거늘 대종사 말씀하시기를 [그것은 정규가 걷는 것이니, 어찌 달마의 화상을 걸렸다 하겠는가.] 정규 말하기를 [동천에서 오는 기러기 남천으로 갑니다.]하니라.

『대종경』 성리품 14장

대종사 영산으로부터 봉래 정사에 돌아오사 한 제자에게 말씀하시기를 [내가 영산에서 윤선輪船으로 이 곳에 올 때에 바다 물을 보니 깊고 넓은지라 그 물을 낱낱이 되어 보았으며 고기 수도 낱낱이 헤어 보았노니, 그대도 혹 그 수를 알겠는가.] 하신데, 그 사람이 말씀 뜻을 짐작하지 못하니라.

『대종경』 성리품 12장

이런 문답은 제자의 질문으로부터 시작되기도 하고 스승의 질문으로부터 시작되기도 한다. 결국 진리에 대한 깨달음을 구하고자 하는 의지와 깨달음을 전해주고 싶은 의지가 관건일 뿐이다. 과거 선승들의 격외의 선문답과 같이 어떤 선문답은 언어를 배제한 채 이뤄지기도 한다. 소태산이 제자들에게 한 소식을 전하기 위해서 눈을 치우는 행동을 하는 대목이 『대종경』에 실려 있다.

대종사 봉래 정사에서 모든 제자에게 말씀하시기를 [옛날 어느 학인學人이 그 스승에게 도를 물었더니 스승이 말하되 "너에게 가르쳐 주어도 도에는 어긋나고 가르쳐 주지 아니하여도 도에는 어긋나나니, 그 어찌하여야 좋을꼬" 하였다 하니, 그대들은 그 뜻을 알겠는가.] 좌중이 묵묵하여 답이 없거늘 때마침 겨울이라 흰 눈이 뜰에 가득한데 대종사 나가시사 친히 도량道場의 눈을 치시니 한 제자 급히 나가 눈가래를 잡으며 대종사께 방으로 들어가시기를 청하매, 대종사 말씀하시기를 [나의 지금 눈을 치는 것은 눈만 치기 위함이 아니라 그대들에게 현묘한 자리를 가르침이었노라.]

『대종경』 성리품 13장

선불교에서는 수행자들의 선수행을 촉진하고 깨달음을 촉발하기 위해 매우 간결하고 역설적인 문구나 질문을 공식화해서 공안公案 또는 화두話頭라고 하는데 소태산 역시 그런 전통적 선수행의 방편을 활용하기도 했다.

대종사 봉래 정사에 계시더니 한 사람이 서 중안徐中安의 인도로 와서 뵈옵거늘 대종사 물으시기를 [어떠한 말을 듣고 이러한 험로에 들어왔는가.]

그가 사뢰기를 [선생님의 높으신 도덕을 듣고 일차 뵈오러 왔나이다.] 대종사 말씀하시기를 [나를 보았으니 무슨 원하는 것이 없는가.] 그가 사뢰기를 [저는 항상 진세塵世에 있어서 번뇌와 망상으로 잠시도 마음이 바로 잡히지 못하오니 그 마음을 바로잡기가 원이옵니다.] 대종사 말씀하시기를 [마음 바로잡는 방법은 먼저 마음의 근본을 깨치고 그 쓰는 곳에 편벽됨이 없게 하는 것이니 그 까닭을 알고자 하거든 이 의두疑頭를 연구해 보라.] 하시고 "만법귀일萬法歸一하니 일귀하처一歸何處오"라고 써 주시니라.

『대종경』 성리품 17장

대종사 선원 대중에게 말씀하시기를 [성리를 말로는 다 할 수 없다고 하나 또한 말로도 여실히 나타낼 수 있어야 하나니, 여러 사람 가운데 증득하였다고 생각하는 사람이 있으면 나의 묻는 말에 대답하여 보라. 만법귀일이라 하였으니 그 하나로 돌아가는 내역을 말하여 보고 일귀하처오 하였으니 그 하나는 어디로 돌아가는가를 말하여 보라.] 대중이 차례로 대답을 올리되 인가하지 아니하시는지라, 한 제자 일어나 절하고 여쭙기를 [대종사께서 다시 한 번 저에게 물어 주옵소서.] 대종사 다시 그대로 물으시니, 그 제자 말하기를 [만법이 본래 완연完然하여 애당초에 돌아간 바가 없거늘 하나인들 어디로 돌려 보낼 필요가 있겠나이까.] 대종사 웃으시며 또한 말씀이 없으시니라.

『대종경』 성리품 24장

소태산은 '선문답' 이라는 표현보다는 '성리문답' 性理問答이라는 표현을 선호했다. 『정전』 「정기훈련법」에 '성리' 과목이 있는 데서도 알 수 있다. 이런 문답은 '견성' 여부를 '인가' 해주는 '견성 인가' 로 귀결되곤 한다. 그런데 선불교에서는 매우 빈번하게 활용되던 선문답을 통한 견성인가의 방편에 대해 강하게 문제 제기를 하는 소태산의 법문이 있다.

대종사 봉래 정사에 계실 때에 백 학명白鶴鳴 선사가 내왕하며 간혹 격외格外의 설說로써 성리 이야기 하기를 즐기는지라 대종사 하루는 짐짓 동녀 이청풍李淸風에게 몇 말씀 일러 두시었더니, 다음 날 선사가 월명암月明庵으로부터 오는지라, 대종사 맞으시며 말씀하시기를 [저 방아 찧고 있는 청풍이가 도가 익어 가는 것 같도다.] 하시니, 선사가 곧 청풍의 앞으로 가서 큰 소리로 [발을 옮기지 말고 도를 일러오라.] 하니, 청풍이 엄연히 서서 절굿대를 공중에 쳐 들고 있는지라, 선사가 말 없이 방으로 들어오니, 청풍이 그 뒤를 따라 들어오거늘, 선사 말하되 [저 벽에 걸린 달마를 걸릴 수 있겠느냐.] 청풍이 말하기를 [있읍니다.] 선사 말하기를 [걸려 보라.] 청풍이 일어서서 서너 걸음 걸어가니, 선사 무릎을 치며 십삼세각十三歲覺이라고 허락하는지라, 대종사 그 광경을 보시고 미소하시며 말씀하시기를 [견성하는 것이 말에 있지도 아니하고 없지도 아니하나, 앞으로는 그런 방식을 가지고는 견성의 인가印可를 내리지 못하리라.] 하시니라.

『대종경』 성리품 18장

소태산은 어떤 수행자의 견성 여부를 한 순간의 격외 문답으로 판가름하는 전통적 선불교의 방식에 큰 문제 제기를 하고 있다. 더구나 이미 정형화된 질문과 응답으로는 수행자의 견성 인가에 오류가 있을 수 있다는 문제 제기이기도 하다. 이런 내용은 여기서만 등장하지만 소태산이 불교를 계승하면서도 제도와 방편 전반에 걸친 혁신을 하고자 했던 점을 감안한다면 선수행의 결과나 견성 여부의 평가를 이런 식으로 하는 것에 문제를 제기한 것은 당연한 귀결이라고 할 수 있다.

원만한 수행을 해야

번거한 화두와 번거한 경전은 다 놓아 버리고 그 중에 제일 강령과 요지를 밝힌 화두와 경전으로 일과 이치에 연구력 얻는 과목을 정하고, 염불·좌선·주문을 단련하여 정신 통일하는 수양 과목을 정하고, 모든 계율과 과보 받는 내역과 사은의 도를 단련하여 세간 생활에 적절한 작업 취사의 과목을 정하고, 모든 신자로 하여금 이 삼대 과목을 병진하게 하였으니, 연구 과목을 단련하여서는 부처님과 같이 이무애理無碍 사무애事無碍 하는 연구력을 얻게 하며, 수양 과목을 단련하여서는 부처님과 같이 사물에 끌리지 않는 수양력을 얻게 하며, 취사 과목을 단련하여서는 부처님과 같이 불의와 정의를 분석하고 실행하는 데 취사력을 얻게 하여, 이 삼대력三大力으로써 일상생활에 불공하는 자료를 삼아 모든 서원을 달성하는 원동력을 삼게 하면 교리가 자연 통일될 것이요 신자의 수행도 또한 원만하게 될 것이니라.

『대종경』 서품 19장 중에서

견성 인가가 아무리 중요한 것이라고 하더라도 삼학 가운데 사리연구의 결과를 측정하는 한 수단이라고 보아야 한다. 그리고 그 측정 수단 가운데 하나의 방법이 성리문답 또는 불교의 선문답이라고 보면 되겠다.

'견성' 이란 소태산의 삼학 수행 가운데 '사리연구' 의 결과 가운데 하나일 뿐이니 '견성' 에 대한 치우친 평가는 삼가야 한다. 마치 모든 수행의 목적이 견성이라고 생각하거나 그 평가 방법, 즉 견성 인가도 선문답과 같은 방식으로 한정하는 것은 원만한 견해가 아니다.

소태산은 수행자의 수행과목으로 정기훈련 11과목과 상시훈련 12조목을 제시하고 있다. 이 과목들이 모두 삼학(정신수양·사리연구·작업취사, 계·정·혜)의 세부 과목임은 물론이다. 이런 과목들을 모두 원만하게 병행을 해야 진정한 수행력을 갖추게 된다고 본 것이다.

요리사를 구두면접으로 뽑는다?
수영선수 선발을 면담으로 대신한다?
그럴 수 있다.
하지만 더 쉽고 정확한 방법이 있다.
요리를 하고, 물에 뛰어들어 수영하는 걸 보면 된다.
견성 도인을 문답으로 가려낸다고?
물론 그럴 수 있지만,
차라리 가만히 심신작용을 하고, 생활하는 걸 보는 게 낫다.
신입사원을 면접으로 뽑는 것은
그들이 일하고 생활하는 것을 볼 시간이 없기 때문이다.
사람을 말로 평가하면 말 잘하는 사람만 뽑힐 수 있다.

소태산의 견성 인가

대종사 선원에서 김 기천의 성리 설하는 것을 들으시고 말씀하시기를 [오늘 내가 비몽사몽간에 여의주如意珠를 얻어 삼산三山에게 주었더니 받아 먹고 즉시로 환골 탈태하는 것을 보았는데, 실지로 삼산의 성리 설하는 것을 들으니 정신이 상쾌하다.] 하시고, 말씀하시기를 [법은 사정私情으로 주고 받지 못할 것이요, 오직 저의 혜안이 열려야 그 법을 받아 들이나니, 용龍은 여의주를 얻어야 조화가 나고 수도인은 성품을 보아서 단련할 줄 알아야 능력이 나나니라.] 하시니, 문 정규 여쭙기를 [저희가 일찍부터 정산을 존경하옵는데 그도 견성을 하였나이까.] 대종사 말씀하시기를 [집을 짓는데 큰 집과 작은 집을 다 같이 착수는 하였으나, 한 달에 끝날 집도 있고 혹은 일년 혹은 수년을 걸려야 끝날 집도 있듯이 정산은 시일이 좀 걸리리라.]

『대종경』 성리품 22장

소태산의 언행이 기록된 대표 경전인『대종경』내용 가운데 명시적으로 견성 인가를 하는 대목이다. 소태산과 고락을 함께하며 초기 교단의 토대를 만든 아홉 제자 가운데 한 사람인 김기천이 성리性理에 관해 설명하는 것을 들은 소태산이 바로 '정신이 상쾌하다' 고 심경을 표현하면서 '법은 사정으로 주고 받지 못할 것' 이라고 전제하면서 공식적으로 인정을 하는 내용이다. 제자 김기천을 '성품을 보아서 단련' 할 줄 아는 수준에 이른 수도인으로 인가한 것이다.

소태산이 공개적으로 김기천에게 견성 인가를 하자 그의 수제자인 정산鼎山 송규에 대해서는 왜 견성 인가를 해주지 않는가에 대한 의문을 제자 문정규가 제기하는 장면이 이어지고 있다. '그도 견성을 하였나이까' 라고 묻지만 소태산은 견성을 했다거나 하지 못했다고 즉답을 하지 않고 정산을 큰 집으로 비유하면서 '시일이 좀 걸리리라' 고 에둘러 답하고 있다. 그렇다면 정산은 김기천의 견성에 버금갈 깨달음도 얻지 못했을 것인가. 아니면 그 단계를 지나서 더 큰 깨달음을 구하고 있는 단계였을까. 감히 추측하건대 아마도 후자가 아니었을까.

정산鼎山에 대한 견성 인가

대종사께서 대중에게 말씀하시었다. "성품 자리를 일러 보라." 이에 여러 가지로 대답하는데 인증을 아니하시고 정산 종사에게 말씀하셨다. "정산이 한 번 말하여 보라." **"언어도言語道가 끊어지고 심행처心行處가 멸했습니다."** "그 말이 꼭 맞다." 하시고 인가를 하여 주시었다.

『한울안 한이치에』 중에서

소태산이 제자 정산에 대해 견성 인가를 한 대목이다. 소태산은 이전 법문에서 제자 문정규가 물었을 때와는 다른 대답을 한 셈인데 법문의 시점을 따져봐야겠지만 그것보다는 '견성' 이라는 의미를 넓게 보는가 좁게 보는가 하는 차이와 아울러 그 당시의 상황과도 관계가 있어 보인다. 정산의 응답 내용은 소태산이 설한 「일원상 서원문」의 '일원은 언어도단言語道斷의 입정처入定處' 라고 한 대목과 일치하고 있다.

견성의 단계

김기천과 정산 송규의 견성에 대한 질문에 소태산이 '큰 집과 작은 집' 의 비유로 응답한 것에서 알 수 있듯이 그는 깨달음에도 정도의 차이가 있다고 보았다.

> 처음 발심한 사람이 저의 근기도 잘 모르고 일시적 독공篤工으로 바로 큰 이치를 깨치고자 애를 쓰는 수가 더러 있으나 그러한 마음을 가지면 몸에 큰 병을 얻기 쉽고, 마음대로 되지 않을 때에는 퇴굴심退屈心이 나서 수도 생활과 멀어질 수도 있나니 조심할 바이니라. 그러나, 혹 한 번 뛰어서 불지佛地에 오르는 도인도 있나니 그는 다생 겁래에 많이 닦아 온 최상의 근기요 중·하中·下의 근기는 오랜 시일을 두고 공을 쌓고 노력하여야 되나니, 그 순서는 첫째 큰 원이 있은 뒤에 큰 신信이 나고, 큰 신이 난 뒤에 큰 분忿이 나고, 큰 분이 난 뒤에 큰 의심이 나고, 큰 의심이 있은 뒤에 큰 정성이 나고, 큰 정성이 난 뒤에 크게 깨달음이 있으며, **깨달아 아는 것도 한 번에 끝나는 것이 아니라 천통 만통이 있나니라.**
>
> 『대종경』 수행품 43장

이 법문에서 알 수 있는 것은 수행자의 근기에도 상·중·하의 근기가 있다는 것과 수행의 단계도 엄연히 있다는 것, 그리고 깨달음에도 '천통 만통' 의 심천이 있다는 사실이다. 견성이나 깨달음이 '한 번에 끝나는 것이 아니라' 는 사실에 유념해야 한다. 자칫하면 작은 깨달음에 만족하여 수행의 깊이를 더하지 못하고 깨달음의 크기도 더하지 못할 수 있기 때문이다.

한 제자 여쭙기를 [견성 성불見性成佛이라 하였사오니 견성만 하면 곧 성불이 되나이까.] 대종사 말씀하시기를 [근기에 따라 견성하는 즉시로 성불하는 사람도 있으나 그는 드문 일이요 **대개는 견성하는 공보다 성불에 이르는 공이 더 드나니라**. 그러나, 과거에는 인지가 어두운 고로 견성만 하면 곧 도인이라 하였지마는 돌아오는 세상에는 견성만으로는 도인이라 할 수 없을 것이며 거개의 수도인들이 견성만은 일찌기 가정에서 쉽게 마치고 성불을 하기 위하여 큰 스승을 찾아 다니며 공을 들이리라.]

『대종경』 성리품 23장

이 법문에서는 견성의 단계를 구체적으로 언급하지 않았지만 '일찌기 가정에서 쉽게 마치' 는 견성이 '대각' 大覺이나 '대원정각' 大圓正覺 등으로 표현되는 근본적인 깨달음과는 같을 수 없다는 추론이 가능하다.

큰 도는 서로 통하여 간격이 없건마는 사람이 그것을 알지 못하므로 스스로 간격을 짓게 되나니, 누구나 만법을 통하여 한 마음 밝히는 이치를 알아 행하면 가히 대원정각大圓正覺을 얻으리라.

『대종경』 성리품 5장

어린아이가 혼자서도 공을 찰 수는 있다.
곧잘 차서 칭찬을 받을 수도 있다.
자칫 거기에 머물기 쉽다.
정말 잘 차고 싶으면 좋은 지도자를 만나야 한다.
너무 당연한 사실이다.

정산鼎山의 견성 다섯 계단

> 견성에 다섯 계단이 있나니, 첫째는 만법 귀일萬法歸一의 실체를 증거하는 것이요, 둘째는 진공眞空의 소식을 아는 것이요, 세째는 묘유妙有의 진리를 보는 것이요, 네째는 보림保林하는 공부를 하는 것이요, 다섯째는 대기 대용大機大用으로 이를 활용함이니라.
>
> 『정산종사법어』 원리편 9장

정확하게는 '다섯 계단' 이라고 했으니 견성의 깊이나 크기를 구분하기 위함도 목적이지만 차례차례로 밟고 올라가면서 수행을 하라는 뜻에서 '계단' 이라는 표현을 한 것 같다. 하지만 근기에 따라 몇 계단을 한 번에 올라가는 경우도 당연히 있을 것이다.

대산大山의 견성 세 단계

대산大山 김대거金大擧 종사宗師는 견성의 단계를 셋으로 나누어서 설명하고 있다.

> 견성에는 3단계가 있나니, 첫째는 초견성初見性으로 불생불멸의 본체 자리와 일체중생의 본성 자리인 대大의 자리를 아는 것이요, 둘째는 중견성中見性으로 대大가 변하여 소小가 되고 소가 변하여 대가 되는 대와 소의 자리를 아는 것이요, 셋째는 상견성上見性으로 대가 소가 되고 소가 대가 되며 유有가 무無로 되고 무가 유로 변하는 대소 유무大小有無의 자리를 아는 것이니라. 이 세 단계를 거쳐야 견성에 토를 뗀 사람이니라.
>
> 『대산종사법어』 적공편 49장

정산의 견성 다섯 계단과 대산의 견성 세 단계는 일견 다른 것 같아도 그 내용은 대동소이하다고 할 수 있다. 대산이 소태산의 삼학 수행 중 '사리연구' 의 핵심 내용인 '대소유무' 개념을 중심으로 견성의 단계를 설명했다면 정산은 기존 불교적 개념을 동원해서 설명을 한 셈이다. 굳이 두 가지 분류를 대비시켜 보자면 정산의 '만법 귀일의 실체를 증거하는 것, 진공의 소식을 아는 것' 은 대산의 '초견성' 으로, 정산의 '묘유의 진리를 보는 것' 은 대산의 '중견성' 으로 연계하여 이해할 수 있겠다. 정산의 '보림하는 공부' 와 '대기대용으로 활용' 하는 경지는 좁은 의미의 견성이라기 보다는 견성 이후의 수행에 해당한다고 할 수 있는데 이를 굳이 대산의 견성 단계와 비교하자면 '상견성' 에 속한다고 할 수 있겠다.

일원상 진리와 견성 정도

> 일원一圓은 우주 만유의 본원이며, 제불 제성의 심인이며, 일체 중생의 본성이며, 대소 유무大小有無에 분별이 없는 자리며, 생멸 거래에 변함이 없는 자리며, 선악 업보가 끊어진 자리며, 언어 명상言語名相이 돈공頓空한 자리로서 공적 영지空寂靈知의 광명을 따라 대소 유무에 분별이 나타나서 선악 업보에 차별이 생겨나며, 언어 명상이 완연하여 시방 삼계十方三界가 장중掌中에 한 구슬같이 드러나고, 진공 묘유의 조화는 우주 만유를 통하여 무시광겁無始曠劫에 은현 자재隱顯自在하는 것이 곧 일원상의 진리니라.
>
> 『정전』 일원상 진리

소태산의 「일원상 진리」의 내용을 정산과 대산의 견성 단계와 비교해서 보면 견성 공부에 도움이 될 듯하다. 내용을 문자 그대로만 대입해서 본다면 꼭 맞지 않지만 대의를 보아 내용들을 비교하면서 이해한다면 대동소이大同小異함을 알 수 있다. 「일원상 진리」 내용 가운데 어떤 부분을 알고 모르는지를 면밀히 점검해서 정산의 견성 다섯 계단과 대산의 견성 세 단계에 대조해보면 견성 공부에 도움이 될 것이다.

4. 나는 견성을 했나?

○

이 원상圓相의 진리를 각覺하면
시방 삼계가 다 오가吾家의 소유인 줄을 알며,
또는 우주 만물이 이름은 각각 다르나 둘이 아닌 줄을 알며,
또는 제불·조사와 범부·중생의 성품인 줄을 알며,
또는 생·로·병·사의 이치가 춘·하·추·동과 같이 되는 줄을 알며,
인과 보응의 이치가 음양상승陰陽相勝과 같이 되는 줄을 알며,
또는 원만 구족한 것이며 지공 무사한 것인 줄을 알리로다.

『정전』 일원상 법어 중에서

소태산의 경우

아는 바와 같이 소태산은 특정한 종교에 귀의해서 체계적인 수행을 하거나 특정한 스승의 지도를 받은 바가 없다. 따라서 그의 수행은 불교적 개념인 '견성' 을 전제로 행해지기보다는 독자적인 구도 행위로 전개되었다. 견성이나 성불 등의 개념을 전제로 수행을 한 것이 아니라 소태산 나름대로의 구도와 깨달음이 결실을 맺은 다음에야 기성종교의 경전을 보면서 비로소 자신의 깨달음과 대조를 하게 된다. 『원불교교사』에서는 이 대목을 이렇게 표현하고 있다.

> 대종사, 대각을 이루신 후, 마음에 홀로 기쁘고 자신이 충만心獨喜自負하여, 그 경로를 생각하시되 [순서 알기가 어렵다] 하시고, [강연히 말하자면 자력으로 구하는 중 사은四恩의 도움이라] 하시었다. 대종사, 다시 생각하시기를 [동양에는 예로 부터 유·불·선 삼교儒佛仙三敎가 있고, 이 나라에도 근래에 몇 가지 새 종교가 일어났으며, 서양에도 몇 가지 종교가 있다 하나, 내가 지금까지 그 모든 교의敎義를 자상히 들어 본 적이 없었으니, 이제 그 모든 교서를 한 번 참고하여, 나의 얻은 바에 대조하여 보리라] 하시고, 이웃 사람들에게 부탁하여 그 경전들을 약간 구하여 대략 열람하시었다. 당시 열람하신 경전은, 유교의 사서四書와 소학小學, 불교의 금강경金剛經·선요禪要·불교대전佛敎大全·팔상록八相錄·선가仙家의 음부경陰符經·옥추경玉樞經, 동학의 동경대전東經大全·가사歌詞, 기독교의 구약舊約·신약新約 등인 바, 그 중 특히 금강경은 꿈으로 그 이름을 알으셨다 한다.
>
> 『원불교교사』 중에서

대개의 뛰어난 수행자들은 두 가지 길을 간다고 할 수 있다. 특정 종교의 전통 안에서 신앙과 수행을 해서 소기의 종교적 성취를 이루거나, 다른 특별한 경우에는 독자적인 수행으로 소기의 성취를 이룬 다음에 자신의 독자적인 종교를 만들곤 한다. 소태산의 경우에는 이 두 가지에 속하지 않는다. 독자적인 수행으로 소기의 성취를 얻고 진리에 대한 깨달음을 얻었지만 기성 종교의 경전을 열람하면서 자신의 깨달음과 견해를 비교해보았다. 그리고 새로운 사실을 인식하게 되는데 그것은 자신의 깨달음이 자신만의 것이 아니라 '옛 성현들' 이 이미 알고 있던 것이라는 사실이다. 그리고 새로운 회상을 열긴 하지만 전혀 새롭다기보다는 불교의 사상적 기반을 토대로 제도와 방편을 혁신한 종교를 지향했다. 제3의 길을 간 셈이다.

> 대종사, 경전들을 열람하신 후 말씀하시기를 [나의 안 바는 옛 성인들이 또한 먼저 알았도다] 하시고, [모든 경전의 뜻이 대개 적절하여 별로 버릴 바가 적으나, 그 중에도 진리의 심천深淺이 없지 아니한 바, 그 근본적 진리를 밝히기로는 불법이 제일이라, 서가모니 불은 진실로 성인들 중의 성인이라] 하시었다. 대종사 또 말씀하시기를 [내가 스승의 지도 없이 도를 얻었으나, 발심한 동기로 부터 도 얻은 경로를 돌아 본다면 모든 일이 은연 중 과거 부처님의 행적과 말씀에 부합되는 바 많으므로, 나의 연원을 부처님에게 정하노라] 하시고, [장차 회상을 열 때에도 불법으로 주체를 삼고, 모든 교법도 마땅한 바를 따라 응용하여, 완전 무결한 큰 회상을 이 세상에 건설하리라]고 내정하시었다.
>
> 『원불교교사』 중에서

요컨대 소태산은 스스로 일으켰던 의문을 스스로 해결했고 그 다음에는 자신의 깨달음을 옛 성현들의 증오처와 대조해보았다. '옛 성현들' 을 모두 인정하고 존숭했지만 그들의 가르침을 모두 동일하게 평가하지는 않았다. 경전들을 통해 파악한 진리의 가르침 가운데 석가모니불의 가르침이 가장 위대하다고 보아서 자신의 법맥을 석가모니불에게 대었다. 이 때부터 비로소 소태산의 깨달음은 불교적 틀과 표현을 빌려 세상에 퍼져나가게 된다. 결국 소태산의 견성 인가, 깨달음의 인증은 수 천 년의 시간을 격한 옛 성현들과의 정신적 교감 속에서 새로운 방식으로 이뤄지게 된 셈이다. 소태산 생존시 여러 인물들의 평가가 있었지만 그보다는 소태산 스스로 석가모니불을 연원불로 삼고 법맥을 대고 깨달은 바를 대조해보는 과정 자체가 일종의 견성 인가를 대신했다고 보아도 무방하겠다. 이런 해석은 어차피 소태산에 이르러서는 스승과 제자간의 단전單傳적 견성 인가보다는 누구에게나 전해지고 알려진 진리의 내용에 각자의 깨달은 바를 대조하는 공전共傳방식을 채택한 것과 흐름을 같이 한다.

청풍월상시 만상자연명

그렇다면 후대의 수행자들은 자신들의 깨달음을 어디에 어떻게 대조해야 할 것인가? 소태산의 오도송悟道頌이라고 할 수 있는 '청풍월상시淸風月上時만상자연명萬像自然明' 『대종경』 성리품 1장과 같은 심경을 느끼면 되는 것일까? '안으로 버리고자 하되 버릴 수 없고 잊고자 하되 잊을 수 없고 숨기고자 하되 숨길 수 없으며, 밖으로 길흉이 능히 그 뜻을 움직이지 못하고 순역이 능히 그 마음을 유혹하지 못하고 백가지 묘한 것이 능히 그 생각을 끌지 못하면 이것이 바르게 깨친 진경이니라.' 『정산종사법어』 권도편 39장라고 설한 정산 종사의 경지를 맛보면 되는 것일까?

이들 내용이 비록 아무나 느낄 수 없고 쉽게 도달하기 어려운 경지임은 분명하다. 하지만 그 내용은 명확하지 않다. 무엇을 깨달았는지, 무엇을 깨달아야 할지를 더 드러내야 할 필요가 있다. 자칫하면 주관적 느낌이나 견해에 빠질 수도 있기 때문이다. 수행자들 스스로 견성과 깨달음의 내용과 정도를 평가할 수 있는 소태산의 가르침 내용을 살펴볼 필요가 있다.

본원, 심인, 본성

> 일원은 법신불이니 우주만유의 본원本源이요 제불제성諸佛諸聖의 심인心印이요 일체 중생의 본성本性이다. 『정전』 교리도 중에서

견성을 좁게 본다면 '일체 중생의 본성' 만을 깨달으면 되겠지만 넓게 본다면 '법신불', '우주만유의 본원', '제불제성의 심인', '일체 중생의 본성' 네 가지로 표현된 내용 전체에 대한 깨달음에 도달해야 한다.

일원상의 진리

> 일원一圓은 우주 만유의 본원이며, 제불 제성의 심인이며, 일체 중생의 본성이며, 대소 유무大小有無에 분별이 없는 자리며, 생멸 거래에 변함이 없는 자리며, 선악 업보가 끊어진 자리며, 언어 명상言語名相이 돈공頓空한 자리로서 공적 영지空寂靈知의 광명을 따라 대소 유무에 분별이 나타나서 선악 업보에 차별이 생겨나며, 언어 명상이 완연하여 시방 삼계十方三界가 장중掌中에 한 구슬같이 드러나고, 진공 묘유의 조화는 우주 만유를 통하여 무시광겁無始曠劫에 은현 자재隱顯自在하는 것이 곧 일원상의 진리니라.
>
> 『정전』 일원상의 진리

소태산의 대각의 핵심 내용이다. '견성' 을 매우 좁게 해석한다면 '일체 중생의 본성' 을 아는 데 국한할 수도 있지만 '넓은 의미의 견성' 이나 소위 '대각' 을 이를 때는 이 「일원상의 진리」 전체를 확연히 깨달아야 한다고 할 수 있다. 「일원상의 진리」는 소태산이라는 교조가 직접 신앙과 수행의 핵심이 되는 '진리' 그 자체에 대해 조작적 정의를 시도한 매우 드문 사례라고 할 수 있다. 소태산 또는 원불교에 있어서 '견성' 이나 '깨달음' 을 논하면서 가장 핵심에 놓여야 할 내용이 바로 「일원상의 진리」임은 너무나 당연하다. 타종교인들이라면 몰라도 소태산의 가르침을 따르는 원불교인들이라면 이 내용을 얼마나 깨달아서 자신의 것으로 만들었느냐를 견성의 척도로 삼아야 한다.

일원상 법어 一圓相 法語

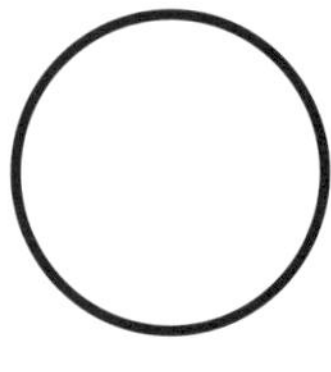

이 원상圓相의 진리를 각覺하면 시방 삼계가 다 오가吾家의 소유인 줄을 알며, 또는 우주 만물이 이름은 각각 다르나 둘이 아닌 줄을 알며, 또는 제불·조사와 범부·중생의 성품인 줄을 알며, 또는 생·로·병·사의 이치가 춘·하·추·동과 같이 되는 줄을 알며, 인과 보응의 이치가 음양상승陰陽相勝과 같이 되는 줄을 알며, 또는 원만 구족한 것이며 지공 무사한 것인 줄을 알리로다.

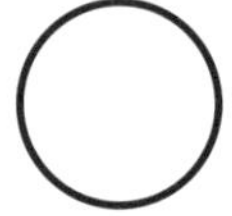

이 원상은 눈을 사용할 때에 쓰는 것이니
원만 구족한 것이며 지공 무사한 것이로다.

이 원상은 귀를 사용할 때에 쓰는 것이니
원만 구족한 것이며 지공 무사한 것이로다.

이 원상은 코를 사용할 때에 쓰는 것이니
원만 구족한 것이며 지공 무사한 것이로다.

이 원상은 입을 사용할 때에 쓰는 것이니
원만 구족한 것이며 지공 무사한 것이로다.

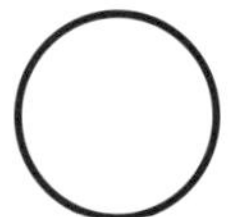

이 원상은 몸을 사용할 때에 쓰는 것이니
원만 구족한 것이며 지공 무사한 것이로다.

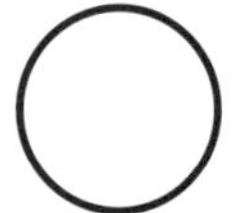

이 원상은 마음을 사용할 때에 쓰는 것이니
원만 구족한 것이며 지공 무사한 것이로다.

『정전』 일원상 법어

앞에서 「일원상의 진리」를 견성의 중심 내용으로 삼아야 한다고 언급했다면 「일원상 법어」에서는 이 진리를 깨닫게 되면 어떻게 인식의 지평이 넓어지고 안목이 어떻게 변하게 되는지를 좀 다른 표현으로 설명하고 있다. 그래서 '이 원상圓相의 진리를 각覺하면' 이라는 말로 내용을 시작하고 있다. 진리를 제대로 깨달으면 이러저러하게 될 수밖에 없다는 내용이다.

「교리도」, 「일원상 진리」를 비롯해서 「일원상 서원문」등 『정전』 곳곳에서 약간의 표현만을 달리한 채 반복적으로 기술되는 진리의 내용도 중요하지만 특히 「일원상 법어」에서는 '이 원상圓相의 진리를 각覺하면' 이란 표현이 등장함에 주목하지 않을 수 없다. 소태산은 이미 자신이 깨달은 바를 여러 가지 언설로 표현했는데 또 다시 '이 원상圓相의 진리를 각覺하면' 이라고 전제를 단 「일원상 법어」를 설한 이유는 그 내용을 바로 '각' 覺, 깨달음의 내용과 기준으로 삼고자 했기 때문일 것이다.

그리고 작은 일원상 여섯 개를 그려놓고 눈, 귀, 코, 입, 몸, 마음 등 육근을 사용할 때 '원만구족하고 지공무사' 하게 하라는 주문을 하고 있다. 이 내용은 곧 앞 부분의 내용을 깨달은 바에 바탕해서 심신작용을 하라는 것이다. 즉, '이 원상을 각하면' 부터 '원만구족한 것이며 지공무사한 것인 줄을 알리로다' 까지의 앞부분은 '견성' 과 '깨달음' 의 소식이라면 뒷부분은 '성불' 의 소식이라고 볼 수 있다. 물론, 뒷 부분의 육근에 대한 내용을 '원만구족하고 지공무사한 것인 줄' 을 '깨닫는' 것에 주목한다면 「일원상 법어」전체를 견성과 성불의 내용으로 양분하지 않고 온전히 깨달음의 내용으로 볼 수도 있을 것이다.

따라서 수행자들이 자신이 견성을 했는지를 스스로 점검하고 싶다면 이 「일원상 법어」의 앞부분과 대조하면 쉽게 자신의 견성 여부와 정도를 알 수 있다. 누군가에게 견성인가를 받으려 하기 전에 「일원상 법어」 내용에 자신의 공부 결과를 비춰볼 필요가 있는 것이다. 그리고 자신이 견성을 했다고 하면 자신의 육근작용, 심신작용이 '원만구족 지공무사' 한지를 일일이 대조할 필요가 있다. 육근의 사용이 원만구족 지공무사한 정도에 따라서 자신의 '성불', '부처 되기' 의 수준을 가늠할 수 있기 때문이다. 마치 학생들이 시험을 치르고 모범 답안과 대조해서 자기 채점을 하듯이 수행자들이 자신들의 견성

정도를 이 「일원상 법어」라는 모범 답안에 대조하면 되는 것이다. 이런 의도 때문에 『정전』 「일원상」장의 마지막에 「일원상 법어」가 자리를 잡고 있는 것이 아닐까.

의두 요목 疑頭要目

소태산은 불교 선종과 교종의 통합은 물론 다른 종교의 교지敎旨도 '통합 활용' 하고자 했다. 불교에서 견성과 깨달음의 공부 방편으로 삼고 있는 화두도 적극적으로 수용해서 경전에 편입했다. 교단 초기에는 현재의 20개 보다 훨씬 많은 의두요목을 사용했다. 특히 초기 경전에서 보이는 의두요목의 특징은 기존 화두만이 아니라 자연현상과 인간사에 관한 의문 거리도 경전에 포함시켰다는 점이다. 이는 소태산의 이사병행理事竝行 사상이 의두요목에 반영된 까닭으로 보인다. 더구나 과거 불교의 '화두' 話頭라는 표현을 사용하지 않고 '의두' 疑頭라고 표현한 데서 일과 이치 그리고 생활 속 공부를 중시하는 소태산의 의도를 엿볼 수 있다. 진정한 깨달음이란 공부인들이 처한 현재의 공간 속에서 일어나는 의심들을 해결하는 데서 시작해야 함을 유념하게 하는 대목이다. 수 백년 지난 과거 수행자들의 화두를 참고하는 것도 필요한 일이지만 일상 생활 속에서 깨어 있는 마음으로 맞닥뜨리는 의심머리가 오히려 살아있는 화두가 되어야 마땅하다.

> 1. 세존世尊이 도솔천을 떠나지 아니하시고 이미 왕궁가에 내리시며, 모태 중에서 중생 제도하기를 마치셨다 하니 그것이 무슨 뜻인가. 2. 세존이 탄생하사 천상 천하에 유아 독존唯我獨尊이라 하셨다 하니 그것이 무슨 뜻인가.(중략) 19. 열반을 얻은 사람은 그 영지가 이미 법신에 합하였는데, 어찌하여 다시 개령個靈으로 나누어지며, 전신前身 후신後身의 표준이 있게 되는가. 20. 나에게 한 권의 경전이 있으니 지묵으로 된 것이 아니라, 한 글자도 없으나 항상 광명을 나툰다 하였으니 그것이 무슨 뜻인가.
>
> 『정전』 의두요목 중에서

*117쪽, 견성 자문자답에 의두요목 20개 전문 수록함.

이들 의두요목을 연마하는 공부도 소태산은 과거 간화선을 하는 수행자들처럼 하도록 하지 않고 새로운 방법을 제시했다. 이 내용은 뒤에서 언급하도록 한다. 의두요목과 관련해서 「정기훈련법」 11과목 가운데 '성리' 性理과목이 있는데 간단한 내용이지만 견성 공부에 크게 참고할 필요가 있다.

내가 눈을 뜬 것이냐고 누구에게 물어야 할까.
상대방이 눈을 뜬 사람인지 아닌지도 모르는채.
내가 뭔가를 깨달았는데 그걸 왜 의심하는지 모르겠다.
내가 견성을 했는데 왜 또 그걸 의심하는가?
누군지도 모르는 사람에게 왜 또 묻는가?
눈을 떴으면 세상이 환하게 보일 것이고
눈을 뜨지 못했으면 세상이 캄캄할 것이다.
내가 눈을 떴는지 감았는지는 내가 제일 잘 안다.

성리 性理

성리는 우주 만유의 본래 이치와 우리의 자성 원리를 해결하여 알자 함이요

『정전』 정기훈련법 중에서

좁은 의미의 견성이라면 '우리의 자성 원리' 를 깨달으면 되지만 제대로 된 견성이라면 밖으로는 '우주 만유의 본래 이치' 까지를 깨달아야 하는 것이다. 안팎을 두루 알아야 한다.

사리 事理

소태산의 수행론에 의하면 '견성' 공부가 일반적인 수행과 따로 진행되는 것은 바람직하지 않고 이치적으로도 그럴 수 없다. 정기훈련법 11과목 가운데 '성리' 라는 과목이 있지만 이것 역시 좁은 의미의 견성만을 위한 과목은 아니다. 견성은 소태산의 수행 강령인 삼학(정신수양, 사리연구, 작업취사) 가운데 '사리연구' 의 일부분일 뿐이다. 진정한 깨달음에 이르기 위해서는 삼학 가운데 '사리연구' 에 관한 소태산의 설명을 반드시 참고해야 한다.

> 사事라 함은 인간의 시·비·이·해是非利害를 이름이요, 이理라 함은 곧 천조天造의 대소 유무大小有無를 이름이니, 대大라 함은 우주 만유의 본체를 이름이요, 소小라 함은 만상이 형형 색색으로 구별되어 있음을 이름이요, 유무라 함은 천지의 춘·하·추·동 사시 순환과, 풍·운·우·로·상·설風雲雨露霜雪과 만물의 생·로·병·사와, 흥·망·성·쇠의 변태를 이름이며, 연구라 함은 사리를 연마하고 궁구함을 이름이니라.
>
> 『정전』 사리연구의 요지

소태산은 인간이 잘 살아가려면 일과 이치 모두를 잘 알아야 한다고 보았고, '일' 事이란 '인간의 시비이해' 를 의미하고 '이치' 란 '천조天造의 대소 유무大小有無' 를 의미한다고 정의했다. 여기서 '사리연구' 事理研究라는 수행 과목이 생긴 것이다. 요컨대 원만한 깨달음을 얻는다는 것은 '사리연구' 에서 언급한 '대소유무 시비이해' 에 관한 깨달음을 얻어야 한다는 뜻이다. 소위 '초견성' 初見性 정도에 만족하지 말고 일과 이치에 걸림이 없는 이무애理無碍 사무애事無碍의 경지에 오르려면 사리연구 공부에 공을 들여야 하고 이를 위해서는 정신수양, 작업취사의 공부에도 똑같이 공을 들여야 한다. 이것이 소태산 수행론의 핵심이다. 그래야 막연하게 깨달음을 구하는 태도에서 벗어나서 자신과 세상을 위해 실답고 유용한 깨달음을 얻을 수 있다. 소태산이 사리연구의 목적과 결과에 대해 언급한 내용은 다음과 같다.

이 세상은 대소 유무의 이치로써 건설되고 시비 이해의 일로써 운전해 가나니, 세상이 넓은 만큼 이치의 종류도 수가 없고, 인간이 많은 만큼 일의 종류도 한이 없나니라. 그러나, 우리에게 우연히 돌아오는 고락이나 우리가 지어서 받는 고락은 각자의 육근六根을 운용하여 일을 짓는 결과이니, 우리가 일의 시·비·이·해를 모르고 자행 자지한다면 찰나찰나로 육근을 동작하는 바가 모두 죄고로 화하여 전정 고해가 한이 없을 것이요, 이치의 대소 유무를 모르고 산다면 우연히 돌아오는 고락의 원인을 모를 것이며, 생각이 단촉하고 마음이 편협하여 생·로·병·사와 인과 보응의 이치를 모를 것이며, 사실과 허위를 분간하지 못하여 항상 허망하고 요행한 데 떨어져, 결국은 패가 망신의 지경에 이르게 될지니, 우리는 천조의 난측한 이치와 인간의 다단한 일을 미리 연구하였다가 실생활에 다달아 밝게 분석하고 빠르게 판단하여 알자는 것이니라.

『정전』 사리연구의 목적

우리가 사리 연구 공부를 오래오래 계속하면, 천만 사리를 분석하고 판단하는 데 걸림 없이 아는 지혜의 힘이 생겨 결국 연구력을 얻을 것이니라.

『정전』 사리연구의 결과

이런 내용이 매우 간단해 보일지 몰라도 '대소유무의 이치에 걸림이 없' 는 단계가 「법위등급」의 '법강항마위' 에 속하는 내용이고, '대소유무의 이치를 따라 인간의 시비이해를 건설' 하는 실력은 '출가위' 에 포함된 내용임을 참고한다면 견성과 깨달음의 층위가 얼마나 다양한지를 알 수 있다.

일은 잘하는데 이치에는 어두운 사람.
지혜로운데 일은 못하는 사람.
흔한 말인데…
깊이 보면 이 말들은 맞지 않다.
지혜로운데 일을 못할 수 없고
일을 잘하는데 이치에 어두울 수 없다.
일과 이치가 따로 놀면 그건 괜한 핑계든지 착각이다.
혹시 이 둘이 균형을 잃었다면
그 때가 삶의 위기이다.
더 깊이 공부할 때라고 보아야 한다.

| 견성-자문자답 |

이미 앞서서 언급한 내용과 『정전』, 『대종경』 등 교서 내용들 가운데서 견성과 관련된 것들을 질문의 형태로 바꿔보았다. 초견성만으로도 알 수 있는 내용도 있지만 상당한 깊이의 깨달음을 얻어야 답할 수 있는 내용들이 섞여 있다. 이런 질문에 응답해보면서 자신의 견성과 깨달음의 정도에 대해 점검해보면 공부에 도움이 될 것이다. 맨 뒤쪽의 20개 항목은 앞서 인용했던 『정전』의 「의두요목」을 그대로 인용했다.

	그렇다	아니다
내 마음을 볼 수 있나?		
잡으면 있어지고 놓으면 없어지는 마음을 아는가?		
마음을 챙겨서 마음을 닦을 수 있는가?		
선도 없고 악도 없는 성품을 아는가?		
능히 선하고 능히 악한 성품을 아는가?		
원래 요란함이 없는 심지心地를 아는가?		
원래 어리석음이 없는 심지心地를 아는가?		
원래 그름이 없는 심지心地를 아는가?		
마음이 두렷하고 고요하여 분별성分別性과 주착심主着心이 없는 경지를 아는가?		
인과보응因果報應의 이치를 아는가?		
우연히 돌아오는 고락苦樂이나 지어서 받는 고락의 원인을 아는가?		
사실과 허위를 바르게 분별할 수 있나?		
정의와 불의를 바르게 분별할 수 있나?		
일체 중생의 본성本性을 아는가?		
제불제성의 심인心印을 아는가?		

	그렇다	아니다
우주만유의 본원本源을 아는가?		
법신불法身佛을 아는가?		
대소유무大小有無에 분별이 없는 자리를 아는가?		
생멸거래生滅去來에 변함이 없는 자리를 아는가?		
선악업보善惡業報가 끊어진 자리를 아는가?		
언어명상言語名相이 돈공頓空한 자리를 아는가?		
공적영지空寂靈知의 광명이란 무엇인가?		
공적영지의 광명을 따라 대소유무에 분별이 어떻게 나타나는지 아는가?		
공적영지의 광명을 따라 선악업보에 차별이 어떻게 나타나는지 아는가?		
공적영지의 광명을 따라 언어명상이 어떻게 완연히 나타나는지 아는가?		
시방삼계十方三界가 어떻게 손바닥의 구슬처럼 드러나는것을 아는가?		
진공묘유의 조화란 무엇인가?		
진공묘유의 조화가 어떻게 무시광겁無始曠劫에 은현자재隱顯自在하는가?		
시방 삼계가 다 오가吾家의 소유인줄 아는가?		
우주만물이 이름은 각각 다르나 둘이 아닌 줄을 아는가?		
생·로·병·사의 이치가 춘·하·추·동과 같이 되는 줄을 아는가?		
인과 보응의 이치가 음양상승陰陽相勝과 같이 되는 줄을 아는가?		
원만구족圓滿具足하고 지공무사至公無私한 진리를 아는가?		
'없어서는 살지 못할 관계 – 은恩' 을 아는가?		
'만법귀일萬法歸一 일귀하처一歸何處' 의 답을 아는가?		
변산구곡로邊山九曲路 석립청수성石立聽水聲의 뜻을 아는가?		
무무역무무無無亦無無 비비역비비非非亦非非의 뜻을 아는가?		

	그렇다	아니다
법法과 마魔를 일일이 분석할 수 있나?		
대소유무大小有無의 이치를 제대로 아는가?		
인간의 시비이해是非利害를 제대로 아는가?		
동動하여도 분별分別에 착着이 없다는 뜻을 아는가?		
정靜하여도 분별分別이 절도節度에 맞다는 뜻을 아는가?		
처처불상處處佛像 사사불공事事佛供의 뜻을 알고 행할 수 있나?		
무시선無時禪 무처선無處禪의 뜻을 알고 행할 수 있나?		
동정일여動靜一如 영육쌍전靈肉雙全의 뜻을 알고 행할 수 있나?		
불법시생활佛法是生活 생활시불법生活是佛法의 뜻을 알고 행할 수 있나?		
정각정행正覺正行의 뜻을 알고 행할 수 있나?		
지은보은知恩報恩의 뜻을 알고 행할 수 있나?		
불법활용佛法活用의 뜻을 알고 행할 수 있나?		
무아봉공無我奉公의 뜻을 알고 행할 수 있나		
나는 일과 이치 간에 모든 것을 걸림없이 잘 안다.		
【이하 「의두요목」】 세존世尊이 도솔천을 떠나지 아니하시고 이미 왕궁가에 내리시며, 모태 중에서 중생 제도하기를 마치셨다 하니 그것이 무슨 뜻인가?		
세존이 탄생하사 천상 천하에 유아 독존唯我獨尊이라 하셨다 하니 그것이 무슨 뜻인가?		
세존이 영산 회상에서 꽃을 들어 대중에게 보이시니 대중이 다 묵연하되 오직 가섭 존자迦葉尊者만이 얼굴에 미소를 띠거늘, 세존이 이르시되 내게 있는 정법 안장正法眼藏을 마하 가섭에게 부치노라 하셨다 하니 그것이 무슨 뜻인가?		
세존이 열반涅槃에 드실 때에 내가 녹야원鹿野苑으로부터 발제하跋提河에 이르기까지 이 중간에 일찌기 한 법도 설한 바가 없노라 하셨다 하니 그것이 무슨 뜻인가?		

	그렇다	아니다
만법이 하나에 돌아갔다 하니 하나 그것은 어디로 돌아갈 것인가?		
만법으로 더불어 짝하지 않은 것이 그 무엇인가?		
만법을 통하여다가 한 마음을 밝히라 하였으니 그것이 무슨 뜻인가?		
옛 부처님이 나시기 전에 응연凝然히 한 상이 둥글었다 하였으니 그것이 무슨 뜻인가?		
부모에게 몸을 받기 전 몸은 그 어떠한 몸인가?		
사람이 깊이 잠들어 꿈도 없는 때에는 그 아는 영지가 어느 곳에 있는가?		
일체가 다 마음의 짓는 바라 하였으니 그것이 무슨 뜻인가?		
마음이 곧 부처라 하였으니 그것이 무슨 뜻인가?		
중생의 윤회되는 것과 모든 부처님의 해탈하는 것은 그 원인이 어디 있는가?		
잘 수행하는 사람은 자성을 떠나지 않는다 하니 어떠한 것이 자성을 떠나지 않는 공부인가?		
마음과 성품과 이치와 기운의 동일한 점은 어떠하며 구분된 내역은 또한 어떠한가?		
우주 만물이 비롯이 있고 끝이 있는가 비롯이 없고 끝이 없는가?		
만물의 인과 보복되는 것이 현생 일은 서로 알고 실행되려니와 후생 일은 숙명宿命이 이미 매하여서 피차가 서로 알지 못하거니 어떻게 보복이 되는가?		
천지는 앎이 없으되 안다 하니 그것이 무슨 뜻인가?		
열반을 얻은 사람은 그 영지가 이미 법신에 합하였는데, 어찌하여 다시 개령個靈으로 나누어지며, 전신前身 후신後身의 표준이 있게 되는가?		
나에게 한 권의 경전이 있으니 지묵으로 된 것이 아니라, 한 글자도 없으나 항상 광명을 나툰다 하였으니 그것이 무슨 뜻인가?		

질문 잘하는 학생이 공부 잘하는 학생인 것처럼
의문이 많은 구도자가 진정한 구도자가 아닐까.
쉬운 답에 만족하는 순간 구도는 멈춘다.
우주는 신비로 가득하고 삶은 의문으로 가득하잖은가?
구도자의 머리는 의두로 가득하고
의두들 뒤에는 깨달음도 가득할 터이다.

5. 견성은 어떻게 하나?

예를 들면
한 사람이 염소를 먹이는데
무엇을 일시에 많이 먹여서 한꺼번에 키우는 것이 아니라,
키우는 절차와 먹이는 정도만 고르게 하면
자연히 큰 염소가 되어서
새끼도 낳고 젖도 나와 사람에게 이익을 주나니,
도가에서 도를 깨치게 하는 것도 이와 같나니라.

『대종경』 성리품 28장 중에서

헛된 고행을 하지 말라

대종사 겨울 철에는 매양 해수咳嗽로 괴로움이 되시사 법설을 하실 때마다 기침이 아울러 일어나는지라 인하여 대중에게 말씀하시기를 [나의 자라난 길룡리는 그대들이 아는 바와 같이 생활의 빈궁함과 인지의 미개함이 세상에 드문 곳이라, 내가 다행히 전세의 습관으로 어릴 때에 발심하여 성심으로 도는 구하였으나 가히 물을 곳이 없고 가히 지도 받을 곳이 없으므로, 홀로 생각을 일어내어 난행難行 고행苦行을 하지 아니함이 없었나니, 혹은 산에 들어가서 밤을 지내기도 하고, 혹은 길에 앉아서 날을 보내기도 하며, 혹은 방에 앉아 뜬 눈으로 밤을 새우기도 하고, 혹은 얼음 물에 목욕도 하며, 혹은 절식絕食도 하고, 혹은 찬 방에 거처도 하여, 필경 의식意識을 다 잊는 경계에까지 들었다가 마침내 그 의심한 바는 풀리었으나, 몸에 병근病根은 이미 깊어져서 기혈이 쇠함을 따라 병고는 점점 더해가나니, 나는 당시에 길을 몰랐는지라 어찌할 수 없었지마는, 그대들은 다행히 나의 경력을 힘입어서 난행 고행을 겪지 아니하고도 바로 대승 수행의 원만한 법을 알게 되었으니 이것이 그대들의 큰 복이니라. 무릇, 무시선 무처선의 공부는 다 대승 수행의 빠른 길이라 사람이 이대로 닦는다면 사반 공배事半功倍가 될 것이요, 병들지 아니하고 성공하리니 그대들은 삼가 나의 길 얻지 못할 때의 헛된 고행을 증거하여 몸을 상하는 폐단에 들지 않기를 간절히 부탁하노라.]

『대종경』 수행품 47장

소위 '수행을 한다', '견성을 한다', '깨달음을 구한다', '도를 구한다' 라고 하면 많은 사람들이 '고행' 이나 '난행', '입산수도', '장좌불와' 長坐不臥, '토굴정진' 등을 떠올리곤 한다. 일단 속세를 멀리하고 뭔가 특별한 노력을 해야 하는 것으로 생각하기 쉽다.

아마도 옛 성현들이나 수도자들의 수행과정에 험난한 과정이 있었고 출세간적인 행태가 있었기에 그렇게 생각하는 것 같다.

소태산은 어떤 견해를 보일까. 제자들에게 자신의 구도 과정을 소상하게 설명하면서 헛된 고행을 하지 않기를 간절히 당부한다. 소태산은 자신의 수행 과정을 돌아보면서 '나는 당시에 길을 몰랐는지라 어찌할 수 없었지마는' 이란 후회 섞인 회고를 한다. 그리고 혹시나 자신의 제자들이나 후래의 수행자들이 자신의 고행을 따라서 하지 않도록 부탁을 단단히 한다. 그리고 '무시선 무처선' 無時禪無處禪공부를 '대승 수행의 빠른 길'로 제시한다.

견성은 누구나 할 수 있다

이미 살펴본 바와 같이 소태산은 출가자 위주의 불교, 출세간적 제도와 수행 체계 등을 혁신해야 한다고 보았다. 바로 이 점이 원불교 정체성 형성의 주된 내용이라고 할 수 있다. 소태산의 이런 관점과 대안은 그가 쓴 『조선불교혁신론』 **【참고5】**에 담겼는데 내용의 대강은 『대종경』 「서품」에 실렸다.

> 과거의 불교는 출세간 생활을 본위로 하여 교리와 제도가 조직이 되었으므로, 세간 생활하는 일반 사람에 있어서는 모든 것이 잘 맞지 아니하였으며, 세간 생활하는 신자는 주가 되지 못하고 객과 같이 되었으므로 그 중에서 특수한 사업과 특별한 공부를 한 사람이 있다면이어니와, 그렇지 못한 보통 신자는 출세간 공부하는 승려와 같이 부처님의 직통 제자로나 불가의 조상으로 들어가기가 어렵게 되었으며, 또는 종교라 하는 것은 인간을 상대로 된 것인데, 인간이 없는 산간에 교당을 두었으니 세간 생활에 분망한 사람들이 어느 여가에 세간을 벗어나서 그 가르침을 받을 것이며, 또는 일반 사람이 배우기도 어렵고 알기도 어려운 숙어와 명사로 경전이 되어 있으므로 유무식·남녀·노소를 망라하여 가르쳐 주기가 어렵게 되었으며, 의식 생활에 있어서도 사·농·공·상의 직업을 놓아 버리고 불공이나 시주나 동령으로

써 생활을 하였으니 어찌 대중이 다 할 생활이며, 결혼에 있어서도 출세간 공부인에게는 절대로 금하게 되었으며, 예법에 있어서도 여러 가지 형식 불공만 밝히고 세간 생활에 대한 예법은 밝히지 아니하였으니 어찌 그 생활이 또한 넓다 할 것인가.

그러므로, 우리는 재가와 출가에 대하여 주객의 차별이 없이 공부와 사업의 등위만 따를 것이며, 불제자의 계통에 있어서도 재가 출가의 차별이 없이 할 것이며, 수도하는 처소도 신자를 따라 어느 곳이든지 설치할 것이며, 경전도 그 정수를 가려서 일반 대중이 다 배울 수 있도록 쉬운 말로 편찬할 것이며, 출가 공부인의 의식 생활도 각자의 처지를 따라 직업을 갖게 할 것이며, 또는 결혼도 각자의 원에 맡길 것이며, 예법도 번잡한 형식 불공법을 다 준행할 것이 아니라 사실 불공을 주로하여 세간 생활에 적절하고 유익한 예법을 더 밝히자는 것이니라. 또는 출가를 하는 것도 특수한 경우를 제외하고는, 유년기에는 문자를 배우게 하고, 장년기에는 도학을 배우며 제도 사업에 노력하게 하고, 노년기에는 경치 좋고 한적한 곳에 들어가 세간의 애착·탐착을 다 여의고 생사 대사를 연마하면서 춘추로는 세간 교당을 순회하여 교화에 노력하고, 동하에는 다시 수양 생활을 주로하여서, 이와 같이 일생 생활에 결함된 점이 없게 하자는 것이며, 이 교리 이 제도를 운전하는 기관에 있어서도 시대와 인심을 따라 결함됨이 없도록 하자는 것이니라.

『대종경』 서품 18장

이 법문에는 기존 불교의 출가자 중심 제도를 과감하게 혁신하겠다는 의지와 대안이 충실하게 담겼고 소태산은 실제로 이와 같이 새로운 불교를 탄생시켰다. 견성을 하기 위해서는 어떻게 수행을 해야 할 것인가에 대한 이야기를 하면서 이런 배경을 언급하는 이유는 무엇인가. 자칫하면 과거 수행자들의 방식만으로 견성을 하려고 할 수 있기 때문이다.

수단과 방법을 가리지 않고 견성부터 해야 한다고 생각하거나 견성을 하면 수행을 마친다는 단촉한 생각에서 벗어나야 제대로 된 수행을 할 수 있고 그래야 견성만이 아니라 제대로 된 성불의 길을 갈 수 있다. 출가 승려가 되어야 견성이나 깨달음을 구하는데 유리하고 출가자가 아닌 사람들에게는 그 기회가 없다는 식의 고정관념은 극복되어야 한다. 소태산의 수행은 철저히 일반인들의 일상적 삶 속에서 이뤄지도록 설계되어 있다. 그리고 수행의 목적 역시 보통 사람들의 일상적 삶에 도움을 주는데 두었다. 그가 설계한 새로운 불교의 표어들만 보더라도 쉽게 알 수 있다. 처처불상處處佛像 사사불공事事佛供, 무시선無時禪무처선無處禪, 동정일여動靜一如 영육쌍전靈肉雙全, 불법시생활佛法是生活 생활시불법生活是佛法의 교리 표어들이 모두 출세간과 세간의 간격을 없애려 하고 신앙과 수행의 주요 경계들을 극복하고 초월하려는 의도를 잘 보여주고 있다. '견성' 에 이르는 수행도 이런 소태산의 수행관 안에서 이뤄져야 마땅하다.

염소를 키우듯이

> 사람 하나를 놓고 심·성·이·기心性理氣로 낱낱이 나누어도 보고, 또한 사람 하나를 놓고 전체를 심 하나로 합하여 보기도 하고, 성 하나로 합하여 보기도 하고, 이 하나로 합하여 보기도 하고, 기 하나로 합하여 보기도 하여, 그것을 이 자리에서 말하여 보라.] 대중이 말씀에 따라 여러 가지 답변을 올리었으나 인가하지 아니하시고 말씀하시기를 [예를 들면 한 사람이 염소를 먹이는데 무엇을 일시에 많이 먹여서 한꺼번에 키우는 것이 아니라, 키우는 절차와 먹이는 정도만 고르게 하면 자연히 큰 염소가 되어서 새끼도 낳고 젖도 나와 사람에게 이익을 주나니, 도가에서 도를 깨치게 하는 것도 이와 같나니라.
>
> 『대종경』 성리품 28장

소태산이 제자들과 성리문답을 하다가 '도를 깨치게 하는 것' 을 '염소 먹이는데' 비유해서 설명하고 있다. 염소를 '일시에 많이 먹여서 한꺼번에 키우는 것' 이 불가능하다는 사실은 모두가 아는 바라 도를 깨치는 수행도 그런 이치에 바탕해서 진행해야 한다는 가르침이다. 과한 의지와 급한 마음으로 일시적으로 강도 높은 수행을 한다고 해서 깨달음을 얻는게 아니라는 말이다.

소태산의 수행은 삼학을 병진해서 원만한 인격을 이루게 하는 수행 체계이기 때문에 견성만을 위한 특별한 수행을 앞세우지 않는다. 염소 키우는 비유처럼 합리적 순서와 내용으로 차근차근 수행하도록 한다. 특정한 기간을 정해서 하는 '정기훈련법' 과 일상생활 속에서 상시로 하는 '상시훈련법' 을 매우 체계적으로 구조화하고, 내용적으로는 불교의 계·정·혜 삼학의 개념을 폭넓게 확장한 정신수양·사리연구·작업취사의 삼학 수행을 통해 견성을 하고 성불을 하도록 했다. 소태산이 제시한 수행법 전체를 골고루 원만하게 실행하는 가운데 견성이라는 성취도 자연스럽게 얻을 수 있는 것이니 원만한 수행에 유념하면서 신·분·의·성으로 꾸준히 공부를 해나가야 부처의 길로 나아갈 수 있다.

욕심을 비우라는 말은
수행에도 적용해야 마땅하다.
염소도 하루아침에 크지 않듯이 사람도 그렇다.
깨달음도 그렇고 성불도 그렇다.
욕심은 조급함을 낳고 조급함은 무리를 낳는다.
무리無理란 이치를 벗어났단 말이다.
구도의 열정을 불태우되 그 과정은 이치에 맞아야 한다.
소태산은 '이소성대 以小成大는 천리의 원칙'이라고 했다.
작은 염소를 키우듯이 수행도 차근차근 하자.

조각 도인

또 여쭙기를 [수도인이 공부를 하여 나아가면 시해법尸解法을 행하는 경지가 있다 하오니 어느 위位에나 승급하여야 그리 되나이까.] 대종사 말씀하시기를 [여래위에 오른 사람도 그리 안 되는 사람이 있고, 설사 견성도 못 하고 항마위에 승급도 못 한 사람이라도 일방 수양에 전공하여 그와 같이 되는 수가 있으나, 그것으로 원만한 도를 이루었다고는 못 하나니라. 그러므로, 돌아오는 시대에는 아무리 위로 천문을 통하고 아래로 지리를 통하며 골육이 분형되고 영통을 하였다 할지라도 인간 사리를 잘 알지 못하면 조각 도인이니, 그대들은 삼학의 공부를 병진하여 원만한 인격을 양성하라.]

『대종경』 변의품 36장

소태산은 공부인들이 자칫해서 뭔가 손에 잡히는 성취를 이루려고 하다가는 온전한 도인이 되지 못할 수 있다고 주의를 주고 있다. 이적이나 신통력이 견성이나 진정한 법위와는 별 상관이 없음도 지적하고 있다. 시해법이나 영통과 같은 능력이 아니라 삼학을 병진해서 삼대력을 얻어 원만한 인격을 갖추는 것이 우선이라고 일관되게 주장하고 있다. 뭔가 특별한 것을 구하려는 마음을 삼학 수행으로 인도하고 있다.

명랑한 정신으로 연마하라

대종사 선원 대중에게 말씀하시기를 [근래에 선종 각파에서 선의 방법을 가지고 서로 시비를 말하고 있으나, 나는 그 가운데 단전주丹田住법을 취하여 수양하는 시간에는 온전히 수양만 하고 화두 연마는 적당한 기회에 가끔 한 번씩 하라 하노니, 의두 깨치는 방법이 침울한 생각으로 오래 생각하는 데에만 있는 것이 아니요, 명랑한 정신으로 기틀을 따라 연마하는 것이 그 힘이 도리어 더 우월한 까닭이니라.]

『대종경』 수행품 14장

깨달음에 이르기 위한 각종 각파의 주장은 늘 치열하게 갈렸다. 소태산도 기존 선종 각파의 주장과 견해를 달리했다. 간화선看話禪을 주된 수행법으로 삼는 선종과는 달리 소태산은 묵조선默照禪에 가까운 단전주丹田住 선법禪法을 수양의 중심에 놓고 거기에 화두를 연마하는 것도 '적당한 기회에 가끔 한 번 씩' 하도록 하고, 의두 연마도 '침울한 생각'으로 지속하기보다는 '명랑한 정신으로 기틀을 따라' 연마하도록 했다. 실제로 원불교인들의 일과는 아침에 단전주 법에 따라 좌선을 한 다음에 잠간씩 각자의 의두를 연마하도록 되어 있다.

> 간화선看話禪을 주장하는 측에서는 혹 이 단전주법을 무기無記의 사선死禪에 빠진다 하여 비난을 하기도 하나 간화선은 사람을 따라 임시의 방편은 될지언정 일반적으로 시키기는 어려운 일이니, 만일 화두話頭만 오래 계속하면 기운이 올라 병을 얻기가 쉽고 또한 화두에 근본적으로 의심이 걸리지 않는 사람은 선에 취미를 잘 얻지 못하나니라. 그러므로, 우리는 좌선하는 시간과 의두 연마하는 시간을 각각 정하고, 선을 할 때에는 선을 하고 연구를 할 때에는 연구를 하여 정과 혜를 쌍전시키나니, 이와 같이 하면 공적空寂에 빠지지도 아니하고 분별에 떨어지지도 아니하여 능히 동정 없는 진여성眞如性을 체득할 수 있나니라.
>
> 『정전』 좌선법 중에서

정定 위에 혜慧를 세워야

> 큰 도를 닦는 사람은 정과 혜를 같이 운전하되, 정 위에 혜를 세워 참 지혜를 얻고, 큰 사업을 하는 사람은 덕德과 재才를 같이 진행하되, 덕 위에 재를 써서 참 재주를 삼나니라.
>
> 『대종경』 요훈품 7장

삼학은 병진되어야 하지만 순서를 잡자면 정신수양의 토대 위에 사리연구가 진행되어야 하고 그 결과에 따라 작업취사를 해야 한다는 소태산의 수행관은 매우 일관되게 견지되고 있다. 정定의 기초가 약하면 혜慧라는 밝음도 한계가 있다고 본 것이다.

일상생활을 하면서도 '석반 후 살림에 대한 일이 있으면 다 마치고 잠자기 전 남은 시간이나 또는 새벽에 정신을 수양하기 위하여 염불과 좌선하기를 주의할 것' 을 권유하는 소태산의 뜻도 이 법문과 같다고 하겠다.

혜慧가 등불이라면
정定은 등잔의 기름과 같다.
기름이 모자란데 불만 밝히면
심지까지 태우다 꺼지고 만다.
혜慧가 꽃이라면
정定은 뿌리와 같다.
뿌리가 얕으면 꽃도 위태롭다.
열매 맺기는 더 어렵다.

마음 챙김

마음공부란 '마음 챙김' 에서부터 시작한다. 아주 기초적이고 그래서 필수적인 공부이다. '견성' 도 마찬가지다. 결국 마음을 챙기는 데서부터 할 수 밖에 없다.

> 내가 그대들에게 일상 수행의 요법을 조석으로 외게 하는 것은 그 글만 외라는 것이 아니요, 그 뜻을 새겨서 마음에 대조하라는 것이니, 대체로는 날로 한 번씩 대조하고 세밀히는 경계를 대할 때마다 잘 살피라는 것이라, 곧 심지心地에 요란함이 있었는가 없었는가, 심지에 어리석음이 있었는가 없었는가, 심지에 그름이 있었는가 없었는가, 신·분·의·성의 추진이 있었는가 없었는가, 감사 생활을 하였는가 못하였는가, 자력 생활을 하였는가 못

하였는가, 성심으로 배웠는가 못 배웠는가, 성심으로 가르쳤는가 못 가르쳤는가, 남에게 유익을 주었는가 못 주었는가를 대조하고 또 대조하며 챙기고 또 챙겨서 필경은 챙기지 아니하여도 저절로 되어지는 경지에까지 도달하라 함이니라. **사람의 마음은 지극히 미묘하여 잡으면 있어지고 놓으면 없어진다 하였나니, 챙기지 아니하고 어찌 그 마음을 닦을 수 있으리요**. 그러므로, 나는 또한 이 챙기는 마음을 실현시키기 위하여 상시 응용 주의 사항과 교당 내왕시 주의 사항을 정하였고 그것을 조사하기 위하여 일기법을 두어 물 샐 틈 없이 그 수행 방법을 지도하였나니 그대들은 **이 법대로 부지런히 공부하여 하루 속히 초범超凡 입성入聖의 큰 일을 성취할지어다**.

『대종경』 수행품 1장

'마음을 챙긴다' 는 것이 곧 '견성' 을 보장하지는 않는다. 마음을 '제대로' 챙기려면 '견성' 을 해야 한다. 견성을 하지 못하고 수시로 일어나는 마음들을 '정확히' 보고 그 마음을 '일일이' 챙기는 마음공부를 하기는 어렵다. 문제는 마음을 보고 챙기는 마음공부를 하지 않고는 견성을 하기 어렵다는 사실이다. 마치 순환론에 빠진 듯한 모순된 말로 들릴 수 있다. 요컨대 마음을 깨달아야 마음공부를 제대로 할 수 있는데, 마음공부를 해야 마음을 깨달을 수 있다는 말과 같다. 어떤 지점에서는 돈점頓漸 논의로 이어지지만 일단 여기서 유념해야 할 것은 '성품' 에서 발하는 '마음' 들을 놓치지 말고 알아채서 마음을 챙기는 마음공부를 할 수 있도록 해야 한다는 것이다.

'마음 챙김' 이란 것이 아주 기본적으로 자신의 마음을 알아차리는 정도를 의미하는 것인지 그 이상 단계까지를 포함하는 것인지는 '마음 챙김' 이라는 말이 쓰이는 맥락에 따라서 이해해야 할 것이다. '마음 챙김' 을 아주 넓고 깊게 이해하려면 다음 법문의 '집심' 執心공부에서 시작해서 '능심' 能心공부까지 가야 한다고 볼 수 있다. 요즘 사회에서 유행하는 '마음 챙김' 수행법을 이해하는 데도 참고가 될 듯하다.

집심執心 관심觀心 무심無心 능심能心

> 마음을 지나치게 급히 묶으려 하지 말고 간단없는 공부로써 서서히 공부하며, 집심執心과 관심觀心과 무심無心을 번갈아 하되, 처음 공부는 집심을 주로 하고 조금 익숙하면 관심을 주로 하고 좀 더 익숙하면 무심을 주로 하며, 궁극에 가서는 능심能心에 이르러야 하나니라.
>
> 『정산종사법어』 권도편 48장

'챙김' 의 의미를 소태산의 수행 체계에서 찾는다면 '유념' 有念이나 '주의' 注意와 밀접하게 관련된다. 일단 유념과 주의를 할 수 있어야 하고 그 다음에 삼학 수행과 관련된 여러 가지 수행법들을 각자의 공부 정도에 따라 진행해야 한다.

유념有念 공부

마음을 챙기는 공부 방법 가운데 가장 대표적인 것이 '유념' 有念공부라고 할 수 있다. '재가·출가와 유무식을 막론하고 당일의 유무념 처리와 학습 상황과 계문에 범과 유무를 반성하기 위하여' 만든 '상시 일기법' 常時日記法의 주요 내용이다. 그냥 '마음을 잘 챙겨야 한다' 고 해서 마음이 잘 챙겨지는 것이 아니기 때문에 구체적인 실천 방법의 하나로 소태산이 권장한 대표적 마음공부법이다.

> 유념·무념은 모든 일을 당하여 유념으로 처리한 것과 무념으로 처리한 번수를 조사 기재하되, 하자는 조목과 말자는 조목에 **취사하는 주의심을 가지고 한 것은 유념**이라 하고, 취사하는 주의심이 없이 한 것은 무념이라 하나니, 처음에는 일이 잘 되었든지 못 되었든지 취사하는 주의심을 놓고 안 놓은 것으로 번수를 계산하나, 공부가 깊어가면 일이 잘되고 못된 것으로 번수를 계산하는 것이요, 『정전』 일기법 중에서

예를 들자면, '아침에 10분간 좌선하기' 를 유념 조목으로 정한 다음에 매일 실천을 위해 노력하고 저녁에 상시일기에 '아침에 10분간 좌선하기' 를 실행했으면 '○' , 하지 못했으면 '×' 로 기재를 하는 것이다. 또는 '화를 내지 않기' 를 유념 조목으로 정하고 하루에 몇 번이나 화를 낼만한 경계에도 화를 내지 않았는지 그 번수를 '1번' , '5번' 등으로 기재하면서 마음공부의 방편으로 삼는 것이다. 유념 조목을 어떤 내용으로 정할 것인가는 각자의 몫이지만 각자의 공부 정도에 따라 제대로 효과적으로 하려면 지도인의 감정을 받아서 하는 것이 좋다.

유념 공부도 초보 단계에서는 '하자는 조목과 말자는 조목' 에 '취사하는 주의심' 을 가지기만 해도 '유념' 이라고 하지만 '공부가 깊어가면 일이 잘되고 못된 것으로 번수를 계산' 하도록 했다. 예컨대, '친절하게 전화 통화하기' 라는 유념 조목을 정했다면 초보 단계에서는 전화를 받을 때마다 '친절하게 통화해야지' 라는 주의심만 챙겨도 유념을 잘 한 것으로 기재하면 된다. 하지만 공부가 깊어가면서 전화를 받을 때마다 '친절하게 통화해야지' 라는 주의심을 잘 챙기는 단계에 도달했다면 유념 무념의 실질적인 내용을 바꿔야 한다는 것이다. 일단 전화를 받는 순간 유념은 했지만 통화를 하면서 상대방이 자꾸 짜증 나게 하는 대화를 하거나 불쾌한 언사를 해서 결과적으로 화를 내거나 불친절한 통화를 했다면 '일이 잘되고 못된 것으로 번수를 계산' 해야 한다는 뜻이다. 마음을 챙기는 것이 일차적인 목표이긴 하지만 그 단계에 머물지 말고 취사까지 잘 하도록 하는 것을 최종 목표로 삼아야 한다.

그렇지 않으면 '정신을 수양하여 수양력을 얻었고 사리를 연구하여 연구력을 얻었다 하더라도, 실제 일을 작용하는 데 있어 실행을 하지 못하면 수양과 연구가 수포에 돌아갈 뿐이요 실효과를 얻기가 어렵나니, 예를 들면 줄기와 가지와 꽃과 잎은 좋은 나무에 결실이 없는 것과 같다 할 것이니라.' 『정전』 작업취사 중에서라고 한 것과 같이 마음공부의 결실을 얻지 못하고 만다. 자칫하면 추상적이고 관념적으로 흐를 수 있는 마음챙김을 유념 공부로 매우 구체적이고 실천적인 마음공부로 승화시켜야 한다.

흰 콩
검은 콩

문자와 서식에 능하지 못한 사람을 위하여는 따로이 태조사太調査 법을 두어 유념 무념만을 대조하게 하나니, 취사하는 주의심을 가지고 한 것은 흰 콩으로 하고 취사하는 주의심이 없이 한 것은 검은 콩으로 하여, 유념·무념의 번수를 계산하게 하는 것이니라.

『정전』 상시일기법 중에서

소태산은 누누이 '유무식 · 남녀 · 노소 · 선악 · 귀천을 막론하고' 누구에게나 불문佛門을 개방해서 마음공부를 통해서 누구나 부처를 이룰 수 있다고 강조한다. 이런 언사가 단순한 허사가 아닌 것을 「상시일기법」에서도 알 수 있다. 문자를 모르는 사람에게도 유념 공부를 할 수 있도록 했기 때문이다. 이른 바 '태조사법' 太調査法인데 말 그대로 콩으로 유념 공부를 하는 법이다. 유무식의 경계를 넘어서 마음공부로 깨달음과 부처되기를 가르치려는 소태산의 간절함이 느껴지는 내용이다.

상시일기로
물샐틈없이

소태산은 「상시일기법」을 이렇게 설명한다.

재가·출가와 유무식을 막론하고 당일의 유무념 처리와 학습 상황과 계문에 범과 유무를 반성하기 위하여 상시 일기법을 제정하였으며,

『정전』 일기법의 대요 중에서

유무념 처리, 학습 상황, 계문 범과 유무 세 가지를 상시일기의 주요 내용으로 삼은 것에서 소태산이 강조하는 상시 훈련, 일상 수행의 핵심을 알 수 있다. 요컨대, 일상 생

활 속에서 유념 즉 마음 챙기는 공부를 가장 중요하게 본 것이다.

> 그러므로, 나는 또한 이 챙기는 마음을 실현 시키기 위하여 상시 응용 주의 사항과 교당 내왕시 주의 사항을 정하였고 그것을 조사하기 위하여 일기법을 두어 물 샐 틈 없이 그 수행 방법을 지도하였나니 그대들은 이 법대로 부지런히 공부하여 하루 속히 초범超凡 입성入聖의 큰 일을 성취할지어다.
>
> 『대종경』 수행품 1장 중에서

소태산은 상시훈련의 중요성을 강조하면서 일기법을 활용해서 '물 샐 틈 없는' 수행을 지도하고자 했다. 마음을 챙기게 하고 그것을 또 챙기도록 한 것이다. 그렇게 하고는 '이 법대로 부지런히 공부' 하면 '하루 속히 초범超凡 입성入聖의 큰 일을 성취할' 것을 확신하고 있는 듯하다.

누군가는 이런 자잘한 공부가 '견성' 이나 '대각' 과 얼마나 관계가 있냐고 물을 수 있다. 각자의 관점에 따라 생각하기 나름이겠지만 소태산의 수행론적 관점에서는 이런 공부가 필수적이다. 혹시 너무 사소해 보이는 공부 방법일 수도 있겠지만 이런 치밀하고 철저한 공부를 건너뛰어서는 원하는 성취를 이룰 수 없다. 범부의 단계를 넘어서 성현의 단계에 이를 수 있다고까지 말하는 소태산의 진의를 헤아려 볼 필요가 있다.

경계를 대할 때마다

마음공부는 '상시' 常時로, '일상' 日常으로, '무시' 無時로 '늘' 하는 것이다. 그래서 소태산은 '상시훈련', '상시응용주의사항', '일상수행의 요법', '무시선 무처선' 등의 가르침을 폈다. 하지만 수행이 상당한 경지에 오르지 않고는 마음공부를 '늘' 하기가 쉽지 않다.

자칫하면 '늘', '일상적으로' 한다고 하다가 아무것도 못하는 수도 있다. 그래서 '하자는 조목' 이나 '하지 말자는 조목' 을 '유념 조목' 으로 정해서 그 때마다 '취사하는 주의심' 을 챙기도록 한 것이다. 이 단계는 어떤 '경계' 境界만을 특정해서 유념 공부를 하는 것인데 사실 마음공부를 해야 할 때는 특정 유념 조목으로 정한 경우에 한정되어서는 안된다. 하루 24시간 전체가 모두 마음공부를 해야 할 시간이기 때문이다.

물론 유념 공부의 깊은 경지에서는 '내 마음이 자성을 떠나지 않는가' 라는 조목과 같이 수준 높은 조목을 정해서 하루에 몇 건 정도만을 챙겨도 되는 단계가 있을 수 있으나 여기서는 예외로 한다. 유념 조목을 정해서 마음을 챙기는 단계를 지나면 어떻게 마음을 챙기는 공부를 할 것인가.

> 내가 그대들에게 일상 수행의 요법을 조석으로 외게 하는 것은 그 글만 외라는 것이 아니요, 그 뜻을 새겨서 마음에 대조하라는 것이니, 대체로는 날로 한 번씩 대조하고 세밀히는 경계를 대할 때마다 잘 살피라는 것이라, 곧 심지心地에 요란함이 있었는가 없었는가, 심지에 어리석음이 있었는가 없었는가, 심지에 그름이 있었는가 없었는가, 신·분·의·성의 추진이 있었는가 없었는가, 감사 생활을 하였는가 못하였는가, 자력 생활을 하였는가 못하였는가, 성심으로 배웠는가 못 배웠는가, 성심으로 가르쳤는가 못 가르쳤는가, 남에게 유익을 주었는가 못 주었는가를 대조하고 또 대조하며 챙기고 또 챙겨서 **필경은 챙기지 아니하여도 저절로 되어지는 경지에까지 도달하라 함이니라**.
>
> 『대종경』 수행품 1장 중에서

초보자는 유념 조목을 정해서 특정한 경계에서 마음을 챙기는 공부를 시작한다. 물론 원불교 교도들의 경우에는 「일상수행의 요법」과 같이 일상적으로 실천해야 할 교리를 챙기면서 마음공부를 진행하면 된다. 이런 과정을 거쳐서 마음챙김에 능이 난 수행자들은 '경계를 대할 때마다 잘 살피라' 고 소태산은 말한다. 수행품 1장의 「일상수행의 요법」을 비롯해 모든 교리 내용들이 마음챙김을 전제로 하고 있는 것인데 원불교의 경전에 실린 교리들이 인간의 모든 경계를 열거할 수 있는게 당연하다. 이루 다 말로 할 수 없는 인간사의 '경계' 들을 대할 때마다 '마음을 챙기는 공부' 를 해야 한다. 언제 어디서든 마음을 챙겨서 하는 마음공부가 목적인 셈이다.

신발 한 짝을 가지런히 놓는 유념공부는 시시한 공부인가?
견성을 위해 화두를 드는 것은 심오하고 그럴듯한 공부이고?
바꿔서 생각해보자.
석가모니부처님과 공자님과 예수님은 신발을 어떻게 벗어놨을까?
견성을 한 사람들은 신발을 어떻게 벗어놓을까?
다시 생각해보자.
신발 하나도 바르게 놓지 못하면서
가정 사회 국가 세계를 바르게 할 수 있을 것인가?
견성은 무엇하러 하는 것인가?
잠시 마음을 멈추고 신발을 바르게 놓는 행위는
정말 견성과는 별 상관이 없을까?
세상 모든 것들은 그렇게 멀리 떨어져 있지 않다.

저절로
되어지는 경지

'대조하고 또 대조하며 챙기고 또 챙겨서 필경은 챙기지 아니하여도 저절로 되어지는 경지에까지 도달하라' 는 대목에는 '자성에 대조' 한다는 의미와 함께 마음을 보는 공부는 물론이고 마음을 잘 사용하는 공부까지 모두 포함하고 있다. 마음챙김 공부의 궁극의 경지가 잘 표현되어 있다.

'챙기지 아니하고도 저절로 되어지는 경지' 라고 하니 '무념' 을 극복하기 위해 '유념'

을 극한까지 밀어붙이도록 해서 결국은 '마음을 챙기지 못하는 무념' 이 아니라 '챙긴다는 마음도 없이 저절로 챙겨지는 경지의 무념' 까지 나아가도록 하고 있다. 소태산이 대각 후 '응무소주이생기심' 應無所住而生其心의 용심법을 핵심으로 하는 불교의 『금강경』에 공감하고 그의 핵심 교리인 「사은」의 「천지은」에서도 '응용무념한 도' 應用無念-道를 손꼽고 있는 것을 보더라도 사소해 보이는 유념 공부가 얼마나 깊은 경지까지 연결된 마음공부인지를 알 수 있다. '응무소주이생기심' 이나 '응용무념의 도' 나 모두 기초적인 '무념' 이 아니라 치열한 '유념' 의 단계를 초월한 '무념' 이기 때문이다.

애써서 마음을 쓰지 않고도 저절로 될 때가
나의 변화가 이뤄진 때다.
하고 싶지 않은 '나' 와 하려고 애쓰는 '나' 가
더 이상 싸우지 않아도 된다.
새로운 내가 탄생한 때다.
비로소 과거의 내가 보인다.
미래의 나도 보인다.
애쓴 보람이 있다.

초범超凡
입성入聖

'챙겨도 잘 안 되는 단계' 에서 시작해, '챙겨야 잘 되는 단계' 를 지나서, '챙기지 아니하여도 저절로 되어지는' 경지까지 도달하면 비로소 '다른 사람이 되었다' 고 할 수 있다. 그 사람의 현재는 과거와 다를 수 밖에 없고, 그 사람의 미래 또한 현재와 같지 않을 것이다. 마음공부가 기질변화氣質變化까지 이뤄내서 인격 전체를 바꾸는 단계로 나아간 것이다. '그대들은 이 법대로 부지런히 공부하여 하루 속히 초범超凡 입성入聖의 큰 일을 성취할지어다.' 라는 소태산의 확언이 실현되는 때인 것이다.

마음공부의 초보 단계에서는 눈에 보이지 않는 마음을 보는 것 자체가 어렵다. 그러다가 '유념' 공부 등을 통해서 '마음챙김' 공부를 제대로 시작하고 '마음을 마음대로 하는' 단계까지 도달해서 자신과 세상을 위해서 유익한 일을 할 수 있게 된다면 마음공부의 목적을 제대로 살렸다고 할 수 있다. 고통과 불행의 원인인 자신의 마음 씀씀이에 있는 것조차 알지 못하고 자신의 마음조차 제대로 보지 못하는 단계를 지나서, 마음의 자유를 얻는 단계까지 나아가는 과정을 소태산은 '초범超凡 입성入聖의 큰 일' 이라고 했다. 소태산의 가르침을 차근차근 따르다 보면 멀게만 느껴지던 '성인聖人이 된다' 는 것에 대해 새로운 생각을 하게 된다.

성인聖人이란
성스러운 인격을 가진 사람일 것이고
성스러운 인격은 성스러운 행동이 쌓여야 하고
성스러운 행동은 성스러운 마음에서 비롯되니
결국은 한 마음에 달렸다.
아닌 마음이 날 때 한 마음을 이겨내고 비워내야 하고
좋은 마음을 내기 어려워도 그 마음을 지켜내야 한다.
이런 소소한 마음공부가 없이 성스러운 삶이 가능할까?
더 사실적이고 빠른 길이 있단 말인가?
성인이 되는 게 중요한 것이 아니다.
한 마음 잘 쓰는 것이 정말 중요하다.
개인의 운명도 세상의 운명도 거기에 달렸기 때문이다.

늘 해야 할 훈련

상시 훈련법

공부인에게 상시로 수행을 훈련시키기 위하여 상시 응용 주의 사항常時應用注意事項 육조六條와 교당 내왕시 주의 사항敎堂來往時注意事項 육조를 정하였나니라.

『정전』 상시훈련법 중에서

일정한 시간에 하는 전문적인 수행을 '정기훈련' 定期訓練이라고 한다면 시간적 제한 없이 일상적으로 생활을 하면서 하는 수행을 '상시훈련' 이라고 한다. 소태산 수행론의 특징 가운데 매우 두드러진 점이 바로 상시훈련의 중시라고 할 수 있다. 성과 속의 경계는 물론 출세간과 세간의 경계, 남녀의 경계, 노동과 휴식의 경계, 시간과 장소의 경계 등이 엷어지고 무너지는 시대적 변화의 추이를 감안할 때 정기훈련보다 상시훈련의 비중을 과거보다 상대적으로 강조한 소태산의 관점을 유념할 필요가 있다.

견성을 하려는 사람이
특정한 시간에만 마음이 깨어있어도 될까?
성불하려는 사람이
특정한 시간에만 노력을 해도 될까?
늘 깨어있고 마음을 챙기고 훈련해야 하지 않을까.
깨달음과 성불에 진심인 사람은
그 마음이 때와 장소에 상관없이 간절하고 정성스럽다.
훌륭한 선수는 전지 훈련에서만 땀을 흘리지는 않는다.
자나 깨나 언제 어디서나 남모르게 마음과 몸을 단련한다.

혼자
늘 해야 할 훈련

상시 응용 주의 사항

1. 응용應用하는 데 온전한 생각으로 취사하기를 주의할 것이요,
2. 응용하기 전에 응용의 형세를 보아 미리 연마하기를 주의할 것이요,
3. 노는 시간이 있고 보면 경전·법규 연습하기를 주의할 것이요,
4. 경전·법규 연습하기를 대강 마친 사람은 의두 연마 하기를 주의할 것이요,
5. 석반 후 살림에 대한 일이 있으면 다 마치고 잠자기 전 남은 시간이나 또는 새벽에 정신을 수양하기 위하여 염불과 좌선하기를 주의할 것이요,
6. 모든 일을 처리한 뒤에 그 처리건을 생각하여 보되, 하자는 조목과 말자는 조목에 실행이 되었는가 못 되었는가 대조하기를 주의할 것이니라.

『정전』 상시훈련법 중에서

수행자의 하루는 어떻게 살아야 할까. 하루를 허투루 살면서 수행자라고 할 수는 없다. 하루 일과에 대한 기준이 명확히 있어야 마음공부를 하는 수행자라고 할 수 있다. 외형적 일과만이 아니라 내면적으로도 일과에 따른 공부 표준이 늘 명확해야 한다. 그렇지 않으면 불규칙한 일과로 시간을 허비하게 되고, 외견상으로는 수행자의 일과를 지키는 것 같아도 마음 속에서는 공부가 제대로 이뤄지지 않을 수 있다. 이런 현상을 방지하려면 소태산이 당부하는 「상시응용주의사항」 여섯 조목을 정성스럽게 실행할 필요가 있다. 이 조목의 실행 여부만 보아도 수행자의 공부 정도를 알 수 있다. 혼자서 해야 하는 이 훈련을 성실히 이행해야 지도인의 도움을 필요로 하게 되고 그래야 지도인의 도움도 받을 수 있게 된다.

지도를 받아 늘 해야 할 훈련

교당 내왕시 주의 사항

1. 상시 응용 주의 사항으로 공부하는 중 어느 때든지 교당에 오고 보면 그 지낸 일을 일일이 문답하는 데 주의할 것이요,
2. 어떠한 사항에 감각된 일이 있고 보면 그 감각된 바를 보고하여 지도인의 감정鑑定 얻기를 주의할 것이요,
3. 어떠한 사항에 특별히 의심나는 일이 있고 보면 그 의심된 바를 제출하여 지도인에게 해오解悟 얻기를 주의할 것이요,
4. 매년 선기禪期에는 선비禪費를 미리 준비하여 가지고 선원에 입선하여 전문 공부하기를 주의할 것이요,
5. 매 예회例會날에는 모든 일을 미리 처결하여 놓고 그 날은 교당에 와서 공부에만 전심하기를 주의할 것이요,
6. 교당에 다녀갈 때에는 어떠한 감각이 되었는지 어떠한 의심이 밝아졌는지 소득유무를 반조返照하여 본 후에 반드시 실생활에 활용하기를 주의할 것이니라.

『정전』 상시훈련법 중에서

혼자서만 열심히 수행을 하다보면 자칫 옆길로 빠질 수 있다. 괜한 고생을 할 수도 있고 다른 길로 들어서서 애초에 목적했던 것을 이루지 못할 수도 있다. 지혜로운 지도인이 필요한 대목이다. 「상시응용 주의사항」이 '혼자서' 할 수 있는, 혼자서 해야 하는 훈련이라면 「교당내왕시 주의사항」 여섯 조목은 '지도인' 의 지도를 받아서 해야 하는 훈련이다.

지도인의 지도는 왜 필요한가? 견성과 성불을 좀 단순하게 표현하자면 '지혜로운 사람' 이 되기 위함일 것이다. 그렇다면 나보다 지혜로운 지자智者의 도움을 받는 것은 매우 상식적인 일이다. '교당' 이란 일반적으로 원불교의 교화 활동의 중심이 되는 물리적

공간을 통칭하는 데 「교당내왕시 주의사항」의 취지를 감안하여 엄밀하게 말하자면 교당은 그런 물리적 공간이 아니라 '마음공부를 지도해 줄 수 있는 지혜로운 지도자가 있는 곳' 이라고 할 수 있다. 깨달음과 성불이 단순히 '공간' 에서 이뤄지지는 않는다. '지혜로운 사람' 이 있는 곳에서 '지도' 와 '배움' 를 통해서 이뤄진다. 「상시응용 주의사항」이 개인 내면에 있는 지혜로움의 원천인 '자성' 自性을 스승삼아서 이뤄지는 '혼자서 하는 훈련' 이라면 「교당내왕시 주의사항」 은 실제로 '지혜로운 지도인' 과의 관계 속에서 이뤄지는 상호 작용이 전제된 훈련인 것이다. 전자는 자력自力 위주의 훈련, 후자는 타력他力을 빌린 훈련이라고 할 수 있다.

견성이든 성불이든 거기에 이르는 가장 가깝고 빠르고 안전한 길은 훌륭한 지도인을 만나는 것일 수 있다. 생각해보라. 석가모니, 예수, 공자, 소태산과 같은 인물을 직접 만나서 문답 감정을 받을 수 있다면 그 변화와 성장의 질과 폭이 얼마나 클지를. 아쉽게도 마음공부가 덜 된 상태에서는 누가 올바른 지도인인지를 알기가 어려운 게 문제이다.

운동은 혼자서 해도 된다.
하지만 제대로 하려면 코치에게 배워야 한다.
자칫하면 잘못된 습관이 들 수 있다.
나쁜 습관이 든 뒤에 코치를 만나면 진도를 나갈 수가 없다.
나쁜 습관부터 지워야 하기 때문이다.
자신의 한계를 느낀 자만이 지도인을 찾는다.
코치가 방법을 알려주고 나서
"집에 가서 이렇게 백 번을 하고 와야 한다."하면
그대로 해야 한다.
그래야 그 다음을 배울 수 있다.
숙제를 하지 않고 코치를 만나면 코치가 가르칠 것이 없다.
혼자 하는 훈련과 지도인의 지도를 받아서 하는 훈련이 한 세트이다.

일상수행의 요법
심지心地 발견

소태산의 수행법을 한 마디로 표현하자면 '일상수행' 이라고 할 만하다. 직장을 다니는 평범한 사람들이 평범한 일상 속에서 할 수 있는 수행이고, 일상 속에서 해야만 하는 수행이다. 일상을 잘 영위하고 그 일상 속에서 깨달음을 얻고 부처의 인격을 이루어나가려는 공부인들을 위한 수행법이다. 그래서 소태산의 수행법은 맨 처음부터 '일상수행의 요법' 日常修行要法으로 시작한다. '일상 수행' 의 기조는 '상시 훈련' , '상시응용주의사항' , '무시선법' 등으로 이어진다. '일상' 日常, '상시' 常時, '무시' 無時 등이 의미하는 바를 음미해보면 소태산의 일관된 의도를 충분히 파악할 수 있다.

1. 심지心地는 원래 요란함이 없건마는 경계境界를 따라 있어지나니,
   그 요란함을 없게 하는 것으로써 자성自性의 정定을 세우자.
2. 심지는 원래 어리석음이 없건마는 경계를 따라 있어지나니,
   그 어리석음을 없게 하는 것으로써 자성의 혜慧를 세우자.
3. 심지는 원래 그름이 없건마는 경계를 따라 있어지나니,
   그 그름을 없게 하는 것으로써 자성의 계戒를 세우자.
4. 신과 분과 의와 성으로써 불신과 탐욕과 나와 우를 제거하자.
5. 원망 생활을 감사 생활로 돌리자.
6. 타력 생활을 자력 생활로 돌리자.
7. 배울 줄 모르는 사람을 잘 배우는 사람으로 돌리자.
8. 가르칠 줄 모르는 사람을 잘 가르치는 사람으로 돌리자.
9. 공익심 없는 사람을 공익심 있는 사람으로 돌리자.

『정전』 일상수행의 요법

「일상수행의 요법」에 대해서 정산鼎山은 이렇게 확언했다.

옛날 한 선비는 평생 소학小學만 읽었다 하나니, 우리는 평생 일상 수행의 요법만 읽고 실행하여도 성불에 족하리라.

『정산종사법어』 법훈편 7장

이 말이 과장이 아닌 까닭은 아홉 조목의 간단한 내용이 원불교의 기본 교리 전체를 매우 쉽게 압축적으로 담아내고 있기 때문이다. 1조부터 3조까지는 원불교 수행의 강령인 '삼학' 三學 수행을 의미하고 있고, 4조는 '팔조' 八條를, 5조는 '사은' 四恩을, 6조부터 9조까지는 사은사요 교리 가운데 '사요' 四要의 내용을 담고 있다. 원불교의 기본 교리는 사은(천지은·부모은·동포은·법률은)사요(자력양성·지자본위·타자녀교육·공도자숭배), 삼학(정신수양·사리연구·작업취사)팔조(진행사조-신·분·의·성 / 사연사조-불신·탐욕·나·우)로 대표되는데 이들 내용이 하나도 빠짐없이 「일상수행의 요법」에 포함되어 있다. 놀라운 점은 「일상수행의 요법」이 이들 교리를 일상적으로 외우면서 생활에서 대조할 수 있도록 매우 짧고 쉽게 표현됐다는 점이다.

아홉 조목 가운데서도 특히 '견성' 에 초점을 맞춰본다면 1조, 2조, 3조의 내용에 주목할 필요가 있다. 이 세 조목은 중국 불교 육조 혜능의 『육조단경』六祖壇經에 나오는 '심지무란자성정心地無亂自性定, 심지무치자성혜心地無癡自性慧, 심지무비자성계心地無非自性戒' 의 내용을 거의 그대로 차용한 것이다. '견성' 과 '돈오' 頓悟를 강조한 남종선南宗禪의 내용들이 소태산의 교리에 수용된 부분으로 볼 수 있다.

「일상수행의 요법」1조, 2조, 3조는 '심지' 에 관한 내용으로 '자성의 정을 세우자' , '자성의 혜를 세우자' , '자성의 계를 세우자' 와 같이 '세우기' 를 마음공부로 요청하고 있다면, 4조는 '제거하자' , 5조부터 9조까지는 '~로 돌리자' 라고 마무리되고 있다. 크게 보자면 소태산이 수행자들에게 제시하는 마음공부의 핵심은 제대로 서 있지 못하는 마음을 다시 세우고, 불필요한 마음을 제거하고, 이 마음을 저 마음으로 돌리라는 것이다. 눈에 보이지도 않고 손으로 만져지지도 않는 마음을 세우기도 하고, 없애기도 하고, 돌리기도 하라는 표현은 쉬워보여도 마음의 본질을 제대로 알아야 가능한 마음공부이다.

선불교의 '식심견성' 識心見性이란 가르침에 대입해본다면 '요란함', '어리석음', '그름' 이라는 '마음' 을 인식하면서 그 마음들이 일어나는 '심지' 를 발견하는 것이 '견성' 이라고 할 수 있다. 그러니 견성을 못했다고 해도 「일상수행의 요법」의 내용을 따라서 수행에 힘쓰다 보면 견성을 하게 되고 성불을 할 수 있도록 「일상수행의 요법」의 내용이 구조화되어 있다.

낚시꾼이 멍하니 물을 보고 있는 게 아니다.
물에 떠 있는 찌를 보고 있는 것이다.
물도 보고 찌도 보고 물 속 고기도 보고 있는 것이다.
찌가 움찔하면 바로 낚아채려고 벼르고 있는 거다.
찌를 놓치면 물고기도 놓치니까.
수행자도 그렇다.
마음을 알아차리지 못하는 데 어떻게 마음공부를 하겠는가.
마음의 움직임을 예민하게 알아채고 챙겨야 한다.
마음을 챙기지 못하면 견성도 성불도 물 건너간다.

심전 발견 심전 계발

소태산은 「일상수행의 요법」에서는 사람의 성품을 '심지' 心地로 표현했지만 다른 법문에서는 '심전' 心田으로도 표현했다. 마음 밭은 '심전' 으로, 그 밭에 나는 마음은 풀과 작물로 비유하고 마음농사를 잘 짓는 것을 '심전계발' 로 설명했다.

본래에 분별과 주착이 없는 우리의 **성품性稟**에서 선악간 마음 발하는 것이 마치 저 밭에서 여러 가지 농작물과 잡초가 나오는 것 같다 하여 우리의 마음 바탕을 **심전**心田이라 하고 묵은 밭을 잘 개척하여 좋은 밭을 만들 듯이 우리의 마음 바탕을 잘 단련하여 혜복을 갖추어 얻자는 뜻에서 **심전 계발**啓發이라는 말이 있게 되었나니라. 그러므로, 심전을 잘 계발하는 사람은 저 농사 잘 짓는 사람이 밭에 잡초가 나면 매고 또 매어 잡초는 없애고 농작물만 골라 가꾸어 가을에 많은 수확을 얻는 것 같이, 선악간에 마음 발하는 것을 잘 조사하고 또 조사하여 악심이 나면 제거하고 또 제거해서 악심은 없애고 양심만 양성하므로 혜복이 항상 넉넉할 것이요, 심전 계발을 잘못 하는 사람은 저 농사 잘못 짓는 사람이 밭에 잡초가 나도 내버려 두고 농작물이 나도 그대로 두어서 밭을 다 묵히어 가을에 수확할 것이 없는 것 같이, 악한 마음이 나도 그대로 행하고 선한 마음이 나도 그대로 행하여 자행 자지하는지라 당하는 것이 고뿐이요, 혜복의 길은 더욱 멀어지나니라. 그러므로, **우리의 천만 죄복이 다른 데에 있는 것이 아니요, 오직 이 심전 계발을 잘하고 못하는 데에 있나니**, 이 일을 어찌 등한히 하리요.

『대종경』 수행품 59장

풀을 보면서 땅은 못 보고
물고기는 보면서 물은 못 보고
나무는 보면서 뿌리는 못 보고
거울로 얼굴을 보면서 거울은 보지 못 한다면
마음은 보는데 성품은 못 본다는 말과 같다.

성품에서 마음이 발하는 것을 밭에서 농작물이나 잡초가 나오는 것에 비유해서 설명을 하고 있는데, '선악간에 마음 발하는 것을 잘 조사하고 또 조사하여 악심이 나면 제거하고 또 제거해서 악심은 없애고 양심만 양성' 하는 것을 마음공부의 요체로 본 것이다.

실제로 농사를 짓는다고 가정해보면 잡초나 농작물을 보면서 그것들이 뿌리내리고 있는 밭을 보지 못한다는 것은 불가능에 가깝다. 하지만 마음공부의 관점에서 보자면 인간의 희노애락과 같은 감정, 옳고 그름에 대한 판단이나 다양한 인식 작용들을 모두 '마음' 이라고 할 때 이런 것들에 주목하면서도 그 마음들의 바탕인 '성품' 을 보지 못하는 경우가 허다하다.

농사를 짓는 사람들은 잡초가 적을 때는 손으로 뽑다가 잡초가 너무 많으면 땅을 기계로 갈아엎는다든지 농약을 친다든지 해서 일거에 제초를 할 수도 있다. 마음도 이와 같은데 심전이라는 성품, 마음 바탕을 제대로 발견하지 못하면 수도 없이 발하는 온갖 마음과 괜한 분별 망상이나 뿌리 깊은 집착 등 잡초와 같은 마음들을 근본적으로 제거할 수가 없다. 그래서 누누이 견성을 강조하는 것이다.

참고로 '선악간에 마음 발하는 것을 잘 조사하고 또 조사하여 악심이 나면 제거하고 또 제거해서 악심은 없애고 양심만 양성하므로 혜복이 항상 넉넉할 것이요,' 라는 대목은 「법위등급」의 '법마상전급' 法魔相戰級 내용 중에서 '법法과 마魔를 일일이 분석하고 우리의 경전 해석에 과히 착오가 없으며, 천만 경계 중에서 사심을 제거하는 데 재미를 붙이고' 라는 내용과 연결해서 볼 수 있다. 만약에 견성을 하지 못한다면 이미 잡초가 무성한 밭에서 잡초와 곡물을 구분해서 제초하기가 어려울 것이다. 법마상전급 공부에서 '법과 마를 일일이 분석' 하려면 기본적으로 견성을 해서 성품에서 발하는 정심과 사심을 구분할 수 있어야 하고 그래야 법과 마도 구별해서 정의로운 선택을 할 수 있다. 한 마음이 발하기 이전 소식을 알고 있어야 그 다음에 발하는 마음을 일일이 챙길 수 있는 것이다. 견성만이 아니라 양성과 솔성을 심전 계발로 설명한 소태산의 법문도 참고하자.

심전 농사
견성見性 · 양성養性 · 솔성率性

예로부터 도가道家에서는 **심전을 발견한 것을 견성見性이라 하고 심전을 계발하는 것을 양성養性과 솔성率性이라 하나니,** 이 심전의 공부는 모든 부처와 모든 성인이 다 같이 천직天職으로 삼으신 것이요, 이 세상을 선도善導하는 데에도 또한 그 근본이 되는 것이니라. 그러므로, 우리 회상에서는 **심전 계발의 전문 과목으로 수양·연구·취사의 세 가지 강령을 정하고 그를 실습하기 위하여 일상 수행의 모든 방법을 지시하였나니,** 수양은 심전 농사를 짓기 위하여 밭을 깨끗하게 다스리는 과목이요, 연구는 여러 가지 농사 짓는 방식을 알리고 농작물과 풀을 구분하는 과목이요, 취사는 아는 그대로 실행하여 폐농을 하지 않고 많은 곡식을 수확하게 하는 과목이니라. 지금 세상은 과학 문명의 발달을 따라 사람의 욕심이 날로 치성하므로 심전 계발의 공부가 아니면 이 욕심을 항복 받을 수 없고 욕심을 항복 받지 못하면 세상은 평화를 보기 어려울지라, 그러므로 이 앞으로는 천하의 인심이 자연히 심전 계발을 원하게 될 것이요, 심전 계발을 원할 때에는 그 전문가인 참다운 종교를 찾게 될 것이며, 그 중에 수행이 원숙圓熟한 사람은 더욱 한량 없는 존대를 받을 것이니, 그대들은 이 때에 한 번 더 결심하여 이 심전 농사에 크게 성공하는 모범적 농부가 되어볼지어다.

『대종경』 수행품 60장

소태산은 수행이나 마음공부를 견성만이 아니라 양성과 솔성이라는 유가儒家적 표현으로 설명해서 이해를 돕고 있다. 심전心田이라는 마음밭을 발견하는 것이 견성이라면 마음밭을 잘 가꾸는 것을 양성, 그리고 마음밭에 농사를 잘 지어서 농사에 성공하는 것을 솔성이라고 비유해서 설명한다. 불교의 대중화를 의도한 소태산의 의중을 엿볼 수 있다.

견성과 성불로 나눠보자면 견성은 그대로 견성이라고 보면 되겠고, 양성과 솔성은 성불에 해당한다고 볼 수 있다. 내 땅이 내 것인 줄을 알아야 농사를 시작할 수 있기 때문에 마음밭을 내 것으로 발견하는 '견성' 이 매우 중요한 것이지만 실제 농사는 그 다음부터이다. 밭에서 돌을 골라내고 땅심을 돋우어서 밭을 잘 관리하는 과정과 거기에 씨 뿌리고 김매고 물주는 어려운 과정을 계속해야 비로소 농사에 성공할 수 있으니 '양성' 과 '솔성' 이 더 중요하다고 할 수 있다. 소태산이 수행자가 견성에 만족해서는 안 되고 성불에 꾸준히 공을 들여야 한다는 법문을 하는 이유를 알 수 있는 법문이다.

삼학 병진 三學竝進

또 여쭙기를 [일원상의 수행은 어떻게 하나이까.] 대종사 말씀하시기를 [일원상을 수행의 표본으로 하고 그 진리를 체받아서 자기의 인격을 양성하나니 일원상의 진리를 깨달아 천지 만물의 시종 본말과 인간의 생·로·병·사와 인과 보응의 이치를 걸림 없이 알자는 것이며, 또는 일원과 같이 마음 가운데에 아무 사심私心이 없고 애욕과 탐착에 기울고 굽히는 바가 없이 항상 두렷한 성품 자리를 양성하자는 것이며, 또는 일원과 같이 모든 경계를 대하여 마음을 쓸 때 희·로·애·락과 원·근·친·소에 끌리지 아니하고 모든 일을 오직 바르고 공변되게 처리하자는 것이니, 일원의 원리를 깨닫는 것은 견성見性이요, 일원의 체성을 지키는 것은 양성養性이요, 일원과 같이 원만한 실행을 하는 것은 솔성率性인 바, 우리 공부의 요도인 정신 수양·사리 연구 ·작업 취사도 이것이요, 옛날 부처님의 말씀하신 계·정·혜戒定慧 삼학도 이것으로서, 수양은 정이며 양성이요, 연구는 혜며 견성이요, 취사는 계며 솔성이라, **이 공부를 지성으로 하면 학식 있고 없는 데에도 관계가 없으며 총명 있고 없는 데에도 관계가 없으며 남녀 노소를 막론하고 다 성불함을 얻으리라.**]

『대종경』 교의품 5장

아는 바와 같이 소태산의 수행은 '삼학'三學을 중심으로 삼는다. 불교의 계·정·혜 삼학 개념을 확장해서 계승한 정신수양·사리연구·작업취사 세 과목을 수행의 핵심으로 삼았다. 소태산은 견성見性만을 강조하지 않고 양성養性과 솔성率性이란 개념을 사용해서 이를 삼학과 연결해서 설명한다.

여기서 한 걸음 더 나아가서 유·불·선 기성 종교의 수행과 삼학의 개념을 연계해서 설명하고 종교의 울을 넘어서 이들을 통합 수행하는 원만한 수행자가 되기를 바라고 있다.

> 과거에 모든 교주教主가 때를 따라 나오시어 인생의 행할 바를 가르쳐 왔으나 그 교화의 주체는 시대와 지역을 따라 서로 달랐나니, 비유하여 말하자면 같은 의학 가운데도 각기 전문 분야가 있는 것과 같나니라. 그러므로, 불가佛家에서는 우주 만유의 형상 없는 것을 주체삼아서 생멸 없는 진리와 인과 보응의 이치를 가르쳐 전미 개오轉迷開悟의 길을 주로 밝히셨고, 유가儒家에서는 우주 만유의 형상 있는 것을 주체삼아서 삼강·오륜과 인·의·예·지를 가르쳐 수·제·치·평修齊治平의 길을 주로 밝히셨으며, 선가仙家에서는 우주 자연의 도를 주체삼아서 양성養性하는 방법을 가르쳐 청정 무위淸靜無爲의 길을 주로 밝히셨나니, 이 세 가지 길이 그 주체는 비록 다를지라도 세상을 바르게 하고 생령을 이롭게 하는 것은 다 같은 것이니라. 그러나, 과거에는 유·불·선儒佛仙 삼교三教가 각각 그 분야만의 교화를 주로하여 왔지마는, 앞으로는 그 일부만 가지고는 널리 세상을 구원하지 못할 것이므로 우리는 이 모든 교리를 통합하여 **수양 · 연구 · 취사의 일원화一圓化와 또는 영육 쌍전靈肉雙全·이사 병행理事竝行 등 방법으로 모든 과정을 정하였나니, 누구든지 이대로 잘 공부한다면 다만 삼교의 종지를 일관할 뿐 아니라 세계 모든 종교의 교리며 천하의 모든 법이 다 한 마음에 돌아와서 능히 사통 오달의 큰 도를 얻게 되리라.**
>
> 『대종경』 교의품 1장

종교 신자가 되려고 인생을 사는 것은 아니다.
인생을 잘 살기 위해서 종교가 필요한 것이다.
필요하다면 종교의 장벽도 넘어서야 한다.
모든 종교가 나를 위해 있다고 보아야 맞지 않을까.
종교 간의 장벽을 허물고 교법에 대한 편식도 극복해서
인류가 성장하고 진급해야 할 때이다.
견성과 성불이 불교의 울안에 갇혀 있다면
그건 진정한 견성과 성불이 아니다.
진리는 종교의 테두리 안에 가둬지지 않는다.

소태산의 관점에서는 불가佛家는 견성見性, 선가仙家는 양성養性, 유가儒家는 솔성率性의 도를 주로 밝혔다고 본 것이니 정신수양·사리연구·작업취사의 삼학 공부를 병진한다면 견성 만이 아니라 양성과 솔성에도 성취를 얻을 수 있다고 보았다. 앞서서 마음공부를 '염소 기르기' 에 비유한 법문에서 보았듯이 소태산은 철저히 삼학을 병진하기를 수행자들에게 당부한다. 이 관점은 매우 철저해서 소태산의 경전 전체 내용을 일관하고 있다.

> 대종사 대중을 통솔하심에 네 가지의 엄한 경계가 있으시니, (중략) 넷은 삼학 병진의 대도를 닦지 아니하고 편벽되이 정정定靜만 익히어 신통을 희망하는 것이니라.
>
> 『대종경』 실시품 37장 중에서

자칫하면 오래도록 좌선만 한다든지 주문을 외우는 수행에 몰두하면 견성을 빨리 할 수 있다고 생각할 수도 있지만 소태산은 그런 관점이 잘못된 것이라고 누누이 지적하고 있다.

축구를 배우는 선수가 골을 많이 넣고 싶다고 해서
종일토록 슈팅 연습만 해서는 안 된다.
축구에서 골이 중요한 것은 누구나 알지만
축구에 필요한 다양한 능력들을 두루두루 키우지 않는다면
그 선수는 안타깝게도 골문 앞에까지 가지 못할 수도 있다.
지구력과 근력 기르기, 패스와 드리블 연습하기, 전술 익히기 등
감독이 요구하는 수많은 연습을 충실히 해야 한다.
슈팅과 골은 축구의 한 부분일 뿐이다.

삼학은 원래 하나

소태산이 정의한 정신수양·사리연구·작업취사의 요지는 다음과 같다. 크게 분류하자면 정신수양은 양성, 사리연구는 견성, 작업취사는 솔성에 상응하지만 이 삼학이 원래는 '하나' 였음을 잊지 말아야 한다. 따로 할 수도 없고 따로 해서도 안되는 수행이라고 할 수 있다. '견성' 의 관점에서 삼학을 보아도 삼학의 내용 안에 이미 견성·양성·솔성의 내용이 연계되어 있음을 알 수 있다.

> 정신이라 함은 마음이 두렷하고 고요하여 분별성과 주착심이 없는 경지를 이름이요, 수양이라 함은 안으로 분별성과 주착심을 없이하며 밖으로 산란하게 하는 경계에 끌리지 아니하여 두렷하고 고요한 정신을 양성함을 이름이니라.
>
> 『정전』 정신수양의 요지

'정신' 精神을 '마음이 두렷하고 고요하여 분별성과 주착심이 없는 경지' 라고 설명했는데 이 경지를 보고 아는 것은 '견성' 에 가깝다. 소태산은 「무시선법」에서는 '대범, 선禪이라 함은 원래에 분별 주착이 없는 각자의 성품을 오득하여 마음의 자유를 얻게 하는

공부' 라고 설했다. 원적무별圓寂無別하여 주착住着할 수도 없는 마음 바탕을 말하고 있는 것이다.

> 사事라 함은 인간의 시·비·이·해是非利害를 이름이요, 이理라 함은 곧 천조天造의 대소 유무大小有無를 이름이니, 대大라 함은 우주 만유의 본체를 이름이요, 소小라 함은 만상이 형형색색으로 구별되어 있음을 이름이요, 유무라 함은 천지의 춘·하·추·동 사시 순환과, 풍·운·우·로·상·설風雲雨露霜雪과 만물의 생·로·병·사와, 흥·망·성·쇠의 변태를 이름이며, 연구라 함은 사리를 연마하고 궁구함을 이름이니라. 『정전』 사리연구의 요지

「정기훈련법」 11과목 가운데 '성리' 는 '우주 만유의 본래 이치와 우리의 자성 원리를 해결하여 알자 함이요' 라고 설명되고 있는데 이는 '사리연구' 의 '대大' 자리와 상응하는 것으로 볼 수 있다. 요컨대 '우주만유의 본체' 를 이르는 '대' 大자리를 아는 '견성' 을 해야 형형색색으로 구별되어 있는 우주만유의 실상도 제대로 파악할 수 있는 것이다. 하지만 '대' 만 알고 '소' 를 모른다거나 '대소' 를 아는데 '유무' 를 모른다거나 '대소유무' 는 잘 알고 있는데 '시비이해' 를 잘 알지 못한다는 것은 상상하기 어렵다. 굳이 '견성' 의 관점에서 보자니 '대' 와 '소' 를 나누어 설명하고 '대' 자리를 보는 것을 견성으로 연결하여 이해하는 것이라고 본다.

> 작업作業이라 함은 무슨 일에나 안·이·비·설·신·의眼耳鼻舌身意 육근을 작용함을 이름이요, 취사取捨라 함은 정의는 취하고 불의는 버림을 이름이니라.
>
> 『정전』 작업취사의 요지

마음 바탕을 보지 못하고, 견성을 못했는데 어떻게 정의와 불의를 제대로 구분 할 수 있겠는가. 내 마음 씀씀이 하나하나, 내 행동 하나하나가 상대방과 세상에 어떤 상처나 해악을 끼칠지를 알 수 있을까. 외부의 규범에 의존해서만 해결될 일이 아니다. 인간의

심성을 온전히 이해해야 그 다음에 정의와 불의를 가늠할 수 있다. 이 과정은 엄밀히 말해서 '사리연구' 에 속하는 것이지만 어디에 속하느냐가 중요한 것이 아니라 '작업취사' 의 전제는 '정의' 와 '불의' 의 온전한 분별에 있는데 그 분별은 '분별 주착이 없는 각자의 성품을 오득' 한 다음에야 가능한 일이다. 견성 없는 정의는 진리에 어긋나기 쉽다. 요컨대 견성·양성·솔성을 겸수하고 정신수양·사리연구·작업취사의 삼학을 병진하고 겸전해야만 한다. 그래야 원만한 수행이다.

> 우리가 경전으로 배울 때에는 삼학이 비록 과목은 각각 다르나, 실지로 공부를 해나가는 데에는 서로 떠날 수 없는 연관이 있어서 마치 **쇠스랑의 세 발과도 같나니**, 수양을 하는 데에도 연구·취사의 합력이 있어야 할 것이요, 연구를 하는 데에도 수양·취사의 합력이 있어야 할 것이요, 취사를 하는 데에도 수양·연구의 합력이 있어야 하나니라. 그러므로, **삼학을 병진하는 것은 서로 그 힘을 어울려 공부를 지체없이 전진하게 하자는 것**이며, 또는 선원에서 대중이 모이어 공부에 대한 의견을 교환하는 것은, 그에 따라 혜두가 고루 발달되어 과한 힘을 들이지 아니하여도 능히 큰 지견을 얻을 수 있게 하자는 것이니라.
>
> 『대종경』 교의품 21장

밭 고르는 걸 농사라고 하나?
씨앗을 뿌리는 것을 농사라고 하나?
김매고 물 대주는 것을 농사라고 하나?
추수하는 걸 농사라고 하나?
맞다 다 농사다.
하지만 온전한 농사라면 이 모두를 잘 해야 한다.
삼학 수행도 그렇다.

정기훈련

소태산은 일상수행과 상시훈련을 강조한다. 하지만 그렇다고 해서 기간을 정해서 집중적으로 하는 '정기훈련' 을 소홀히 하지 않았다. 불교에서 하안거, 동안거를 몇 달씩 하듯이 소태산도 제자들과 3개월씩 하선夏禪, 동선冬禪이라는 정기훈련을 실시했다. 초기 교단 구성원들은 소태산과 함께 익산이나 영산 등지에서 신앙·수행 공동체의 삶을 살면서 생활과 신앙·수행이 병진되는 일과를 진행했다. 그러다가 전국 각지에 흩어진 교도들이 하선과 동선이라는 정해진 기간에 모여 밀도 높은 정기훈련을 실시했다. 새벽에는 좌선으로 정신수양을 하고 낮에는 노작 활동으로 보은 불공의 시간을 갖고, 저녁에는 강연과 일기, 염불 등으로 사리연구와 참회 반성의 프로그램을 꾸준히 실행했다. 이와 같은 정기훈련을 위해 소태산은 매우 구체적인 11가지 훈련법들을 제시했다.

> 공부인에게 정기定期로 법의 훈련을 받게 하기 위하여 정기 훈련 과목으로 염불念佛·좌선坐禪·경전經典·강연講演·회화會話·의두疑頭·성리性理·정기 일기定期日記·상시 일기常時日記·주의注意·조행操行 등의 과목을 정하였나니, 염불·좌선은 정신 수양 훈련 과목이요, 경전·강연·회화·의두·성리·정기 일기는 사리 연구 훈련 과목이요, 상시 일기·주의·조행은 작업 취사 훈련 과목이니라.
>
> 『정전』 정기훈련법 중에서

'원만한 수행' 을 강조한 소태산의 수행관은 정기훈련 11과목의 훈련을 하루 일과에 모두 녹아들도록 한 데서 잘 드러난다. 당위로서의 삼학 병진을 말하는 데 그치지 않고 실제로 삼학 수행을 위한 세부 과정들을 정기에 일상적으로 녹여낸 것이다. 견성에 관련된 과목을 따로 논하는 것이 크게 의미 있지는 않지만 그래도 손꼽아 보자면, 일단 사리연구 과목인 경전, 강연, 회화, 의두, 성리, 정기일기 6개 과목이다.

> **경전經典**은 우리의 지정 교서와 참고 경전 등을 이름이니, 이는 공부인으로

하여금 그 공부하는 방향로를 알게 하기 위함이요,

강연講演은 사리간에 어떠한 문제를 정하고 그 의지를 해석시킴이니, 이는 공부인으로 하여금 대중의 앞에서 격格을 갖추어 그 지견을 교환하며 혜두慧頭를 단련시키기 위함이요,

회화會話는 각자의 보고 들은 가운데 스스로 느낀 바를 자유로이 말하게 함이니, 이는 공부인에게 구속 없고 활발하게 의견을 교환하며 혜두를 단련시키기 위함이요,

의두疑頭는 대소 유무의 이치와 시비 이해의 일이며 과거 불조의 화두話頭 중에서 의심나는 제목을 연구하여 감정을 얻게하는 것이니, 이는 연구의 깊은 경지를 밟는 공부인에게 사리간 명확한 분석을 얻도록 함이요,

성리性理는 우주 만유의 본래 이치와 우리의 자성 원리를 해결하여 알자 함이요,

정기일기定期日記는 당일의 작업 시간 수와 수입 지출과 심신 작용의 처리건과 감각感覺 감상感想을 기재시킴이요,

『정전』 정기훈련법 중에서

경전經典이란 진리를 깨달은 부처나 성현의 가르침이 담긴 책이다. 경전을 읽는다든지 경전을 쓰거나 외운다든지 하는 공부이다. 이를 통해서 신앙과 수행의 방향을 잡으면서 깨달음을 구하도록 하고 있다. '공부인으로 하여금 그 공부하는 방향로를 알게 하기 위함' 이라고 했으니 소위 '공부길' 을 잡아서 목적하는 수행의 성과를 얻기 위해서 모든 공부인들이 먼저 해야 할 공부가 경전 공부인 셈이다. 그래야 시행착오를 줄일 수 있다.

강연講演은 일과 이치 간에 특정한 주제를 정해서 그 주제에 대해서 연구한 다음에 그 내용을 대중들 앞에서 강연 형식으로 발표하게 하는 공부이다. 일정한 틀에 맞춰야 하는 긴장을 동반한 공부지만 이를 통해서 지혜 계발이 촉진되고, 부수적으로는 깨달은 바를 대중들에게 전하는 능력까지도 얻게 된다. 소태산은 이 과목 훈련을 통해서 공부인의 '혜두 단련' 을 촉진하려고 했다. 강연을 하는 사람은 물론이고 강연을 듣는 사람도 자신의 지혜를 확장하고 심화시키는 기회로 삼아야 한다. 과목의 속성상 짧은 강연이라도 이를 준비하려면 몇 배의 노력이 필요하다. 대중 앞에서의 발표 역시 상당한 훈련이 된다. 이런 과정들이 유기적으로 기능해서 지혜 단련의 효과를 증폭시킨다.

회화會話는 혼자가 아니라 여러 사람이 서로 활발하게 의견을 교환하는 공부인데 자신의 의견을 발표하기도 하고 다른 사람들의 의견을 청취하면서 지혜를 얻게 된다. '스스로 느낀 바를 자유로이 말하' 는 훈련이니 평소에 생활하면서 '스스로 느낀 바' 가 있어야 하고 '자유로이 말' 할 줄 알아야 한다. '활발하게 의견을 교환' 하는 공부이니 상대방들과의 대화를 주고받을 줄도 알아야 한다. 회화를 하고나서 지혜가 더해져야 잘 된 회화라고 할 수 있다.

의두疑頭는 일과 이치 또는 과거 불가의 화두 가운데서 하나를 정해서 연구하고 그 결과를 지도인에 감정 받도록 한 과목이다. 이 과목의 주체는 '연구의 깊은 경지를 밟는 공부인' 이라고 했다. 어느 정도 기본적인 훈련을 마친 공부인이 해야 할 과목인 것이다. 의문의 영역은 '대소유무의 이치와 시비이해의 일, 과거 불조의 화두' 를 모두 포함하고 있다. 이 공부를 잘하면 '사리간에 명확한 분석' 을 할 수 있다고 했다. 일과 이치 간에 막힘이 없는 이무애사무애理無碍事無碍의 지혜를 얻는데 도움이 된다.

성리性理는 '우주 만유의 본래 이치와 우리의 자성 원리를 해결하여 알자 함이요,' 라고 설명되고 있는데 안으로 자성 원리를 해결하는 것을 '좁은 의미의 견성' 이라고 할 수 있고 밖으로 우주만유의 본래 이치를 아는 것까지를 '넓은 의미의 견성' 이나 대각이라고 할 수 있다. 의두 과목과 성리 과목이 비슷한 점이 있는데 내용을 보면 '의두' 가 사리간의 모든 의문 거리를 공부 대상으로 삼았다면 '성리' 는 '우주 만유의 본래 이치와 우리의 자성 원리' 라고 한정 짓고 있다.

정기일기定期日記는 정기훈련 기간에 기재하는 일기인데 여러 가지 내용 가운데서 주로 '감각感覺 감상感想' 을 기재하는 공부가 견성 공부와 직접적으로 관련 된다고 할 수 있다. 여러 가지 훈련 과목을 병진하여 하루를 생활하며 깨닫고 느낀 바를 기재하면서 다시 한 번 깨달음의 깊이를 더하는 공부이기 때문이다. 일상생활 전체를 깨달음의 소재로 삼도록 하는 훈련 과목이다.

정기훈련 11과목을 보면 상당히 다양한 현대적인 교육훈련 방법을 활용하고 있음을 알 수 있다. 견성에 도움을 주기 위한 과목들도 기존 불교와는 달리 다양한 과목들을 병진하도록 한 점이 특이하다. 소태산은 과거와 같이 막연히 화두만을 들고 묵언 수행을 하거나 종일토록 경전만을 연구하는 식의 편벽된 수행을 권하지 않는다. 사리연구 공부를 위해서도 6가지 과목을 상시로 병진하도록 했고 이것만이 아니라 정신수양과 작업취사 과목들도 빠짐없이 병진하도록 했다.

수행자들에게 정기훈련이란
운동선수들의 전지훈련과 같다.
집중적으로 배우고 학습한다.
평소에는 하기 힘든 훈련을 한다.
시즌 중에도 훈련을 하지만 질과 양에서 차이가 난다.
실전에서 약했던 것을 전지훈련 때 보완하고
전지훈련에서 배우고 익힌 것을 실전에서 써먹는다.
공부인들의 상시훈련과 정기훈련도 그와 같다.
상호보완하고 상승효과를 내야 한다.

비록 견성에 직접적으로 관련된 사리연구 과목만을 설명했지만 소태산의 수행법을 따른다면 그가 제시한 11과목을 골고루 공부하는 것이 견성에 이르는 첩경이라고 여겨야 한다.

예컨대 견성을 빨리해야 하니까 사리연구 과목만 공부를 하고 염불이나 좌선 등의 정신수양 과목은 공부하지 않거나 상시일기·주의·조행 등의 작업취사 과목을 배제한다면 이는 매우 잘못된 수행 태도이다. 늘 삼학 병진을 유념해야 소태산의 수행법을 제대로 수행할 수 있다. 그렇게 해야 '견성' 이라는 것에 머물지 않고 '부처' 라는 완전한 인격 완성을 향해 나아갈 수 있다. 참고로 나머지 정신수양 과목인 염불과 좌선, 작업취사 과목인 상시일기·주의·조행에 대한 『정전』본문은 다음과 같다.

> **염불**念佛은 우리의 지정한 주문呪文 한 귀를 연하여 부르게 함이니, 이는 천지 만엽으로 흩어진 정신을 주문 한 귀에 집주하되 천념 만념을 오직 일념으로 만들기 위함이요,
>
> **좌선**坐禪은 기운을 바르게 하고 마음을 지키기 위하여 마음과 기운을 단전丹田에 주住하되 한 생각이라는 주착도 없이 하여, 오직 원적 무별圓寂無別한 진경에 그쳐 있도록 함이니, 이는 사람의 순연한 근본 정신을 양성하는 방법이요,
>
> **상시일기**常時日記는 당일의 유무념 처리와 학습 상황과 계문에 범과 유무를 기재시킴이요,
>
> **주의**注意는 사람의 육근을 동작할 때에 하기로 한 일과 안 하기로 한 일을 경우에 따라 잊어버리지 아니하고 실행하는 마음을 이름이요,
>
> **조행**操行은 사람으로서 사람다운 행실 가짐을 이름이니, 이는 다 공부인으로 하여금 그 공부를 무시로 대조하여 실행에 옮김으로써 공부의 실효과를 얻게 하기 위함이니라.
>
> 『정전』 정기훈련법 중에서

정기훈련 11과목이든 상시훈련 12조목 모두가 소태산 수행의 강령인 삼학 수행을 위해 만들어진 것이다. 이들 과목들을 정신수양이나 사리연구 그리고 작업취사 과목으로 분류할 수 있고 소태산도 그렇게 분류했다. 하지만 이들 과목들은 서로 깊은 상관관계를 가지고 있어서 삼학을 통한 삼대력을 얻는데 서로 보완 작용을 하고 있다.

원만구족한 인격을 위해서 '공부' 만 잘하면 되는데 이 공부를 셋으로 나눈 것이 삼학 즉 정신수양·사리연구·작업취사인 것이다. 이 공부를 정기와 상시로 하도록 하고 다시 세부 과목을 정했으니 정기훈련법 11과목과 상시훈련법 12조목이 그것이다. 마치 학생들의 공부가 여러 가지 과목으로 나뉘어 있는 것과 같고 학기 중과 방학 때 공부가 다른 것과 같다고 할 수 있다.

엄청나게 영리한데 인격이 엉망인 사람.
사람은 좋은데 어리석은 사람.
지혜로운데 실천이 따르지 않는 사람.
능력은 좋은데 툭하면 화를 내고 정서가 불안한 사람.
모르는 것이 없는데 되는 게 없는 사람.
잘났다고 하는데 가까이 하기 싫은 사람.
이런저런 평가를 벗어나기 힘든 까닭은 무엇일까?
그만큼 원만한 인격을 갖추기 힘들다는 것일 터이다.
삼학을 병진하라는 말은 괜한 치렛말이 아니다.
수행자들만을 위한 말도 아니다.
사람이라면 누구나 해야 할 균형 잡힌 공부인 것이다.
종교의 틀과 상관없이 누구나 해야 할 공부인 것이다.

빠른 방법

소태산은 정신수양·사리연구·작업취사의 삼학 공부를 병진하는 것을 수행의 축으로 삼았는데 이 삼학의 마음공부는 동할 때나 정할 때나, 일이 있을 때나 없을 때나 일상적으로 늘 해야하고 그렇게 할 수 있도록 가르침을 펴고 있다. 삼학 수행도 정기훈련과 같이 기간을 정해서, 정해진 공간에서, 정해진 11과목 중심으로 진행할 때가 있지만 일상생활에서는 그런 수행 방식보다는 좀 더 유연한 방식이 필요하다. 그래서 「상시훈련법」을 제시한 것이다. 지금 소개하는 법문은 이미 「상시훈련법」에 거의 모두 포함된 내용이지만 좀 더 생활 밀착형 법문이라고 할 수 있다.

공부인이 동動하고 정靜하는 두 사이에 수양력修養力 얻는 빠른 방법은, 첫째는 모든 일을 작용할 때에 나의 정신을 시끄럽게 하고 정신을 빼앗아 갈 일을 짓지 말며 또는 그와 같은 경계를 멀리할 것이요, 둘째는 모든 사물을 접응할 때에 애착 탐착을 두지 말며 항상 담담한 맛을 길들일 것이요, 세째는 이 일을 할 때에 저 일에 끌리지 말고 저 일을 할 때에 이 일에 끌리지 말아서 오직 그 일 그 일에 일심만 얻도록 할 것이요, 네째는 여가 있는 대로 염불과 좌선하기를 주의할 것이니라. 또는, **동하고 정하는 두 사이에 연구력 얻는 빠른 방법**은, 첫째는 인간 만사를 작용할 때에 그 일 그 일에 알음알이를 얻도록 힘쓸 것이요, 둘째는 스승이나 동지로 더불어 의견 교환하기를 힘쓸 것이요, 세째는 보고 듣고 생각하는 중에 의심나는 곳이 생기면 연구하는 순서를 따라 그 의심을 해결하도록 힘쓸 것이요, 네째는 우리의 경전 연습하기를 힘쓸 것이요, 다섯째는 우리의 경전 연습을 다 마친 뒤에는 과거 모든 도학가道學家의 경전을 참고하여 지견을 넓힐 것이니라. 또는, **동하고 정하는 두 사이에 취사력 얻는 빠른 방법**은, 첫째는 정의인 줄 알거든 크고 작은 일을 막론하고 죽기로써 실행할 것이요, 둘째는 불의인줄 알거든 크고 작은 일을 막론하고 죽기로써 하지 않을 것이요, 세째는 모든 일을 작용할 때에 즉시 실행이 되지 않는다고 낙망하지 말고 정성을 계속하여 끊임 없

는 공을 쌓을 것이니라. 『대종경』 수행품 2장

법문 중 '공부인이 동하고 정하는 두 사이에 연구력 얻는 빠른 방법' 이 바로 '견성을 하는 빠른 방법' 도 될 것이다. 실생활에서의 공부 지침으로 삼을 필요가 있다. 이런 수행의 축적이 있어야 견성도 성불도 가능하다.

수행은 언제 어디서 해야 하는 것일까?
언제 어디서나 해야 한다.
다른 말로는 '지금 여기서'해야 한다.
수행의 성과는 언제 어디서 사용해야 할까?
그 대답도 마찬가지, '지금 여기서' 써야 한다.
마음이 있는 한 마음공부가 필요하다.
마음이 늘 있으니, 마음공부도 늘 할 수 있다.
그래서 동정일여動靜一如
그래서 무시선無時禪 무처선無處禪이다.

관조觀照로써 깨쳐 얻으라

원기 이십육년 일월에 대종사 게송偈頌을 내리신 후 말씀하시기를 [유有는 변하는 자리요 무無는 불변하는 자리나, 유라고도 할 수 없고 무라고도 할 수 없는 자리가 이 자리며, 돌고 돈다, 지극하다 하였으나 이도 또한 가르치기 위하여 강연히 표현한 말에 불과하나니, 구공이다, 구족하다를 논할 여지가 어디 있으리요. 이 자리가 곧 성품의 진체이니 사량으로 이 자리를 알아내려고 말고 관조로써 이 자리를 깨쳐 얻으라.] 『대종경』 성리품 31장

'사량' 思量하지 말라고 가르침은 분석적 사고로 깨우치려 하지 말라는 의미일 것이다. '사량' 이 아니라 '관조' 觀照를 깨달음의 방법으로 제시하고 있다. '언어도가 끊어진 자리' 를 언어와 사고로 가지 말라는 뜻일 것이다. 대신에 누구나 가지고 있는 '자성 광명' 自性光明, '공적영지의 광명' 空寂靈知 光明을 믿고 의지해서 그냥 '비춰보라' 고 소태산은 말한다. 말 그대로만 본다면 앞뒤가 맞지 않는 듯하다. 성품에서 발하는 광명으로 다시 성품을 발견하라는 말이기 때문이다. 언어의 한계를 넘어야 하는 가르침의 모순이다.

얼음으로 따끈한 커피를 만들어 마실 수 있겠는가.
얼음은 영원히 얼음이라고 생각하는 사람은
얼음으로 커피를 끓이는 것이 불가능하다.
하지만 얼음이 녹으면 물이 된다는 것을 아는 사람에겐
얼음은 별스러운 장애나 경계가 되지 않는다.
얼음이나 물이나 수증기나 모두 H_2O임을 아는 사람은
아마 공기로도 커피를 끓여서 마실 수 있을 것이다.
견성이란 얼음이나 물이나 모두 H_2O임을 아는 것과 같다.
알면 자유로워진다.

쌓이고 쌓여야

모든 것이 간절히 구하는 이에게 돌아오나니, 과거 부처님께서 새벽 별을 보시고 득도를 하신 것은 그 별 자체에 무슨 뜻이 있어서 깨치신 것이 아니라, 인간의 생로병사에 모든 의문을 풀어 보시려는 간절한 구도심이 쌓이고 쌓여 지극하셨기 때문에 드디어 깨치신 것이며, 대종사께서도 7세 때부터 우주의 자연 현상을 보시고 싹 트신 **간절한 구도의 정성이 쌓이고 쌓여 드**

디어 대각을 이루신 것이니라. 그러므로, 법문을 들을 때에 공력 없이 듣는 것과 공력을 들여 듣는 것이 다르고, 모든 사리에 연구심을 가지고 견문하는 것과 범연히 듣고 보는 것이 다르나니, 정전을 항상 염두에 두고 모든 학설을 연마하면 교리에 더욱 밝아질 것이요, 그렇지 아니하고 학설만 들으면 머리만 산란하리라. 그러므로, 새벽에는 좌선으로 마음을 맑히고 낮에는 경전으로 이치를 연마하라 하셨나니라.

『정산종사법어』 권도편 35장

어느 봄날 갑자기 꽃이 피었다.
갑자기 피었다고?
꽃에게 물어보라.
지난 겨울, 가을, 여름 그리고 봄은 어떻게 하고
갑자기 피었다고?

보아도 알지 못하므로

대종사 하루는
조 송광과 전 음광을 데리시고 교외 남중리에 산책하시는데
길가의 큰 소나무 몇 주가 심히 아름다운지라
송광이 말하기를
[참으로 아름다와라, 이 솔이여! 우리 교당으로 옮기었으면 좋겠도다.]
하거늘
대종사 들으시고 말씀하시기를
[그대는 어찌 좁은 생각과 작은 자리를 뛰어나지 못하였는가.

교당이 이 노송을 떠나지 아니하고 이 노송이 교당을 떠나지 아니하여
노송과 교당이 모두 우리 울안에 있거늘
기어이 옮겨놓고 보아야만 할 것이 무엇이리요.
그것은 그대가 아직 차별과 간격을 초월하여
큰 우주의 본가를 발견하지 못한 연고니라.]

송광이 여쭙기를 [큰 우주의 본가는 어떠한 곳이오니까.]
대종사 말씀하시기를
[그대가 지금 보아도 알지 못하므로 내 이제 그 형상을 가정하여 보이리라.]
하시고, 땅에 일원상을 그려 보이시며 말씀하시기를
[이것이 곧 큰 우주의 본가이니
이 가운데에는 무궁한 묘리와 무궁한 보물과 무궁한 조화가
하나도 빠짐 없이 갖추어 있나니라.]
음광이 여쭙기를 [어찌하면 그 집에 찾아 들어 그 집의 주인이 되겠나이까.]
대종사 말씀하시기를
[삼대력의 열쇠를 얻어야 들어갈 것이요,
그 열쇠는 신·분·의·성으로써 조성하나니라.]

『대종경』 불지품 20장

눈을 뜨고 있어도 보지 못하고 알지 못한다.
우주의 본가라는 큰 집을 보지 못하니
살림살이가 좁고 답답하다.
무궁한 묘리 속에 살면서도 묘한 이치를 모르고
무궁한 보물 속에 살면서도 가난하게 살아가고
무궁한 조화 속에 살면서도 조화를 부릴 수 없으니
그 모습을 본 소태산이 답답해서
땅에 동그라미를 그린다.
좀 제대로 보라고.

성불 成佛

1. 견성에서 성불로

2. 부처의 능력과 대자대비

3. 나는 얼마나 부처인가

【성불 자문자답】

4. 성불의 두 가지 큰 길

1. 견성에서 성불로

부처님의 대자대비大慈大悲는
저 태양보다 다습고 밝은 힘이 있나니,
그러므로 이 자비가 미치는 곳에는
중생의 어리석은 마음이 녹아서 지혜로운 마음으로 변하며,
잔인한 마음이 녹아서 자비로운 마음으로 변하며,
인색하고 탐내는 마음이 녹아서 혜시하는 마음으로 변하며,
사상四相의 차별심이 녹아서 원만한 마음으로 변하여,
그 위력과 광명이 무엇으로 가히 비유할 수 없나니라.

『대종경』 불지품 2장

보기 좋은 납도끼

수도修道하는 사람이 견성을 하려는 것은
성품의 본래 자리를 알아,
그와 같이 결함 없게 심신을 사용하여
원만한 부처를 이루는 데에 그 목적이 있나니,
만일 견성만 하고 성불하는 데에 공을 들이지 아니 한다면
이는 보기 좋은 납도끼와 같아서
별 소용이 없나니라.

『대종경』 성리품 7장

견성을 하는 것과 부처를 이루는 것 사이에는 어떤 관계가 있는 것일까. 견성을 하기도 어려운데 부처를 이루는 노력을 또 하라는 것인가? 견성과 성불사이의 간극을 소태산의 가르침으로 메워보자.

이 글의 내용을 역순으로 정리하자면 별로 쓸 데가 없는 '보기 좋은 납도끼' 같은 인격에서 벗어나 '별 소용' 있는 부처가 되려면, '성불하는 데' 공을 들여야 한다. '원만한 부처를 이루기 위해서는 '결함 없게 심신을 사용' 해야 한다. 그러기 위해서는 '성품의 본래 자리를 알아' 야 한다. '성품의 본래 자리를 아는' 것이 바로 '견성' 인 것이고, 그것이 바로 '수도' 하는 사람의 목적이어야 한다는 말씀이다.

견성만을 수도의 전부인양 여겨서는 진정한 수행자라고 할 수 없고, 설사 견성을 했다고 하더라도 자기 성품에 대조해서 심신작용을 하는 데 공을 들여야 하고, 그 공을 꾸준히 지속해야 성불을 할 수 있게 된다. 부처가 되었다고 하더라고 실제로 세상에 유익을 주는 대자비행을 해야 진정한 부처라고 할 수 있다. 견성은 수행의 종착지가 아니라 성불을 향한 출발지여야 한다.

견성만으로는
도인이라 할 수 없다

한 제자 여쭙기를 [견성 성불見性成佛이라 하였사오니 견성만 하면 곧 성불이 되나이까.] 대종사 말씀하시기를 [근기에 따라 견성하는 즉시로 성불하는 사람도 있으나 그는 드문 일이요 대개는 견성하는 공보다 성불에 이르는 공이 더 드나니라. 그러나, 과거에는 인지가 어두운 고로 견성만 하면 곧 도인이라 하였지마는 **돌아오는 세상에는 견성만으로는 도인이라 할 수 없을 것이며** 거개의 수도인들이 견성만은 일찌기 가정에서 쉽게 마치고 성불을 하기 위하여 큰 스승을 찾아 다니며 공을 들이리라.]

『대종경』 성리품 23장

소태산은 과거와 달리 앞으로는 견성만으로는 도인이라고 할 수도 없을 것이라고 예견한다. 견성에 치우쳤던 과거의 수행이 미래에는 성불로 그 무게중심이 옮겨가게 되리라는 말씀이다. 앞으로는 견성을 한 정도의 인격을 '도인' 으로까지 높게 평가하기 어려운 시대가 될 것이라고 보았을 수도 있고, 한편으로는 소태산과 같이 원만한 인격을 중시하는 관점에서는 견성을 한 정도의 수행자를 너무 높게 평가해서는 인격 완성에 도움이 안 된다는 뜻일 수도 있겠다. 견성을 성불에 이르기 위한 공부로 여겨야 한다는 말이다. 견성을 하고 나서도 본격적으로 성불을 향해 수행을 해야 하기 때문이다.

일주일 정도 수영을 배운 사람이 말한다.
"이제 수영을 할 줄 안다."
맞는 말이다. 물에 뜰 줄도 알고 헤엄도 치니까.
하지만 이 사람이 강에 빠졌을 때 살아남을 수 있을까?
가족이 물에 빠졌을 때 구해줄 수 있을까?

어려울 것이다.
'견성'만으로 도인이라고 하는 것이 마치 이와 같다.
이제야 말로 본격적으로 수영을 배울 때인 것이다.

도인 알아보기

어떤 사람이 금강산金剛山을 유람하고 돌아와서, 대종사께 사뢰기를 [제가 유람하는 중에 가마귀나 뱀을 임의로 부르기도 하고 보내기도 하는 사람을 보고 왔사오니 그가 참 도인인가 하나이다.] 대종사 말씀하시기를 [가마귀는 가마귀와 떼를 짓고 뱀은 뱀과 유를 하나니 도인이 어찌 가마귀와 뱀의 총중에 섞여 있으리요.] 그가 여쭙기를 [그러하오면 어떠한 사람이 참 도인이오니까.] 대종사 말씀하시기를 [참 도인은 사람의 총중에서 사람의 도를 행할 따름이니라.] 그가 여쭙기를 [그러하오면 도인이라고 별다른 표적이 없나이까.] 대종사 말씀하시기를 [없나니라.] 그가 여쭙기를 [그러하오면 어떻게 도인을 알아 보나이까.] 대종사 말씀하시기를 [자기가 도인이 아니면 도인을 보아도 도인인 줄을 잘 알지 못하나니, 자기가 외국 말을 할 줄 알아야 다른 사람이 그 외국 말을 잘 하는지 못 하는지를 알 것이며 자기가 음악을 잘 알아야 다른 사람의 음악이 맞고 안 맞는 것을 알 것이니라. 그러므로, **그 사람이 아니면 그 사람을 잘 알지 못한다** 하노라.]

『대종경』 인도품 59장

소태산이 생각하는 도인은 어떤 사람일까. 대종경에는 신비로운 능력을 보이는 사람을 보고 놀란 사람이 그런 사람이 도인이냐고 묻고 소태산이 대답하는 내용이다. 이 법문을 통해서 알 수 있는 것은 첫째, 참 도인은 사람의 도를 행하는 사람이라는 것. 둘째, 도인에게는 별다른 표적이 없다는 것. 셋째, 도인을 알아보려면 자신이 도인이 되어야 한다는 것이다. 여기서 '표적' 이란 표현은 '표식' 정도로 이해하면 될 듯하다. 까마귀와 뱀 등을 마음대로 부리는 사람을 범인들은 도인이라고 칭하곤 하지만 소태산에게 있어서 그런 부류의 사람은 독특한 능력을 가진 사람일뿐이고 별로 소용 없는 일을 하는 사람이다. 오히려 도인은 사람들 가운데서 사람의 도를 행할 뿐이고 별다른 표식도 없어서 보통 사람들은 그를 구별하기가 어렵다고 한다.

그리고 '참 도인' 을 알아보려면 알아보려는 사람 자체가 먼저 '참 도인' 이 되지 않고는 구별해낼 수 없다고 한다. 여기서 소태산의 '도인상' 을 알 수 있고, 소위 도인이 되기 위한 상당한 공부를 하지 않으면 누가 도인인지 아닌지 조차 알 수 없다고 단언하는 부분이 매우 새롭다. 자신이 견성을 해야 상대방이 견성을 했는지를 자연히 알 수 있는 것이고, 본인이 부처의 길을 알아서 가보아야지 상대방이 어느 정도 성불의 길을 가고 있는지를 알 수 있다는 것이다. 예컨대, 자신이 독일말을 잘 할 줄 안다면 어떤 사람이 독일말을 얼마나 잘 하는지 그 사람에게 묻지 않고도 자연스럽게 알 수 있는 것과 같다.

자칫하면 까마귀나 뱀을 부리는 능력에 혹해서 그런 사람에게서 참 도인의 길을 찾을 수도 있고, 성불의 길을 가보지도 않은 사람에게 수행길을 배울수도 있는 것이다. 수행의 바른 길을 찾는 것이 무엇보다 중요하고 그 길을 안내할 바른 지도인을 찾는 것도 매우 중요함을 깨닫게 하는 법문이다.

일시적 독공篤工을 경계하라

처음 발심한 사람이 저의 근기도 잘 모르고 일시적 독공篤工으로 바로 큰 이치를 깨치고자 애를 쓰는 수가 더러 있으나 그러한 마음을 가지면 몸에 큰 병을 얻기 쉽고, 마음대로 되지 않을 때에는 퇴굴심退屈心이 나서 수도 생활과 멀어질 수도 있나니 조심할 바이니라. 그러나, 혹 한 번 뛰어서 불지佛地에 오르는 도인도 있나니 그는 다생 겁래에 많이 닦아 온 최상의 근기요 중·하中下의 근기는 오랜 시일을 두고 공을 쌓고 노력하여야 되나니, 그 순서는 첫째 큰 원願이 있은 뒤에 큰 신信이 나고, 큰 신이 난 뒤에 큰 분忿이 나고,

큰 분이 난 뒤에 큰 의심이 나고, 큰 의심이 있은 뒤에 큰 정성이 나고, 큰 정성이 난 뒤에 크게 깨달음이 있으며, 깨달아 아는 것도 한 번에 끝나는 것이 아니라 천통 만통이 있나니라. 『대종경』 수행품 43장

견성을 하면 마음이 급해질 수 있다. 길을 알았으니 목적지에 금방 갈 수 있다고 여길 수 있다. 소태산은 수행자의 조급증을 크게 경계한다. '일시적 독공' 으로 깨달음을 얻으려는 수행자들에게 주의하기를 당부한다. 병을 얻거나 퇴굴심이 나서 오히려 수도 생활과 멀어질 수 있으니 각자의 근기에 맞게 수행하라고 주의를 준다. '독공' 이란 '열성을 가지고 부지런히 공부함' 을 이름이니 잘못된 것이 아니라고 생각할 수 있지만 '일시적 독공' 으로 오히려 득보다 실이 많을 수 있음을 경계하고 있다. 소위 '일초직입여래위' 一初超直入如來位, '한 번 뛰어서 불지佛地에 오르는 도인' 은 가능할 수 있지만 그런 사람들은 '최상근기' 最上根機이기 때문에 그런 경우가 아니라면 '오랜 시일을 두고 공을 쌓고 노력하여야' 한다고 지도하고 있다. 더구나 깨달아 아는 것도 '한 번에 끝나는 것이 아니라 천통 만통이 있다' 고 설한다.

학생이 며칠 밤을 새워 공부를 한다고
소기의 성과를 얻기는 힘들다.
평소에 기초부터 챙겨가면서 꾸준히 공부를 해야 한다.
쉴 때 쉬고 운동할 때 운동도 하고 잘 먹기도 해야 한다.
그래야 '꾸준한 공부'를 할 수 있고,
그래야 성적도 꾸준히 올라간다.
학생들의 공부와 수행자들의 수행이 별반 다르지 않다.
'도학'을 배우는 '공부인'이라도 '진리'를 배우는 '학생'으로 살아가자.
결과에 집착하지 말고 오래도록 꾸준히 공부하자 .
물론 쉽게쉽게 공부하면서도 전교 일등하는 친구들도 있다.

천만 경계 속에서 수행하라

저 학교에서도 학기 말이나 학년 말에는 시험이 있는 것과 같이 수도인에게도 법위가 높아질 때에나 **불지佛地에 오를 때에는 순경 역경을 통하여 여러 가지로 시험이 있나니**, 그러므로 부처님께서도 성도成道하실 무렵에 마왕 파순波旬이가 팔만 사천 마군을 거느리고 대적하였다 하며 후래 수행자들도 역시 그러한 경계를 지냈나니, 내가 지금 그대들을 살펴볼 때에 그대들 중에도 시험에 걸려서 고전苦戰을 하고 있는 사람과 패전하여 영생 일을 그르쳐 가는 사람과 또는 좋은 성적으로 시험을 마쳐서 그 앞 길이 양양한 사람도 있나니, 각자의 정도를 살피어 그 시험에 실패가 없기를 바라노라.

『대종경』 수행품 48장

소태산은 수도인, 수행자를 학생에 비유하고 성불의 과정에서 겪게 되는 경계들을 학교 시험에 비유해서 설명한다. 수행자라면 '경계' 를 성불에 이르는 과정으로 여기라는 주문이다. 순경과 역경에 처했을 때 어떻게 마음가짐을 가져야 할지를 알려준 법문이 있다.

보통 사람들은 어떠한 경계에 발심을 한 때에는 혹 하늘을 뚫는 신심이 나는 듯하다가도 시일이 좀 오래되면 그 신심이 까라지는 수가 있으며, 또는 없던 권리가 있어진다든지, 있던 권리가 없어진다든지, 불화하던 가정이 화락하게 되었다든지, 화락하던 가정이 불화하게 되었다든지 하는 등의 변동이 생길 때에 그 신심이 또한 변동되는 수가 있나니, 이러한 경계를 당할수록 더욱 그 신심을 살펴서 역경을 돌리어 능히 순경을 만들며, 순경이면 또한 간사하고 넘치는 데에 흐르지 않게 하는 꿋꿋한 대중이 계속되어야 가히 큰 공부를 성취하리라.

『대종경』 신성품 4장

시험 치기 싫어도 시험을 쳐야 한다.
그래야 내 실력을 알 수 있다.
시험을 쳐야 무엇을 더 공부할지 알 수 있다.
준비를 잘 해서 시험을 거듭할수록 실력이 쌓인다.
그 과정을 견뎌내면 시험을 흔쾌히 받아들일 수 있다.
시험의 은혜로움을 깨닫게 된다.

그늘에서 자란 버섯

수도인이 경계를 피하여 조용한 곳에서만 마음을 길들이려 하는 것은 마치 물고기를 잡으려는 사람이 물을 피함과 같나니 무슨 효과를 얻으리요, 그러므로, **참다운 도를 닦고자 할진대 오직 천만 경계 가운데에 마음을 길들여야 할 것이니 그래야만 천만 경계에 마음이 흔들리지 않는 큰 힘을 얻으리라**. 만일, 경계 없는 곳에서만 마음을 단련한 사람은 경계 중에 나오면 그 마음이 바로 흔들리나니 이는 마치 그늘에서 자란 버섯이 태양을 만나면 바로 시드는 것과 같나니라. 그러므로, 유마경維摩經에 이르시기를 "보살은 시끄러운 데 있으나 마음은 온전하고, 외도外道는 조용한 곳에 있으나 마음은 번잡하다."하였나니, 이는 오직 공부가 마음 대중에 달린 것이요, 바깥 경계에 있지 아니함을 이르심이니라.

『대종경』 수행품 50장

소태산은 여기서 한 발 더 나아가 '천만 경계 가운데에 마음을 길들여야' 한다고 확언한다. 수행을 해서 부처가 된다는 것의 본질적인 의미를 생각하게 하는 법문이다. 현실을 도피해서 수행을 하고 그 결과 역시 현실 도피적 삶이라면 그것은 소태산이 지향하는 수행도 아니고 삶도 아니다. '경계' 를 대하는 수행자의 태도부터 수행의 과정과 목적까지를 성찰하게 하는 법문이다.

'경계' 境界란 무엇인가. 일반적으로 '경계' 의 사전적 의미는 '사물이 어떠한 기준에 의하여 분간되는 한계. 지역이 구분되는 한계' 를 뜻한다. 주로 물리적 경계를 의미한다. 하지만 원불교에서 매우 자주 쓰이는 '경계' 라는 용어는 단순히 물리적 경계만을 의미하지는 않는다. 『원불교대사전』에서는 '인과의 이치에 따라서 일상생활 속에서 부딪치게 되는 모든 일들, 곧 나와 관계되는 일체의 대상을 말한다. 이 경우, 나를 주관主觀이라고 할 때 일체의 객관客觀이 경계가 된다. 생로병사·희로애락·빈부귀천·시비이해·염정미추·삼독오욕·부모형제·춘하추동·동서남북 등 인간 생활에서 맞게 되는 모든 일과 환경이 다 경계이다.' 라고 풀이하고 있다.

깨달음을 구하고 성불을 하는 과정을 어떻게 할 것인가? 소태산은 수행자들에게 경계를 피하지 말고 '천만 경계 가운데' 에서 마음을 길들이고 그 수행의 결과로 '천만 경계에 마음이 흔들리지 않는 마음의 힘' 을 얻으라고 한다. 한 두 가지 경계가 아니라 '천만 경계' 라고 하는 것은 인생의 모든 국면에서 만나게 되는 온갖 다양한 상황들을 '마음공부의 기회' 로 삼으라는 것이다. 소태산이 일관되게 강조하는 '원만한 인격' 을 갖추려면 자신에게 익숙하고 편한 상황에서만 수행을 하려고 하지 말고 '천만 경계' 속에서 수행을 하라는 의미이다.

수행이 삶의 현실을 떠나기 시작하면 수행의 목적을 잃게 된다. 수행을 열심히 했는데 삶의 여러 국면에서 부딪치는 경계와 문제들에 무력하다면 그 수행이 어떤 의미를 가지는 것인지 반문해야 하지 않겠는가. 천만 경계 속에서 실존하는 인간들이 천만 경계에서 부딪치는 여러 문제들을 풀기 위해서 신앙하고 수행을 하는 것 아닌가. 오죽하면 소태산이 '수도인이 경계를 피하여 조용한 곳에서만 마음을 길들이려 하는 것은 마치 물고기를 잡으려는 사람이 물을 피함과 같나니 무슨 효과를 얻으리요' 라고 했겠는가?

지금 여기서 견성하고 성불하라

(전략)그러므로, 경經에 이르시되 「응하여도 주한 바 없이 그 마음을 내라」

하시었나니, 이는 곧 천만 경계 중에서 동하지 않는 행을 닦는 대법이라, 이 법이 심히 어려운 것 같으나 닦는 법만 자상히 알고 보면 괭이를 든 농부도 선을 할 수 있고, 마치를 든 공장工匠도 선을 할 수 있으며, 주판을 든 점원도 선을 할 수 있고, 정사를 잡은 관리도 선을 할 수 있으며, 내왕하면서도 선을 할 수 있고, 집에서도 선을 할 수 있나니 어찌 구차히 처소를 택하며 동정을 말하리요(중략)

근래에 선을 닦는 무리가 선을 대단히 어렵게 생각하여 처자가 있어도 못할 것이요, 직업을 가져도 못할 것이라 하여, 산중에 들어가 조용히 앉아야만 선을 할 수 있다는 주견을 가진 사람이 많나니, 이것은 제법이 둘 아닌 대법을 모르는 연고라, 만일 앉아야만 선을 하는 것일진대 서는 때는 선을 못 하게 될 것이니, 앉아서만 하고 서서 못하는 선은 병든 선이라 어찌 중생을 건지는 대법이 되리요. 뿐만 아니라, 성품의 자체가 한갓 공적에만 그친 것이 아니니, 만일 무정물과 같은 선을 닦을진대 이것은 성품을 단련하는 선공부가 아니요 무용한 병신을 만드는 일이니라. 그러므로, 시끄러운 데 처해도 마음이 요란하지 아니하고 욕심 경계를 대하여도 마음이 동하지 아니하여야 이것이 참 선이요 참 정이니, 다시 이 무시선의 강령을 들어 말하면 아래와 같나니라. 「육근六根이 무사無事하면 잡념을 제거하고 일심을 양성하며, 육근이 유사하면 불의를 제거하고 정의를 양성하라.」

『정전』 무시선법 중에서

소태산은 수행자들이 선禪 공부를 한다고 처자와 직업을 버리고 산중에서만 수행을 하겠다는 편협한 태도를 '병든 선' 이라고 하고 그렇게 해서는 '무용한 병신' 만을 만드는 일이라고 격하게 비판한다. 이치에도 맞지 않고 수행의 실익도 얻을 수 없다는 무거운 경고이다. '처소와 동정' 을 따지는 수행자의 태도를 '구차' 하다고 질타한다. 오랜 과거로부터 우리 의식에 알게 모르게 젖어온 세간에서의 수행에 대한 부정적 의식을 극복하고 비합리적인 출세간적 수행에 대한 동경과 단호히 결별을 해야 한다고 보았다.

그래야 우리들이 살아가는 삶의 현장인 '지금 여기' 가 깨달음과 성불의 수행처가 되고 곳곳이 선방이 된다고 보았다. 이런 관점에 투철해야 소태산의 '무시선 무처선' 은 물론이고 '처처불상 사사불공' , '동정일여 영육쌍전' , '불법시생활 생활시불법' 의 가르침을 이해할 수 있고 '상시훈련법' 에 대한 실행도 가능하다.

원불교 교리 표어 가운데 하나인 '무시선 무처선' 無時禪 無處禪을 통해서 소태산이 전하고 싶은 뜻은 무엇일까? 시간과 공간의 제약을 초월해서 각자가 살아가고 있는 '지금 여기서' 깨달음을 얻고 '지금 여기서' 성불을 하라는 뜻일 것이다. '지금 여기' 삶의 현장을 피해서 수행을 위한 특별한 시간과 공간을 찾지 말라는 언명이다. 물론 정기훈련은 예외다. 언제 어디서나 늘 깨어 있어야 하고 인격 완성을 위해 언제 어디서나 늘 노력하는 길이 견성 성불의 대도임과 동시에 첩경임을 말하고 있다.

어디서 깨달음을 구할 것인가?
어디서 부처를 이룰 것인가?
언제 깨달음을 구할 것인가?
언제 부처를 이룰 것인가?
'지금, 여기서!'가 소태산의 답이다.
특별한 때가 없어서 무시선無時禪!
특별한 곳이 없어서 무처선無處禪!
언제나 해야 해서 무시선無時禪!
어디서나 해야 해서 무처선無處禪!
더 이상 도망갈 곳이 없다.
지금 여기가 뻥 뚫린 막장이다.

성불하려면 삼학 병진 三學 竝進

이미 앞에서 다뤘지만 소태산의 수행법은 삼학(정신수양·사리연구·작업취사)을 강령으로 삼고 있다. 언제 어디서나 이 삼학 공부를 병진하는 것이 소태산 수행론의 핵심이다. '견성' 을 하는 공부도 따로 있는 것이 아니라 이 삼학 공부 안에 포함되어 있는 것이고 '성불' 을 하는 공부도 따로 있지 않다. 모든 수행이 삼학으로 얼마나 마음의 힘을 얻었느냐에 달린 셈이다. 삼학 수행의 중요성을 언급한 소태산의 법문은 모두 인용하기 버거울 정도로 많다. 몇 가지만 옮겨본다.

> 한 제자 여쭙기를 [어떠한 것을 큰 도라 이르나이까.] 대종사 말씀하시기를 [**천하 사람이 다 행할 수 있는 것은 천하의 큰 도**요, 적은 수만 행할 수 있는 것은 작은 도라 이르나니, 그러므로 우리의 일원 종지와 사은 사요 삼학 팔조는 온 천하 사람이 다 알아야 하고 다 실행할 수 있으므로 천하의 큰 도가 되나니라.]
>
> 『대종경』 교의품 2장

소태산의 가르침은 누구에게나 평등하게 열려 있다. 특정 민족이나 국가 등의 차별이 존재하지 않음은 물론이고 남녀·노소·유무식·지위 고하 등 일체의 차별을 인정하지 않는다. 더구나 그는 '천하 사람이 다 행할 수 있는' 신앙 체계와 수행 체계를 세워 '천하의 큰 도' 로 삼고자 했다. 그래서 그가 신앙과 수행의 대상과 상징으로 '일원상' 을 제시하고 일원 사상을 제시한 것이다. 신앙의 강령인 '사은 사요' (사은四恩–천지은·부모은·동포은·법률은 / 사요四要–자력양성·지자본위·타자녀교육·공도자숭배), 수행의 강령인 '삼학 팔조' (삼학三學–정신수양·사리연구·작업취사 / 팔조八條–신·분·의·성 불신·탐욕·나·우) 의 내용이 매우 평범해서 누구나 마음만 내면 할 수 있도록 되어 있는 것을 보더라도 소태산의 의도를 쉽게 알 수 있다. 결국은 '부처 되기' 를 누구나 꿈 꿀 수 있어야 하고 누구나 마음만 내고 정성스럽게 노력하면 부처가 될 수 있도록 한 것이다.

일원의 원리를 깨닫는 것은 견성見性이요, 일원의 체성을 지키는 것은 양성養性이요, 일원과 같이 원만한 실행을 하는 것은 솔성率性인 바, 우리 공부의 요도인 정신 수양·사리 연구 ·작업 취사도 이것이요, 옛날 부처님의 말씀하신 계·정·혜戒定慧 삼학도 이것으로서, 수양은 정이며 양성이요, 연구는 혜며 견성이요, 취사는 계며 솔성이라, **이 공부를 지성으로 하면 학식 있고 없는 데에도 관계가 없으며 총명 있고 없는 데에도 관계가 없으며 남녀 노소를 막론하고 다 성불함을 얻으리라**.

『대종경』 교의품 5장 중에서

성불?
석가모니 같은 사람이나 되는 것이지…라고 생각하면
그거야말로 석가모니부처의 뜻이 아니다.
소태산 같은 사람이나 대각하고 성불하는 것이지…하면
그 역시 소태산부처의 말을 따르지 않는 사람이다.
가장 두려운 것은
내 안의 불성, 부처의 씨앗을 내가 부정하는 것이다.
내가 나를 믿고 진리를 믿으며
성불을 향해 꾸준히 수행을 하는 게 중요하다.

성불을 위한 효과적 훈련

재래 사원에서는 염불종念佛宗은 언제나 염불만 하고, 교종敎宗은 언제나 간경看經만 하며, 선종禪宗은 언제나 좌선만 하고, 율종律宗은 언제나 계戒만 지키면서, 같은 불법 가운데 서로 시비 장단을 말하고 있으나 그것은 다 계·

정·혜 삼학의 한 과목들이므로 우리는 이것을 병진하게 하되, 매일 새벽에는 좌선을 하게 하고, 낮과 밤에는 경전·강연·회화·의두·성리·일기·염불 등을 때에 맞추어 하게 하여, 이 여러가지 과정으로 고루 훈련하나니, 누구든지 이대로 정진한다면 재래의 훈련에 비하여 몇 배 이상의 실효과를 얻을 수 있으리라. 『대종경』 교의품 20장

염불만 하거나 경전만 보거나 좌선만 해서 성불을 할 수 있다면 소태산이 이런 법문을 하지는 않았을 것이다. 여러 가지 문제가 발생했기 때문에 이런 식의 편벽된 수행을 비판하고 원만한 수행법을 제시한 것이다. 괜히 그러는 것이 아니라 '누구든지 이대로 정진한다면 재래의 훈련에 비하여 몇 배 이상의 실효과를 얻을 수 있' 다고 확언을 한다. 요즘 말로 하자면 커리큘럼을 다양화하고 그 효과 검증을 마쳤다는 뜻이다.

김연아 선수가 얼음판 위에서만 훈련을 할까?
그렇지 않다.
요가와 스트레칭을 하고 근력 운동을 하고
춤 연습도 하고 코치와 다양한 연구도 할 것이다.
음식을 먹고 잠을 자는 것도 아무렇게나 하지 않을 것이다.
한 사람의 운동선수도 단순한 훈련만으로 탄생하지 않는다.
하물며, 부처가 되는 훈련은 어때야 할까?

우리가 경전으로 배울 때에는 삼학이 비록 과목은 각각 다르나, 실지로 공부를 해나가는 데에는 서로 떠날 수 없는 연관이 있어서 마치 쇠스랑의 세 발과도 같나니, 수양을 하는 데에도 연구·취사의 합력이 있어야 할 것이요, 연구를 하는 데에도 수양·취사의 합력이 있어야 할 것이요, 취사를 하는 데

에도 수양·연구의 합력이 있어야 하나니라. 그러므로, **삼학을 병진하는 것은 서로 그 힘을 어울려 공부를 지체없이 전진하게 하자는 것**이며, 또는 선원에서 대중이 모이어 공부에 대한 의견을 교환하는 것은, 그에 따라 혜두가 고루 발달되어 과한 힘을 들이지 아니하여도 능히 큰 지견을 얻을 수 있게 하자는 것이니라.

『대종경』 교의품 21장

어떤 신비로운 능력을 타고난 희귀한 인간이 부처라면 아무나 부처가 될 수 있는 자격을 가질 수도 없고 교육과 훈련을 통해서 부처가 된다는 꿈조차 꿀 수 없을 것이다. 소태산은 새로운 신앙과 수행이라는 일종의 교육 훈련을 통해서 모든 사람이 '부처' 의 인격을 이룰 수 있다고 보고 효과적이고 효율적인 방법을 제시했다. 자신의 사명이 거기에 있다고 보고 일생 동안 자신의 사명에 철저히 복무했다. 모든 사람들이 삼학 수행의 마음공부를 통해서 그리고 사은의 은혜에 보은함으로써 부처가 될 수 있도록 다양한 콘텐츠를 개발하고 다양한 훈련법으로 사람들을 성장시켰다.

소태산이 깨달은 바에 의하면 수양력·연구력·취사력을 갖추는 삼학 수행을 하지 않으면 원만한 인격을 이뤄 성불을 할 수 없다고 보았다. 이를 뒤집어 보자면 원만한 인격을 이루기 위해 세 가지 면으로 인간의 인성이나 인격을 나누어 보고 거기에 맞게 과목을 정한 것이 불교의 전통적인 정·혜·계 삼학을 계승 발전시킨 정신수양·사리연구·작업취사의 삼학인 것이다. 그러니 자칫해서 과목별로 따로 수행을 하다보면 인격형성도 그쪽에 편중될 수 밖에 없기에 소태산은 늘 '삼학 병진' 을 강조한다. 예컨대, 운동 선수가 체력 훈련·전술 훈련·실전 훈련 등을 골고루 해야 하는 것과 같은 이치이다.

정신수양·사리연구·작업취사의 삼학은 원만한 인격을 말할 때 일반적으로 손 꼽는 인격의 덕목인 지知·정情·의意와 대입해서 이해할 수도 있다. 정신수양은 정情, 사리연구는 지知, 작업취사는 의意로. 정서적으로 안정되어 있고 지적 능력을 갖추어서 지혜로워야 하고 의지가 강한 사람이라면 지·정·의 삼방면 모두 골고루 갖춘 원만한 인격이라고 할 수 있는 것과 같다. 아무리 똑똑하고 일을 잘하는 사람이라도 정서적으로 늘 불안하다면 그 사람을 원만한 인격을 갖춘 사람이라고 할 수 없고, 마음이 늘 여유롭고 아는 것도 많고 지혜로운 것 같은데 실행력이 없어서 한다고 한 일도 제대로 해내지 못하는 사람 또한 원만한 인격이라고 할 수 없는 것과 같다.

원불교인이 아닌 경우에는 낯선 용어인 정신수양·사리연구·작업취사의 삼학에 대한 이해를 돕기 위해서 비유를 들어보았는데, 삼학에 대한 내용을 제대로 이해하려면 『정전』의 내용을 중심으로 자세히 공부할 필요가 있다. 그래야 소태산이 왜 사람의 인격을 세 가지 과목으로 훈련하라고 했는지 그리고 그 과목들이 따로 떨어져 있는 것이 아닌지, 삼학 병진을 왜 하라고 했는지를 이해할 수 있다.

세계적인 축구 선수 손흥민 선수.
어려서부터 축구 전문가인 아버지와 훈련을 했는데
기본적인 훈련을 무한 반복했다고 한다.
손흥민의 현재는 과거 훈련의 결과이다.
긍정적인 마인드, 튼튼한 체력, 기술력, 판단력 등을 두루 갖췄다.
기본기를 골고루 훈련한 결과다.
하나만 잘해서는 큰 선수가 될 수 없다.
마음공부도 마찬가지다.
편벽된 수행으로는 부처가 될 수 없다.

2. 부처의 능력과 대자대비

부처님의 무상 대도는
한량없이 높고, 한량없이 깊고, 한량없이 넓으며,
그 지혜와 능력은 입으로나 붓으로 다 성언하고 기록할 수 없으나,
대략을 들어 말하자면

우리는 모든 중생이 생사 있는 줄만 알고 다생이 있는 줄은 모르는데,
부처님께서는 생사 없는 이치와
다생 겁래에 한없는 생이 있는 줄을 더 알으셨으며,
우리는 우리 일신의 본래 이치도 모르는데
부처님께서는 우주 만유의 본래 이치까지 더 알으셨으며,

우리는 선도와 악도의 구별이 분명하지 못하여
우리가 우리 일신을 악도에 떨어지게 하는데
부처님께서는 자신을 제도하신 후에
시방 세계 일체 중생을 악도에서 선도로 제도하는 능력이 계시며,

우리는 우리가 지어서 받는 고락도 모르는데
부처님께서는 중생이 지어서 받는 고락과 우연히 받는 고락까지 알으셨으며,

우리는 복락을 수용하다가도 못하게 되면 할 수 없는데
부처님께서는 못하게 되는 경우에는 복락을 다시 오게 하는 능력이 계시며,

우리는 지혜가 어두웠든지 밝았든지 되는 대로 사는데
부처님께서는 지혜가 어두워지면 밝게 하는 능력이 계시고,
밝으면 계속하여 어두워지지 않게 하는 능력이 계시며,

우리는 탐심이나 진심이나 치심에 끌려서 잘못하는 일이 많이 있는데
부처님께서는 탐·진·치에 끌리는 바가 없으시며,

우리는 우주 만유 있는 데에 끌려서 우주 만유 없는 데를 모르는데
부처님께서는 있는 데를 당할 때에 없는 데까지 알으시고
없는 데를 당할 때에 있는 데까지 알으시며,

우리는
천도天道 인도人道 수라修羅 축생畜生 아귀餓鬼 지옥地獄의 육도六途 와
태란습화胎卵濕化 사생四生이 무엇인지 알지도 못하는데
부처님께서는 이 육도 사생의 변화하는 이치까지 알으시며,

우리는 남을 해하여다가 자기만 좋게 하려 하는데
부처님께서는 사물을 당할 때에 자리 이타로 하시다가 못하게 되면
이해와 생사를 불고하고 남을 이롭게 하는 것으로써
자신의 복락을 삼으시며,

우리는 현실적으로 국한된 소유물 밖에 자기의 소유가 아니요,
현실적으로 국한된 집 밖에 자기의 집이 아니요,
현실적으로 국한된 권속 밖에 자기의 권속이 아닌데,
부처님께서는 우주 만유가 다 부처님의 소유요
시방 세계가 다 부처님의 집이요 일체 중생이 다 부처님의 권속이라 하였으니,

우리는 이와 같은 부처님의 지혜와 능력을 얻어 가지고
중생 제도하는 데에 노력하자는 바이니라.

『대종경』 서품 17장

부처의 지혜와 능력

'부처' 는 태생부터 보통 사람과는 다른 사람이라서 범부들이 범접할 수 없는 '이미 높은' 사람이라고 생각한다면 부처의 능력들에 대해서 공부할 이유가 없다. 부처가 태어날 때부터 '전지전능' 한 존재나 그와 비슷한 정도의 '예정된' 위대한 존재라면 범부들이 그들을 닮아가거나 배워서 따라가려는 노력을 할 필요가 없다. 애초에 도달할 수 없는 목적지이기 때문이다. 반대로 '부처' 를 말 그대로 '붓다' , '진리를 깨달은 사람' , '부단한 노력으로 인격의 최고 경지에 오른 사람' 으로서 철저히 인식한다면 아직은 '부처가 덜 된' 평범한 사람들이 '부처' 의 수행 길을 따라서 그들이 도달했던 경지로 갈 수 있다는 믿음으로 수행 길을 갈 수 있을 것이다.

이 법문을 요약하자면, 1. 생사의 이치를 안다. 2. 우주만유의 본래 이치를 안다. 3. 중생을 악도에서 선도로 구제할 수 있다. 4. 우연한 고락과 지어서 받는 고락을 안다, 5. 복락을 다시 오게 할 수 있다. 6. 지혜를 계속해서 밝히는 능력. 7. 탐진치 삼독심으로부터 자유로울 수 있는 능력. 8. 유무를 초월하는 지혜. 9. 육도사생의 변화 이치를 아는 지혜. 10. 생사불고 자리이타의 능력. 11. 우주를 한 집안 삼고 일체 중생을 한 권속 삼는다. 소태산은 이상의 열 한 가지 지혜와 능력을 일일이 열거하고 '이와 같은 부처님의 지혜와 능력을 얻어 가지고 중생을 제도하는 데 노력하자는 바' 라고 맺음을 하고 있다. 그냥 '부처의 지혜와 능력을 닮아가자' 정도가 아니라 매우 구체적으로 열한 가지를 손꼽아 알려준 것이다. 이토록 압축적이면서도 구체적으로 부처의 지혜와 능력을 기술한 인물이 또 있나 싶다. 『대종경』「서품」17장의 내용을 단락 별로 살펴보자.

한량없다

부처님의 무상 대도는 한량없이 높고, 한량없이 깊고, 한량없이 넓으며,
그 지혜와 능력은 입으로나 붓으로 다 성언하고 기록할 수 없으나,
대략을 들어 말하자면

『대종경』 서품 17장 중에서

소태산은 거듭해서 '한량없이' 라는 표현을 한다. 그리고 부처의 무상 대도를 글로 다 표현하기 어렵다고 한다. '부처님' 에 대한 최고의 찬사라고 할 수 있다. 추측컨대 소태산의 깨달음 역시 '한량없이' 크기 때문에 부처님의 '한량없는' 지혜와 능력을 속속들이 알고 있는 것 아닐까. 소태산은 『대종경』「서품」에서 불법에 대한 칭송을 압축적 표현으로 한 바 있다.

> 불법은 천하의 큰 도라 참된 성품의 원리를 밝히고 생사의 큰 일을 해결하며 인과의 이치를 드러내고 수행의 길을 갖추어서 능히 모든 교법에 뛰어난 바 있나니라.
>
> 『대종경』 서품 3장

1. 참된 성품의 원리를 밝혔다. 2. 생사의 큰 일을 해결했다. 3. 수행의 길을 갖추었다. 불법의 위대함을 세 가지 핵심적 내용으로 파악한 것이다. 법문의 길이는 짧아도 소태산이 불교를 보는 관점과 그가 왜 석가모니 부처님을 연원불로 모시고 왜 불법에 기초해서 회상을 펴려고 했는지를 합리적으로 이해할 수 있는 대목이다. 이 법문과 『대종경』 서품 17장의 내용을 비교하면서 보아도 좋을 듯하다.

한없는 생이 있다

> 우리는 모든 중생이 생사 있는 줄만 알고 다생이 있는 줄은 모르는데,
> 부처님께서는 생사 없는 이치와
> 다생 겁래에 한없는 생이 있는 줄을 더 알으셨으며,
>
> 『대종경』 서품 17장 중에서

'생사가 없다' 는 것과 '한없는 생이 있다' 라는 말은 얼핏 보면 표현 그 자체로는 논리적으로 문제가 없어보이지만 인간 실존의 면에서 본다면 인간의 숙명이라고 할 수 있는 인간 최대의 경계를 넘어서는 엄청난 종교적 언명이다. 생로병사라는 인간의 실

존적 한계를 넘어서기 위해서 출가 수행의 길을 갔던 석가모니가 치열한 구도 끝에 얻은 깨달음의 결과가 바로 이 법문의 내용인 것이다. 붓다 석가모니의 생사관을 그대로 이어서 소태산은 이렇게 자신의 깨달음을 표현하기도 했다.

> 원기圓紀 원년 사월 이십팔일(음 3월 26일)에 대종사大宗師 대각大覺을 이루시고 말씀하시기를 [만유가 한 체성이며 만법이 한 근원이로다. 이 가운데 생멸 없는 도道와 인과 보응되는 이치가 서로 바탕하여 한 두렷한 기틀을 지었도다.]
>
> 『대종경』 서품 1장

그의 깨달음의 핵심이 바로 '생멸 없는 도' 와 '인과 보응되는 이치' 인데, 그 '생멸 없는 도' 안에 인간을 대입한다면 '생사 없는 이치' 가 되고 '인과보응 되는 이치' 에 인간을 대입하면 '다생 겁래에 한없는 생' 을 무한히 거래하게 되는 인간의 윤회를 알 수 있다.

인간이 마주하는 경계 가운데 가장 큰 경계가
바로 생生과 사死의 경계일 것이다.
다른 경계는 모두 이 경계 아래에 놓여 있다.
이 생사의 경계를 넘어선 삶은 어떠할까?
가장 큰 장애를 넘어선 삶이 될 터이니
가장 걸림 없는 삶이 되고
가장 자유로운 삶이 될 것이다.
가장 큰 속박을 벗어났으니
그 삶이 어딜 향할 것인지는 내 마음에 달렸다.
그래서 붓다의 삶을 측정하기 힘들다.
붓다의 삶은 범부들의 삶의 틀을 벗어나 있다.
붓다는 대자유인이다.

우주 만유의 본래 이치를 알다

우리는 우리 일신의 본래 이치도 모르는데
부처님께서는 우주 만유의 본래 이치까지 더 알으셨으며,

『대종경』 서품 17장 중에서

소태산은 『정전』 부모은 중에서 '부모가 있으므로 만사 만리의 근본되는 이 몸을 얻게 됨이요,' 라고 말했다. 내 몸이 만사 만리의 근본이니 내 몸의 본래 이치를 온전히 알면 '만사 만리' 萬事萬理를 알 수 있다지만 그만큼 내 한 몸을 온전히 알기가 쉽지 않다는 말도 된다. '우주 만유의 본래 이치' 를 간단히 '진리' 라고 한다면 이 진리는 정산의 말처럼 '우주를 관통하여 두루 있는 신령한 진리' 『정산종사법어』 경의편 40장일 터이다. 우주에 가득한 진리가 우리 몸만 예외로 할 리는 없잖은가. 가까이 있는 내 한 몸도 제대로 모르는 존재가 범부들이라면 붓다는 '우주 만유의 본래 이치' 까지 알고 있으니 모든 중생들을 제도할 능력도 여기서 비롯되었을 것이다.

일체 중생을 제도하는 능력

우리는 선도와 악도의 구별이 분명하지 못하여
우리가 우리 일신을 악도에 떨어지게 하는데
부처님께서는 자신을 제도하신 후에
시방 세계 일체 중생을 악도에서 선도로 제도하는 능력이 계시며,

『대종경』 서품 17장 중에서

석가모니 부처도 처음부터 일체 중생을 제도하기 위해 출가를 해서 설산 고행을 한 것이 아니다. 자신의 고민과 문제를 해결하기 위해서 고독한 수행자의 길을 갔을 뿐이

다. 철저히 자신의 내면으로 침잠해서 수행을 거듭해서 깨달음을 얻고 나니 자신이 얻은 문제의 해답이 모든 사람들에게도 해답이 되겠다는 깨달음도 함께 얻은 것이다. 자신의 병을 낫게 하는 처방의 발견이 인류 모두의 병을 낫게하는 처방도 된다는 것을 깨달은 셈이다. 그래서 사실 소승이니 대승이니 하는 구분은 깨달음의 차원에서는 별로 차이가 없다고 본다. 개인을 구원하지 못하는 법으로 어떻게 일체 중생을 제도하겠는가 말이다.

소태산의 6단계 「법위등급」에서도 마찬가지이다. 철저히 개인의 제도를 위해서 노력하고 그 이후에야 타인의 제도가 가능한 것이다. 보통급, 특신급, 법마상전급을 거쳐서 법강항마위가 되어야 비로소 개인의 제도를 마치고 타인과 세상의 제도가 가능하다.

내가 수영을 못해서
물에 빠져도 헤어 나올 수 없는데
어떻게 물에 빠진 가족을 구할 수가 있겠는가.
내가 수영을 할 수 있고
내 생명을 구할 줄 알아야 다른 생명도 구할 수 있다.
내가 수영을 잘 하면 여러 사람에게 수영을 가르칠 수 있고
그들이 모두 수영을 잘 하게 되면
그들이 또 다른 이들을 구할 수 있을 것이다.

복락을 다시 오게 하는 능력

우리는 우리가 지어서 받는 고락도 모르는데
부처님께서는 중생이 지어서 받는 고락과 우연히 받는 고락까지 알으셨으며,
우리는 복락을 수용하다가도 못하게 되면 할 수 없는데

부처님께서는 못하게 되는 경우에는 복락을 다시 오게 하는 능력이 계시며,

『대종경』 서품 17장 중에서

내게 오는 고락이나 내가 받는 복락이 어디서 비롯되었는지, 내게서 멀어져가는 고락이나 복락이 왜 멀어져가는지 그 이유를 속속들이 아는 이가 붓다라고 할 수 있다. 불교의 핵심인 '인과의 이치' 를 깨달았기 때문이다. 소태산은 인과의 이치를 '우주의 진리는 원래 생멸이 없이 길이 길이 돌고 도는지라, 가는 것이 곧 오는 것이 되고 오는 것이 곧 가는 것이 되며, 주는 사람이 곧 받는 사람이 되고 받는 사람이 곧 주는 사람이 되나니, 이것이 만고에 변함 없는 상도常道니라' 『대종경』 인과품 1장라고 매우 간명하게 설명했다. '내가 지은대로 내가 받는다' 라는 자작자수自作自受, '원인과 결과가 서로 보응한다' 라는 인과보응因果報應의 이치와 같다.

인과의 이치는 또 불교의 연기론緣起論과 연결되는데 이것은 소태산의 은恩 사상으로 연결된다. 우주만물이 서로 의지하고 돕는 상의상자相依相資의 관계라는 의미이다. 붓다는 우주만물이 서로 맺고 있는 '없어서는 살지 못할' 은혜의 관계를 근본적으로 파악하고 있는 것이다. 그래서 그 개별적 존재들의 고락이나 복락의 소종래所從來를 확실히 아는 것이다. 인과의 이치를 알고 삶에 활용할 수 있다는 것은 삶의 행복과 불행을 마음대로 할 수 있다는 것이니 얼마나 대단한 경지인가.

나를 울고불고 하게 하는 불행이 어디서 왔을까?
어디서 왔는지를 알면 어디로 갈 것도 알 수 있을 게다.
행복도 마찬가지다.
그 행로를 알아야 붙잡을 수도 있을 것이다.
불행이 찾아오면 내가 좀 멀리 가버리고
행복이 떠나가면 내가 좀 따라갈 수도 있겠다.
제일 상책은 행복을 자가 생산하는 것이다.

지혜를 밝히는 능력

> 우리는 지혜가 어두웠든지 밝았든지 되는 대로 사는데
> 부처님께서는 지혜가 어두워지면 밝게 하는 능력이 계시고,
> 밝으면 계속하여 어두워지지 않게 하는 능력이 계시며,
>
> 『대종경』 서품 17장 중에서

여기서 알 수 있는 것은 붓다는 '되는 대로' 사는 사람이 아니라는 것이다. 지혜가 어두워지든지 말든지 그냥 사는 이들이 범부 중생이라면 붓다는 지혜를 유지할 수도 있고 노력해서 더 밝게 할 수도 있다는 것이다. 더 나아지려는 노력을 해야 인격을 향상할 수 있는데 붓다는 그 방법을 잘 알고 있다. 그리고 그 방법들이 수행법으로 전승되고 있는 것이다. '지혜' 를 밝히는 수행은 불교의 계정혜 삼학 가운데 '혜' 慧에 해당되고 소태산의 삼학에서는 '사리연구' 事理硏究에 해당한다.

탐진치에 끌리지 않는다.

> 우리는 탐심貪心이나 진심嗔心이나 치심痴心에 끌려서 잘못하는 일이 많이 있는데 부처님께서는 탐·진·치에 끌리는 바가 없으시며,
>
> 『대종경』 서품 17장 중에서

부처, 붓다란 마음의 본질을 깨닫고 마음의 힘을 길러서 마음 씀씀이를 자유로 하는 사람이다. 용심법用心法의 극치에 도달한 인격체라고 할 수 있다. 마음의 자유를 가장 크게 방해하는 탐심·진심·치심의 본질을 꿰뚫어 보고 삼학 수행으로 마음의 힘을 제대로 길러야 탐·진·치에서 벗어나 비로소 마음의 자유를 얻을 수 있다.

없는 데까지 알다

우리는 우주 만유 있는 데에 끌려서 우주 만유 없는 데를 모르는데
부처님께서는 있는 데를 당할 때에 없는 데까지 알으시고
없는 데를 당할 때에 있는 데까지 알으시며,

『대종경』 서품 17장 중에서

소태산은 '유무' 有無라는 표현을 즐겨 썼다. 그는 『정전』 「사리연구」에서 '유무라 함은 천지의 춘·하·추·동 사시 순환과, 풍·운·우·로·상·설風雲雨露霜雪과 만물의 생·로·병·사와, 흥·망·성·쇠의 변태를 이름' 한다고 설명했다. 유는 '있음' 이고 무는 '없음' 이라고 간단히 볼 수도 있지만 '유무' 를 변화와 조화의 한 양태로 파악했다고 볼 수 있다. '게송' 偈頌에서 '유有는 무無로 무는 유로 돌고 돌아 지극至極하면 유와 무가 구공俱空이나 구공 역시 구족具足이라.' 고 한 것이나 「일원상 서원문」에서 '유무초월의 생사문' 이라고 한 대목들이 모두 '있는 데' 와 '없는 데' 를 설명하는 내용이다. 자주 쓰이는 '진공묘유' 眞空妙有라는 말도 함께 음미할 필요가 있다.

육도 사생의 변화 이치를 알다

우리는
천도天道 인도人道 수라修羅 축생畜生 아귀餓鬼 지옥地獄의 육도六途 와
태란습화胎卵濕化 사생四生이 무엇인지 알지도 못하는데
부처님께서는 이 육도 사생의 변화하는 이치까지 알으시며,

『대종경』 서품 17장 중에서

소태산은 '부처와 조사는 자성의 본래를 각득하여 마음의 자유를 얻었으므로 이 천업

을 돌파하고 육도와 사생을 자기 마음대로 수용하나, 범부와 중생은 자성의 본래와 마음의 자유를 얻지 못한 관계로 이 천업에 끌려 무량 고를 받게 되므로, 부처와 조사며 범부와 중생이며 귀천과 화복이며 명지장단命之長短을 다 네가 짓고 짓나니라.' 『대종경』 천도품 5장 중에서. 라고 해서 붓다는 육도와 사생을 자기 마음대로 수용하는 능력을 가졌다고 설한다. 자기 운명을 자기가 마음대로 선택하는 능력이 있다는 것이고 그 힘의 원천은 마음을 자유로 하는 마음의 힘에서 나온다고 한다. 그리고 마음의 자유는 성품을 깨달아야 가능하다고 설한다.

생사를 불고하고
남을 이롭게하다

생사를 불고하고 남을 이롭게 하다
우리는 남을 해하여다가 자기만 좋게 하려 하는데
부처님께서는 사물을 당할 때에 자리 이타로 하시다가 못하게 되면
이해와 생사를 불고하고 남을 이롭게 하는 것으로써
자신의 복락을 삼으시며,

『대종경』 서품 17장 중에서

소태산은 「법위등급」에서 '출가위' 를 설명하면서 '원근 친소와 자타의 국한을 벗어나서 일체 생령을 위하여 천신 만고와 함지 사지를 당하여도 여한이 없는 사람의 위' 라고 했다. '출가위' 는 '부처' 를 의미하는 '대각여래위' 에 이르지 못한 단계인데도 이 정도의 높은 기준을 제시하고 있다. '나' 와 '남' 을 상대적으로 분별하고 에고에 갖혀 있는 마음으로는 출가위의 경지에 갈 수가 없는 것이다. 출가위가 이럴진대 부처의 경지는 어떠할 것인가. '이해와 생사를 불고하고 남을 이롭게 하는 것으로써 자신의 복락을 삼' 는 경지는 범부 중생들이 쉽게 흉내 낼 수 없는 경지인 것이다. 진리를 깨달아 대아大我, 무아無我의 경지에 가야 가능한 경지이다.

시방 세계를 집으로 삼다

우리는 현실적으로 국한된 소유물 밖에 자기의 소유가 아니요,
현실적으로 국한된 집 밖에 자기의 집이 아니요,
현실적으로 국한된 권속 밖에 자기의 권속이 아닌데,
부처님께서는 우주 만유가 다 부처님의 소유요
시방 세계가 다 부처님의 집이요
일체 중생이 다 부처님의 권속이라 하였으니,
우리는 이와 같은 부처님의 지혜와 능력을 얻어 가지고
중생 제도하는 데에 노력하자는 바이니라.

『대종경』 서품 17장 중에서

「법위등급」 '출가위' 에서 '일체 생령을 위하여 천신 만고와 함지 사지를 당하여도 여한이 없는 사람의 위' 라고 하고, '대각여래위' 에서 '대자 대비로 일체 생령을 제도' 한다고 설명한 내용과 같다.

붓다는 결국 '중생 제도' 를 목적하는데 그렇게 하기 위해서는 우주 만유를 다 자신의 소유로 삼고, 시방 세계를 자신의 집으로 삼고, 일체 중생을 권속으로 삼는 심법을 가져야 한다. 여기서 말하는 '소유' 의 개념이 통상의 법적 소유가 아님은 말할 나위가 없다. 소태산이 「일원상 법어」에서 말한 '이 원상圓相의 진리를 각覺하면 시방十方 삼계三界가 다 오가吾家의 소유所有인 줄을 알며' 라는 내용의 '소유' 와 마찬가지다.

'다 소유'한다는 건 '무소유'無所有와 같고
진정한 무소유란 '소유하지 않는' 것이 아니라
애초에 '소유할 수 없음'을 깨닫는 것 아닐까.
소유의 대상이 없는 게 아니라
소유의 주체가 없는 것이다.

내가 없는데 무엇을 어떻게 소유할 것인가.
불보살들은 정말 큰 욕심쟁이여서
작은 소유는 하지 않는다.
소유 하려면 우주 만유를 '다 소유'한다.

무아봉공 無我奉公

> 무아 봉공은 개인이나 자기 가족만을 위하려는 사상과 자유 방종하는 행동을 버리고, 오직 이타적 대승행으로써 일체 중생을 제도하는 데 성심성의를 다 하자는 것이니라.
>
> 『정전』 사대강령 중에서

소태산이 그의 교리 전반을 마무리하는 의도로 설한 「사대강령」의 내용은 '부처의 지혜와 능력' 을 이해하고 파악하는데 매우 유용하다. 정각 정행正覺正行 · 지은 보은知恩報恩 · 불법 활용佛法活用 · 무아 봉공無我奉公 가운데 특히 '무아봉공' 의 강령이야말로 부처의 인격을 이룬 붓다라면 마땅히 가야 할 길을 제시한 것이라고 생각한다. 앞서 살펴 본 법문 가운데 '우리는 이와 같은 부처님의 지혜와 능력을 얻어 가지고 중생 제도하는 데에 노력하자는 바이니라.' 고 한 내용이 「사대강령」 내용 모두와 연계된 것이지만 그 가운데서도 특히 '무아봉공' 과 관련이 깊다고 본다. 깨달음의 구경에 이르러야 '무아' 無我가 되고 '무아' 가 되어야 진정한 '봉공' 奉公이 가능하기 때문이다. 붓다의 지혜는 무아에 이르러야 하고 붓다의 능력은 봉공의 능력으로 발휘되어야 한다.

어떤 사람이 붓다일까?
여러 가지 기준이 있을 수 있겠지만
'무아봉공'도 참 좋은 기준이다.
저 사람이 얼마나 철저하게 '무아'無我가 된 사람인지

저 인물이 얼마나 성심성의껏 '봉공'奉公 하는지를 보면
인격의 정도를 알 수 있다.
나를 돌아보고, 세상을 둘러볼 일이다.
'무아봉공'의 관점으로.

무애자재 無碍自在

불보살들은 행·주·좌·와·어·묵·동·정간에 무애자재無礙自在하는 도가 있으므로 능히 정할 때에 정하고 동할 때에 동하며, 능히 클 때에 크고 작을 때에 작으며, 능히 밝을 때에 밝고 어둘 때에 어두우며, 능히 살 때에 살고 죽을 때에 죽어서, 오직 모든 사물과 모든 처소에 조금도 법도에 어그러지는 바가 없나니라.

『대종경』 불지품 4장

'행行 · 주住 · 좌座 · 와臥 · 어語 · 묵默 · 동動 · 정靜 간間' 이라는 말은 '언제 어디서나' 라는 말과 같다. 소태산의 수행이 '일상수행의 요법', '무시선법', '상시응용주의사항', '동정일여', '생활시불법 불법시생활' 과 같이 표현됨을 보면 알 수 있듯이 그는 특정한 시간과 장소에서만 이뤄지는 수행보다는 '상시' 로 늘 행해지는 수행을 기대하고 있다. 특정한 기간과 장소를 정해서 행하는 '정기훈련' 도 매우 중요하지만 이 훈련도 결국은 대부분의 인간 생활이 실제로 이뤄지는 '상시' 에 활용되기 위한 것이다. 수행의 과정만이 아니라 수행의 결과도 역시 '늘', '상시' 로, '생활에서', '동정간' 에 발휘되어야 하기 때문에 성불의 마지막 단계인 '대각여래위' 의 조목을 보면 '동動하여도 분별에 착着이 없고 정靜하여도 분별이 절도節度에 맞는 사람의 위니라' 고 대각여래위를 정의하고 있다.

성불의 경지를 놀랄만큼 간명하게 설명한 이 대목에 대한 풀이는 여러 가지가 있는데 대산大山은 '전일專一이란 아침은 수도정진, 낮에는 보은노력, 밤은 참회반성의 일과를 어김없이 지키는 것이다. 동시動時에는 맡은 일이나 직무를 이행하되 불의를 제거하고 선후 본말과 주종을 알아서 실천하는 것이다. 정시靜時에는 잡념을 제거하고 일심을 양

성하고 안분하는 것으로 미리 준비하는 공부이다. 간단없는 일심 공부는 바로 불공이 되는 동시에 복혜의 쌍전이 된다. 여래의 표준도 동하여도 분별에 착이 없고 정하여도 분별이 절도에 맞는 사람으로 이것이 바로 전일이다.' 『대산종사법문집 제3집』 훈련 2장라고 설한 바 있다.

부처의 무애자재한 능력이란 언제 어디서나 천만 경계에도 마음을 자유롭게 쓰는 경지를 이름이니 무시선에 통달한 경지를 말한다고 할 수 있다.

희·로·애·락을 노복같이 부려 쓰다

> 중생은 희·로·애·락에 끌려서 마음을 쓰므로 이로 인하여 자신이나 남이나 해를 많이 보고, 보살은 희·로·애·락에 초월하여 마음을 쓰므로 이로 인하여 자신이나 남이나 해를 보지 아니하며, 부처는 희·로·애·락을 노복같이 부려 쓰므로 이로 인하여 자신이나 남이나 이익을 많이 보나니라.
>
> 『대종경』 불지품 8장

범부들의 경우는 감정에 끌려가기 쉽다. 자신의 감정을 제어하고 마음대로 할 수 있는 사람은 매우 드물다. 세부적으로 분석해보자면 감정이 일어나기 전부터 자신의 마음을 볼 수 있어야 하고 일어나는 감정도 낱낱이 보고 있어야 한다. 그래야 감정을 다스릴 수 있다. 이미 감정을 발하고 나서는 수습이 어렵기 때문이다. 붓다란 성품에 감정을 비춰볼 줄 알기 때문에 세밀한 감정까지 모두 볼 수 있고 그 감정들을 다스릴 수 있다. 교리적으로 보면 감정을 다스리는 정도는 매우 기본적인 단계이지만 현실적으론 대부분의 사람들에게 감정 다스리기는 매우 어려운 과제이다.

소태산은 감정으로부터 자유롭게 마음을 쓰는 단계를 크게 셋으로 나누었다. 첫째는 '희·로·애·락에 끌려서' 마음을 쓰는 단계, 둘째는 '희·로·애·락에 초월하여' 마음을 쓰는 단계, 셋째는 부처의 경지로서 '희·로·애·락을 노복같이 부려 쓰는' 단계이다. 마음공부의 과정이나 단계로 삼기에 적절한 내용이다.

> 이 청춘李靑春이 여쭙기를 [큰 도인도 애착심愛着心이 있나이까.] 대종사 말씀하시기를 [애착심이 있으면 도인은 아니니라.] 청춘이 여쭙기를 [정산鼎山도 자녀를 사랑하오니 그것은 애착심이 아니오니까.] 대종사 말씀하시기를 [청춘은 **감각 없는 목석을 도인이라 하겠도다**. 애착이라 하는 것은 사랑에 끌리어 서로 멀리 떠나지를 못한다든지 갈려 있을 때에 보고 싶은 생각이 나서 자신 수도나 공사公事에 지장이 있게 됨을 이름이니 그는 그러한 일이 없나니라.]
>
> 『대종경』 수행품 21장

소태산이 생각하는 '애착'의 기준을 잘 알 수 있는 법문이다. 소태산의 뒤를 이어 원불교의 종법사 직을 맡고 대각여래위로 추존된 정산鼎山 송규宋奎가 자녀에 대한 사랑을 표현하니 그것을 보고 다른 제자들이 애착에 끌리는 것으로 평한 모양이다. 수행자라면 처자식을 불고하고 출가한 출가승을 전형으로 보던 시절의 시각에선 기대치 못했던 대답일 수 있다. 처자와 함께 공동생활을 하면서 출가 생활을 하던 초기 교단의 생활상이 반영된 내용이다. 소태산은 '감각 없는 목석을 도인이라 하겠도다' 라며 감정을 무시할 게 아니라 감정을 자연스럽게 인정하되 감정에 묶이지 않고 자유로울 것을 주문하고 있다.

새로운 법을 만드는 능력

> 음식과 의복을 잘 만드는 사람은 그 재료만 있으면 마음대로 그것을 만들어내기도 하고 잘못 되었으면 뜯어 고치기도 하는 것 같이, **모든 법에 통달하신 큰 도인은 능히 만법을 주물러서 새 법을 만들어 내기도 하고 묵은 법을 뜯어 고치기도 하시나**, 그렇지 못한 도인은 만들어 놓은 법을 쓰기나 하고

전달하기는 할지언정 창작하거나 고치는 재주는 없나니라.] 한 제자 여쭙기를 [어느 위位에나 올라야 그러한 능력이 생기나이까.] 대종사 말씀하시기를 [출가위出家位 이상 되는 도인이라야 하나니, **그런 도인들은 육근六根을 동작하는 바가 다 법으로 화하여 만대의 사표가 되나니라.**

『대종경』 불지품 5장

부처의 능력 가운데 흔히 생각하지 못하는 내용을 소태산이 언급했다. 새로운 법을 만드는 능력이다. 물론 여기서의 '법' 이란 현대 법치주의 사회에서 시민들의 현실을 규제하는 실정법을 의미하기 보다는 『정전』「법률은」에서 말한 '대범, 법률이라 하는 것은 인도 정의의 공정한 법칙' 을 이른다고 보아야 한다.

흔히 '법'法은 '다르마dharma' 즉 진리로서의 법, '법률law' 로서의 법, 제법무아諸法無我라고 할 때와 같이 '존재' 그 자체를 의미하는 법, '불교의 교법' 이라고 할 때와 같이 '가르침' 으로서의 법 등을 의미하는데 이 법문에서의 법은 주로 '교법' 을 의미한다고 본다. '세상이 말세가 되고 험난한 때를 당하면 반드시 한 세상을 주장할 만한 법을 가진 구세 성자救世聖者가 출현하여 능히 천지 기운을 돌려 그 세상을 바로잡고 그 인심을 골라 놓나니라.' 『대종경』 전망품 1장라고 소태산이 말한 바와 같이 말세와 같이 험난한 세상을 바로 잡으려고 구세성자가 출현을 하는데 '한 세상을 주장할 만한 법' 을 가지고 그의 사명을 다하려고 하는 것이다. 여기서 말하는 '법' 이란 『대종경』「불지품」 5장의 '새 법' 이라고 할 때의 '법' 이라고 할 수 있다.

이런 법은 통상적인 실정법이 아니기 때문에 진리에 근거해야 하고 대소유무의 이치에 맞아야 한다. 그래서 적어도 출가위 이상의 부처가 해야 할 일인 것이다. 소태산은 『정전』「사리연구」에서 '이 세상은 대소 유무의 이치로써 건설되고 시비 이해의 일로써 운전해 가나니, 세상이 넓은 만큼 이치의 종류도 수가 없고, 인간이 많은 만큼 일의 종류도 한이 없나니라.' 라고 설했다. 대소유무 시비이해에 통달해야 가능한 일인 것이다. 이런 능력이 없이 법에 손을 댄다면 오히려 세상에 혼란을 주고 대중에게 해악을 미칠 수 있다. 정법正法과 사법邪法의 기준이 될 만한 대목이다. 이와 같이 '천조의 대소

유무를 보아다가 인간의 시비 이해를 밝혀서 만세 중생이 거울하고 본뜰 만한 법을 제정하는 것' 에 통달한 경지를 '법통' 法通이라고 하는데 소태산은 이런 능력은 진리의 구경처를 깨친 대각도인이나 가능한 일이라고 설한다.

> 공부가 최상 구경에 이르고 보면 세 가지로 통함이 있나니 그 하나는 영통靈通이라, 보고 듣고 생각하지 아니하여도 천지 만물의 변태와 인간 삼세의 인과 보응을 여실히 알게 되는 것이요, 둘은 도통道通이라, 천조의 대소 유무와 인간의 시비 이해에 능통하는 것이요, **셋은 법통法通이라, 천조의 대소 유무를 보아다가 인간의 시비 이해를 밝혀서 만세 중생이 거울하고 본뜰 만한 법을 제정하는 것이니**, 이 삼통 가운데 법통만은 대원 정각大圓正覺을 하지 못하고는 얻을 수 없나니라.
>
> 『대종경』 불지품 10장

법통의 능력은 그 영향력이 세상 전체에 미치기 때문에 부처의 여러 가지 능력 가운데서도 매우 중요한 능력이라고 할 수 있다. 이 능력을 통해서 고해 중생을 제도하는 부처의 대자대비가 발휘된다.

천업을 돌파하는 능력

> 대종사 송 벽조에게 [중용中庸의 솔성지도率性之道를 해석하여 보라.]하시니, 그가 사뢰기를 [유가에서는 천리天理 자연의 도에 잘 순응하는 것을 솔성하는 도라 하나이다.] 대종사 말씀하시기를 [**천도에 잘 순응만 하는 것은 보살의 경지요, 천도를 잘 사용하여야 부처의 경지이니**, 비하건대 능한 기수騎手는 좋은 말이나 사나운 말이나 다 잘 부려 쓰는 것과 같나니라. 그러므로, 범부 중생은 육도의 윤회와 십이 인연에 끌려 다니지마는 부처님은 천업天業을 돌파하고 거래와 승강을 자유 자재하시나니라.]
>
> 『대종경』 불지품 6장

소태산은 부처의 능력을 말하면서 부처가 되기 이전 단계를 이르는 불교적 표현인 '보살' 이나 「법위등급」의 '출가위' 등의 능력과 '부처', '대각여래위' 의 능력을 다르게 평가했다. 위 법문은 그 좋은 예이다. '천도에 잘 순응' 하는 단계를 넘어서 '천도를 잘 사용' 하는 경지로 나아가야 부처의 경지에 도달할 수 있다고 한다. 그리고 구체적으로 육도 윤회와 십이 인연을 예로 삼으면서 '천업을 돌파하고 거래와 승강을 자유자재' 해야 비로소 부처라고 보았다.

육근 동작을 잘하는 능력

우주의 진리를 잡아 인간의 육근 동작에 둘러씌워 활용하는 사람이 곧 천인이요 성인이요 부처니라. 『대종경』 불지품 12장

천지에 아무리 무궁한 이치가 있고 위력이 있다 할지라도 사람이 그 도를 보아다가 쓰지 아니하면 천지는 한 빈 껍질에 불과할 것이어늘 사람이 그 도를 보아다가 각자의 도구같이 쓰게 되므로 사람은 천지의 주인이요 만물의 영장이라 하나니라. 사람이 천지의 할 일을 다 못하고 천지가 또한 사람의 할 일을 다 못한다 할지라도 천지는 사리간에 사람에게 이용되므로 **천조의 대소 유무를 원만히 깨달아서 천도를 뜻대로 잡아 쓰는 불보살들은 곧 삼계의 대권을 행사함이니,** 미래에는 천권天權보다 인권人權을 더 존중할 것이며, 불보살들의 크신 권능을 만인이 다 같이 숭배하리라. 『대종경』 불지품 13장

'부처' 란 결국은 마음을 잘 쓰는 사람이고 몸을 잘 쓰는 사람이다. '심신작용' 心身作用을 잘 하는 사람이라고 해도 맞고 '육근 동작' 六根動作을 잘 한다고 해도 된다. '잘 한다' 는 것은 마음과 몸의 씀씀이가 '진리' 에 부합해야 한다는 뜻이다. 물론 잘 쓰려면 진리에 대한 깨달음이 전제가 되어야 한다. '성불' 도 마찬가지이다. 부처가 되려면 진리에

맞게 심신작용, 육근 동작을 잘 해야 한다. 심신작용을 잘 하지 못하고 어떻게 부처의 경지에 오르고 부처로서의 삶을 살 수 있겠는가. 소태산이 「일원상 법어」에서 눈·귀·코·입·몸·마음 육근을 하나하나 열거하면서 '원만구족한 것이며 지공무사한 것' 이라고 반복적으로 강조한 이유를 깊이 생각할 필요가 있다. 아주 세세하게 심신작용 하나하나를 공부삼아 해야지 성불에 이를 수 있는 것이다. 진리를 깨닫고도 심신작용과 연계되지 않는다면 성불에 이를 수는 없다.

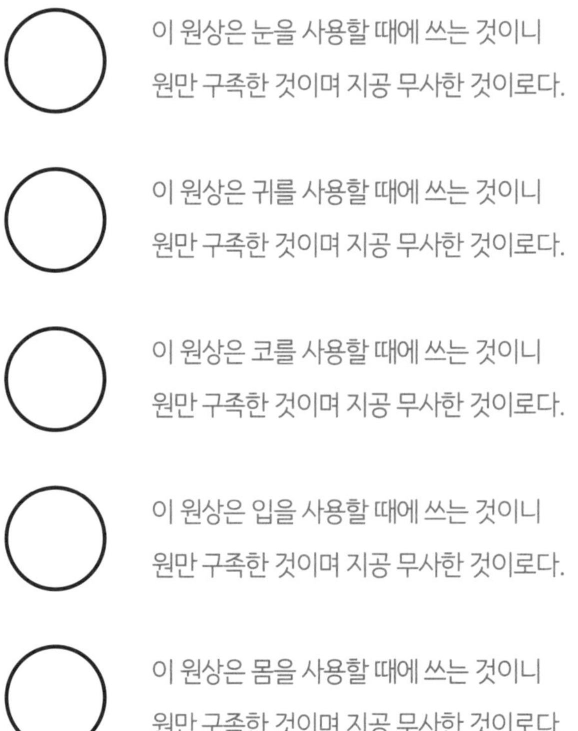

『정전』 일원상 법어 중에서

큰 살림 큰 사람

아무리 큰 살림이라도 하늘 살림과 합산한 살림 같이 큰 살림이 없고, 아무리 큰 사람이라도 하늘 기운과 합한 사람같이 큰 사람이 없나니라.

『대종경』 불지품 11장

소태산의 「법위등급」에서 '법강항마위' 가 되면 소아小我를 탈피하게 된다. 견성을 하고 진리를 깨달아서 아상我相이 사라지고 자타自他의 경계가 무너지기 때문이다. 관점이 달라지고 자신의 책임 범위가 달라진다. '출가위' 로 가면 그야말로 '나' , '내 집' 이라는 틀이 깨져버린다. 소태산이 「일원상 법어」에서 '이 원상圓相의 진리를 각覺하면 시방 삼계가 다 오가吾家의 소유인 줄을 알' 게 된다고 한 것과 같다. 누가 책임을 부여하지 않아도 이 세상 모두를 책임지게 되고 일체 중생의 고통을 내 것으로 느끼게 되어 그들을 위한 구세의 책임을 스스로 맡게 된다. '내 것' 에 집착하고 '내 집' 에 국집하는 작은 살림을 할 수 없게 된다. 인격의 크기가 커져서 작은 틀이나 그릇에 더 이상 담겨지지 않는다. 정산 종사의 게송이나 대산 종사의 게송도 같은 경지를 말하고 있다.

한 울안 한 이치에
한 집안 한 권속이
한 일터 한 일꾼으로
일원 세계 건설하자.

『정산종사법어』 유촉편 38장 중에서

진리는 하나 세계도 하나,
인류는 한 가족 세상은 한 일터,
개척하자 하나의 세계.

『대산종사법어』 회상편 57장 중에서

부처의 대자대비大慈大悲

만약에 부처라는 존재가 평범한 사람들은 깨닫지 못한 진리를 깨닫고 얻기 힘든 능력을 가지기만 하고 자비로움이 없다면 어떨까? 자비스럽지 않은 붓다 석가모니, 사랑이 빠진 예수, 어질 인仁이 빠진 공자를 상상해보면 매우 당혹스럽다. 붓다는 붓다가 아니고, 예수는 예수가 아니고, 공자는 공자가 아닐 것이다. 부처님의 '대자대비' 에 대해서는 누구나 알고 있지만 그 '대자대비' 를 구체적으로 이해하기는 의외로 쉽지 않다. 그 '대자대비' 에 대해서 구체적으로 설명한 내용을 접할 기회가 적기 때문이다. 소태산은 이를 어떻게 설명했는지 보자. 저자의 부연 설명은 생략한다.

> 대자大慈라 하는 것은
> 저 천진 난만한 어린 자녀가
> 몸이 건강하고 충실하여 그 부모를 괴롭게도 아니하고,
> 또는 성질이 선량하여 언어 동작이 다 얌전하면
> 그 부모의 마음에 심히 기쁘고 귀여운 생각이 나서
> 더욱 사랑하여 주는 것 같이
> 부처님께서도 모든 중생을 보실 때에 그 성질이 선량하여,
> 나라에 충성하고 부모에게 효도하며,
> 형제간에 우애하고 스승에게 공경하며,
> 이웃에 화목하고 빈병인貧病人을 구제하며,
> 대도를 수행하여 반야지般若智를 얻어 가며,
> 응용에 무념하여 무루의 공덕을 짓는 사람이 있으면
> 크게 기뻐하시고 사랑하시사 더욱 더욱 선도로 인도하여 주시는 것이요,
>
> 대비大悲라 하는 것은
> 저 천지 분간 못 하는 어린 자녀가

제 눈을 제 손으로 찔러서 아프게 하며,
제가 칼날을 잡아서 제 손을 상하게 하건마는
그 이유는 알지 못하고 울고 야단을 하는 것을 보면
그 부모의 마음에 측은하고 가엾은 생각이 나서
더욱 보호하고 인도하여 주는 것 같이,
부처님께서도 모든 중생이 탐·진·치에 끌려서
제 스스로 제 마음을 태우며,
제 스스로 제 몸을 망하게 하며,
제 스스로 악도에 떨어질 일을 지어,
제가 지은 그대로 죄를 받건마는
천지와 선령을 원망하며,
동포와 법률을 원망하는 것을 보시면
크게 슬퍼하시고 불쌍히 여기사
천만 방편으로 제도하여 주시는 것이니,
이것이 곧 부처님의 대자와 대비니라.

그러나, 중생들은 그러한 부처님의 대자 대비 속에 살면서도
그 은혜를 알지 못하건마는
부처님께서는 거기에 조금도 주저하지 아니하시고
천 겁 만 겁을 오로지 제도 사업에 정성을 다 하시나니,
그러므로 부처님은 삼계의 대도사요 사생의 자부라 하나니라.

『대종경』 불지품 3장

3. 나는 얼마나 부처인가

공부인의
수행 정도를 따라
여섯 가지 등급의 법위가 있나니
곧
보통급普通級
·
특신급特信級
·
법마상전급法魔相戰級
·
법강항마위法强降魔位
·
출가위出家位
·
대각여래위大覺如來位니라.

『정전』 법위등급 중에서

「법위등급」法位等級

공부인의 수행 정도를 따라 여섯 가지 등급의 법위가 있나니 곧 보통급·특신급·법마상전급·법강항마위·출가위·대각여래위니라.

1. 보통급普通級은 유무식·남녀·노소·선악·귀천을 막론하고 처음으로 불문에 귀의하여 보통급 십계를 받은 사람의 급이요,

2. 특신급特信級은 보통급 십계를 일일이 실행하고, 예비 특신급에 승급하여 특신급 십계를 받아 지키며, 우리의 교리와 법규를 대강 이해하며, 모든 사업이나 생각이나 신앙이나 정성이 다른 세상에 흐르지 않는 사람의 급이요,

3. 법마상전급法魔相戰級은 보통급 십계와 특신급 십계를 일일이 실행하고 예비 법마상전급에 승급하여 법마상전급 십계를 받아 지키며, 법과 마를 일일이 분석하고 우리의 경전 해석에 과히 착오가 없으며, 천만 경계 중에서 사심을 제거하는 데 재미를 붙이고 무관사無關事에 동하지 않으며, 법마상전의 뜻을 알아 법마상전을 하되 인생의 요도와 공부의 요도에 대기사大忌事는 아니하고, 세밀한 일이라도 반수 이상 법의 승勝을 얻는 사람의 급이요,

4. 법강항마위法强降魔位는 법마상전급 승급 조항을 일일이 실행하고 예비 법강항마위에 승급하여, 육근을 응용하여 법마상전을 하되 법이 백전 백승하며, 우리 경전의 뜻을 일일이 해석하고 대소 유무의 이치에 걸림이 없으며, 생·로·병·사에 해탈을 얻은 사람의 위요,

5. 출가위出家位는 법강항마위 승급 조항을 일일이 실행하고 예비 출가위에 승급하여, 대소 유무의 이치를 따라 인간의 시비 이해를 건설하며, 현재 모든 종교의 교리를 정통하며, 원근 친소와 자타의 국한을 벗어나서 일체 생

령을 위하여 천신 만고와 함지 사지를 당하여도 여한이 없는 사람의 위요,

6. 대각여래위大覺如來位는 출가위 승급 조항을 일일이 실행하고 예비 대각 여래위에 승급하여, 대자 대비로 일체 생령을 제도하되 만능萬能이 겸비하며, 천만 방편으로 수기 응변隨機應變하여 교화하되 대의에 어긋남이 없고 교화 받는 사람으로서 그 방편을 알지 못하게 하며, 동하여도 분별에 착이 없고 정하여도 분별이 절도에 맞는 사람의 위니라. 『정전』 법위등급

나는 부처가 될 수 있을까?

큰 도에 발원한 사람은 짧은 시일에 속히 이루기를 바라지 말라. 잦은 걸음으로는 먼 길을 걷지 못하고, 조급한 마음으로는 큰 도를 이루기 어렵나니, 저 큰 나무도 작은 싹이 썩지 않고 여러 해 큰 결과요, 불보살도 처음 발원을 퇴전退轉하지 않고 오래오래 공을 쌓은 결과이니라.

『대종경』 요훈품 10장

'성불' 成佛이란 '부처를 이룬다' 는 말이다. 이 말은 곧 사람은 누구나 노력에 의해 부처가 될 수 있다는 의미를 포함하고 있다. 아주 쉬운 말이지만 이런 전제가 불교 사상 전반을 지탱하는 기둥이 된다. 인간이 노력을 해봤자 이미 타고난 운명이 있어서 그 한계를 벗어날 수 없다는 운명론적 관점은 성불을 말하는 불교와는 거리가 멀다.

불교 사상의 근간인 '인과론' 因果論을 수행적 관점에서 본다면 바른 수행이라는 '원인' 행위에 따라 성불이라는 정당한 '결과' 를 얻게 된다고 할 수 있다. 수행자들이 자신의 불성佛性을 믿고 '하면 된다' 는 인과의 이치를 신앙하면서 정법을 수행하면 성불을 할 수 있는 것이다.

여섯 법위로 나눈 이유

공부인의 수행 정도를 따라 여섯 가지 등급의 법위가 있나니 곧 보통급·특신급·법마상전급·법강항마위·출가위·대각여래위니라.

『정전』 법위등급 중에서

소태산이 '공부인의 수행의 정도' 를 여섯 가지 등급으로 나눈 이유는 무엇일까. 일단 수행을 했으면 수행의 성과를 얼마나 얻었는지 평가를 해야 잘못된 부분을 수정 보완할 수 있고 그래야 그 다음 단계로 나아갈 수 있기 때문이다. 또한 부처가 단박에 되는 것이 아니라 근기에 따라 단계적으로 차근차근 수행을 해야 하기 때문이다. 모든 일에는 순서가 있고 단계가 있듯이 성불에 이르는 과정도 그러하다. 막연히 수행을 열심히 한다고 해서 소기의 성과를 얻는 것이 아니다. 소태산은 기존 불교의 매우 복잡한 단계 나눔보다 훨씬 간단한 6단계로 성불에 이르는 단계를 설정했다. 보통급, 특신급, 법마상전급, 법강항마위, 출가위, 대각여래위가 6가지 법위등급인데 수행자들이 자신의 수행 정도를 측정해가면서 그 단계에 맞는 수행을 하고 다음 단계를 목표로 삼아 정진할 수 있도록 한 것이다.

사실 소태산의 신앙과 수행 체계 전반이 모두 '부처에 이르는 길' , '성불의 방법' 이라고 할 수 있다. 그래서 소태산이 직접 기술한 『정전』正典 내용 전체를 공부해야 하고 수행해야 소태산이 의도하는 성불의 길을 갈 수 있다. 「법위등급」의 내용을 제대로 이해하고 수행에 활용하려면 반드시 『정전』正典에 대한 선행 학습이 필요하다. 하지만 그 내용 모두를 인용하고 설명하는 것이 필자나 독자에게 너무 버겁기 때문에 이 책의 뒷 부분에서 간단히 언급하기로 한다. 여기서는 초점을 좁혀서 「법위등급」의 내용부터 실제 수행에 활용하기 위한 관점에서 새겨보기로 한다.

붓다 가이드

법위는 교단의 생명이요 자산으로 대종사께서 법위등급을 내놓으신 까닭은 우리의 공부 정도를 법계法階로 알게 함이시니라. 그러므로 법위등급은 우리의 서원과 신앙심과 수행력을 측정하는 기준이요, 개교의 동기를 구현하기 위한 인격의 표준이며, 일원 세계를 건설하는 설계도이자 교리를 실천하는 이정표요, 여래위까지 올라가는 안내도이자 천여래 만보살을 배출할 교본이니라.

『대산종사법어』 법위편 2장

여행을 나선 사람이 중간 중간에 지도를 보고 이정표를 참고하듯이 불지를 향한 여정에 나선 수행자도 자신이 어디쯤 왔는지, 제대로 길을 가고 있는지를 점검하려면 반드시 보아야 할 안내도가 법위등급이고 반드시 참고해야 할 안내도가 바로 「법위등급」이다.

「법위등급」은 '공부인의 수행 정도' 를 가늠하는 평가 도구이다. 수행자라면 소기의 목표가 있어야 하고 그 목표에 도달했는지를 측정하는 평가가 반드시 필요하다. 그 측정 도구가 명확할수록 수행의 평가가 정확하고 그 다음 단계로 나가기 위한 수정 보완의 작업이 가능하다.

「법위등급」은 '여래위까지 올라가는 안내도' 이다. 수행자가 자신의 현 단계를 파악했다면 그 다음 단계로 계속해서 진급해야 한다. 수행자의 진급을 위해서 '안내도' 의 기능을 하는 것이 바로 법위등급인 것이다. 평가를 두려워하지 않고 자기 평가를 해서 만족할 만한 성과를 얻었다고 판단된다면 그 다음 단계로 나아가야 한다.

부처의 경지를 향해 진급해 나갈 때 그 구체적인 공부의 내용과 방법을 알아야 하는데 그것을 밝혀 놓은 것이 「법위등급」이다. 대산은 '천여래 만보살을 배출할 교본' 이라고 설했다. 교본이 없이 누군가를 훈련시킬 수 없듯이 성불을 향해 나아가는 수행자들에게도 단계별로 교본이 필요하다. 교본 그대로 훈련할 때 소태산이 제시한 성불의 경지로 나아갈 수 있다.

아이들이 태권도를 배워도
하얀띠, 노란띠부터 시작해서 검은띠로 간다.
학생들도 유치원, 초등학교부터 시작해서 대학교까지 간다.
어느 분야에서나 단계가 있고
그 단계마다 해야 할 과업이 있다.
그것을 확인하기 위한 시험과 평가도 있다.
그리고 그 다음 단계로 나아간다.
수행자들도 마찬가지다.
이런 상식적인 과정을 건너뛰면 안 된다.
이렇게 차근차근 나아가는 게 소태산의 수행이다.

정전의 끝
수행의 결론

대종사 열반을 일년 앞두시고 그동안 진행되어 오던 정전正典의 편찬을 자주 재촉하시며 감정鑑定의 붓을 들으시매 시간이 밤중에 미치는 때가 잦으시더니, 드디어 성편되매 바로 인쇄에 붙이게 하시고, 제자들에게 말씀하시기를 [때가 급하여 이제 만전을 다하지는 못하였으나, **나의 일생 포부와 경륜이 그 대요는 이 한 권에 거의 표현되어 있나니**, 삼가 받아가져서 말로 배우고, 몸으로 실행하고, 마음으로 증득하여, 이 법이 후세 만대에 길이 전하게 하라. 앞으로 세계 사람들이 이 법을 알아 보고 크게 감격하고 봉대 할 사람이 수가 없으리라.]

『대종경』 부촉품 3장

소태산은 생애 마지막을 『정전』正典 쓰기에 온통 할애했다. 평생에 걸친 구도와 제생의세의 교화를 통해 얻은 지혜의 정수를 후대 사람들을 위해 경전으로 남긴 것이다. 역사적으로 보면 소태산처럼 직접 경전을 써서 남긴 경우는 많지 않다. 그는 이 『정전』이라는 경전이 후래 공부인들에게 공부의 바른 방향을 제시하고 시행착오를 줄이는 지름길이 되기를 염원했다.

『정전』 내용은 '총서편', '교의편', '수행편' 셋으로 구성되었다. '총서편' 은 소태산이 종교의 문을 연 목적과 그가 내세운 교법의 개요가 서술되어 있고, '교의편' 에는 구체적인 신앙과 수행에 관한 교리 내용이 담겼다. 그리고 '수행편' 에는 수행의 구체적인 방법론들이 상술되어 있다. 이 수행편의 마지막 부분, 즉 '정전' 의 마지막 부분이 바로 「법위등급」이다. 소태산이 평생의 깨달음과 경험과 포부를 담아 저술한 '정전' 의 마지막에 '법위등급' 이 자리하고 있다는 사실의 의미를 깊이 생각해볼 필요가 있다.

| 성불-자문자답 |

소태산의 가르침을 자세히 들여다보면 공부인 스스로 자신의 수행 정도를 측정할 수 있도록 했음을 알 수 있다. 자신의 수행이 어느 정도에 도달했는지, 어떤 점이 부족한지, 그것을 어떻게 보완할지를 구체적으로 알 수 있도록 설계했다. 보통의 사람이 불가에 입문해서 부처가 되겠다는 서원을 세우고 나서 어떤 수행 과정을 거쳐서 부처의 경지에 도달할 수 있는지를 알려주는 이정표와 안내서를 마련해준 셈이다. 정산 종사의 뒤를 이어 원불교 종법사를 역임하면서 법위등급에 대한 각별한 관심을 갖고 대중적 실천에 노력한 대산 종사는 이렇게 말했다.

> 법위는 교단의 생명이요 자산으로 대종사께서 법위등급을 내놓으신 까닭은 우리의 공부 정도를 법계法階로 알게 함이시니라. 그러므로 법위등급은 우리의 서원과 신앙심과 수행력을 측정하는 기준이요, 개교의 동기를 구현하기 위한 인격의 표준이며, 일원 세계를 건설하는 설계도이자 교리를 실천하는 이정표요, 여래위까지 올라가는 안내도이자 천여래 만보살을 배출할 교본이니라.
>
> 『대산종사법어』 법위편 2장

대산 종사는 법위등급을 '법계' 즉 법의 계단으로, '측정 기준', '인격의 표준', '설계도', '이정표', '안내도', '교본' 으로 파악했다. 법위등급이 『정전』에서 차지하는 물리적 분량은 매우 적다. 하지만 법위등급이 왜 『정전』의 결론 부분으로 맨 마지막에 위치했는지를 알 수 있게 해주는 법문이다. '교단의 생명' 이라고 까지 표현했으니 법위등급의 중요성에 대해서는 최상의 강조를 한 셈이다.

이미 원불교 교단에서는 3년마다 모든 교도들의 수행 정도를 측정하고 그 결과에 따라 법위를 결정하도록 하는데 이를 '법위사정' 法位査定이라고 한다. 이어서 해당 법위단계별로 정기훈련과 상시훈련을 하도록 교도들을 지도하고 있다. 수행의 측정과 훈련이 선순환 구조를 이뤄서 교도들이 모두 '대각여래위', 즉 '부처' 가 되도록 촉진하는 것이다. 이런 전통은 소태산 당시부터 교리화되어 행정적으로 실행되고 있다.

이 책에서는 이미 원불교에서 매우 정교하게 개발한 법위사정 도구들을 소개하지 않기로 한다. 원불교를 전혀 모르는 독자들에게 과도하게 복잡한 내용으로 비춰질 수 있기 때문이다. 『정전』「법위등급」 원문을 중심으로 초입자들에게 적절할 정도로 부연하는 데 그치려고 한다. 그래도 이 내용을 처음 접하는 이들에게는 매우 복잡하고 낯선 내용이 될 것 같다. 반대로 이미 원불교 교도로서 법위사정을 받아보고 법위등급에 따라 전문적인 지도를 받은 경험이 있는 이들에게는 이 책의 내용이 너무 기본적으로 느껴질 수 있을 것이다. 일단 수행적 활용을 위해서 '서원과 신앙심과 수행력을 측정하는 기준' 과 '여래위까지 올라가는 안내도' 로서 「법위등급」을 약술하고자 한다.

* 참고로 원불교 교단에서는 보통급, 특신급, 법마상전급, 법강항마위, 출가위, 대각여래위 3급 3위의 여섯 가지 법위 사이에 '예비등급' 을 두어서 세밀한 평가도구로 법위사정을 하고 있다. 즉, 보통급, 예비특신급, 정식특신급, 예비법마상전급, 정식법마상전급, 예비법강항마위, 정식법강항마위, 예비출가위, 정식출가위, 예비대각여래위, 정식대각여래위로 나누어서 법위를 사정하고 있다. 이 책에서는 이에 관한 실무적 내용은 생략하고 법위 등급에 대한 이해를 돕기 위해 『정전』 원문을 중심으로 설명하기로 한다.

덧붙여, 이 책에서 설명을 위해 사용한 내용이나 도표들이 현재 원불교 교단에서 공식적으로 쓰고 있는 법위사정의 내용과 다르다는 것을 일러둔다. 이 책의 저자가 임의로 설명하고 표현한 것임을 참고하기 바란다.

| 보통급-자문자답 |

보통급은 유무식·남녀·노소·선악·귀천을 막론하고 처음으로 불문에 귀의하여 보통급 십계를 받은 사람의 급이요, 『정전』 법위등급 중에서

다음과 같은 핵심 질문들과 응용 질문들에 자문자답하면서 본인의 수행 정도와 마음가짐을 가늠하고 챙겨보기 바란다. 〈자문자답-1〉은 별다른 설명 없이 원문을 문항으로 표기했고, 〈자문자답-2〉는 일반인이 알기 쉽도록 문항을 바꾸고 설명을 덧붙였다.

〈자문자답-1〉 원문 중심 문항

	보통급 기준과 십계문	○	×
1	불문에 귀의하였는가?		
2	보통급 십계를 받았는가?		
	1. 연고 없이 살생을 말며,		
	2. 도둑질을 말며,		
	3. 간음姦淫을 말며,		
	4. 연고 없이 술을 마시지 말며,		
	5. 잡기雜技를 말며,		
	6. 악한 말을 말며,		
	7. 연고 없이 쟁투爭鬪를 말며,		
	8 공금公金을 범하여 쓰지 말며,		
	9. 연고 없이 심교간心交間 금전을 여수與受하지 말며,		
	10. 연고 없이 담배를 피우지 말라.		

〈자문자답-2〉 쉽게 풀어 쓴 문항

3급 3위로 짜여진 법위등급 가운데 계문은 세 등급에게만 주어진다. 보통급 10계문, 특신급 10계문, 법마상전급 10계문으로 총 30개의 계문이다. 계문은 반드시 지켜야 할 종교인의 규범이어서 문자 그대로 매우 엄격하게 해석해서 지켜야 한다.

다만, '자문자답-2' 에서는 원불교에 입문하여 교도로서 신앙 수행을 본격적으로 시작하지 않은 이들을 대상으로 계문의 내용과 적용을 쉽게 이해시키기 위해서 원문의 표현을 좀 더 유연하게 바꿔보았다. 그리고 계문과 관련해서 더 생각해보아야 할 내용을 간단한 부가 질문으로 첨부하고 계문의 취지를 필자 나름대로 설명해보았다. 그리고 법위등급 원문에 대해서도 되도록 쉽게 설명을 덧붙여보았다. 원불교와 소태산을 처음 알게 된 독자들이 자문자답하면서 성불에 이르기 위한 마음공부에 도움이 되기를 바란다.

1. '유무식 · 남녀 · 노소 · 선악 · 귀천을 막론하고'

유식해서 불문에 귀의하지 않나?

자칫하면 지식이 많다는 것을 핑계로 불교의 문(불문), 또는 종교의 문에 들어오길 꺼릴 수 있다. 인간의 앎이라는 것의 한계를 자각해야 한다. 오히려 신앙과 수행이 자신의 완성에 필수적이고 자신의 불완전한 지식도 보완할 수 있다는 사실을 깨달아야 한다. 혹시 자신이 유식하다고 생각한다면 그 유식함이 성불제중의 길을 가는 데 장애가 되고 있는 것은 아닌지 반조해보아야 한다.

무식해서 불문에 들기를 주저하나?

앞의 경우와는 반대로 자신의 지식, 알음알이가 너무 보잘 것 없어서 불문에 귀의하기를 주저하는 이들이 있다. 잘 생각해보면 신앙과 수행의 길을 가는 것이 자신의 지식을 보완하고 인격의 완성에도 도움이 됨을 알 수 있을 텐데, 타인과의 비교심이나 자격지심 등으로 종교를 멀리할 수 있다. 부처를 이루는 것은 유무식 남녀노소와는 상관이 없다고 단언하는 소태산의 뜻을 믿을 필요가 있다. 소태산 만이 아니라 역사상 모든 성자들과 부처들이 다 같은 취지의 가르침을 폈다. 오히려 더 열심히 정성을 다해서 신앙과 수행을 할 필요가 있다.

> 이 공부를 지성으로 하면 학식 있고 없는 데에도 관계가 없으며 총명 있고 없는 데에도 관계가 없으며 남녀 노소를 막론하고 다 성불함을 얻으리라.
>
> 『대종경』 교의품 5장 중에서

여자의 성불을 의심하나?

남녀에 대한 사회적 편견과 불평등한 제도가 있을 뿐, 남녀의 성품에는 아무런 차이가 없다. 잘못된 편견과 제도에 영향을 받는 마음 씀씀이는 있을 수 있겠지만 본래심, 참마음에는 아무런 차이가 없다. 인류 역사를 돌이켜보면 남녀의 불평등이 개선되는 큰 흐름 속이 계속되고 있음을 알 수 있다. 과거 석가모니 부처님의 가르침이 역사의 물줄기를 크게 변화시킨 파격적인 것으로 평가 받는 이유도 남녀 또는 계급간 차별을 인정하지 않는 불성의 평등성을 선언했기 때문이다. 이미 거의 모든 분야에서 남녀평등이 실현되고 있는 세상이지만 아직도 성불에 남녀 구별이 있다고 생각해서 불문에 귀의하는 것을 주저해서는 안된다. 그런 그릇된 고정관념에서 벗어나는 것 자체가 부처에 이르는 것임을 유념해야 한다. 부처란 곧 마음의 자유를 의미한다. 알게 모르게 마음의 자유를 억압하는 남녀상男女相에서 벗어나야 한다. 혹시 자신이 여성이라서 성불제중의 서원을 주저하고 있는지 돌아보아야 한다.

남자라서 성불이 쉽다고 생각하나?

위의 예와는 반대로 부처를 이루는 데 남자라고 해서 얻을 수 있는 어떤 유리함도 없음을 남자들은 인정해야 한다. 여성에 대한 괜한 상대적 우월의식을 가진다면 오히려 성불을 방해할 뿐이다. 소태산을 비롯한 스승님들은 앞으로의 세상은 여성들의 세상이 된다고 예견하기도 했다. 회상 초기부터 철저한 남녀평등 사상을 교리화했고 현실적으로도 회상 공동체를 통해서도 이를 구현했다. 남성이든 여성이든 서로를 평등하게 인식하고 불문에 귀의해서 오로지 완전한 인격을 완성하리라는 성불의 길로 매진해야 한다. 신·분·의·성의 마음을 잘 추진하느냐 마느냐에 달렸을 뿐, 남자나 여자라는 이유로 성불의 길이 달라질 이유는 하나도 없다. 인과의 이치는 공평하고 엄정하다. 남녀상을 벗어나는 것 자체가 부처의 마음에 한 걸음 다가가는 것임을 명심해야 한다. 혹시 자신이 남성이라는 이유로 자만하여 성불제중의 서원을 세우는데 나태한 태도를 가지고 있는 것은 아닌지 돌아보아야 한다.

'이 나이에 무슨 마음공부'라고 생각하나?

나이의 많고 적음이 고정관념이 되어 마음의 자유를 방해하는 수가 있다. 이런 관념을 불가에서는 수자상壽者相이라고 한다. 부처의 가르침을 따라 부처가 되겠다는 마음을 먹는 데 나이가 걸림돌이 된다면 수자상이 생각의 굴레로 작용하는 것이다.

예컨대, 생을 마감해야 할 정도의 고령자라도 성불의 꿈을 꾸어야 한다. 깨달음은 나이와는 상관이 없고 성불의 서원도 생물학적 나이와는 상관이 없기 때문이다. 특히 불교의 교리상으로는 인간은 무수한 세월에 무한히 윤회전생을 하는 존재이기에 '늦은' 서원은 없는 것이다. 흔히 '이 나이에 무슨 종교 생활이냐?' 라는 자조적 태도는 오히려 삶의 가치를 과소평가하는 일이 된다. 삶의 질과 차원을 높이는 진급의 길이라면 나이와는 상관없이 바로 결정해서 실행에 옮겨야 한다. 혹시 자신이 나이가 꽤 들었다는 이유로 성불제중의 서원을 포기하거나 주저하고 있지는 않은지 돌아보아야 한다.

'어리니까 나중에 하지'라고 생각하나?

소태산의 가르침은 출세간적이지 않다. 오히려 과거 불가의 출세간적 제도와 방편을 신랄하게 비판했다. 종교 생활도 마찬가지여서 청소년들이 어린 나이에 출가를 하거나 일반적인 학교교육을 등한시하는 것을 크게 경계했다. 오히려 일반 시민으로서의 교양을 쌓아 원만한 인격 형성의 기초를 쌓도록 했다. 불문에 귀의한다는 것도 출가를 의미하는 것이 아니라 일상적인 생활을 하면서 신앙과 수행을 하는 것이니 나이의 적고 많음이 문제가 될 이유가 하나도 없다. 마치 학업을 충실히 해야 하고 나중에 나이가 들어서 신앙과 수행을 하겠다는 태도는 신앙과 수행의 진정한 의미와 효과를 모르는 데서 오는 단견일 수 있다.

특히 신앙과 수행을 실생활과 긴밀하게 연관시켜서 신앙과 수행을 잘하는 것이 생활에 도움을 주도록 교리의 틀을 짠 소태산의 가르침의 본의를 안다면 나이를 이유로 불문 입문을 늦출 이유가 없다. 원불교 신앙의 핵심인 은혜발견과 감사생활, 정서·인지·행동 등의 조화로운 발달을 촉진하는 마음공부는 현대 학교 교육에서 결핍되기 쉬운 인성교육적 측면에서도 권장할 만하다.

'착하게 살면 그만이지'라고 생각하나?

예컨대, '법 없이도 살 사람', 타고나길 착하게 타고나서 선행을 하면서 잘 살고 있는 사람은 불문에 귀의할 필요가 없는 것 아닐까? 결국 사람답게 착하게 살자고 종교도 있는 것이니 굳이 종교생활을 따로 하거나, 굳이 불교의 가르침을 따라야 할 필요가 있겠냐는 생각을 할 수 있다. 일면 공감이 가지만 삶과 종교를 심층적으로 통찰한다면 이런 생각의 한계 또한 깨달을 수 있다.

사회 통념의 선행만으로 종교적 신행을 대신할 수는 없다. 신앙과 수행으로 다가가야 할 진리의 세계와 인격완성의 길은 깊고도 멀다. 불교를 예로 들자면, '선하다는 생각도 없는 선함'을 추구하도록 하는데 그 깊은 뜻을 알려면 심층적인 신앙과 수행의 단계를 거쳐야 한다. 결국 사회를 규율하는 '실정법 없이도 살 수 있는 사람'이라도 '불법'佛法을 지키면서 살아야 '법 없이도 사는 사람'의 경지에 이를 수 있다고 하겠다. 혹시 자신이 선하다고 생각해서 불문에 귀의하지 않아도 된다고 생각하는 것은 아닌지 돌아보아야 한다.

악행자는 불문을 멀리 해야 하나?

악은 영원히 악으로 남고, 선은 끝까지 선으로 남는다면 종교가 무슨 소용이 있을 것이며 불문에 귀의할 필요는 어디 있겠나. 선한 마음도 악한 마음으로, 악한 마음도 선한 마음으로 변할 수 있다. 소태산도 매우 간명하게 말했다. '사람의 성품이 정한즉 선도 없고 악도 없으며, 동한즉 능히 선하고 능히 악하나니라.' 원래 악한 사람도 없고, 원래 선한 사람도 없는 것이다. 애초에 한 마음을 잘 못 내어서 악한 행동을 하게 되고, 그 악행이 습관으로 굳어지면 악한 사람이라고 평가를 받게 될 뿐인 것이다.

진리에는 변화하는 이치가 있으니, 우주가 성주괴공으로 변화하고 사시가 춘하추동으로 변화하고 인간은 생로병사로 변화하는 것과도 같다. 선도 악이 되고 악도 선으로 변할 수 있다. 그래서 성인들이 참회와 회개를 가르침의 중심에 놓고 있는 것이다. 특히 악을 범한 사람들에게 새로운 희망을 주고 선한 길로 인도하려고 하는 것이다. 요컨대, 본인이 악한 사람이라고 생각한다면 오히려 더 적극적으로 불문에 귀의해서 새로운 삶을 개척하는 것이 현명한 일이다.

귀한 신분은 불문에 귀의할 필요가 없나?

> 세상에 지위가 높은 사람이나 권세가 있는 사람이나 재산이 풍부한 사람이나 학식이 많은 사람은 큰 신심을 발하여 대도에 들기기 어려운데, 그리한 사람으로서 수도에 발심하며 공도에 헌신한다면 그는 전세에 깊은 서원을 세우고 이 세상에 나온 사람이니라.
>
> 『대종경』 신성품 5장

소태산은 이미 지위가 높거나, 권세가 있거나, 재산이 풍부하거나, 학식이 많은 사람들이 성불제중의 서원을 발하기가 어려운 경향이 있음을 파악한 듯하다. 하지만 그렇다고 해서 이런 상황들이 서원을 방해하는 요인이 되어서는 안 될 것이다. 종교를 선택하고 불문에 귀의한다는 것이 마치 여러 가지 역경으로 인해 고통 받고 불행한 사람들에게만 필요한 것이라는 고정관념은 인간의 향상을 가로막는 잘못된 생각이다.

또한 좋은 환경이 도리어 죄업을 짓는 요인이 될 수 있음을 깨닫는다면 좋은 환경에 놓여있다고 해서 성불제중의 서원을 늦추거나 주저하는 일은 없어야 한다. 소태산도 다음과 같이 법문을 하고 있다.

> 이 세상에 아무리 좋은 물질이라도 사용하는 마음이 바르지 못하면 그 물질이 도리어 악용되고 마는 것이며, 아무리 좋은 재주와 박람 박식이라도 그 사용하는 마음이 바르지 못하면 그 재주와 박람 박식이 도리어 공중에 해독을 주게 되는 것이며, 아무리 좋은 환경이라도 그 사용하는 마음이 바

르지 못하면 그 환경이 도리어 죄업을 돕지 아니하는가.

『대종경』 교의품 30장 중에서

현대사회에서 신분제는 거의 사라졌다. 하지만 여전히 신분적 우열은 존재한다고 볼 수 있다. 혹시라도 자신의 환경이 남들보다 우월해서 '귀' 한 대접을 받는 사람이라면 그 환경이 성불제중의 서원을 세우는데 방해가 되지 않는지 성찰해봐야 할 것이다.

천한 신분은 불문에 귀의할 수 없다고 생각하나?

누군가를 '천' 하게 보는 것도 옳지 않고, 자신을 '천' 하게 여기는 것도 큰 잘못이다. 불문에 귀의한다는 것은 '진급의 길' 을 간다는 뜻이다. 자신을 천하다고 생각해서 또는 열악한 환경을 탓하면서 성불의 서원을 포기하거나 뒤로 미루는 선택을 한다면 벗어나고 싶은 상황에서 탈출하기가 더욱 어려워지고 만다. 부처의 가르침은 변화와 진급을 위한 것이다. 혹시 자신을 천하게 여겨서 성불제중의 서원을 뒤로 미루고 있는 것은 아닌지 돌아보아야 한다.

2. '처음으로 불문에 귀의하여'

부처의 가르침을 믿고 따르기로 했나?

진리를 깨달은 석가모니부처의 가르침을 비롯해서 그 법맥을 잇는 부처들의 가르침을 믿고 그 가르침을 따르고 실천하기로 마음을 먹어야 그 때부터 변화가 시작된다. 초심을 발하는 순간이다. 거룩한 한 마음을 먹는 순간이다. 사실 가르침의 내용을 이 단계에서 다 알 수는 없지만 일단 믿고 따르겠다는 다짐의 한 마음을 내는 때이다. 그래야 하지 말라는 계문의 내용도 지킬 수 있는 힘이 나오고 오랜 세월 지속해야 할 신앙과 수행의 원동력도 유지할 수 있다. 대산 종사는 이를 '불지출발'佛地出發이라고 표현했다. 비로소 붓다의 경지를 향해서 첫걸음을 내딛는 것이다.

성불제중의 서원을 세웠나?

소태산은 크게 변한 시대에 맞게 직업을 가지고 세간 생활을 하면서도 성불제중의 서원을 실현할 수 있도록 교법을 짰다. 일이 있건 없건 언제 어디서나 신앙과 수행을 병진하도록 했다. 그래서 성불제중의 서원을 품고 살아가는 삶의 외형은 일견 보통의 삶과 구분하기 힘들 수 있다. 하지만 무형한 마음인 서원의 존재 여부는 삶 전반에 엄청난 변화를 가져온다. 성불제중의 서원은 삶의 지향을 바꾸고 삶 전부를 걸고 매진해야 비로소 실현 가능한 것이기도 하다. 그리고 부처의 인격에 다가가는 만큼 삶의 태도와 내용이 바뀌게 된다.

> 대종사 이 동진화李東震華에게 말씀하시기를 [사람이 세상에 나서 할 일 가운데 큰 일이 둘이 있으니 그 하나는 정법의 스승을 만나서 성불하는 일이요, 그 둘은 대도를 성취한 후에 중생을 건지는 일이라, 이 두 가지 일이 모든 일 가운데 가장 근본이 되고 큰 일이 되나니라.]
>
> 『대종경』 인도품 6장

부처의 가르침을 전하고 행하는 교단의 일원이 되기로 했나?

현실적으로 부처의 깨달음을 구하기 위해 신앙과 수행을 하는 데는 어떤 형태의 교단이나 조직된 단체의 도움을 받지 않을 수 없다. 교단이 가지는 부정적 측면을 강조하는 견해도 적지 않지만, 진리를 전달하고 깨달음을 전하기 위한 수많은 방편들의 집합체를 넓은 의미의 교단이라고 본다면 교단의 존재이유를 부정할 필요는 없다. '성불' 成佛과 '제중' 濟衆 양면에서 적극적으로 교단의 도움을 받을 필요가 있다. 바른 법에 근거한 정법 회상, 건전한 교단이라면 교단의 일원이 되는 것을 주저하지 말아야 할 것이다.

3. '보통급 십계를 받은 사람의 급이요'

계문1 : '연고 없이 살생을 말며,'

괜히 살아있는 동물들을 죽이거나 해치는 행위를 하나?

이런 질문도 자신에게 해본다.

· 괜히 재미로 살생을 하지는 않는가?

· 괜히 재미로 생명체를 괴롭히지는 않는가?

· 피치 못할 상황도 아닌데 생명체들을 죽이지는 않는가?

우주를 관통하는 하나의 진리를 깨달은 모든 부처님들은 우주를 한 집안으로 알고 모든 생명체들을 한 가족과 같이 여겼다. 생명에 대한 외경심을 말하지 않은 부처는 없다. 불보살들은 타인에 대한 아픔을 곧 자신에 대한 아픔으로 받아들인다. 자타의 경계가 사라지는 체험을 하기 때문이다. 이런 경계를 넘어서는 일체의 깨달음과 체험은 타인 또는 다른 동물의 영역을 넘어 식물과 생령의 범위로 확장된다.

그래서 계문에서는 주로 살생의 범위가 '동물' 에 머물지만, 『정전』 「동포보은의 강령」을 보면 '초목 금수도 연고 없이는 꺾고 살생하지 말 것' 이라는 내용이 나오고, 「개교의 동기」에는 '파란고해의 일체 생령을 광대무량한 낙원으로 인도하려 함이 그 동기' 라고 개교의 목적을 밝히는 대목이 나온다. 동물만이 아니라 식물까지, 식물만이 아니라 모든 유무형의 생명체 모두를 자비심으로 대해야 할 대상으로 삼는 것이다.

살생을 금하는 보통급 십계문의 첫번째 조항의 내용은 매우 단순해 보이지만 사상적 배경까지 보면 그 함의가 매우 방대하고 심오함을 알 수 있다.

> 일원상을 신앙의 대상으로 하고 그 진리를 믿어 복락을 구하나니, 일원상의 내역을 말하자면 곧 사은이요, 사은의 내역을 말하자면 곧 우주 만유로서 **천지 만물 허공 법계가 다 부처 아님이 없나니**, 우리는 어느 때 어느 곳이든지 항상 경외심을 놓지 말고 존엄하신 부처님을 대하는 청정한 마음과 경건한 태도로 천만 사물에 응할 것이며, 천만 사물의 당처에 직접 불공하기를 힘써서 현실적으로 복락을 장만할지니, 이를 몰아 말하자면 편협한 신앙을 돌려 원만한 신앙을 만들며, 미신적 신앙을 돌려 사실적 신앙을 하게 한 것이니라.
>
> 『대종경』 교의품 4장

즉, 살생을 하지 않는 이유가 그렇게 간단하지 않은 것이다. '우주 만유' , '천지 만물 허공 법계가 다 부처 아님이 없' 다고 선언한다. 동물과 식물을 넘고 일체 생령의 범위를 넘어서 급기야 우주 만유가 모두 부처라고 하는 신앙 체계를 드러낸 것이다. 그러니 미물 곤충도 해치지 말아야 할 것은 물론이고 '어느 때 어느 곳이든지 항상 경외심을 놓지 말고 존엄하신 부처님을 대하는 청정한 마음과 경건한 태도로 천만 사물에 응' 하는 단계까지 나아가야 하는 것이다. 이런 소태산의 신앙적 사상을 배경으로 이해하며 '연고 없이 살생을 하지 말며' 라는 보통급 첫 계문을 살펴볼 때 이 계문의 중요성을 절감하지 않을 수 없다.

또한 계문은 소극적으로 무언가를 '하지 말라' 는 것이지만 그 계문 안에는 무언가를 '하기 위한' 적극적인 의미가 담겨 있음을 잊지 말아야 한다. 보통급에서는 모든 계문의 깊은 의미까지를 이해하고 지계持戒를 할 수는 없지만 이런 계행들이 하나 둘 쌓여가면서 개인의 성불은 물론 현대 문명의 폐해를 치유하고 새로운 참 문명을 건설해서 우리가 사는 세상을 '광대무량한 낙원' 으로 건설해갈 수 있다는 것을 굳게 믿어야 한다. 소태산이 외친 '물질이 개벽되니 정신을 개벽하자' 는 개교 표어의 메시지도 이런 기본적인 계행의 뒷받침 없이는 실현되기 어렵다.

전 지구적 대량 멸종사태를 종식시키고 전쟁으로 인한 대량살상을 막아내서 자연과 인간이 사이좋게 살아가는 평화로운 세상은 과연 누가 이뤄낼 수 있을까? 불살생의 기본적인 계율을 지키면서 생명에 대한 외경심과 자비심을 키우며 살아가는 사람들만이 할 수 있는 일이다. 이 계문이야말로 인류 보편의 제1계문 이라고 하겠다.

계문2 : '도둑질을 말며,'

자신의 소유가 아닌 것을 훔치는 행위를 하나?

이런 질문도 자신에게 해본다.

· 사소한 공공의 물건을 가져와서 자신의 것으로 삼는가?

· 주인이 없는 물건을 남 모르게 가져와서 자기 소유로 삼는가?

· 주인이 관리하지 않는 물건을 주인 몰래 가져와서 사용하는가?

다른 사람의 것을 허락도 없이 자기 것으로 하는 행위를 하지 말라는 계문이다. 자신의 생존과 안녕을 위해서는 타인의 소유물을 훔치든지 빼앗는 행위가 발생하곤 한다. 범부의 삶은 자칫하면 개인의 소유를 극대화하고 개인의 쾌락을 극대화하는 데 빠져버릴 수 있다. 욕망의 노예가 되기 쉽다. 소태산은 소위 '돈의 병' 에 걸린 사람들이 '물질의 노예 생활' 을 하고 있음을 안타까워한다. 이 계문을 어겼을때 어떤 결과가 올 것인지를 인과보응의 관점에서 깊이 생각해야 한다.

그러면, 지금 세상은 어떠한 병이 들었는가. 첫째는 돈의 병이니, 인생의 온갖 향락과 욕망을 달성함에는 돈이 먼저 필요하다는 것을 알게 된 사람들은 의리나 염치보다 오직 돈이 중하게 되어 이로 인하여 모든 윤기倫氣가 쇠해지고 정의情誼가 상하는 현상이라 이것이 곧 큰 병이며,

『대종경』 교의품 34장 중에서

'모든 사람이 도리어 저 물질의 노예 생활을 면하지 못하게 되었으니, 그 생활에 어찌 파란 고해波瀾苦海가 없으리요.

『정전』 개교의 동기 중에서

계문3 : '간음姦淫을 말며,'

불법적, 부도덕한 성행위를 하나?

이런 질문도 자신에게 해본다.

· 불법 동영상을 구매해서 즐겨보나?

· 성매매를 하나?

· 합법적 배우자 이외의 상대와 성행위를 하나?

소태산은 결혼을 금하거나 비혼을 장려하지 않았다. 기존 불교에서 출가승들이 주로 독신으로 수행한 것과 달리 출가자들의 결혼도 '각자의 원에 맡길 것' 『대종경』 서품 18장이라고 했으니 결혼에 대해서는 개인의 자유의사를 절대적으로 존중한다. 당연히 부부간 성생활에 대해서도 자연스럽게 자유로운 태도를 갖는 것으로 볼 수 있다. 하지만 정상적인 부부관계가 아닌 남녀간의 성행위에 대해서는 계문으로 강력하게 제재를 하고 있다. 이 계문을 범할 경우 자신의 삶이나 상대방의 삶에 어떤 영향이 미칠지를 인과의 이치에 바탕해서 깊이 생각해야 한다.

계문4 : '연고 없이 술을 마시지 말며,'

피치 못할 이유 등 특별한 사정이 없는데도 술을 마시나?

이런 질문도 자신에게 해본다.

· 사회생활 때문에 하는 수 없이 술을 마시나?

· 건강을 해칠 정도로 술을 즐기나?

· 술이 없이는 살지 못할 것 같나?

음주의 폐해를 모르는 사람은 없을 것이다. 하지만 음주 인구는 증가 추세를 보이고 있다. 음주 연령은 낮아지고 남녀간의 구별도 없어지고 있다. 음주로 인한 사회적 비용도 엄청나다. 적당한 음주는 생활의 활력소가 된다는 말을 전면적으로 부정하기 어렵지만 과연 어느 정도의 음주가 적당한 것인지를 정하는 것은 매우 애매한 일이다. 한편 의학적으로는 술을 중독성 있는 약물로 보고 있기도 하는 등 음주에 관한 평가 기준이나 태도는 매우 다양하다.

소태산은 원칙적으로 음주를 금했다. 다만 세간에서의 수행을 중시하다보니 특별한 '연고' 緣故가 있는 경우에 한해서 최소한의 음주를 허용하고 있다. 현재로선 과학적으로 음주가 견성이나 깨달음에 어떤 영향을 미치는지를 측정할 수는 없지만 상식적으로 '취한 정신' 으로 견성과 깨달음을 구한다는 것이 얼마나 이율배반적인지를 아는 것은 어렵지 않다. 깨달음을 구하는 수행자라면 '연고' 라는 부득이한 핑계 거리를 만들기보다는 자꾸 줄여가는 것이 타당하다. 이런 기본적인 지계持戒의 노력이 쌓여서 마음의 힘이 쌓이게 된다는 것을 유념해야 한다.

계문5 : '잡기雜技를 말며,'

도박이나 건전하지 못한 오락으로 시간과 정신을 낭비하나?

이런 질문도 자신에게 해본다.

· 생활의 스트레스를 어떻게 풀고 있는가?

· 틈만 나면 인터넷 게임을 하나?

· 인터넷 게임 등 오락을 하지 않으면 견디기 힘든가?

소태산의 수행은 일상생활 속에서 이뤄진다. 학생은 학교를 다니고 직장인은 직장을 다니면서 수행을 해야 한다. 그래서 「상시응용주의사항」을 보더라도 '노는 시간이 있고 보면 경전·법규 연습하기를 주의할 것', '석반 후 살림에 대한 일이 있으면 다 마치고 잠자기 전 남은 시간이나 또는 새벽에 정신을 수양하기 위하여 염불과 좌선하기를 주의할 것'을 요청하고 있다. 일상적인 생활을 하는 데도 시간이 모자란 상태에서 진리를 탐구하고 성불을 꿈 꾼다는 것이 얼마나 어려운 일인가를 생각해본다면 이런 계문을 지키도록 한 소태산의 의도를 짐작하기 어렵지 않다. 흘러가면 다시 오지 않는 시간의 소중함에 대해 유념해야 할 것이다. 또한 마음을 요란하지 않게 하고 정신을 맑게 해야 할 수행자로서 자극적인 잡기로 마음과 정신을 탁하게 하고 심신의 에너지를 낭비하는 어리석음을 범하지 말아야 한다.

계문6 : '악한 말을 말며,'

악담이나 욕설, 독한 말 등 상처 주는 말을 하나?

이런 질문도 자신에게 해본다.

· 습관적으로 악담이나 욕설을 하고 있나?

· 나의 어떤 말이 상대방에게 상처를 주는지 알고 있나?

· SNS에서 무책임하게 비방이나 거친 말을 하거나 댓글을 쓰지는 않나?

악담을 들은 경험이 있다면 왜 악담을 하지 말아야 하는지를 쉽게 알 수 있을 것이다. 상대방에게 깊은 마음의 상처를 주기 때문이다. 말 한마디의 힘은 상상 이상으로 크다. 요즘 같이 정보화가 급속히 발달하는 환경에서는 말 한마디의 영향력이 점점 더

커지고 있다. 예컨대, SNS에서 댓글 한 줄이 미치는 영향을 생각해보면 말 한마디가 얼마나 심각한 결과를 가져오는지를 쉽게 알 수 있다. 표현의 자유라는 미명 아래 씻을 수 없는 구업口業을 짓지 말아야 한다. 말은 마음의 표현이다. 악한 말을 한다는 것은 이미 악한 마음을 가졌다는 것이다. 늘 마음속을 깊이 살펴보면서 마음공부를 해야 악업을 근본부터 다스릴 수 있다. 악업을 짓지 않아야 비로소 맑은 마음으로 진리에 다가갈 수 있음을 유념해야 한다.

계문7 : '연고 없이 쟁투爭鬪를 말며,'

괜한 일로 사람들과 다투거나 싸우나?

이런 질문도 자신에게 해본다.

· 가급적 싸움을 피하려고 노력하나?

· 툭하면 싸움을 하나?

· 싸워서라도 이겨야 살 수 있다고 생각하는가?

정당방위라면 싸움이라는 수단을 활용하는 것도 용납될 수 있다. 그런 경우가 아니라면 어떤 경우에도 싸우지 않아야 한다. 개인간의 싸움이나 국가 간의 전쟁이나 그 본질은 다르지 않다. 상대를 귀하게 알지 못하기 때문이고 자기 중심적 태도가 싸움 밑바닥에 자리잡고 있다. 범부 중생들은 자칫하면 삶의 전 과정을 '만인의 만인에 대한 투쟁' 으로 채울 수 있다. 불행한 일이다. 마음공부를 한다는 것은 기본적으로 마음의 평화를 찾고 삶의 평화를 구하기 위함이다. 싸움으로 평화를 구할 수는 없다. 겉으로 드러난 싸움을 하지 않는 것도 쉽지 않지만 내면의 평화를 유지하는 일도 결코 쉽지 않다. '온전한' 마음을 챙길 수 있어야 하고 '원래 요란함이 없는' 마음을 유지할 수 있어야 한다. 우선 행위로 드러나는 싸움부터 피하고 점점 내면의 평화를 찾아가도록 공부해야 한다.

계문8 : '공금公金을 범하여 쓰지 말며,'

공금을 사적으로 사용하는가?

이런 질문도 자신에게 해본다.

· 공금이 무엇인지 정확히 알고 있나?

· 아주 소소한 공금은 좀 써도 괜찮다고 생각하나?

· 관리 되지 않는 공금은 내가 써도 된다고 생각하나?

자칫하면 공금公金을 주인 없는 돈으로 여길 수 있다. 그래서 큰 일이 발생한다. 공금이란 주인이 없는 돈이 아니라 주인이 많은 돈이다. 그래서 그 씀씀이에 더욱 신중해야 한다. 주인들의 허락과 동의가 있어야 하기 때문이다. 공금을 유용하면 개인 돈을 유용했을 때보다 그 과보가 더 무거울 수밖에 없다. 직위가 높은 공직자들이 예산에 관한 권한을 행사할 때 자칫하면 그 권한이 왜 주어졌는지를 망각하는 수가 있다. 권한이 많은 공인일수록 투철한 공인 의식으로 공금 집행에 일호의 사심이나 오류가 없도록 유념해야 한다. 고위 공직자의 사심에 물든 공금 집행이 공익을 얼마나 심각하게 훼손했는지를 보여주는 사례는 부지기수이다. 매우 사소한 계문 같아도 사실은 국가, 사회나 모든 조직의 근본을 흔드는 일을 미리 막을 수 있는 중요한 계문이다. 개인적으로도 한 번의 실수로 평생 앞길이 막힐 수 있음을 유념해야 한다.

계문9 : '연고 없이 심교간心交間 금전을 여수與受하지 말며,'

친한 인연에게 돈을 빌리거나 빌려주는가?

이런 질문도 자신에게 해본다.

· 절대로 타인에게 돈을 빌려주지 않나?

· 친구가 돈을 빌려달라는데 응하지 않으면 친구가 아니라고 생각하나?

· 친구가 내게 돈을 빌려주지 않으면 섭섭하거나 화가 나나?

흔히 돈을 빌려주고 받는 관계는 매우 가까운 사이에서 일어난다. '마음을 주고 받는' 심교간에는 서로에 대한 신뢰에 바탕해서 돈을 빌려주고 받는 일이 빈번히 일어나게 된다. 그런데 소태산은 오히려 그런 사이에서 돈 거래를 하지 말라고 한다. 금전 거래로 인해 심교간 관계가 상처받지 않도록 하기 위함이다. 마음을 나누는 인연과의 관계를 은혜롭게 유지하고 싶다면 이 계문을 지킬 필요가 있다. 금전거래로 인해 소중한 인간관계가 훼손되지 않도록 합리적으로 분리하는 지혜가 필요하다. 금융거래는 되도록 금융기관을 활용하고 부득이 가까운 인연들과의 거래시에도 적법절차를 따르도록 해서 불필요한 분쟁의 소지를 줄일 필요가 있다. 잘못된 돈 거래로 오랜 세월 가까운 인연과 갈등을 겪게 된다면 신앙과 수행에 정성을 쏟기가 매우 어려워진다는 점도 유념해야 한다.

계문10 : '연고 없이 담배를 피우지 말라.'

별다른 이유도 없이 담배를 피우는가?

이런 질문도 자신에게 해본다.

· 담배의 폐해를 잘 알고 있나?

· 흡연을 반드시 해야 하는 이유는 무엇인가?

· 전자담배를 피우고 있나?

흡연의 폐해는 이미 전문가들이 많은 연구를 축적한 상태이다. 흡연이 인체에 이롭다는 연구는 찾아보기 어렵다. 긴장의 이완 등 정신 건강을 핑계로 삼을 수는 있겠지만 다른 방법을 찾는 것이 합리적임은 누구나 알고 있다. 그야말로 실행력, 취사력이 필요할 뿐이다. 전문가들은 담배 역시 술처럼 인체에 유해하고 중독성이 있는 '약물'로 간주하고 있다. 그만큼 한 번 습관이 들면 금연하기 어렵다. 흡연이라는 원인이 어떤 결과를 불러 올 것인가를 심사숙고해서 결단력 있게 취사해야 한다. 조금이라도 더 맑은 정신과 신체를 유지해야 마음공부와 보은 활동에 도움이 된다는 사실을 유념해야 한다. 작은 악습들이 큰 성취를 가로막을 수 있다.

기본적인 계문을 지키지 못하면서 수행을 하는 것은
밑 빠진 독에 물을 붓는 것과 같다.
마음대로 되지 않는다.
진리가 알고 있고
자기가 자기를 알기 때문이다.

탁한 삶을 살면서 마음을 맑힐 수는 없다.
요란하게 살면서 고요와 평화를 얻을 수는 없다.
악을 행하면서 정의로운 세상을 바랄 순 없다.
앞뒤가 같아야 한다.

기본은 쉬워서 기본이 아니라
매우 중요해서 기본이라고 한다.
기본적인 계문은 가장 중요하게 지켜야 할 것이다.

부처님과 성현님들의 따뜻한 명령이라고 받아들이자.

불연 맺기

정성과 정성을 다하여 항상 심지가 요란하지 않게 하며, 항상 심지가 어리석지 않게 하며, 항상 심지가 그르지 않게 하고 보면 그 힘으로 지옥 중생이라도 천도할 능력이 생기나니, 부처님의 정법에 한 번 인연을 맺어 주는 것만 하여도 영겁을 통하여 성불할 좋은 종자가 되나니라.

『대종경』 천도품 27장

발심

사자나 범을 잡으러 나선 포수는 꿩이나 토끼를 보아도 함부로 총을 쏘지 아니하나니, 이는 작은 짐승을 잡으려다가 큰 짐승을 놓칠까 저어함이라, 큰 공부에 발심한 사람도 또한 이와 같아서 큰 발심을 이루는 데에 방해가 될까 하여 작은 욕심은 내지 않나니라. 그러므로, 성불을 목적하는 공부인은 세간의 모든 탐착과 애욕을 능히 불고하여야 그 목적을 이룰 것이니 만일 소소한 욕심을 끊지 못하여 큰 서원과 목적에 어긋난다면, 꿩이나 토끼를 잡다가 사자나 범을 놓친 셈이라 그 어찌 애석하지 아니하리요. 그러므로, 나는 큰 발심이 있는 사람은 작은 욕심을 내지 말라 하노라.

『대종경』 수행품 6장

부처가 될 의무와 권리

교도는 입교를 하면서부터 여래가 되고 여래행을 해야 할 의무와 권리가 부여되나니, 이러한 의무와 권리는 진리와 스승과 법과 회상으로부터 누구나 부여받는 바라, 이는 우리 교단이 단전單傳이 아니고 공전共傳의 회상임을 드러내는 것이니라.

『대산종사법어』 법위편 3장

| 특신급-자문자답 |

특신급은 보통급 십계를 일일이 실행하고, 예비 특신급에 승급하여 특신급 십계를 받아 지키며, 우리의 교리와 법규를 대강 이해하며, 모든 사업이나 생각이나 신앙이나 정성이 다른 세상에 흐르지 않는 사람의 급이요,

『정전』「법위등급」 중에서

다음과 같은 핵심 질문들과 응용 질문들에 자문자답하면서 본인의 수행 정도와 마음가짐을 가늠하고 챙겨보기 바란다. 〈자문자답-1〉은 별다른 설명 없이 원문을 문항으로 표기했고, 〈자문자답-2〉는 일반인이 알기 쉽도록 문항을 바꾸고 설명을 덧붙였다.

〈자문자답-1〉 원문 중심 문항

	법마상전급 기준과 십계문	○	×
1	**보통급 십계를 일일이 실행하고, 예비 특신급에 승급하였나?**		
2	**특신급 십계를 받아 지키나?**		
	1. 공중사公衆事를 단독히 처리하지 말며,		
	2. 다른 사람의 과실過失을 말하지 말며,		
	3. 금은 보패 구하는 데 정신을 뺏기지 말며,		
	4. 의복을 빛나게 꾸미지 말며,		
	5. 정당하지 못한 벗을 좇아 놀지 말며,		
	6. 두 사람이 아울러 말하지 말며,		
	7. 신용 없지 말며,		
	8. 비단 같이 꾸미는 말을 하지 말며,		
	9. 연고 없이 때 아닌 때 잠자지 말며,		
	10. 예 아닌 노래 부르고 춤추는 자리에 좇아 놀지 말라.		
3	**우리의 교리와 법규를 대강 이해하나?**		
4	**모든 사업이나 생각이나 신앙이나 정성이 다른 세상에 흐르지 않는가?**		

〈자문자답-2〉 쉽게 풀어 쓴 문항

3급 3위로 짜여진 법위등급 가운데 계문은 세 등급에게만 주어진다. 보통급 10계문, 특신급 10계문, 법마상전급 10계문으로 총 30개의 계문이다. 계문은 반드시 지켜야 할 종교인의 규범이어서 문자 그대로 매우 엄격하게 해석해서 지켜야 한다. 다만, '자문자답-2' 에서는 원불교에 입문하여 교도로서 신앙 수행을 본격적으로 시작하지 않은 이들을 대상으로 계문의 내용과 적용을 쉽게 이해시키기 위해서 원문의 표현을 좀 더 유연하게 바꿔보았다. 그리고 계문과 관련해서 더 생각해보아야 할 내용을 간단한 부가 질문으로 첨부하고 계문의 취지를 필자 나름대로 설명해보았다. 그리고 법위등급 원문에 대해서도 되도록 쉽게 설명을 덧붙여 보았다. 원불교와 소태산을 처음 알게 된 독자들이 자문자답하면서 성불에 이르기 위한 마음공부에 도움이 되기를 바란다.

1. '특신급은 보통급 십계를 일일이 실행하고, 예비 특신급에 승급하여'

보통급 열가지 계문을 '일일이' 다 실행해야 그 다음 단계로 나아갈 수 있다. 자기가 하고 싶은 것, 쉽게 할 수 있는 것만 해서는 특신급으로 나아갈 수 없다. 계문을 엄격하게 지키도록 하고 있다. 그래야 '예비 특신급' 으로 진급할 수 있다.

소태산은 각 법위등급 사이에 '예비' 등급을 두고 있다. 이 단계에서 저 단계로 진급할 때 중간 단계를 둔 것이다. 예컨대 여기서 '예비 특신급' 이란 '보통급' 에서 요구되는 내용들을 완수할 정도의 수행 정도에 이른 사람에게 부여되는 급이다. 보통급 관점에서 보면 더 수행할 것이 없는 단계이고 특신급 관점에서 보면 아직 특신급은 아니지만 특신급으로 진급시키기 위해 부여한 중간 단계인 것이다. 마치 태권도를 배우면 빨간색 띠와 검은 색 띠 사이에 중간 색 띠를 둔 것과 같다고 봐도 되겠다.

「법위등급」을 실제로 수행의 도구로 삼아서 현실에 적용하고 있는 원불교 교단에서는 「법위등급」 원문보다 풍부한 내용을 추가해서 3년마다 '법위사정' 이라는 평가를 실시하고 있다. 원문에서는 이 '예비' 단계가 매우 간략하게 언급되고 있지만 원불교 교단의 행정 실무에서는 매우 세부적인 규정들로 '예비' 법위를 사정하고 있다. 세부 내용 소개는 생략한다.

2. '특신급 십계를 받아 지키며,'

계문1 : '공중사公衆事를 단독히 처리하지 말며,'

함께 논의해서 해야 할 일을 독단적으로 처리하는가?

이런 질문도 자신에게 해본다.

· 공중사의 뜻을 정확히 아는가?

· 내 마음대로 해도 되는 일은 무엇인가?

· 다른 사람들의 의견을 얼마나 적극적으로 경청하는가?

'인간의 마음속에는 독재자가 있다' 는 말이 있다. 마음공부에 도움이 되는 말이다. 자신의 마음을 진리에 맞게 제어하려면 법위등급이 정식 법강항마위 정도는 되어야 한다. 이 계문이 특신급에 있다는 것을 감안한다면 특신급 정도의 수행자들은 아직은 '자신이 자신을 믿지 않아야' 하는 단계이다. 사람들은 흔히 '내 마음대로 할 수 없어서' 고통을 받지만 어쩌면 '마음대로 할 수 없는' 불편함과 번거로움이 자신을 커다란 해악으로부터 지켜준다는 점을 직시할 필요가 있다. 특신급 단계에서는 기본적인 욕망이나 오랜 습관이나 신념, 주견 등에 사로잡혀서 행동할 가능성이 크기 때문이다.

'공중사' 란 '개인사' 가 아니다. 공중사와 개인사는 책임의 소재와 범위가 서로 다르다. 개인사도 신중히 해야 하는데 개인의 권한 밖에 있는 공중사에 임하는 태도는 훨씬 더 신중해야 한다. 의사결정 과정이나 실행 과정에서 공중이 정한 규범이나 관례들을 반드시 따라야 한다. 잘못된 행동의 책임이나 과보도 개인사보다 훨씬 더 크다는 것도 명심해야 한다.

큰 관점에서 보자면 우주 만물 모두가 공물公物이고 우리 모두가 공인公人이다. 법적으로 특정한 공무원만이 공인인 것은 아니라는 말이다. 공심公心있는 사람, 공심으로 사는 사람이 진정한 공인이라는 것을 유념해야 한다. 소태산의 '무아봉공'無我奉公이나 대산의 '대공심大空心 대공심大公心' 법문과 함께 뜻을 궁글려 봄직하다.

계문2 : '다른 사람의 과실過失을 말하지 말며,'

다른 사람의 허물을 흉보고 험담하는가?

이런 질문도 자신에게 해본다.

· 다른 사람의 과실을 말하는 이유는 무엇인가?

· 내가 주로 말하는 대상은 누구인가?

· 다른 사람의 과실을 말한 결과는 어떨 것인가?

특신급에서는 자신을 온전하게 보지 못한다. 하물며 다른 사람을 제대로 평가할 수 있겠는가. 구업을 더할 뿐이다. 감당하지 못할 일을 하는 셈이다. 자신이 신앙과 수행의 길에 들어섰으니 그 길을 가는 데 정성을 다해야 한다. 다른 사람의 허물이 보이지 않아야 한다. 내 허물 찾기에도 바쁘기 때문이다. 자기 공부에 몰입해야 한다.

과실을 범했다고 생각하는 사람의 그럴만한 사정도 고려해봐야 하고 정확한 사실에 근거해서 과실이라고 판단하고 있는지도 재고해야 한다. 섣부른 판단으로 과실 여부를 판단해서 무거운 업을 지을 수 있기 때문이다.

또한 명확한 과실이라고 해도 그 과실을 다른 사람들에게 전파해서 얻을 수 있는 실익이 무엇인지 깊이 헤아려야 한다. '공익 제보' 와 같이 명백한 공익적 목적이 있는 경우가 아니라면 타인의 과실을 여기저기 말해서 얻을 수 있는 유익을 찾기 힘들다. 오히려 과실을 행한 사람의 개선의 의지를 꺾어버리거나 조직의 화합 분위기를 해치고 사기를 저하시키기 쉽다.

계문3 : '금은 보패 구하는 데 정신을 빼기지 말며,'

보석이나 명품 등 사치품 구하는 데 정신이 팔렸나?

이런 질문도 자신에게 해본다.

· 내 분수에 맞는 소비 수준은 무엇일까?

· 정신을 빼앗긴다는 의미는 무엇일까?

· 내 삶의 만족과 행복을 어디서 찾고 있는가?

소위 돈을 버는 경제 활동은 성인이라면 누구나 해야 할 통상적인 일이다. 일부 출가자가 아니라면 직장을 다니거나 사업을 하면서 생계를 유지하는 등의 경제 활동은 매우 자연스러운 일이다. 하지만 '금은보패 구하는 데 정신을 빼앗기' 는 정도의 생활 태도는 문제가 된다. 소태산은 특신급에 대해서 '모든 사업이나 생각이나 신앙이나 정성이 다른 세상에 흐르지 않는 사람의 급' 이라고 했다. 정신을 온통 신앙과 수행에 집중해야 할 때에 금은보패에 정신을 팔린다면 특신급은커녕 성불의 길로 나아가기 힘들다고 본 것이다. 소태산은 성불을 향해 수행하는 이들에게 이런 삶의 태도는 적절치 않다고 본 것이다. 적절한 경제 수준을 유지하면서 정신·육신·물질로 신앙과 수행에 정성을 쏟는 삶이 바람직하다. 인간의 욕망을 끝없이 자극하고 그 욕망의 만족을 행복이라고 착각하도록 하는 물질주의적 문명의 흐름 속에서 과연 성불을 향한 수행자의 삶이 어때야 할지 깊이 고민해야 한다. 성불을 지향하는 수행자라면 자신에게 허락된 시간과 물질적 여유를 어디에 써야 할지 온전한 생각으로 취사해야 한다. 자칫하면 물욕을 추구하느라 진정한 삶의 목적을 뒷전으로 미루기 쉽기 때문이다. 도가에서 왜 '청빈' 이나 '무소유' 를 기본적인 삶의 덕목으로 강조하는지 깊이 새겨보아야 한다. 불문에 입문하면 바로 이런 계문부터 마음에 새기고 실천해야 한다. 그래야 성불을 향해 나아갈 수 있는 원동력을 얻을 수 있다.

계문4 : '의복을 빛나게 꾸미지 말며,'
겉치레 하는데 마음을 빼앗기고 있나?

이런 질문도 자신에게 해본다.
· 옷치장 하는 데 시간을 얼마나 쓰고 있나?
· 옷이나 액세서리 구입에 돈을 얼마나 쓰고 있나?
· 겉모습에 따라 사람을 평가하는가? 그 이유는 무엇인가?

공부를 열심히 하는 학생은 외모에 신경 쓸 시간이 별로 없다. 마음공부를 하는 수행자들도 비슷하다. 시간을 쪼개서 써야 하고 물질과 정신의 씀씀이도 종교 입문 전과는 확연히 달라야 한다. 특신급에서는 신앙과 수행에 대한 간절한 마음이 충만한 때여서 여타의 것에는 별 관심을 기울일 마음의 여유가 없어야 할 단계이다. 소태산은 수행자의 분수에 맞는 의·식·주 생활에 대해 언급한 바 있다. 이 계문과 관련해서 참고할 내용이다. '과거에는 부처님께서 모든 출가 수행자에게 잘 입으려는 것과 잘 먹으려는 것과 잘 거처하려는 것과 세상 낙을 즐기려는 것들을 다 엄중히 말리시고 세상 낙에 욕심이 나면 오직 심신을 적적하게 만드는 것으로만 낙을 삼으라 하시었으나, 나는 가르치기를 그대들은 정당한 일을 부지런히 하고 분수에 맞게 의·식·주도 수용하며, 피로의 회복을 위하여 때로는 소창도 하라 하노니, 인지가 발달되고 생활이 향상되는 이 시대에 어찌 좁은 법만으로 교화를 할 수 있으리요. 마땅히 원융圓融한 불법으로 개인·가정·사회·국가·세계에 두루 활용되게 하여야 할 것이니 이것이 내 법의 주체이니라.'
『대종경』 교의품 33장

계문5 : '정당하지 못한 벗을 좇아 놀지 말며,'
마음공부에 방해가 되는 친구와 어울려 놀지 않나?

이런 질문도 자신에게 해본다.

· '정당한 벗' 의 기준은 무엇일까?
· 내가 만나는 사람들은 어떤 사람들인가?
· 벗이나 사람들을 만나는 목적은 무엇인가?

부모와 형제들을 선택해서 만날 수는 없다. 혈연이기 때문이다. 하지만 친구는 다르다. 나에게 또는 서로에게 큰 영향을 주고받는 인연이니 신중하게 만남을 이어가야 한다. 서로가 진급하는 쪽으로 선한 영향을 주고받는지 강급하는 쪽으로 악한 영향을 주고받는지를 깊게 살펴봐야 한다. 인연이 소중하다는 말은 사람과의 만남이 삶에 가장 큰 영향을 미치기 때문이 아닐까? 어떤 인연을 만나야 성불에 도움이 될지를 생각해보아야 한다. 마음의 힘이 약할수록 타인의 영향을 크게 받는다. 법위등급이 낮을수록 인연을 선택해서 만나야 한다. 마음의 힘을 충분히 갖춘 다음에는 임의로 여러 인연과의 만남을 해도 인격 형성에 별다른 영향을 받지 않을 수 있다. 특신급 정도에서는 인연 선택에 방어적일 필요가 있다. '정당하지 못한 벗' 을 만나는 것도 신중해야 하는데 하물며 '좇아서 놀' 면서 시간을 낭비하거나 좋지 않은 영향을 받을 필요는 없다. 모든 만남이 서로 성장을 위해서 순기능을 하도록 할 일이다. 이왕이면 서로에게 '정당한 벗' 이 되도록 노력해야 하고 함께하는 시간도 보람 있게 사용해야 한다.

계문6 : '두 사람이 아울러 말하지 말며,'
상대방이 말을 하는 중간에 내 말을 하는가?

이런 질문도 자신에게 해본다.

· 상대방의 말을 잘 경청하는 편인가?
· 상대방이 말하는 동안 무슨 생각을 하나?
· 내가 말하는 중에 상대방이 말을 하면 어떤 느낌이 드나?

상대방의 말을 중간에 끊는다면 상대방은 하고 싶은 말을 다 하지 못하는 답답함과 아울러 충분히 존중받지 못하고 있다는 감정을 느끼게 된다. 소통의 과정에서 주고받는 것은 기본적으로 정보와 감정이라고 할 수 있다. 그런데 중간에 말이 끊겨지면 정보도 제대로 전달되지 못하고 감정의 교감도 어렵게 된다. 이런 행동이 반복되면 대화의 질은 점점 낮아져서 대화의 목적을 상실하게 된다. 대화 이전보다 대화 이후의 마음 상태가 나빠질 수 있다. 처처불상處處佛像 사사불공事事佛供을 대화 장면에 대입해서 상대의 이야기를 부처님의 말씀이라고 여긴다면 '경청' 하는 태도와 습관에 도움이 된다. 상대방이 이야기를 할 때는 온전히 집중해서 경청하고 상대방의 말이 끝난 다음에 차분하게 자신의 이야기를 하도록 해야 한다. 이런 심신작용들이 단순히 대화 기법이나 예절로서 행해지는 데 그치지 않고 무시선無時禪이 되도록 한다면 계문의 진정한 목적을 실현함은 물론이고 수행의 단계를 높이는 데도 큰 도움이 될 것이다.

계문7 : '신용 없지 말며,'

스스로 약속한 것을 어기지 않는가?

이런 질문도 자신에게 해본다.

· 내가 가장 잘 못 지키는 약속은 무엇인가?

· 신용을 잃는 이유는 무엇인가?

· 나의 신용도를 점수로 매긴다면 몇 점일까?

성인들은 자신의 말에 목숨을 건다. 그들의 말은 진리를 대신하기 때문에 목숨을 구걸해서 말을 바꾸거나 진리를 욕보이지 않는다. 석가모니나 공자, 예수가 신용을 어겼다는 말을 듣지 못했다. 그들은 말을 무겁게 했고 한 말은 반드시 지켰다. 상대방과의 약속을 지키지 않을 때는 한 사람과의 신용을 어기는 것이 아니라 '자신' 과 '상대방' 이라는 두 존재에게 신용을 어기는 것이 된다. 자신과의 약속이 깨진 다음에 상대방과의 약속이 깨지기 때문이다. 신앙과 수행의 기초에는 '믿음' , '신용' 이 자리하고 있다. 특히 특신급에서는 말 그대로 '특신' 特信, 즉 '특별한 믿음' 이 필요한 때이다. 소태산은 '신이 없는 공부는 마치 죽은 나무에 거름하는 것과 같아서 마침내 결과를 보지 못하나니라' 『대종경』 신성품 7장라고 했다. 작은 신용부터 지키는 습관을 들이면서 마음의 힘을 키우고 믿음의 그릇을 키워나가야 한다.

계문8 : '비단 같이 꾸미는 말을 하지 말며,'
비단처럼 화려한 감언이설로 남을 속이지 않는가?

이런 질문도 자신에게 해본다.

· 어떤 경우에 꾸미는 말을 하게 되나?
· 꾸며서 말을 하는 이유가 무엇인가?
· 있는 그대로를 말하기 어려운 이유는 무엇인가?

계문에는 '구업' 口業에 관련된 내용이 많다. 특신급에도 3개나 있다. 보통급의 구업 관련 계문보다 좀 더 생각할 것이 많은 내용이다. '비단 같이 꾸미는 말' 을 하는 사람들은 누구인지, 왜 그런 말을 하는 지를 생각해보면 이 계문의 취지를 알 수 있다. 적극적인 거짓말은 아니어도 누군가의 마음을 사려고 하는 꾸며진 말은 일종의 거짓말이 될 수 있다. 같은 물건인데 포장을 화려하게 해서 훨씬 비싸게 판매하는 것과 비슷하다. 특신급이라면 진리에 대한 특별한 믿음을 굳게 하는 단계다. '비단같이 꾸미는' 마음이 드는 순간부터 진리에 어긋나게 되고 진실되지 못한 심신작용을 하는 셈이니 수행자로서 반드시 삼갈 일이다. 공부인이라면 말을 '꾸미려는' 의도가 발할 때부터 자신의 마음을 깊이 성찰해야 한다. 특신급부터는 언어생활을 사실적으로 담백하게 해서 말하는 행위도 수행이 되도록 해야 한다. 사회적으로도 겉과 속이 다른 말들이나 겉만 번지르르한 말들이 얼마나 많은 부작용을 낳고 있는지를 본다면 이 계문의 가치를 더 크게 느낄 수 있다.

계문9 : '연고 없이 때 아닌 때 잠자지 말며,'
잠 잘 시간이 아닌데 괜히 잠을 자는 것 아닌가?

이런 질문도 자신에게 해본다.
· 때 아닌 때 잠자는 이유는 무엇인가?
· 어떤 생활 습관을 고쳐야 할까?
· 하루의 시간 활용에 문제는 없는가?

성불을 꿈꾸는 수행자라면 촌음을 아껴써야 한다. 시간의 낭비보다 큰 낭비는 없다. 소태산은 충분한 수면까지 제한하지는 않는다. 잠잘 때 잘 자고, 삼시 세 끼를 먹을 때는 잘 먹고, 공부할 시간에는 공부를 열심히 하고, 보은을 할 때는 일심으로 보은하도록 했다. 여기서 잠을 금하는 이유는 적절하게 심신을 통제하지 못하는 수행자들에게 지침을 주기 위한 목적이다. 잠을 충분히 자고도 별다른 이유도 없이 낮에 잠을 자는 게으른 습관을 경계하려는 것이다. 생체 리듬의 면에서도 필요 이상의 잠은 건강에도 도움이 되지 않는다. 수면에 대한 기준은 개인마다 다를 수 있겠지만 게으른 마음에서 비롯되는 불필요한 잠은 절제해야 한다. 물론 '연고' 를 붙였기 때문에 건강상의 문제나 특별한 사정으로 인해서 잠을 자야 할 때는 예외로 하면 될 것이다.

계문10 : '예 아닌 노래 부르고 춤추는 자리에 좇아 놀지 말라.'
예법을 문란하게 하는 유흥가에서 가무방탕하지 않는가?

이런 질문도 자신에게 해본다.
· 예의에 맞지 않는 가무歌舞를 하는 자리가 어떤 자리인지 아는가?
· 그런 가무를 즐긴 다음에 느낌이 어떤가?
· 그런 가무의 득과 실은 무엇인가?

노래를 해도 되고 춤을 추어도 되는 자리가 있다. 서로의 예의를 지켜가면서 즐거운 마음을 교감하기 위해 노래하고 춤을 춰도 되는 자리가 있다. 누군가의 축하 잔치와 같이 화합을 도모하고 이를 위해서 흥을 돋워야 하는 경우이다. 반대로 사람들의 눈을 피해가면서 쾌락과 환락만을 위한 자리는 반드시 피해야 한다. 진급進級의 길이 아니라 강급降級의 길이기 때문이다. 깨달음을 얻거나 인격을 향상하는데 도움이 될지 말지를 생각한다면 그 자리에서 춤추고 노래하며 즐겨도 될지 말지를 쉽게 판단할 수 있을 것이다. 자신을 학교 공부하는 학생과 같이 불지를 향해 가는 '공부인' 이라고 생각한다면 어떤 장소에서 어떤 시간을 보내야 할 것인지 답을 쉽게 얻을 수 있을 것이다.

3. '우리의 교리와 법규를 대강 이해하며,'

여기서 '우리의 교리와 법규' 란 소태산의 가르침이 담긴 교리와 법규를 의미한다. 현재 시점에서 말하자면 원불교의 주요 경전인 『정전』, 『대종경』, 『불조요경』, 『정산종사법어』, 『예전』, 『원불교교사』, 『성가』, 『세전』, 『교헌』과 최근에 발간된 『대산종사법어』에 대한 학습을 통해서 '대강' 을 '이해' 하는 정도가 되도록 노력해야 한다. '교리' 가 주로 '대소유무' 의 이치를 밝힌 것이라면 '법규' 는 교단 구성원들의 삶의 '시비이해' 를 밝혀놓은 것이라고 이해할 수 있다.

어느 정도가 '대강 이해' 인지를 정의하기는 쉽지 않다. 교리와 법규의 전체적인 의미와 주된 내용에 대한 이해를 하는 정도라고 보면 될 듯하다. 특신급에서는 누군가를 지도하는 단계가 아니기 때문에 본인이 공부길을 잡을 수 있는 정도의 교리이해 수준이라고 해석할 수 있다.

'교리와 법규의 대강을 이해' 한다는 것이 특신급에서 매우 중요한 것은 성불을 향해서 인격 완성을 해나가는 과정에서 인격의 기초 또는 축을 세우는 데 매우 긴요하기 때문이다. 교리와 법규의 대강을 이해하지 못하면 교리와 법규에서 요구하는 내용을 이해할 수 없고 교리와 법규를 실천할 수도 없다. 그렇다면 소태산이 목적으로 하는 부처의 인격을 이루기도 요원해진다. 건축으로 비유하자면 기본 설계도는 읽을 줄 알아야 큰 잘못 없이 설계자의 의도대로 건축을 할 수 있는 것과 같다. 부처의 인격 완성을 위한 설계도가 바로 소태산의 교리와 법규라고 할 수 있다.

4. '모든 사업이나 생각이나 신앙이나 정성이 다른 세상에 흐르지 않는 사람의 급이요,'

특신급에서는 모든 관심사나 심신작용이나 하는 일들이 모두 신앙과 수행에 초점이 맞춰져야 한다. 이 책의 주제에 맞춰본다면 몸과 마음이 온통 견성과 성불에 초점 맞춰져 있어야 한다고 할 수 있다. 예컨대 명예와 부에 대한 추구가 궁극적 목적이거나 모든 것에 우선인 사람이라면 '특신급' 이 될 수 없다. '다른 세상에 흐르는 사람' 이라고 할 수 있기 때문이다. 물론 신앙과 수행의 넓이와 깊이는 한량이 없어서 신앙과 수행의 공덕으로 더 많은 명예와 부를 얻을 수도 있겠지만 그것은 부수적인 결과라고 할 수 있다. 특신급에서는 여러 가지로 분산되기 쉬운 '사업' , '생각' , '신앙' , '정성' 을 신앙과 수행, '이 공부 이 사업' 에 집중해야 하는 단계이다. 기본에 충실해야 하는 단계인 것이다.

신信

봄 바람은 사私가 없이 평등하게 불어 주지마는 산 나무라야 그 기운을 받아 자라고, 성현들은 사가 없이 평등하게 법을 설하여 주지마는 신 있는 사람이라야 그 법을 오롯이 받아 갈 수 있나니라.

『대종경』 신성품 11장

법을 담는 그릇

도가에서 공부인의 신성을 먼저 보는 것은 신信이 곧 법을 담는 그릇이 되고, 모든 의두를 해결하는 원동력이 되며, 모든 계율을 지키는 근본이 되기 때문이니, 신이 없는 공부는 마치 죽은 나무에 거름하는 것과 같아서 마침내 결과를 보지 못하나니라. 그러므로, 그대들도 먼저 독실한 신을 세워야 자신을 제도하게 될 것이며, 남을 가르치는 데에도 신 없는 사람에게 신심 나게 하는 것이 첫째 가는 공덕이 되나니라.

『대종경』 신성품 7장

곧바로 여래위

정식 특신급은 무엇으로도 바뀌지 않을 굳은 신심이 세워져 입지가 된 때니, 마음 가운데 천하에 더할 것 없는 재미를 느껴야 그 힘으로 일생을 살아갈 수 있느니라. 특히 정식 특신급 중에는 처음 발심한 그 마음이 문득 정각을 이루기도 하므로, 최초의 한 마음이 곧바로 여래위에 들어가는 근기도 있느니라.

『대산종사법어』 법위편 14장

천지의 대운

주세主世의 성인들은 천지의 대운을 타고 나오는지라, 중생들이 그 성인과 그 회상에 정성을 다 바치며 서원을 올리면 그 서원이 빨리 이루어지고, 그 반면에 불경하거나 훼방하면 죄벌이 또한 크게 미치나니, 다만 그 한 분뿐 아니라, 그러한 분과 심법心法이 완전히 합치된 사람도 그 위력이 또한 다름 없나니라.

『대종경』 신성품 19장

부처님, 성현님들이 하지 말라고 하면 하지 않는 게 좋다.
하라고 하면 하는 게 이롭다.
부모와 같은 자비심으로 하는 말이기 때문이다.
부모의 참뜻을 알려면 자식이 철이 들어야 한다.
그래야 비로소 '부모님이 그래서 그러셨구나'한다.
견성과 깨달음이란 게 철드는 것과 비슷하다.

철이 들어야 한다.
그래야 제불諸佛 제성諸聖의 마음을 안다.
그렇지 않은 단계라면, 믿음으로 따라야 한다.
그래야 큰 후회가 없다.
그래야 내일의 기약도 있다.

| 법마상전급-자문자답 |

법마상전급法魔相戰級은
보통급 십계와 특신급 십계를 일일이 실행하고
예비 법마상전급에 승급하여
법마상전급 십계를 받아 지키며,
법과 마를 일일이 분석하고
우리의 경전 해석에 과히 착오가 없으며,
천만 경계 중에서 사심을 제거하는 데 재미를 붙이고
무관사無關事에 동하지 않으며,
법마상전의 뜻을 알아 법마상전을 하되
인생의 요도와 공부의 요도에 대기사大忌事는 아니하고,
세밀한 일이라도 반수 이상 법의 승勝을 얻는 사람의 급이요,

『정전』 법위등급 중에서

다음과 같은 핵심 질문들과 응용 질문들에 자문자답하면서 본인의 수행 정도와 마음가짐을 가늠하고 챙겨보기 바란다. 〈자문자답-1〉은 별다른 설명 없이 원문을 문항으로 표기했고, 〈자문자답-2〉는 일반인이 알기 쉽도록 문항을 바꾸고 설명을 덧붙였다.

〈자문자답-1〉 원문 중심 문항

	법마상전급 기준과 십계문	○	×
1	보통급 십계와 특신급 십계를 일일이 실행하고 예비 법마상전급에 승급하였는가?		
2	법마상전급 기준과 십계문		
	법마상전급 십계를 받아 지키는가?		
	계문1. 아만심我慢心을 내지 말며,		
	계문2. 두 아내를 거느리지 말며,		
	계문3. 연고 없이 사육四肉을 먹지 말며,		
	계문4. 나태懶怠하지 말며,		
	계문5. 한 입으로 두 말 하지 말며,		
	계문6. 망녕된 말을 하지 말며,		
	계문7. 시기심猜忌心을 내지 말며,		
	계문8. 탐심貪心을 내지 말며,		
	계문9. 진심瞋心을 내지 말며,		
	계문10. 치심痴心을 내지 말라.		
3	법法과 마魔를 일일이 분석하나?		
4	우리의 경전 해석에 과히 착오가 없나?		
5	천만 경계 중에서 사심을 제거하는 데 재미를 붙이고 있나?		
6	무관사無關事에 동하지 않나?		
7	법마상전法魔相戰의 뜻을 알아 법마상전을 하나?		
8	인생의 요도와 공부의 요도에 대기사大忌事는 하지 않나?		
9	세밀한 일이라도 반수 이상 법의 승勝을 얻는가?		

〈자문자답-2〉 쉽게 풀어 쓴 문항

3급 3위로 짜여진 법위등급 가운데 계문은 세 등급에게만 주어진다. 보통급 10계문, 특신급 10계문, 법마상전급 10계문으로 총 30개의 계문이다. 계문은 반드시 지켜야 할 종교적 규범이어서 문자 그대로 매우 엄격하게 해석해서 지켜야 한다. 다만, 〈자문자답-2〉에서는 원불교에 입문하여 교도로서 신앙 수행을 본격적으로 시작하지 않은 이들을 대상으로 계문의 내용과 적용을 쉽게 이해하도록 원문의 표현을좀 더 유연하게 바꿔보았다. 그리고 계문과 관련해서 더 생각해보아야 할 내용을 간단한 부가 질문으로 첨부하고 계문의 취지를 필자 나름대로 설명해보았다. 그리고 법위등급 원문에 대해서도 되도록 쉽게 설명을 덧붙여보았다. 원불교와 소태산을 처음 알게 된 독자들이 자문자답하면서 성불에 이르기 위한 마음공부를 하는 데 도움이 되기를 바란다.

1. '법마상전급은 보통급 십계와 특신급 십계를 일일이 실행하고 예비 법마상전급에 승급하여'

이십계문을 잘 지키고 특별히 굳은 믿음으로 신앙 · 수행하고 있나?

특신급 십계를 지키는 데도 예외 없이 '일일이' 다 지켜야 한다는 말이다. 그래야 '예비 법마상전급' 으로 나아갈 수 있다. 그렇지 못하면 소위 '예선 탈락' 이다. 특신급에 더 머물러야 한다. 소태산이 성불의 과정에서 계문을 얼마나 비중 있게 여겼는지를 알 수 있다. 혹시 더 쉽고 더 빠른 성불의 길이 있는지 모르겠으나 적어도 '소태산' 에 있어서는 이 같은 계문 지키기를 건너뛰고 갈 수 있는 성불의 다른 길은 없다.

2. '법마상전급 십계를 받아 지키며,'

계문1 : '아만심我慢心을 내지 말며,'

스스로 잘난 체하여 남을 가볍게 여기고 업신여기는 마음이 없나?

이런 질문도 자신에게 해본다.

· 아만심을 내는 속 깊은 이유는 무엇인가?

· 언제 아만심을 자주 내는가?

· 아만심으로 얻을 수 있는 것이 무엇인가?

아만심我慢心은 '자기 스스로 잘난 체하고 높은 체하여 남을 가볍게 여기고 업신여기는 마음. 아상我相과 교만으로 가득찬 마음.' 『원불교대사전』이다. 보통급과 특신급을 거쳐서 법마상전급에 진급하면 기초적인 마음공부가 아니라 소위 '속 깊은 마음공부' 를 해야 한다. 자신의 마음을 깊게 보고 그 안에서 공부 거리를 찾아내지 못한다면 '법마상전' 을 할 수 없기 때문이다.

대산大山은 법마상전급에 대해서 '지극한 서원과 지극한 정성으로 속 깊은 마음공부를 하는 급으로 정과 사, 법과 마가 서로 싸우는 단계니 이때는 특히 중근의 고비를 조심하여 마음의 등불을 안으로 비추는 데 힘써야 하느니라.' 『대산종사법어』 법위편 5장라고 설한 바 있다. 자성 광명, 마음의 등불을 내면으로 비추는 '회광반조' 廻光返照를 하지 못하면 마음 속 깊이 숨어 있는 '아만심' 을 발견하기가 쉽지 않다. 법마상전급 10계문 가운데 '아상' 我相과 깊게 연결된 '아만심' 조목이 첫 번째 계문인 것은 의미심장하다. 아상을 없애는 공부가 마음공부의 기본이고 핵심이다.

계문2 : '두 아내를 거느리지 말며,'

한 사람의 배우자에 충실하지 않고 첩을 두거나 첩이 되었나?

이런 질문도 자신에게 해본다.

· 배우자를 깊게 사랑하고 경외심으로 대하는가?

· 배우자 이외의 다른 상대에게 마음을 주는 이유는 무엇인가?

· 두 배우자와의 관계가 어떤 결과를 가져올지 생각해보았나?

경제적 풍요를 이루고 시간적 여유가 있는 사람들은 소위 '두 집 살림' 을 하는 경우가 있다. 남성 중심 사회이기 때문에 대개는 남자들이 자신의 배우자에 만족하지 못하고 다른 여성을 '첩' 으로 두는 경우가 많다. 원불교 출현의 역사적 배경이 된 조선시대 말의 상황을 보면 이 계문의 탄생 배경을 이해하기가 한결 쉬울 수 있다. 첩실을 둠으로 인해서 적자嫡子와 서자庶子의 신분적 차별이 발생하는 등 두 아내를 거느림으로 인해서 생기는 가정 내의 갈등과 사회적 폐단이 극심했기 때문이다.

소태산은 계문 무용론을 말하는 사람에게 '다른 곳에 큰 영향이 미칠 것은 생각지 아니하는가.'『대종경』 교의품25장라고 계문의 사회적 기능을 강조했다. '두 아내를 거느리지 말라' 는 이 계문 역시 사회적 영향까지 고려해서 해석할 필요가 있다. 예컨대, 사막지대 등 척박한 환경에서 오래도록 생활해온 공동체 가운데는 일부다처제를 문화적 전통으로 삼는 경우가 있는데 이런 데서는 자력이 없고 보호가 필요한 복수의 여성을 배우자로 삼아서 공동체를 유지하기도 한다. 이런 특별한 경우까지 이 계문을 일률적으로 적용해야 할지는 해석의 여지가 있다.

이런 경우를 제외한다면 일부일처제를 전제로 한 현대 사회 대부분의 공동체에서는 이 계문을 준수하도록 해야 한다. 더구나 '법마상전급' 의 계문이기에 이 계문의 깊은 의미를 생각하면서 계문을 지켜야 할 것이다. 두 배우자와 두 집 살림을 하면서 과연 성불의 길을 가는 데 정신·육신·물질적으로 정성을 오롯이 쏟을 수 있을 것인지를 깊이 생각해본다면 이 계문의 의미가 새롭게 다가올 것이다.

계문3 : '연고 없이 사육四肉을 먹지 말며,'

특별한 이유 없이 육식(네발 달린 가축 위주)을 하고 있나?

이런 질문도 자신에게 해본다.

· 사육을 즐긴다면 그 이유가 무엇인가?
· 사육을 먹을 때의 마음가짐이 어떤가?
· 육식의 인과관계를 깊이 생각해보았나?

인간이란 '영'靈과 '육'肉의 결합체이다. 인간은 오래도록 잡식동물로서 살아왔고 육식을 통해서 영양을 섭취하면서 진화해왔다. 의도적으로 육식을 전혀 하지 않는 경우는 종교적 이유 말고는 거의 없었다고 볼 수 있다. 소태산은 일단 육식 자체를 전면적으로 금하지 않았다. 네 발 달린 동물의 육식을 계문으로 금하고 있는데 이 마저도 '연고'緣故를 붙여서 생활 종교로서의 융통성을 두고 있다. 실생활에서 일단 소, 돼지 등 네 발 달린 짐승들의 육식을 금하고 조류나 물고기 등으로 대체를 하면 되지만 30계문의 취지에 비춰본다면 모든 육식에 대한 절제를 권하고 있는 것은 분명하다. 이 계문은 기본적으로 '살생'殺生을 금하는 교리와 계문에서 파생된 것이기 때문이다.

살생을 금하는 계문 정신과 모든 존재에 대한 경외심을 강조하는 처처불상의 교리 정신에 입각해서 현대 사회의 육식肉食 문화를 성찰할 필요가 있다. 현재와 같은 과도한 육식이 가져오는 환경 파괴와 여타 부정적 영향에 대한 우리 인류의 새로운 자각이 매우 시급하다. 탐욕적으로 육식을 즐기고 있는 육식 문화가 우리 삶에 어떤 결과를 가져올지 깊은 성찰과 연구가 필요하고 새로운 식생활 문화를 만들어나가는 노력도 필요하다.

더구나 '성불'의 관점에서 육식을 깊게 살펴볼 필요가 있다. 소태산은 「개교의 동기」에서 새로운 회상의 태동 목적을 '파란고해의 일체 생령을 광대무량한 낙원으로 인도하려 함이 그 동기'라고 밝혔다. 소위 구원의 대상을 '사람'에 한정하지 않고 '일체 생령'이라고 했다. 사람을 포함한 모든 생명체 그리고 영적 존재들까지 구원하고자 한 것이다. 이런 관점에서 보자면 살아 있는 생명체들의 생명을 빼앗아 음식으로 섭취하는 행위의 의미를 다시 생각할 수밖에 없다. 또한 살생을 하고 육식을 하면서 짓게 되는 업業에 대해서도 심사숙고해야만 한다. 먹고 먹히는 존재 사이에서 인과의 이치에 따라 끝없이 계속될 업의 순환에 대한 성찰이 필요하다. 「법위등급」 '대각여래위' 조항의 '대자대비로 일체 생령을 제도하되 만능이 겸비하며' 라는 내용을 이 계문과 관련해서 심사숙고할 필요가 있다.

계문4 : '나태懶怠하지 말며,'

하기 싫은 마음때문에 해야 할 일을 뒤로 미루지 않나?

이런 질문도 자신에게 해본다.

· 대체로 무엇을 하고 싶고 무엇을 하고 싶지 않나?

· 하기 싫은 마음이 나는 이유는 무엇인가?

· 게으름을 이겨내고 해야 할 무언가가 있나?

'나태' 懶怠란 '행동, 성격 따위가 느리고 게으름.'『네이버-표준국어대사전』을 의미한다. 이 계문이 '법마상전급' 에 있는 걸 고려하면 '나태' 를 유발하는 '나태심' 을 발견하고 그 뿌리까지 제거하는 마음공부가 필요하다고 할 수 있다. '게으르지 말자' , '부지런 하자' 라는 다짐은 어린아이도 하는 것이기 때문이다. 사람의 심신작용은 '하고 싶은 것' 과 '하기 싫은 것' 으로 나눌 수 있다. 그런데 문제는 '하고 싶은 것' 이 인격의 성장이나 법위의 진급으로 연계되지 않는 수가 많다는 것이다. 예컨대, 틈만 나면 누워서 쉬고 싶은 마음을 제어하지 못한다면 그 결과가 어떻게 될 것인가? 반대로 '공부를 해야지, 해야지' 하면서도 실행하지 못한다면 그 결과는 어떻게 될 것인가?

법마상전급에서는 통상적인 외부적 잣대로 나태의 기준을 정해서 실천하려는 공부단계를 넘어서야 한다. 무언가를 해야 하는데 하고 싶지 않은 마음이 일어날 때 그 마음을 세밀하게 알아채야 한다. 그리고 그 깊은 원인을 알아내야 한다. 그렇지 않으면 계문 공부가 겉핥기에 그칠 수 있다. 그렇게 해서는 법마상전급에서 해야 할 '법과 마를 일일이 분석' 하는 공부를 제대로 할 수 없다. '나태' 의 정도는 사람마다 다르고 그 기준은 각자의 마음 안에서 제대로 세워져야 한다.

붓다 석가모니는 마지막 법문으로 '불방일' 不放逸의 가르침을 남겼다. '방일' 放逸이란

'제멋대로 거리낌 없이 방탕하게 놂'『네이버-표준국어대사전』인데 결국은 마음을 챙기지 못하고 방심해서 게으르게 살지 말라는 말씀이다. 성불에 이르는 공부를 한다고 거문고의 줄을 너무 조이듯 긴장해서 살아도 문제이지만 게으르게 생활하면서 성불을 꿈꾸는 것은 그야말로 어불성설이다.

계문5 : '한 입으로 두 말 하지 말며,'

거짓말을 하지 않나?

이런 질문도 자신에게 해본다.

· 자신이 하는 말을 다 기억하고 있나?

· 앞뒤가 다른 말을 해서 얻고자 하는 것이 무엇인가?

· 한 입으로 두 말하는 마음 속 이유는 무엇인가?

'양쪽에 다니며 상대방에게 서로 다른 두 가지 말로 이간질하여 싸움을 붙이는 것'『원불교대사전』을 의미하며 불교의 열 가지 악업 가운데 하나인 '양설' 兩舌과 비슷한 계문이다. 하지만 거기에 구애받지 않고 '한 입으로 두 말 하지 말며' 라는 표현 그대로 넓게 해석하는 것이 낫다고 본다. 한 가지 일에 대해서 '이렇게' 말했다가 나중에는 '저렇게' 바꿔서 말하지 말라는 것이다.

이 계문은 특신급 계문 7조 '신용 없지 말며' 라는 내용과 같은 범주에 있다고 할 수 있다. 언어생활에서의 신용을 지키라는 의미이기 때문이다. 법마상전급에서 요구되는 세밀하고 속 깊은 마음공부로 이 계문을 보자면 일단 자신이 누구에게 어떤 말을 어떻게 했는지, 하고 있는지를 늘 알아차리고 있어야 한다고 할 수 있다. 그렇지 못하다면 어떻게 자신이 한 입으로 두 말을 하고 있는지를 평가할 수 있겠는가. 자신의 모든 심신작용을 '유념' 할 수 있는 정도의 공부인에게 요구할 수 있는 계문인 것이다.

일단 자신이 '한 입으로 두 말' 을 하고 있는지는 당연히 알아차리고 있어야 하고 그 다음에는 자신이 왜 그런 심신작용을 하고 있는지를 알아차려야 한다. 어떤 때는 이익에 눈이 멀어서 그럴 경우도 있을 것이고, 다른 때는 책임을 모면하기 위해서 그럴 경우도 있을 것이다. 모든 경계마다 마음을 알아차려야 마음을 제대로 챙길 수 있고 그래야 바른 심신작용을 할 수 있다. 이런 과정이 치열하고 세밀하게 진행되어야 법마상전급 수행자다운 공부를 할 수 있고 이런 과정 전체가 수행자의 깨달음과 성불의 밑거름이 된다. '내가 지금 한 입으로 두 말을 하는구나' 라고 '알아차리는 그 한 마음' 까지 깨달아야 성리에 바탕한 마음공부를 하는 것이라고 할 수 있다.

계문6 : '망녕된 말을 하지 말며,'
때와 장소에 맞지 않는 격이 없는 말을 하지 않는가?

이런 질문도 자신에게 해본다.

· 예의에 어긋난 말을 하고 있지는 않나?

· 나는 때와 장소에 적절한 말을 하고 있는가?

· 상대방이 내 말을 어떻게 받아들이는지 생각하면서 말을 하는가?

욕설이나 지나치게 거친 말, 모욕적인 말 등은 법마상전급 이전에 이미 걸러내야 할 말들이다. 속 깊은 마음공부를 하는 단계에서는 겉으로는 크게 잘못된 것 같이 보이지 않지만 상황적으로나 내용적으로 문제가 되는 말을 하지 말라는 뜻이 이 계문에 담겼다고 본다. '망녕' 이란 말을 요즘엔 '망령' 妄靈이라고 하는데 '망령되다' 의 뜻은 '늙거나 정신이 흐려서 말이나 행동이 정상을 벗어난 데가 있다.' 『네이버-표준국어대사전』라고 한다. 하지만 계문의 뜻은 늙거나 정신건강상의 문제로 비정상적인 말을 하는 것을 의미하는 것은 아닐 것이다. 그런 경우는 불가항력적인 것이기 때문이다. 건강한 사람이 망령된 언사를 하는 것을 금하라는 내용이라고 보아야 한다.

왜 정상적인 심신을 가진 사람이 망령된 언사를 할까? 의학적 문제가 있지도 않고 술에 취해서 심신미약 상태에 빠지지도 않았는데 망령된 언사를 하는 원인이 무엇일까? 망령된 언사라는 외부의 평가를 받아서 그 행위를 그치는 공부도 필요하지만 법마상전급에서의 이 계문 공부는 그 단계보다 더 깊어져야 한다. 자신의 잘못된 심신작용의 근본적인 원인을 마음 깊은 곳에서 찾아내야 한다. 그렇게 참구해서 원인을 찾아내고 마음을 고쳐나갈 때 비로소 성불의 길이 열려간다고 할 수 있다.

계문7 : '시기심猜忌心을 내지 말며,'

남이 잘되는 것을 시샘하고 미워하지 않나?

이런 질문도 자신에게 해본다.

· 주로 어떤 경우에 시기심을 내는가?

· 주로 누구에게 시기심을 내는가?

· 시기심의 뿌리는 무엇인가?

'시기심' 猜忌心이란 '남이 잘되는 것을 샘하고 미워하는 마음' 『네이버-표준국어대사전』을 의미한다. 시기심은 그 마음을 내는 개인의 발전을 가로막고 공동체의 발전도 저해한다. 나보다 나은 사람의 발목을 잡으면서 어떻게 개인이나 조직의 발전이 가능하겠는가. 시기심으로 가득한 마음은 또 얼마나 고통스러운가. 법마상전급 정도가 되면 개인의 성장을 위해서 대단한 노력을 하는 단계라고 할 수 있다. 사회생활도 열심히 하고 수행에도 정성을 쏟는 사람일 것이다. 바람직한 모습이지만 한편으로는 자신과 타인을 비교해서 이기고 싶은 마음이 생기기도 쉬운 마음 단계라고 할 수 있다. 마음 속 깊은 곳에 자리잡은 '아상' 我相과 거기에서 비롯된 '상대심' 相對心을 알아채서 극복하지 못하면 '소아' 小我를 벗어나지 못하고 더 높은 공부 단계로 나아가지 못한다. 자칫하면 도토리 키재기에 빠져서 강급을 하게 된다. 어떤 사람을 경쟁 상대로 삼는 것은 세속적 경쟁에 필요한 일인지는 몰라도 성불을 지향하는 수행자라면 진리 그 자체를 상대해서 끝없이 정진하는 것으로 만족해야 한다. 어떤 상대에게 어떤 상황에서 시기심을 내는지 자신의 마음을 속 깊게 살펴보면서 시기심의 뿌리를 발견해내고 그것을 치유할 수 있어야 법마상전급을 넘어서 앞으로 나아갈 수 있다.

계문8 : '탐심貪心을 내지 말며,'

무엇이든 과하게 취하려는 욕심을 내지 않나?

이런 질문도 자신에게 해본다.

· 주로 무엇에 탐심을 내는가?

· 탐심을 낼 만한 경우에도 탐심이 나지 않는 이유는 무엇인가?

· 내 탐심의 뿌리는 어디에 있을까?

살아가는 데 필요한 수준의 적절한 의식주 생활을 탐욕이라고 하지 않는다. 무언가 도를 넘어서 자기 것으로 취할 때 적당한 욕심欲心이 과한 욕심慾心으로 바뀌고 탐심貪心, 탐욕貪慾으로 변해간다. 의식주만이 아니라 지위나 명예, 권력 등 모든 것들이 마찬가지다. 과연 어느 정도가 '적당한' 것인지 '탐욕스러운 것' 인지 가늠하는 마음의 저울이 필요하다. 법마상전급에서 필요한 마음공부는 같은 계문을 지키더라도 일반적으로 '탐심이라고 평가 받는 행위' 를 하지 않는 것에 그치지 않고 '탐심 그 자체' 의 기승전결 과정을 낱낱이 알아채고 성찰할 수 있어야 한다. 마음이 어떤 경계를 당해서 어떻게 탐심이 발하기 시작하는지, 그것이 자신의 행위에 어떤 영향을 미쳐서 어떤 결과를 낳는지를 온전히 알아차려야 한다. 그리고 그 탐심의 뿌리를 어떻게 해야 뽑을 수 있는지를 깨달아야 한다. 그렇지 않으면 법마상전급에서 다음 단계로 나아갈 수 없다. 다른 사람들의 눈을 피해서 탐욕스러운 행위를 하지 않는 정도로는 밥마상전급 단계의 마음공부라고 하기 어렵다.

계문9 : '진심瞋心을 내지 말며,'

자신에게나 누군가에게 화를 내지 않나?

이런 질문도 자신에게 해본다.

· 주로 누구에게 어떤 이유로 화를 내는가?

· 자신에게는 어떤 경우에 화를 내는가?
· 내 진심의 뿌리는 무엇인가?

진심瞋心이란 '화를 잘 내는 마음'『원불교대사전』이다. 얼핏 보면 자신이 화를 잘 내는 편이 아니라고 생각하기 쉽지만 이어지는 '자기의 마음에 맞지 않는 경계에 대하여 미워하고 분하게 여겨 몸과 마음을 편하지 못하게 하는 마음' 이라는 사전의 풀이를 보면 '진심' 이라는 것이 모든 사람의 마음 깊숙이 자리한 마음이라는 것을 깨닫게 된다. 반복되는 내용이지만 법마상전급의 '진심을 내지 말라' 는 계문을 그대로 지키는 것도 중요하지만 경계를 당해서 어떻게 진심이 생기는지 그리고 그 진심이 심신작용에 어떤 영향을 미치고 어떤 결과를 가져오는지 온전히 살펴볼 수 있어야 한다. 단지 말이나 행동으로 화를 내지 않는 데 만족해서는 안 된다. 마음속에서 화가 나는 미세한 기미만 보여도 이를 알아차려야 한다. 소위 '마' 魔를 발견해야 하는 것이다. 그래야 '법마상전' 法魔相戰을 할 수 있다.

계문10: '치심痴心을 내지 말라'
알면서도 괜히 어리석은 마음을 내지는 않나?

이런 질문도 자신에게 해본다.
· 주로 어떤 경우에 치심을 내는가?
· 주로 누구에게 치심을 내는가?
· 내 치심의 뿌리는 어디에 있나?

'치심' 痴心은 '어리석은 마음' 인데 '사물의 이치를 바르게 보고 정확하게 판단할 줄 모르는 것' 『원불교대사전』으로 넓게 해석하기도 한다. 흔히 말하는 '어리석음' 에는 두 가지 한자말이 있다. 하나는 '치' 痴이고 또 하나는 '우' 愚이다. 똑 같이 '어리석다' 는 뜻으로 새겨지는데 이 둘의 미묘한 차이를 정산은 이렇게 구분해서 설명했다. '우는 시비를 모르는 어린 마음이요, 치는 알기는 하나 염치 없고 예의 없는 마음이니라. 하근기에 우자가 많고 중근기에 치자가 많나니 우와 치를 벗어나야 상근기가 되나니라. 일기할 때에 헛 치사에 좋아했거든 치심에 끌린 것으로 기록하라. 치심의 병근은 명예욕이며, 천치와 우는 비슷하나니라.' 『정산종사법어』 경의편 21장

사실이나 시비이해 자체를 모르는 어리석음이 '우' 愚라면 그것을 알면서도 어리석은 마음을 내거나 행동을 하는 것은 '치' 痴라고 했다. 소위 지식이 모자라면 바보같이 어리석은 '우자' 愚者인 것이고 우자가 아니면서도 어리석은 사람은 '치심' 痴心에 끌려가는 사람인 것이다. 이치나 시비를 모르는 어리석음은 배움으로 극복할 수 있는 어리석음이지만, 알면서도 어리석은 '치' 痴는 속 깊은 마음공부가 아니면 치유하지 못한다. '치심을 내지 말라' 는 계문이 법마상전급에게 주어진 분명한 이유를 알 수 있는 법문이다.

법마상전급의 수행자에게 주어진 10가지 계문의 마지막 내용은 결국 '아만심' 과 '탐심·진심·치심' 의 삼독심三毒心으로 마무리되고 있다. 이 세 가지 마음을 삼독심으로까지 부르는 이유는 무엇일까. 아마도 이들 마음을 제거하기가 매우 어렵기 때문일 것이다. 이 삼독심을 가지고는 성불의 길을 더 이상 갈 수 없다. 소태산이 부처님의 능력을 손꼽으면서 '우리는 탐심이나 진심이나 치심에 끌려서 잘 못하는 일이 많이 있는데 부처님께서는 탐·진·치에 끌리는 바가 없으시며' 『대종경』 서품 17장라고 설한 대목이 있다. 이 삼독심을 뿌리치지 못하면 그 다음 단계로 나아가지 못함을 유념해야 한다.

소태산은 보통급 10계문, 특신급 10계문, 법마상전급 10계문을 주고는 더 이상의 계문을 주지 않았다. 따라서 법강항마위부터는 자기가 알아서 지키는 '심계' 心戒만 있을 뿐이다. 새로운 차원의 단계로 나아가는 것이다.

깨달음은 괜한 고통을 줄여준다.
불행도 막아준다.
계문은 깨달음의 간편 실행 목록이다.
붓다의 대자대비가 담긴 매뉴얼이다.

별 일 없을 때는 계문의 소중함을 알지 못한다.
큰 경계를 만나서 어쩔 줄 모를 때는 늦은 거다.
경기 전날에야 금주 금연하는 선수가 어리석은 것처럼.
진리를 깨닫고 싶다면 계문을 지켜야 한다.
부처를 이루고 싶다면 계문을 지켜야 한다.
계문이 진리로부터 나왔고
계문이 지향하는 삶이 부처의 삶이기 때문이다.
부처님이 하지 말라고 하면 하지 않는 게 맞다.

3. '법과 마를 일일이 분석하고'

생활 속에서 법法과 마魔를 일일이 분석하고 있나?

'법' 法이란 불교적으로는 '진리', '부처의 가르침', '존재' 등을 의미한다. '법' 과 '마' 라고 할 때의 법은 주로 '진리', '부처님의 가르침' 또는 '정의', '옳음' 등을 의미한다고 할 수 있다. '마' 魔란 '법' 의 상대 개념으로 보면 된다. 사전적 의미는 악한 귀신인 '마귀' 魔鬼를 의미하지만 '법마상전' 法魔相戰이라고 할 때의 '마' 魔는 '진리에 맞지 않는 것', '부처님의 가르침과 어긋나는 것', '불의', '그름' 또는 자신을 법에서 어긋나게 하는 '삼독심' 이나 '일체의 경계' 등으로 의미를 넓혀서 볼 수 있다. 법마상전을 곧이 곧대로 악귀와의 싸움으로 해석해서는 곤란하다. '법마상전' 즉, '법과 마가 서로 싸운다' 는 일종의 은유가 포함하는 여러 가지 의미를 경우에 맞게 파악할 수 있어야 소태산이 이 표현을 쓴 목적을 살릴 수 있다.

저 학교에서도 학기 말이나 학년 말에는 시험이 있는 것과 같이 수도인에게도 법위가 높아질 때에나 불지佛地에 오를 때에는 순경 역경을 통하여 여러 가지로 시험이 있나니, 그러므로 부처님께서도 성도成道하실 무렵에 마왕 파순波旬이가 팔만 사천 마군을 거느리고 대적하였다 하며 후래 수행자들도 역시 그러한 경계를 지냈나니, 내가 지금 그대들을 살펴볼 때에 그대들 중에도 시험에 걸려서 고전苦戰을 하고 있는 사람과 패전하여 영생 일을 그르쳐 가는 사람과 또는 좋은 성적으로 시험을 마쳐서 그 앞 길이 양양한 사람도 있나니, 각자의 정도를 살피어 그 시험에 실패가 없기를 바라노라.

『대종경』 수행품 48장

소태산은 수도인을 시험 보는 학생에 비유해서 불지에 오를 때 겪는 순경 역경의 시험을 잘 이겨내라고 독려하고 있다. '마왕 파순' 이 거느린 '팔만 사천 마군' 을 문자 그대로 해석하기보다는 수행자를 시험에 들게 하는 천만 경계라고 해석하는 것이 타당할 것이다. 또한 '수도인이 오욕의 경계 중에서 마군魔軍을 항복받아 순역 경계에 부동심이 되는 것은 안으로 심성을 단련한 수양이라' 『대종경』 수행품 16장 중에서라는 법문에서는 '오욕' 五慾 그 자체를 '마' 魔라고 볼 수도 있지만, '오욕 경계에 끌려가는 마음' 을 '마' 라고 볼 수도 있다. '법과 마를 일일이 분석' 한다는 것은 성품에서 경계 따라 발하는 모든 마음을 일일이 '정심' 正心과 '사심' 邪心, '정의' 正義와 '불의' 不義, '공심' 公心과 '사심' 私心, '보은' 報恩과 '배은' 背恩, '순리' 順理와 '역리' 逆理, '합리' 와 '불합리' , '온전한 마음' 과 '온전하지 못한 마음' , '지혜' 와 '어리석음' 등으로 분석해야 한다는 뜻이다.

'법과 마를 일일이 분석' 하는 공부가 매우 중요한 이유는 이 공부를 제대로 해내야 그 다음 마음공부 단계로 나아갈 수 있기 때문이다. 일단 법과 마를 구분하는 사리분별력이 있어야 '정의' 와 '불의' 가운데 '정의' 를 취하는 작업취사 공부를 할 수 있다. 힘들어도 '사심' 을 제거하기 위해 노력을 하고 '온전한 마음' 을 챙기기 위해서 노력하려면 어떤 마음이 '사심' 인지 어떤 마음이 '온전한 마음' 인지 부터 분별할 수 있는 능력이 있어야 하기 때문이다.

아군과 적군을 식별하지 못하는데
어떻게 전쟁에서 이길 수 있겠는가?
양약과 독약을 가려내지 못하는데
어떻게 치료를 하겠는가?
곡식과 잡초를 구분하지 못하는데
어떻게 농사에 성공을 하겠는가?
어떤 마음을 기르고 어떤 마음을 제거해야 할지를 모르는데
어떻게 성불의 길로 갈 수 있겠는가?
제대로 된 '분석', '분별'이 필요하다.
'법과 마를 일일이 분석'하는 마음의 힘이 필요하다.

4. '우리의 경전 해석에 과히 착오가 없으며,'

우리 경전을 큰 잘못 없이 해석할 수 있나?

원불교인들이라면 원불교의 경전을 해석할 수 있어야 하고 그 해석에 큰 잘못이 없어야 한다. 소태산은 「정기훈련법」 11과목 가운데 '경전' 과목에 대해서 '경전은 우리의 지정 교서와 참고 경전 등을 이름이니, 이는 공부인으로 하여금 그 공부하는 방향로를 알게 하기 위함이요' 라고 설하고 있다. 요컨대 경전 공부를 잘못하면 '공부하는 방향로' 를 잘못 알게 되는 셈이다. 법과 마를 정확히 분석해서 분별하려면 사리에 밝아야 하고 그러기 위해서는 경전 해석에 큰 잘못이 없을 정도가 되어야 한다.

'과히 착오가 없' 는 단계란 어떤 단계일까? 단적으로 설명하기는 어렵지만 이 대목이 법마상전급에 있는 점을 고려한다면, 일단 경전을 마음에 비춰서 읽을 능력이 있어야 한다고 해석할 수 있겠다. 경전이란 단순한 지식과 정보의 축적물이 아니다. 수 천 년 전의 경전들이 아직도 생명력을 갖는 이유는 인간의 본성과 우주 만유의 근본적 진

리를 담고 있기 때문이다. 요컨대, 자신의 마음을 깊이 볼 줄 알고 성품도 어느 정도 볼 수 있어야 경전의 본뜻을 오해하지 않고 읽어낼 수 있다. 특히 마음의 원리와 마음 사용법을 주로 밝힌 불교 관련 경전을 제대로 읽어내려면 독자의 마음공부가 어느 정도 요구된다고 할 수 있다. 경전 해석에 대한 지도인의 도움이 매우 필요한 단계이다.

5. '천만 경계 중에서 사심을 제거하는 데 재미를 붙이고'

언제 어디서나 바르지 않은 마음, 삿된 마음을 제거하는 데 재미를 느끼나?

천만 경계 중에서 사심邪心을 제거하는 것이 과연 '재미' 있는 일일까? 힘들고 고통스럽기만 한 사람도 있을 것이고 그 공부에 점점 더 재미를 느끼는 사람도 있을 것이다. 뒤에 나오는 내용처럼 '법마상전의 뜻' 도 알아야 하고 이 과정을 통해서 얻게 되는 심락心樂, 마음의 즐거움도 경험해보아야 그 '재미' 를 붙이게 될 것이다. 이런 공부는 억지로 하는 것이 아니라 '재미를 붙이고' 해야 법마상전급으로서의 공부를 제대로 하는 게 된다. 반대로 재미를 붙이지 못하면 본격적인 법마상전을 해보지도 못하고 중도에 포기하기 쉽다.

법마상전의 단계에서는 '천만 경계 중에서' 천만 '경계' 를 보면서도 자신의 마음속에서 일어나는 자신의 '마음' 을 보는 데 모든 관심이 집중되어야 한다. 경계를 그저 외부적 환경의 경계가 아니라 깊은 마음속에서 일어나는 마음의 경계로 파악하면서 마음을 볼 줄 알아야 한다. 마음을 집중적으로 보면서 그 마음들 가운데서 '사심' 이 발할 때 그 사심을 '제거' 하는 데 일심으로 집중해야 한다. 이 단계의 공부를 그냥 '마음공부' 라고 하지 않고 이른바 '속 깊은 마음공부' 라고 하는 까닭이다.

잡초를 제거하는 일이 힘만 드는 일일까?
구리와 금을 구분하는 일은 힘만 드는 일일까?
유리와 다이아몬드를 가려내는 일은 또 어떤가?
보석을 골라서 가져가라고 한다면 어떤 일이 벌어질까?
수 많은 내 마음들 속 한 마음을 가려내는 공부는 또 어떤가?

6. '무관사無關事에 동하지 않으며,'

자신의 책임이 아닌 일에 괜히 참견하지는 않나?

법마성전급에서는 괜히 신경 쓰지 않아도 되는 일, 책임지거나 참견하지 않을 일에 기웃거릴 틈이 없어야 한다. 자신의 내면을 면밀히 관찰하면서, 사심을 제거하느라 여력이 없을 때다. 한 마음 한 마음을 법과 마로 분석해내야 하고 사심을 제거해야 하기 때문이고 그 공부에 재미를 느끼기 시작하기 때문이다. 처음에는 '무관사에 동하지 말아야지' 라고 유념을 해서 마음을 챙겨야 하지만 법마상전에 '재미' 를 느끼기 시작하면 자연스럽게 마음이 '무관사에 동해지지 않는' 단계로 진전하게 된다.

사실 우주만유가 모두 '서로 없어서는 살지 못할' 은혜의 관계로 맺어져 있으니 나와 상관없는 '무관사' 無關事 란 애당초 존재하지 않는다고 할 수 있다. 하지만 법마상전급에서 말하는 무관사를 그렇게 넓은 의미로 해석할 필요는 없다. 법 규범적으로나 도덕적으로 책임을 지지 않아도 되고 관여하지 않아도 되는 일이라고 보면 되겠다. 법마상전급은 천만 경계 속에서 자신의 마음을 깊이 보면서 지혜를 밝히는 단계이기 때문에 보이는 것도 많고 관심 거리도 많은 소위 오지랖이 넓어지는 때이다. 자칫하면 외부 경계에 마음을 쓰느라 자신의 마음공부를 놓칠 수 있는 단계여서 주어진 계문이라고 할 수 있다.

게임에 빠진 아이들은 밥도 거른다.
어른들도 마찬가지다.
어디에 빠져들면 다른 것엔 신경 쓸 겨를이 없다.
'재미'가 강하기 때문이다.
마음공부도 그렇다.
재미를 느끼면 다른 것에 마음이 가지 않는다.
마음 쓸 겨를도 없고 틈도 없다.
반드시 이겨야 하는 마음 전쟁 게임 중이라서.

7. '법마상전의 뜻을 알아 법마상전을 하되'

언제 어디서나 제대로 법마상전을 하면서 생활하고 있나?

'법' 法과 '마' 魔도 분석하고 분별할 줄 알아야 하고, '상전' 相戰 즉 서로 싸워서 '법' 이 승리하는 방법도 알아야 하고, 승리를 해야만 하는 싸움의 목적도 알아야 한다. 개인의 마음속에서 보이지도 않게 일어나는 미세한 마음들을 정의와 불의, 법과 마로 분석해서 정의가 승리하도록 하는 마음공부가 얼마나 중요한지를 알아야 한다. 개인적으로 법마상전이 어떤 의미를 갖는지, 크게 보자면 현대 문명에는 어떤 의미를 가지는지도 알아야 한다.

한 마음이 개인의 운명을 좌우하고 문명의 미래도 결정한다. 욕심과 사심을 제거하지 못하는 사람의 앞날이 어떨 것인지는 불을 보듯이 뻔하다. 이런 개인들이 득세하는 사회나 국가의 앞날도 마찬가지일 터이다. 환경오염과 전쟁 등에 대한 걱정을 하지 않는 사람은 없지만 거대한 문명의 흐름을 되돌리는 실천은 턱없이 부족한 게 현실이다. 법마상전을 하기는 하는데 정의가 승리하지는 못하고 있는 모양새다. 외부적인 전쟁이야 절대로 일어나서는 안 되지만 인간의 내면에서 행해지는 법과 마의 전쟁은 한 순간도 쉬지 않고 행해져야 한다. 각자의 내면에서 이 전쟁에 승리해야 외부 세계의 평화도 지킬 수 있다.

아직도 지구촌에선 끔찍한 전쟁이 벌어지고 있다.
외부의 적을 섬멸하려는 어리석은 전쟁이다.
용납해야 할 하나의 전쟁은 '법마상전'法魔相戰뿐이다.
아무리 처절하고 치열해도 누구하나 다치지 않는 전쟁이다.
치열할수록 모두를 살리는 성전聖戰이다.
성전의 적은 내 마음 안에 있다.
이 마음난리에서 반드시 승리해야 한다.
그래야 '광대무량한 낙원'이 가능하다.

8. '인생의 요도人生 要道와 공부의 요도工夫 要道에 대기사大忌事는 아니하고,'

도덕적으로 큰 잘못을 범하고 있지는 않나?

사은·사요는 인생의 요도요, 삼학·팔조는 공부의 요도인 바, 인생의 요도는 공부의 요도가 아니면 사람이 능히 그 길을 밟지 못할 것이요, 공부의 요도는 인생의 요도가 아니면 사람이 능히 그 공부한 효력을 다 발휘하지 못할지라, 이에 한 예를 들어 그 관계를 말한다면, 공부의 요도는 의사가 환자를 치료하는 의술과 같고, 인생의 요도는 환자를 치료하는 약재와 같나니라.

『정전』 인생의 요도와 공부의 요도

「인생의 요도와 공부의 요도」에 대한 소태산의 설명이다. 원불교 신앙의 강령인 사은·사요와 수행의 강령인 삼학·팔조를 인생의 요도와 공부의 요도로 풀었다. 사람이 살아가면서 반드시 가야 할 인생길을 '인생의 요도', 수행자들이 마음공부를 하면서 반드시 가야 할 공부길을 '공부의 요도'로 표현한 것이다.

흔히 수행자들을 '도인'道人이라고 부르기도 하는데 도인이 사람으로서 가야할 길을 가는 사람이라고 본다면 '길'을 열쇠말로 삼아 '인생길·공부길'이라고 표현한 소태산의 비유가 적절하고 탁월해 보인다. 길이란 일종의 수단이고 과정이다. 길을 가는 이유는 그 길 끝에 목적지가 있기 때문이다. 바른 길을 선택하고 그 길을 끝까지 가야 목적지에 닿을 수 있다. 누구나 바른 인생길을 가서 소위 행복이라는 목적지에 다다르고 싶어하지만 그 길을 잘 찾지 못하는 경우가 많다. 소태산에 의하면 공부길을 가야 인생길이 보인다. 마음에 불신·탐욕·나·우를 제거하고 신·분·의·성을 추진해서 정신수양·사리연구·작업취사의 삼학 공부를 꾸준히 해서 마음이 수양력·연구력·취사력을 충분히 얻어야 바른 인생길을 갈 수 있는 것이다. '마음의 길'을 가는 마음공부로 찾게 되는 '인생의 길'은 '은혜의 길'이다. 천지·부모·동포·법률에서 입은 은혜를 깊이 느끼고 깨달아서 그 은혜에 보은하는 삶을 사는 것이 소태산이 권유하는 인생의 길인 것이다.

> 지은보은知恩報恩은 우리가 천지와 부모와 동포와 법률에서 은혜 입은 내역을 깊이 느끼고 알아서 그 피은의 도를 체받아서 보은행을 하는 동시에, 원망할 일이 있더라도 먼저 모든 은혜의 소종래所從來를 발견하여 원망할 일을 감사함으로써 그 은혜를 보답하자는 것이며
>
> 『정전』 사대강령 중에서

공부길과 인생길을 가는데 '대기사'大忌事란 '크게 꺼리는 일'인데 인생길의 대전제인 선인선과善因善果 악인악과惡因惡果의 인과의 이치를 믿지 않고 배은망덕背恩亡德한 행동을 한다든가, 공부길에서 크게 벗어나서 살·도·음과 같은 계문을 범하거나 삼학병진의 수행을 가볍게 알아 그릇된 수행을 하는 등의 일을 의미한다.

소태산은 '도덕' 道德에 대해 말하길 '무릇, 도道라 하는 것은 쉽게 말하자면 곧 길을 이름이요, 길이라 함은 무엇이든지 떳떳이 행하는 것을 이름' 『대종경』 인도품 1장이라고 하고, '덕德이라 하는 것은 쉽게 말하자면 어느 곳 어느 일을 막론하고 오직 은혜恩惠가 나타나는 것을 이름' 『대종경』 인도품 2장 중에서이라고 풀이했다. '도덕' 을 '인생의 요도' 와 '공부의 요도' 로 대비해보자면 꼭 맞지는 않지만 '도' 道는 '공부의 요도' 에 '덕' 德은 '인생의 요도' 에 대비할 수 있다. '도' 가 '길' 로서 '과정' 을 의미한다면 '덕' 은 '목적지' 와 '결과' 라고 할 수 있다. 성불이라는 목적지를 향해서 길을 가는 수행자라면 바른 길을 가야하는 데, 먼저 '공부의 요도' 를 밟아가서 바른 '인생의 요도' 를 찾아야 하고 그 길을 꾸준히 가야 목적지인 부처의 경지에 다다를 수 있을 것이다. 길을 크게 잘못 드는 '대기사' 는 범하지 말아야 한다. 대기사를 행하면 목적지에 도착하기가 매우 어려워 진다. '대기사' 를 이해하는 데 다음 법문이 도움이 될 듯하다.

> 그러나, 만일 도덕의 원리를 알지 못하고 사사하고 기괴한 것을 찾으며 역리逆理와 패륜悖倫의 일을 행하면서 입으로만 도덕을 일컫는다면 이것은 사도와 악도를 행하는 것이니, 그 참 도에 무슨 상관이 있으며, 또는 무슨 덕이 화할 수 있으리요. 그러므로, 도덕을 배우고자 하는 사람은 반드시 먼저 도의 원리를 알아야 할 것이며, 도의 원리를 안 이상에는 또한 정성스럽게 항상 덕을 닦아야 할 것이니, 그러한다면 누구를 막론하고 점점 도를 통하고 덕을 얻으리라. 그러나, 범상한 사람들은 도덕의 대의를 알지 못하므로 사람 가운데에 대소 유무의 근본 이치는 알거나 모르거나 어떠한 이상한 술법만 있으면 그를 도인이라 말하고 또는 시비 이해의 분명한 취사는 알거나 모르거나 마음만 한갓 유순하면 그를 덕인이라 하나니 어찌 우습지 아니하리요. 그대가 이제 새로 입교한 사람으로서 먼저 도덕을 알고자 하는 것은 배우는 순서에 당연한 일이니, 나의 한 말을 명심하여 항상 도덕의 대의에 철저하고 사사한 도에 흐르지 말기를 바라노라. 『대종경』 인도품 3장

가지가 상한 나무는 다시 자랄 수 있다.
뿌리가 잘린 나무는 다시 자랄 수 없다.
거짓으로 진실을 구할 수는 없고
탐욕으로 사랑을 구할 수도 없다.
구멍 난 배는 출항을 하지 말아야 한다.
출항하려면 배를 고쳐야 한다.
부도덕한 행복은 있을 수 없다. 형용 모순이다.
작은 길은 잘못 들어도 된다.
돌아가면 되니까.
큰 길을 잘못 들면 안 된다.
길이 문제가 아니라 사람이 상하기 때문이다.
그렇게 목적지에 간들 무슨 소용이 있겠는가.

9. '세밀한 일이라도 반수 이상 법의 승勝을 얻는 사람의 급이요,'

모든 심신작용을 할 때 법마상전을 해서 법의 승률이 50%를 넘는가?

언제 어디서나 자신의 심신작용, 몸과 마음의 씀씀이를 모두 '법' 과 '마' 로 분별할 수 있어야 한다. 속 깊은 마음공부를 해야 가능한 일이다. 예컨대 '누군가에게 물건을 주는 행위' 와 같이 겉으로 보이는 행동은 하나일지 몰라도 그 한 가지 행동의 이면에 숨어 있는 마음 작용은 복잡할 수 있다. '주고 싶다' 는 마음부터 '왜 주어야 하나?' 라는 마음이나 '주는 것이 맞는가?' , '받는 사람은 어떻게 생각할까?' , '주려니 아깝다' 등의 온갖 분별심들이 일어날 수 있다. 단순히 어떤 한 행위를 하는 것이 법마상전의 소재가 되는 것이 아니라 그에 따르는 마음 작용들이 모두 법마상전의 공부 거리가 되는 셈이다.

일단은 겉으로 드러나는 소소한 일들을 처리할 때 '법' 이 승리하도록 해야 하고 그 다음엔 내면에서 기멸起滅하는 마음들의 처리도 '법' 답게 할 수 있어야 한다. 같은 법마상전급 내에서도 다양한 수준의 마음공부가 진행되겠지만 자신의 심신작용이 법답게 진행되어서 그 결과가 은혜롭고 서로에게 유익하도록 해야 할 것이다. 하루에도 수많은 경계를 대하면서 생활하는 가운데 법마상전이 잘 되어서 법의 승리 비율이 과반이 되도록 해야만 한다. 처음에는 이 승률이 50%를 넘어야 하지만 점점 더 높아져서 100% 가까이 가야 법마상전급에서 법강항마위로 넘어갈 수 있다.

> 대종사 선원 대중에게 말씀하시기를 [우리의 공부법은 난리 세상을 평정할 병법兵法이요, 그대들은 그 병법을 배우는 훈련생과 같다 하노니, 그 난리란 곧 세상 사람의 마음 나라에 끊임 없이 일어나는 난리라, 마음 나라는 원래 온전하고 평안하며 밝고 깨끗한 것이나, 사욕의 마군을 따라 어둡고 탁해지며 복잡하고 요란해져서 한 없는 세상에 길이 평안할 날이 적으므로, **이와 같은 중생들의 생활하는 모양을 마음 난리라 한 것이요, 병법이라 함은 곧 우리의 마음 가운데 모든 마군을 항복받는 법이니 그 법은 바로 정定과 혜慧와 계戒를 닦으며, 법法과 마魔를 구분하는 우리의 수행 길이라**, 이것이 곧 더 할 수 없는 세계 정란靖亂의 큰 병법이니라. 그러나, 세상 사람들은 이 마음 난리는 난리로 생각하지도 아니하나니 어찌 그 본말을 안다 하리요. 개인·가정과 사회·국가의 크고 작은 모든 전쟁도 그 근본을 추구해 본다면 다 이 사람의 마음 난리로 인하여 발단되는 것이니, 그러므로 마음 난리는 모든 난리의 근원인 동시에 제일 큰 난리가 되고, 이 마음 난리를 평정하는 법이 모든 법의 조종인 동시에 제일 큰 병법이 되나니라. 그런즉, **그대들은 이 뜻을 잘 알아서 정과 혜를 부지런히 닦고 계율을 죽기로써 지키라. 오래오래 쉬지 아니하고 반복 수행하면 마침내 모든 마군을 항복받을 것이니**, 그리 된다면 법강 항마의 법위를 얻게 되는 동시에 마음 난리에 편할 날이 없는 이 세상을 평정하는 훌륭한 도원수都元帥가 될 것으로 확신하노라.]
>
> 『대종경』 수행품 58장

이 법문의 '마음 난리'가 곧 '법마상전'과 같다고 할 수 있다. 이 마음 난리에서 승리하려면 삼학 수행을 병진해야 하고 오래오래 반복 수행을 해서 마음의 힘을 얻어야 승리할 수 있다고 한다. 이 전쟁에서 승리하는 '도원수' 都元帥가 아마도 법마상전급 다음 단계인 '법강항마위'에 오른 항마 도인일 것이다.

심신교전

대산 종사 말씀하시기를 「법위의 표준을 강령 잡아 말하자면 보통급은 불문 초입佛門初入이요, 특신급은 심신 귀의心身歸依요, 법마상전급은 심신 교전心身交戰이요, 법강항마위는 심신 조복心身調伏이요, 출가위는 심신 출가心身出家요, 대각여래위는 심신 자유心身自由이니라.

『대산종사법어』 법위편 4장

옆도 돌아보지 마라

법마상전급은 정법정신正法正信의 기초가 완전히 다듬어진 경지에서 속 깊은 마음공부를 해 보려고 애를 쓰다가 그 취미와 진지한 생각이 차차 깊어져서 이 공부 이 사업을 하는 일 외에는 옆도 돌아보지 않고 삼학병진하는 데 적공하며 법法과 마魔의 분석이 명철하여 마魔에 패할지언정 마가 숨지는 못하는 경지이며, 방심하면 중근의 위기에 들게 된다. 이 상전급은 무서운 적공을 해야 할 단계이므로 심리공부 心裏工夫 · 성리단련 性理鍛鍊 · 삼세제불 三世諸佛을 닮아가는 공부를 해야 한다.

대산, 『천여래만보살의 회상』

중근을 벗어나는 방법

그대들이 나를 따라 처음 발심한 그대로 꾸준히 전진하여 간다면 성공 못할 사람이 없으리라. 그러나, 하근下根에서 중근中根되는 때에나, 본래 중근으로 그 고개를 넘지 못한 경우에 모든 병증病症이 발동하여 대개 상근에 오르지 못하고 말게 되나니, 그대들은 이 무서운 중근의 고개를 잘 넘어서도록 각별한 힘을 써야 하리라. 중근의 병은, 첫째는 공부에 권태증이 생기는 것이니, 이 증세는 일체가 괴롭기만 하고 지리한 생각이 나서 어떤 때에는 그 생각과 말이 세속 사람보다 오히려 못할 때가 있는 것이요, 둘째는 확실히 깨치지는 못했으나 순전히 모르지도 아니하여 때때로 말을 하거나 글을 쓰면 여러 사람이 감탄하여 환영하므로 제 위에는 사람이 없는 것 같이 생각되어 제가 저를 믿고 제 허물을 용서하며 윗 스승을 함부로 비판하며 법과 진리에 호의狐疑를 가져서 자기 뜻에 고집하는 것이니, 이 증세는 자칫하면 그 동안의 적공이 허사로 돌아가 결국 영겁 대사를 크게 그르치기 쉬우므로, 과거 불조들도 이 호의 불신증을 가장 두렵게 경계하셨나니라. 그런데, 지금 그대들 중에 이 병에 걸린 사람이 적지않으니 제 스스로 반성하여 그 자리를 벗어나면 좋으려니와, 만일 그러지 못한다면 이는 장차 제 자신을 그르치는 동시에 교단에도 큰 화근이 될 것이니, 크게 분발하여 이 지경을 넘는 공부에 전력을 다할지어다. 이 중근을 쉽게 벗어나는 방법은 법 있는 스승에게 마음을 가림 없이 바치는 동시에 옛 서원을 자주 반조하고 중근의 말로가 위태함을 자주 반성하는 것이니, 그대들이 이 지경만 벗어나고 보면 불지佛地에 달음질하는 것이 비행기 탄 격은 되리라.

『대종경』 부촉품 6장

마음에 난리가 났는지 조차 알지 못할 수 있다.
답답한 일이다.
마음난리가 난 것은 알았는데 어쩔 줄 모를 수 있다.
안타까운 일이다.
어쩔 줄은 아는데 힘에 부쳐서 패배한다.
더욱 분발할 일이다.
오래오래 힘을 기르고 싸움을 쉬지 않는다.
견뎌야 할 때이다.
싸움에서 이기기 시작한다.
반가운 일이다. 이기는 방법을 알았으니까.
적들이 물러간다.
마음난리가 평정되었다.
백전노장이 되었다.
예전의 나약한 내가 아니다.

| 법강항마위-자문자답 |

법강항마위는
법마상전급 승급 조항을 일일이 실행하고
예비 법강항마위에 승급하여,
육근을 응용하여 법마상전을 하되 법이 백전백승하며,
우리 경전의 뜻을 일일이 해석하고
대소 유무의 이치에 걸림이 없으며,
생·로·병·사에 해탈을 얻은 사람의 위요,

『정전』 법위등급 중에서

다음과 같은 기본 질문들과 응용 질문들에 자문자답하면서 본인의 수행 정도와 마음 가짐을 가늠하고 챙겨보기 바란다. 〈자문자답-1〉은 별다른 설명 없이 원문을 문항으로 표기했고, 〈자문자답-2〉는 일반인이 알기 쉽도록 문항을 바꾸고 설명을 덧붙였다.

〈자문자답-1〉 원문 중심 문항

	법강항마위 기준	○	×
1	법마상전급 승급 조항을 일일이 실행하고 예비 법강항마위에 승급하였나?		
2	육근을 응용하여 법마상전을 하되 법이 백전백승하나?		
3	우리 경전의 뜻을 일일이 해석하고 대소 유무의 이치에 걸림이 없나?		
4	생·로·병·사에 해탈을 얻었나?,		

1. '법마상전급 승급 조항을 일일이 실행하고 예비 법강항마위에 승급하여'

삼십계문을 잘 지키고 '법' 이 '마' 와 싸워 50%이상 승리하고 있나?

이전 단계인 보통급, 특신급, 법마상전급과 달리 법강항마위부터는 지키도록 부여된 계문이 없다. 이미 삼십 계문을 철저히 지키는 가운데 이제부터는 상황에 맞게 자신이 알아서 성품에 비춰보고, 양심에 따라, 인과의 이치에 바탕한 마음공부 결과에 따라 심신작용을 하면 된다.

> 김 대거金大擧 여쭙기를 [법강항마위부터는 계문이 없사오니 취사 공부는 다 된 것이오니까.] 대종사 말씀하시기를 [법강항마위부터는 첫 성위聖位에 오르는지라, 법에 얽매이고 계문에 붙잡히는 공부는 아니 하나, 안으로는 또한 심계心戒가 있나니 그 하나는 자신의 수도와 안일만 취하여 소승에 흐를까 조심함이요, 둘은 부귀 향락에 빠져서 본원이 매각될까 조심함이요, 셋은 혹 신통이 나타나 함부로 중생의 눈에 띄어 정법에 방해될까 조심함이라, 이 밖에도 수양·연구·취사의 삼학을 공부하여, 위로 불지를 더 갖추고 아래로 자비를 더 길러서 중생을 제도하는 것으로 공을 쌓아야 하나니라.]
>
> 『대종경』 수행품 63장

법강항마위 단계가 되면 계문과 같은 '법' 이 밖에서 주어지는 것이 아니라 내면에서부터 우러나오게 된다. 진리를 깨달아 체화하는 단계여서 '법' 과 '수행자' 가 하나가 된다. 종교 규범의 강제에서 벗어나 진리에 대한 자각에 기초한 자발적 지계持戒로 나아가게 된다. 타율적인 삶에서 자율적인 삶으로 변화한다. 모든 사람에게 부여하는 일률적인 계문 준수에서 나아가 자신의 진급에 필요하다고 판단되는 계율을 스스로 정해서 자율적으로 지키며 성불을 향해 가는 단계라고 할 수 있다.

소태산은 법강항마위를 '첫 성위' 聖位라고 표현했다. 정식 법강항마위라면 자신 제도濟度, 자기 구원을 마쳤다는 말이다. 그 동안은 개인의 문제 해결을 위해 고군분투했다면 이제는 그 문제 해결의 답을 얻었으니 다른 사람들의 문제 해결을 도와야 한다. 소태산이 「개교의 동기」에서 천명한 바와 같이 '파란고해의 일체 생령을 광대 무량한 낙원으로 인도' 해야 할 책임을 기꺼이 져야 하는 법위인 것이다.

겨우 물에 뜨는 정도 실력으로는 안 된다.
나 혼자만 하는 수영 실력으로도 안 된다.
물에 빠진 사람을 구하려면 그 정도로는 어림없다.
차원이 다른 실력을 갖춰야 한다.
그래야 서로 안전하게 사람을 구할 수 있다.
마음공부도 그렇다.
'보통급', '특신급', '법마상전급'까지는 '급'이고
'법강항마위'부터는 '위'인 까닭이다.
한 차원 높은 단계인 것이다.
강도 높은 훈련을 오래오래 해야 오를 수 있는 단계이다.

2. '육근을 응용하여 법마상전을 하되 법이 백전백승하며'

몸과 마음을 쓸 때, 심신작용을 할 때마다 바르게 쓰고 있나?

'법마상전' 이란 법과 마가 서로 싸운다, 전쟁을 한다는 말인데, 그 전쟁은 언제 어디서 일어나는 것일까? 그 전쟁터는 바로 우리들의 '육근' 六根이다. 좀 더 정확하게는 '육근'

이 '경계' 를 만나는 '곳' 이고 '때' 이다. 인간의 감각기관이 작용할 때가 바로 법마상전을 할 때인 것이다. 그리고 거기가 바로 법마상전의 전쟁터인 것이다.

원불교 경전에 자주 등장하는 '천만 경계' 千萬 境界라는 말을 이해해야 '백전백승' 百戰百勝이라는 말도 이해할 수 있다. 자칫하면 '백전백승' 이라는 말을 단순히 뜻을 강조하기 위한 수사적 표현으로 여겨서는 곤란하다. '육근을 응용하여' 라는 대목은 '육근' 이 천만 경계에 '응' 應하여 심신작 '용' 心身作用한다는 의미이다. 이 대목의 의미를 이렇게 파악할 때 수행자가 하루를 보내면서 셀 수 없을 만큼의 '경계' 에 육근을 '응용' 한다는 것의 의미를 알게 되고 그래야 '백전백승' 의 사실적인 의미를 이해하게 된다. '백전백승' 이란 매우 특별한 경계에만 해당하는 말이 아니라 매우 사소해 보이고 일상적으로 느껴지는 온갖 경계들에 대해서도 '법' 에 맞는 심신작용을 해서 얻게 되는 성적인 것이다.

어떤 특별하고 신비로운 일을 겪어내야 소위 '항마' 降魔를 할 수 있다는 생각은 소태산이 전달하고자 하는 '항마' 의 진정한 의미가 아니다. 아침에 눈을 떠서 세수하고 밥을 먹고 출근하고 사람들과 어울려 일하는 삶의 모든 장면, 천만 경계에서 육근 응용을 잘 해서 '백전백승' 의 성적을 거둬야 '항마 도인' 이 되는 것이다. 사소해 보이고 일상적으로 보이는 모든 경계들이 사실은 우리의 행복과 불행, 진급과 강급을 좌우하는 운명적 순간임을 깨닫지 못하면 법마상전을 할 수 없고 당연히 항마를 할 수도 없다. 지금 여기서 눈과 귀와 코와 입과 몸과 마음을 어떻게 사용하느냐에 성불의 여부가 결정된다. 이런 수행을 하려면 결국은 「무시선법」이나 「일상수행의 요법」등 일상 속에서 늘 할 수 있는 수행법이 절실히 필요한 것이다.

> 우주의 진리를 잡아 인간의 육근 동작에 둘러씌워 활용하는 사람이 곧 천인이요 성인이요 부처니라.
>
> 『대종경』 불지품 12장

호랑이 사냥을 간다.
껌을 짝짝 씹고

담배를 피워대고
거칠게 걷고
사격 솜씨도 별로라면
경험도 없고 겁도 많다면
호랑이를 잡을 수 있을까?
잡지 못하면
호랑이에게 내가 잡아먹히고 만다.
호랑이 백 마리는 나중 문제다.
내 앞에 있는 오직 한 마리가 문제다.

3. '우리 경전의 뜻을 일일이 해석하고 대소유무大小有無의 이치에 걸림이 없으며,'

진리를 깨달은 안목으로 경전을 제대로 해석할 수 있나?

'우리 경전의 뜻을 일일이 해석' 하면 '대소 유무의 이치에 걸림이 없' 어지는 것인지, '대소 유무의 이치에 걸림이 없' 어야 '우리 경전의 뜻을 일일이 해석' 할 수 있는 것인지 선후를 말하기는 어렵다. '우리 경전의 뜻을 일일이 해석' 할 정도가 되려면 이미 '대소 유무의 이치에 걸림이 없' 어야 하기 때문이다. 중요한 것은 '대소 유무의 이치' 에 대한 깨달음에 바탕해서 '우리 경전의 뜻을 일일이 해석' 할 수 있어야 한다는 사실이다. 소태산이 법강항마위 수행자들에게 요구하는 공부 수준인 것이다.

만약에 '대소 유무 이치' 에 통달하지 못한 채 소태산의 '경전' 을 해석한다면 그 해석이 온전할 수 없다. 경전 해석을 제대로 하지 못한 채 자신의 해석대로 신앙 수행을 하고 사람들을 가르치고 제도하려 든다면 위험천만한 일이다. 진리에 대한 깨달음이 철저해야 하고 그 안목에서 경전을 해석할 수 있어야 경전의 본의를 온전히 살릴 수 있고 그래야 인생길과 공부길을 제대로 갈 수 있다. 그래야 다른 사람도 그 길로 안내할 수 있다.

> 부처님께서는 근기 따라 읽게 하는 세 가지 경전을 설하시었나니, 첫째는 지묵으로 기록된 경전들이요, 둘째는 삼라만상으로 나열되어 있는 현실의 경전이요, 세째는 우리 자성에 본래 구족한 무형의 경전이라, 지묵의 경전보다 현실의 경전이 더욱 큰 경전이요 현실의 경전보다 무형의 경전이 더욱 근본되는 경전이니라.] 또 말씀하시기를 ["성인이 나시기 전에는 도가 천지에 있고 성인이 나신 후에는 도가 성인에게 있고 성인이 가신 후에는 도가 경전에 있다" 하시었나니, 우연 자연한 천지의 도가 가장 큰 경전이니라.
>
> 『정산종사법어』 무본편 52장

이 법문에 의해서 보자면 '대소유무의 이치' 는 '현실의 경전' , '무형의 경전' 이고 '우리 경전' 이란 '지묵의 경전' 이라고 할 수 있다. 요컨대, 이 세 가지 경전 사이에 간극이 없어야 하고 해석에 차이가 없어야 한다는 뜻이다. 소태산의 이런 법문도 있다.

> 모든 사람에게 천만 가지 경전을 다 가르쳐 주고 천만 가지 선善을 다 장려하는 것이 급한 일이 아니니라, 먼저 생멸 없는 진리와 인과보응의 진리를 믿고 깨닫게 하여 주는 것이 가장 급한 일이 되나니라.
>
> 『대종경』 인과품 16장

'대소유무' 란 소태산만의 독특한 표현이다. 전통적인 계·정·혜 삼학에서는 '자성의 혜' 를 깨달음의 대상으로 삼으면 되었지만, 소태산의 삼학인 정신수양·사리연구·작업취사 공부에서는 이치만이 아니라 시비이해의 일까지 연구의 대상으로 삼았다. 법강항마위에서는 '시비이해' 는 의도적으로 제외하고 '대소유무' 의 이치에 대한 언급부터 하고 있다. '대소유무' 의 개념은 다음 내용에서 알 수 있다.

사事라 함은 인간의 시·비·이·해是非利害를 이름이요, 이理라 함은 곧 천조天造의 대소 유무大小有無를 이름이니, 대大라 함은 우주 만유의 본체를 이름이요, 소小라 함은 만상이 형형색색으로 구별되어 있음을 이름이요, 유무라 함은 천지의 춘·하·추·동 사시 순환과, 풍·운·우·로·상·설風雲雨露霜雪과 만물의 생·로·병·사와, 흥·망·성·쇠의 변태를 이름이며, 연구라 함은 사리를 연마하고 궁구함을 이름이니라. 『정전』 사리연구의 요지

하지만 '일과 이치' 즉 '사리' 事理를 동전의 앞뒤와 같이 생각한 소태산이 '일' 을 소홀히 했을 리는 없다. '육근을 응용하여 법마상전을 하되 법이 백전백승' 하려면 '이치' 에 대한 깨달음만으로는 부족한 것이다. 반드시 '일' 에 대한 연구가 필요한 것이다. 소태산의 확고한 입장인 '이사병행' 理事竝行이 되지 않고 '법강항마위' 가 될 수는 없다. 이 부분의 이해를 돕기 위해선 『정전』 「삼학」의 내용 중 '사리연구' 에 관해 공부할 필요가 있다.

참고로 본문의 '우리 경전' 이라 함은 원불교 교전을 뜻하는데 교리와 제도, 역사 등을 가르치기 위한 교서로서 『정전』, 『대종경』, 『불조요경』, 『정산종사법어』, 『예전』, 『원불교교사』, 『성가』, 『세전』, 『교헌』, 『대산종사법어』 등을 이른다. 원불교인이 아닌 경우에는 각자의 종교 경전에 대한 해석을 교조의 본의와 진리에 대한 깨달음에 바탕해서 온전히 해석할 수 있어야 한다고 생각하면 되겠다.

4. '생·로·병·사에 해탈을 얻은 사람의 위요,'

사람으로 태어나서 늙어가고 병들고 죽어가는 것에 마음이 자유로운가?

'해탈' 解脫의 사전적 의미는 '일체의 심적心的 구속과 속박으로부터 벗어나 자유롭게 되는 것. 삼독심·오욕 등으로부터 벗어나는 것은 물론 죽음 앞에서도 초연하고 담담해질수 있는 마음 상태를 말한다.' 『원불교대사전』 말 그대로 묶인 것에서 풀려나고 덮힌 것을

벗어버림이다. 우리 삶을 가장 구속하고 속박하는 실존적 굴레가 생·노·병·사일진대 거기서부터 벗어나고 자성 광명을 덮어서 어둡게 하는 삼독 오욕을 벗어나 자유로울 수 있어야 한다는 의미이다. 불교나 원불교나 수행의 목적을 손꼽는다면 '마음의 자유' 일 것이다. 이 마음의 자유 가운데 가장 큰 자유를 손꼽는다면 아마도 '생로병사의 해탈' 일 것이다. '마음의 자유' 라는 표현은 경전 곳곳에서 거듭해서 강조되고 있다.

> 대범, 선禪이라 함은 원래에 분별 주착이 없는 **각자의 성품을 오득하여 마음의 자유를 얻게 하는 공부**인 바, 예로부터 큰 도에 뜻을 둔 사람으로서 선을 닦지 아니한 일이 없나니라. (중략)이것이 이른바 불이문不二門이라 생사 자유와 윤회 해탈과 정토 극락이 다 이 문으로부터 나오나니라.
>
> 『정전』 무시선법 중에서

『정전』「좌선법」에서도 좌선의 공덕을 열거하면서 맨 마지막에 '생사에 자유를 얻는 것이니라.' 라고 밝히고 있다. 물론 소태산이 법강항마위에 대해서 언급한 마음의 자유, 생사의 자유가 '좌탈입망' 같은 특이한 모습을 의미하는 게 아니라는 점도 밝히고 있다.

> 또 여쭙기를 [법강항마위 승급 조항에 생·로·병·사에 해탈을 얻어야 한다고 한 바가 있사오니, 과거 고승들과 같이 좌탈 입망坐脫立亡의 경지를 두고 이르심이오니까.] 대종사 말씀하시기를 [그는 불생 불멸의 진리를 요달하여 나고 죽는 데에 끌리지 않는다는 말이니라.] 『대종경』 변의품 37장

소태산은 수행자들이 생·로·병·사의 해탈을 얻어야 한다고 거듭해서 강조함과 동시에 어떻게 얻어야 할 것인가에 대해서도 경전 곳곳에서 일관되게 설하고 있다. 요점만 말하자면 결국은 '삼학공부' 이다. 정신수양·사리연구·작업취사의 삼학을 오래오래 병진 수행하는 것이 핵심이다.

보통 사람들의 생활은 한갓 의·식·주를 구하는 데만 힘을 쓰고, 그 의·식·주를 나오게 하는 원리는 찾지 아니하나니 이것이 실로 답답한 일이라, 육신의 의·식·주가 필요하다면 육신 생활을 지배하는 정신에 일심과 알음알이와 실행의 힘은 더 필요할 것이 아닌가. 정신에 이 세 가지 힘이 양성되어야 그에 따라 의·식·주가 잘 얻어질 것이요, 이것으로 그 사람의 원만한 인격도 이루어질 것이며, 각자의 마음 근본을 알고 그 마음을 마음대로 쓰게 되어야 의·식·주를 얻는 데에도 정당한 도가 실천될 것이며, **생·로·병·사를 해탈하여 영생의 길을 얻고 인과의 이치를 알아 혜복을 구하게 될 것**이니, 이것이 또한 참답고 영원한 의·식·주 해결의 길이라, 그러므로 정신의 삼강령이 곧 의·식·주 삼건의 근본이 된다 하노라. 『대종경』 교의품 19장

물론 「천지은」 '천지보은의 조목' 에서 '천지의 영원 불멸한 도를 체받아서 만물의 변태와 인생의 생·로·병·사에 해탈解脫을 얻을 것이요,' 라고 해서 보은을 통한 해탈을 말하고는 있지만 그 내용을 보면 수행과 다르지 않음을 알 수 있다.

'육근을 응용하여 법마상전을 하되 법이 백전백승한다.'는 것은 재색 명리가 내 손안에 들어 있다는 것이니, 부당한 재색 명리는 죽기로써 취하지 않고 설혹 정당한 재색 명리라도 넘치지 않게 하며, 살·도·음의 중계를 결코 범하지 않고 편벽된 신앙과 수행을 하지 않는다는 뜻이요, 법과 스승의 말씀에 어긋나는 일을 하지 않고 스스로 심계를 두어 적공한다는 뜻이니라. 또 '우리 경전의 뜻을 일일이 해석하고 대소 유무의 이치에 걸림이 없다.'는 것은 성리에 토가 떨어지고 대체를 알며 진리의 본원 자리를 터득했다는 뜻이요, '생로병사에 해탈을 얻는다.'는 뜻은 가면 오는 것이요 주면 받는 것인 줄을 알아 생사 거래에 걸리고 막힘이 없다는 뜻이니라.

『대산종사법어』 법위편 22장

항마하는 길

대종사 과거 불조의 역사와 전법 게송 설명함을 들으시고 말씀하시었다. "그 분들의 역사를 들을 때에는 용이하게 정법의 스승을 만나서 일시에 별 고생 없이 성불하고 무상 대도를 증득한 것같이 경홀히 알 사람도 있을 것이다. 그러나, 글씨 하나만 잘 쓴다는 말을 듣기로 하여도 평생 정력을 쌓아야 되거든 하물며 무상 대도일까 보냐. 그러므로, 불가에 대법기를 이루는 데에는 두 가지 경로가 있으니, 하나는 견성을 하여 성품과 같이 양성을 하는 것이요, 둘은 법과 마를 구분하여 법강항마를 하는 길이다. 십지행록十地行錄을 보면 부처님 같으신 근기로도 다생을 통하여 인욕 정진을 하시어 일체 마군을 항복 받으셨다고 한다. 이와 같이 견성하는 길과 항마하는 길을 알아 가지고 꾸준히 공부하는 사람은 아는 것도 날이 새는 것같이 점진적으로 밝아지다가 해가 중천에 오르면 만상이 자연히 밝아지듯 될 것이며, 마군도 물러가는 줄 모르게 꼬리를 감추게 될 것이다. 밝음이 나면 어둠은 물러가고, 마군이 항복하면 정법이 설 것이니, 이 순서를 아는 사람은 안심하고 꾸준히 정진만 할 것이다."

『대종경선외록』 불조동사장 4절

부처는 누구냐?

법강항마위까지는 "부처는 누구며 나는 누구냐" 하는 큰 발분을 가지고 기운을 돋우며 정진하여야 하고, 법강항마위부터는 중생과 부처가 본래 하나라는 달관을 가지고 상相을 떼고 티를 없애는 것으로 공부를 삼아야 그 공부가 길이 향상되나니라. 『정산종사법어』 권도편 51장

삼방면의 항마

국방을 하는 데에도 육, 해, 공 삼방면의 방어가 필요한 것 같이 공부인에게도 삼방면의 항마가 필요하나니, 그는 곧 순경과 역경과 공경空境의 세 경계라, 순경은 내 마음을 유혹하는 경계요, 역경은 내 마음에 거슬리는 경계요, 공경은 내 마음이 게을러진 경계니, 법강항마할 때까지는 방어에 주로 주력하고 항마 후에는 이 모든 경계를 노복처럼 부려 쓰나니라.

『정산종사법어』 권도편 41장

'안으로
버리고자 하되 버릴 수 없고
잊고자 하되 잊을 수 없고
숨기고자 하되 숨길 수 없으며,
밖으로
길흉이 능히 그 뜻을 움직이지 못하고
순역이 능히 그 마음을 유혹하지 못하고
백가지 묘한 것이 능히 그 생각을 끌지 못하면
이것이 이에 바르게 깨친 진경이니라.'
정산鼎山종사의 법문이다.
생노병사의 해탈을 얻지 못하면 불가능한 경지이다.
이 해탈은 깨달음에서 왔기 때문에 견고하다.
세상을 한 집안 삼고
창생을 한 가족 삼는 출가위로 가려면
단단한 깨달음이 필요하다.

| 출가위-자문자답 |

출가위는
법강항마위 승급 조항을 일일이 실행하고 예비 출가위에 승급하여,
대소 유무의 이치를 따라 인간의 시비 이해를 건설하며,
현재 모든 종교의 교리를 정통하며,
원근 친소와 자타의 국한을 벗어나서
일체 생령을 위하여
천신만고千辛萬苦와 함지사지陷地死地를 당하여도 여한이 없는 사람의 위요,

『정전』 법위등급 중에서

다음과 같은 핵심 질문들과 응용 질문들에 자문자답하면서 본인의 수행 정도와 마음가짐을 가늠하고 챙겨보기 바란다. 〈자문자답-1〉은 별다른 설명 없이 원문을 문항으로 표기했고, 〈자문자답-2〉는 일반인이 알기 쉽도록 문항을 바꾸고 원문 내용을 설명했다.

〈자문자답-1〉 원문 중심 문항

	출가위 기준	○	×
1	출가위는 법강항마위 승급 조항을 일일이 실행하고 예비 출가위에 승급하여,		
2	대소유무大小有無의 이치를 따라 인간의 시비이해是非利害를 건설하며,		
3	현재 모든 종교의 교리를 정통하며,		
4	원근遠近 친소親疎와 자타自他의 국한局限을 벗어나서		
5	일체생령一體生靈을 위하여 천신만고千辛萬苦와 함지사지陷地死地를 당하여도 여한餘恨이 없는 사람의 위요,		

1. '출가위는 법강항마위 승급 조항을 일일이 실행하고 예비출가위에 승급하여,'

언제 어디서나 법이 백전백승하는 삶을 살고 있나?

소태산은 법강항마위부터 '첫 성위' 라고 했다. 인류 역사상 성인의 호칭을 얻은 인물이 얼마나 되는가를 생각해보면 이 말의 엄청난 무게를 알 수 있다. 출가위에 진입한다는 것은 법강항마위의 요건을 온전히 갖추었다는 뜻이다. 앞서 살펴본 바와 같이 어떤 상황에서도 늘 '법' 이 '마' 를 이기는 마음의 힘을 갖춰야 한다. 출가위에 '일체 생령을 위하여 천신만고와 함지사지를 당하여도 여한이 없는 사람' 이라는 내용이 있지만 사실은 이미 법강항마위에서도 생사해탈을 하고 어떤 경계 속에서도 정의로운 삶을 선택할 수 있는 능력이 있기 때문에 거의 출가위에 버금가는 희생적 삶의 태도를 가졌다고 할 수 있다. 그러한 마음의 힘을 갖춰야 비로소 출가위로 나아갈 수 있다.

2. '대소 유무大小有無의 이치를 따라 인간의 시비 이해是非利害를 건설하며,'

진리에 맞게 삶의 규범을 만들어 사람들을 지도할 수 있나?

법강항마위에서는 '대소유무의 이치에 걸림이 없으며' 라는 정도였다면 출가위에서는 '인간의 시비 이해를 건설' 하는 데까지 언급하고 있다. '이치' 를 깨닫는 것도 쉬운 일이 아니지만 인간 만사에 대한 옳고 그름이라는 '시비이해' 에 대한 기준까지 세울 수 있어야 출가위가 될 수 있는 것이다.

예컨대, 인간의 성품을 깨달아서 자유와 평등과 같은 진리의 속성을 인간사회의 덕목으로 제시하고 인류 사회 전반을 규율하는 규범으로 만들고자 한들 실제로는 그 일을 아무나 할 수 없는 것과 같다. 이치의 세계와 일의 세계는 다른 면이 있기 때문이다. 출가위에서는 일과 이치에 걸림이 없는 '이무애理無碍 사무애事無碍'의 경지가 요구된다. 명실상부한 구세 성인으로서 역할하기 위해서는 진리를 깨닫는 것만으로는 부족하고 '인간의 시비이해를 건설' 하는 데에까지 능력을 키워야 한다.

> 대종사 말씀하시기를 [음식과 의복을 잘 만드는 사람은 그 재료만 있으면 마음대로 그것을 만들어내기도 하고 잘못 되었으면 뜯어 고치기도 하는 것 같이, 모든 법에 통달하신 큰 도인은 능히 만법을 주물러서 새 법을 만들어 내기도 하고 묵은 법을 뜯어 고치기도 하시나, 그렇지 못한 도인은 만들어 놓은 법을 쓰기나 하고 전달하기는 할지언정 창작하거나 고치는 재주는 없나니라.] 한 제자 여쭙기를 [어느 위位에나 올라야 그러한 능력이 생기나이까.] 대종사 말씀하시기를 [출가위出家位 이상 되는 도인이라야 하나니, 그런 도인들은 육근六根을 동작하는 바가 다 법으로 화하여 만대의 사표가 되나니라.]
>
> 『대종경』 불지품 5장

출가위의 능력에 대한 소태산의 법문이다. 출가위 이상이 되어야 법을 만들기도 하고 고치기도 할 수 있다고 한다. 만약에 출가위의 법력을 갖추지 못한 사람들이 그와 같은 일을 한다면 진리에 어긋난 법들을 만들게 되고 인류 사회에 악영향을 미치거나 발전을 저해하는 법을 만들게 되고 말 것이다.

또한 법강항마위에서는 '육근을 응용하여 법마상전을 하되 법이 백전백승' 하는 정도이지만 출가위에서는 '육근六根을 동작하는 바가 다 법으로 화하여 만대의 사표가 되나니라.' 고 훨씬 높은 수준을 말하고 있다. 육근 동작의 수준이 이 정도라면 『정전』에 여러 번 나오는 '제불제성의 심인' 諸佛諸聖心印 이 될 만하다고 할 수 있다. 시대와 상황은 달라도 성인들이 행한 심신작용들이 모두 후대의 사표가 되고 있으니 그 심신작용의 깊은 곳에는 모든 부처와 성현들의 공통된 마음도장, 심인心印이 있었음이 분명하다.

후래의 공부인들은 제불제성의 심신작용이 기록된 경전을 보면서도 늘 그들의 마음에 맥을 대고 어떤 마음으로 심신작용을 했는지를 궁구해야 한다. 그래야 출가위 심법을 닮아갈 수 있기 때문이다. 또한 그래야 현재의 삶을 살아가면서 맞닥뜨리는 천만 경계에서 어떻게 시비이해를 운전하고 건설할 것인지 참고할 수 있기 때문이다.

3. '현재 모든 종교의 교리를 정통하며,'

현재 인류사회에 영향을 미치는 주요 종교들의 핵심 교리를 잘 알고 있나?

소태산은 『정전』 「법률은」에서 '때를 따라 성자들이 출현하여 종교와 도덕으로써 우리에게 정로正路를 밝게 하여 주심이요,' 라고 성자들의 출현과 그들의 역할을 요약 설명했다. 여기서 말하는 '때를 따라' 의 '때' 가 언제인지를 밝힌 법문도 있다.

> 세상이 말세가 되고 험난한 때를 당하면 반드시 한 세상을 주장할 만한 법을 가진 구세 성자救世聖者가 출현하여 능히 천지 기운을 돌려 그 세상을 바로잡고 그 인심을 골라 놓나니라.
>
> 『대종경』 전망품 1장

말세가 되어 중생들이 파란고해에 들어 고통을 받게 되는 때가 바로 성자들이 출현하는 '때' 인 것이고, 그들이 구세를 위한 방편으로 '종교와 도덕으로써 우리에게 정로를 밝게' 하는 것이다. 이런 역할이 바로 '대소 유무의 이치를 따라 인간의 시비 이해를 건설' 하는 일이다.

자신이 몸담은 종교만이 아니라 '현재 모든 종교의 교리를 정통' 해야 할 이유는 무엇일까? 출가위 단계에서는 이미 성인의 반열에 올라 시방일가市方一家 사생일신四生一身의 경지에서 구세의 책임을 지게 된다. 일체생령을 한 가족으로 알고 온 세상을 한 집으로 여긴다. 일체 생령을 고해에서 구원하기 위해 앞서 간 부처와 성현들이 어떤 구세 경륜을 실현해 왔는지를 알아야 한다. 그래야 자신이 이어받거나 새롭게 해야 할 일이 무엇인지 알 수 있기 때문이다. 불불계세佛佛繼世 성성상전聖聖相傳을 하기 위함이라고 할 수 있다. 제생의세濟生醫世 창생구원蒼生救援의 성업을 분담하기 위해서다.

4. '원근遠近 친소親疎와 자타自他의 국한局限을 벗어나서'

인연관계에 끌리지 않고 자신과 타인을 하나로 보는 삶을 살고 있나?

어리석은 사람들은 온전한 생각으로 취사하는 것이 아니라 '팔이 안으로 굽는다' 는 말처럼 인연의 멀고 가까움, 친하고 친하지 않음에 영향을 받아서 어리석은 행동을 하곤 한다. 그 정도에 그치지 않고 자신, 자기 가족, 자기 조직만을 우선해서 불미스러운 일들을 벌이기도 한다. 공인이 되어서도 빙공영사를 하는 사람도 적지 않다. 이런 수준으로는 출가위의 인격을 도저히 갖출 수 없다.

왜 사람들은 자신과 가까운 사람이나 친한 사람을 더 챙기고 위해줄까? 그 이유는 아마도 그렇게 하는 것이 자신에게 이익이 되고 기쁘기 때문이 아닐까 싶다. '자타' 自他란 개념은 '나' 라는 관념이 있기에 생겨난다. 만약에 '나' 라는 관념이 없거나 '나' 라는 테두리를 극복한다면 '나와 남' , '자타' 의 국한은 의미가 없게 된다. '나' 와 '남' 이라는 '국한' 은 '나' 와 '남' 을 가르는 '경계' 로부터 비롯되는 것이니 '국한' 역시 '경계' 가운데 하나라고 볼 수 있다. 이들 경계로 인해 '나' 와 '너' 라는 '분별' 이 발생하고 어리석은 마음이 그 분별에 '주착' 住着을 하면 그릇된 심신작용이 뒤따르게 된다. 출가위 심법이란 이런 국한과 경계에 분별하거나 주착하지 않는 '나' 와 '너' 가 없는 '국한 없는' 용심법이어야 한다.

'자타의 국한을 벗어난다' 는 것은 결국은 '소아' 小我를 무한히 키워서 '대아' 大我로 변화하든지 '나' 라는 것이 본래 공空함을 깨달아 '무아' 가 되는 길 밖에 없다. '원만구족 지공무사' 라고 할 때의 '지공무사' 至公無私의 경지가 되면 '무아' 가 된다고 할 수 있겠다. 그래야 소태산이 신앙과 수행의 완성적 인격체의 덕목으로 제시하는 '무아봉공' 無我奉公이 가능하다. 출가위의 인물이야말로 '원만구족 지공무사', '무아봉공' 의 인격체라고 할 수 있다.

생활하면서 자타의 좁은 틀에 사로잡혀서 심신작용을 하는지 자신을 살펴보고, 가까운 인연과 먼 인연을 다르게 대하는지 마음을 깊이 반조해보면 출가위 심법에 어느 정도나 합치하는지를 쉽게 알 수 있을 것이다.

대산이 '아집我執·법집法執·소국집小局執·능집能執을 뛰어넘어 일체의 상을 떠나야 부처님의 대열에 들고 중생을 제도한 실적이 있어야 출가위에 오를 수 있나니' 『대산종사법어』 법위편 29 중에서라고 설한 것도 '자타의 국한' 을 벗어나야 한다는 소태산의 가르침을 부연한 대목이라고 하겠다.

5. '일체 생령一體生靈을 위하여 천신만고千辛萬苦와 함지사지陷地死地를 당하여도 여한餘恨이 없는 사람의 위位요.'

일체 생령을 위해 어떠한 고통과 희생도 무릅쓸 수 있나?

타인을 위해 자신의 고통을 무릅쓰거나 생명까지 희생할 수 있는 사람이 몇이나 될까. 불가능에 가까운 일이다. 본문의 '천신만고' 는 수많은 경계 가운데 가장 고통스러운 경계를 표현하는 말이고 '함지사지' 란 요즘 말로 하자면 싱크홀이나 죽을 상황을 의미한다. 사랑하는 가족을 위한 희생이 아니라 '일체 생령' 을 위해서 고통을 감내하고 목숨까지 던진다는 말이니 평범한 사람은 도달하기 어려운 경지임에 분명하다. 더구나 희생 이후에도 마음에 '여한' 餘恨까지 없어야 하니 이 출가위의 심법은 '일체 생령이 바로 나' 라는 마음이 되지 않으면 불가능하다.

소태산의 대각 일성 가운데 '만유가 한 체성이요' 라는 대목이나 「일원상 법어」의 '이 원상의 진리를 각하면 시방 삼계가 다 오가吾家의 소유인 줄을 알며' 라는 대목, 「일원상 서원문」의 '일원의 위력威力을 얻고 일원의 체성體性에 합하도록 까지 서원함' 이라는 내용이 의미하는 바가 바로 출가위의 '자타의 국한' 을 벗어난 경지라고 할 수 있다. 소태산은 그 경지를 '일원상' 으로 상징화하고, 정산은 '한 울안 한 이치에 한 집안 한 권속이 한 일터 한 일꾼으로 일원세계 건설하자' 라고 했고, 대산은 이를 이어받아 '진리는 하나, 세계도 하나, 인류는 한 가족, 세상은 한 일터, 개척하자 하나의 세계' 라고 했다.

이런 경지의 심법을 아무나 가질 수는 없다고 현애상懸崖相을 내기 쉽지만 사실 사람들의 마음 안에는 이런 넓은 마음, 세상과 하나 되어 기꺼이 희생하고자 하는 마음이 원래부터 있다. 어쩌면 각박한 물질 위주의 세상에서 살다보니까 그런 마음의 존재를 쉽게 잊고 발휘하기도 힘들어진 것인지도 모른다. 이런 마음이 원래 없는 것인데 이런 마음을 억지로 만들어서 간직하고 발휘하라고 한다면 진리와 맞지 않다. 성불을 향해 나아갈 수 있다는 것은 우리들 마음에 불심이 있다는 것이니 출가위의 마음도 이미 각자의 마음에 있음을 명심해야 한다. 그 마음을 찾기 위해 노력하고 그 마음을 찾아서 기르고 발휘하기 위해서 「법위등급」을 공부하고 있는 것이다. 생활 속에서 심신작용을 할 때마다 내 마음이 얼마나 큰지, '나' 라는 무형의 뿌리 깊은 '국한' 은 없는지 지속적으로 살펴보아야 한다.

출가위 심법으로 살아가는 인물이 많은 세상이 되어야 진정으로 평화롭고 평등하고 자유로운 세상이 될 수 있다. '천 여래 만 보살' 을 말하는 이유도 한 사람의 부처와 소수의 보살로는 이런 세상을 만들 수 없기 때문이다. 소태산이 미륵불과 용화회상을 묻는 제자에게 '하나하나 먼저 깨치는 사람이 주인이 되나니라' 고 대답한 이유와 같다.

불퇴전不退轉

한 제자 여쭙기를 [어느 위에나 오르면 불퇴전不退轉이 되나이까.] 대종사 말씀하시기를 [출가위 이상이라야 되나니라. 그러나, 불퇴전에만 오르면 공부심을 놓아도 퇴전하지 않는 것이 아니니, 천하의 진리가 어느 것 하나라도 그대로 머물러 있는 것이 없는지라 불퇴전 위에 오르신 부처님께서도 공부심은 여전히 계속되어야 어떠한 순역 경계와 천마 외도라도 그 마음을 물러나게 하지 못할지니 이것이 이른바 불퇴전이니라.]

『대종경』 변의품 39장

시비이해 건설

대산 종사, '출가위'에 대해 말씀하시기를 「'대소 유무의 이치를 따라 인간의 시비 이해를 건설한다.'는 것은 일원의 진리를 깨달아 삼학 팔조와 사은 사요로 생활하고 천리를 보아다가 인사의 법을 마련함을 이름이니라. 또 '모든 종교의 교리를 정통한다.'는 것은 모든 성자가 하나의 진리를 깨달아 하나의 일을 하셨음을 아는 것이요, 모든 종교의 교서를 탐독함이 아니라 삼학 수행의 중도, 사은 신앙의 중도, 사요 실천의 중도로써 원만 구족하고 지공무사한 진리를 그대로 옮겨 쓰자는 것이며, 모든 이웃 종교의 교리에 걸리고 막힘이 없도록 하자는 것이니라.」

『대산종사법어』 법위편 28장

여한이 없다

대산 종사, 이어 말씀하시기를 「'원근 친소와 자타의 국한을 벗어나서 일체 생령을 위하여 천신만고와 함지사지를 당하여도 여한이 없다.'는 것은 심화·기화·인화가 되고 하늘도 원망하지 않고 다른 사람도 탓하지 않는 순일한 도심·공심·희열심으로 사생 일신 시방 일가의 큰살림을 개척함이니, 특히 법을 위하여서는 몸을 잊고 공을 위하여서는 사를 버려 교단을 내 집 내 살림 삼고 동지를 내 몸 내 형제 삼는다는 뜻이니라. 또한 아집·법집·소국집·

능집을 뛰어넘어 일체의 상을 떠나야 부처님의 대열에 들고 중생을 제도한 실적이 있어야 출가위에 오를 수 있나니, 주산 종사가 대종사께 '마음은 스승님께 드리고 몸은 세계에 바쳐 일원의 법륜을 힘껏 굴리며 영겁토록 쉬지 않겠나이다[獻心靈父 許身世界 常隨法輪 永轉不休].' 하신 출가시出家詩가 바로 출가위의 심법이니라.」 『대산종사법어』 법위편 29장

내가 관심을 가지는 사람
내가 걱정하는 사람
그 사람이 아프면 나도 아픈 사람
무엇이든 나눠주고 싶은 사람
별 탈 없이 행복하기를 바라는 사람
내가 책임지는 사람…
그 사람들의 크기가 곧
내 사랑의 크기가 아닐까
그 크기가 자꾸 넓어져 세상으로 넓어질 때
사람을 넘어 모든 존재로 퍼져나갈 때
그래서 더 이상 과거의 나로는 감당이 안 될 때
내가 너무 커져서 작은 '집'에 가둘 수가 없는 때를
'출가'出家라고 할 만하다.
집에서 몸을 빼내는 것이 출가가 아니라
'나'라는 '국한'에서 벗어나는 것이 진정한 출가다.

| 대각여래위-자문자답 |

대각여래위는
출가위 승급 조항을 일일이 실행하고 예비 대각여래위에 승급하여,
대자 대비로 일체 생령을 제도하되 만능萬能이 겸비하며,
천만 방편으로 수기 응변隨機應變하여 교화하되 대의에 어긋남이 없고
교화 받는 사람으로서 그 방편을 알지 못하게 하며,
동하여도 분별에 착이 없고 정하여도 분별이 절도에 맞는 사람의 위니라.

『정전』 법위등급 중에서

다음과 같은 핵심 질문들과 응용 질문들에 자문자답하면서 본인의 수행 정도와 마음가짐을 가늠하고 챙겨보기 바란다. 〈자문자답-1〉은 별다른 설명 없이 원문을 문항을 표시한 것이고, 〈자문자답-2〉는 일반인이 알기 쉽도록 문항을 바꾸고 원문 내용을 설명했다.

〈자문자답-1〉 원문 중심 문항

	대각여래위 기준	○	×
1	출가위 승급 조항을 일일이 실행하고 예비 대각여래위에 승급하였나?		
2	대자대비로 일체 생령을 제도하되 만능萬能을 겸비했나?		
3	천만 방편으로 수기응변隨機應變하여 교화하되 대의大義에 어긋남이 없나?		
4	(천만 방편으로 수기응변하여 교화하되) 교화 받는 사람으로서 그 방편을 알지 못하게 하나?		
5	동動하여도 분별에 착着이 없고 정精하여도 분별이 절도節度에 맞나?		

1. '대각여래위는 출가위 승급 조항을 일일이 실행하고 예비 대각여래위에 승급하여,'

출가위 승급 조항을 일일이 다 실행하고 있나?

'예비 대각여래위' 란 '예비 부처님' 이라고 할 수 있다. 소태산의 관점과 교리가 얼마나 개혁적인가. 어쩌면 '개혁적' 이라는 말보다는 '개벽적' 이라고 해야 할 것 같다. 평범한 사람들을 '보통급' 이라는 입문 단계부터 차근차근 성장을 시켜서 '부처' 라는 인격 완성의 궁극의 단계까지 성장하도록 하고 있으니 말이다. 소위 '부처님' 이라고 하면 당연히 '석가모니' 만을 떠올리던 오랜 통념을 뒤집고 있다. 『정산종사법어』 원리편6장에 의하면 소태산은 '과거 회상은 일여래 천보살 시대였으나 앞으로는 천여래 만보살이 출현하리라' 라고 예견했다. 그리고 그는 누구나 부처가 될 수 있는 세상을 꿈꾸며 거기에 맞는 교법을 세상에 내놓고 실제로 사람들을 그렇게 지도했다.

예비 대각여래위에 오르려면 다른 법위에서 언급한 바와 같이 그 이전 법위 승급 조항을 완전히 수행해야 한다. 소태산은 이를 '일일이 실행하고' 라고 표현했다. '보통급' 에서 출발한 성불의 여정은 '예비특신급' , '특신급' , '예비법마상전급' , '법마상전급' , '예비법강항마위' , '법강항마위' , '예비출가위' , '출가위' , '예비대각여래위' 를 거쳐서 '대각여래위' 를 앞두고 있는 것이다. '예비대각여래위' 란 그 이전 과정을 '일일이 실행하여' 거의 완벽한 인격 변화까지 이뤄냈음을 의미한다. 요컨대 '출가위' 에서 요구되는 항목에서 만점을 받아야 비로소 '예비 대각여래위' 에 승급하는 것이니 현실적으로 매우 희유하고 어려운 일이다.

2. '대자대비로 일체 생령을 제도하되 만능萬能이 겸비하며,'

모든 생령들을 큰 자비심으로 제도하고 그럴만한 능력을 갖추었나?

소태산은 대자대비의 심법을 부모의 자식에 대한 마음으로 설명했다. 일반적인 부모의 자식 사랑과 부처의 대자대비심이 다른 까닭은 부처의 경우에는 한 두 명의 자식이 아니라 '일체 생령' 을 모두 자신의 자녀로 생각하기 때문이다. 그래서 부처를 '사생 자부' 四生 慈父라고 칭하기도 하는 것이다. 또한 부처의 대자대비심이 일반적인 부모의 자녀에 대한 사랑과 질적으로 다른 면이 있음은 물론이다.

기본적으로 '대각여래위' 란 '일체 생령을 제도' 할 책임이 있음을 자각하고 있어야 한다. 그리고 그 일을 자신의 사명으로 삼아야 한다. 그리고 그 사명이 변질되지 않음은 그 사명의 원천이 바로 '대각' 에서 비롯되었기 때문일 것이다. 그래서 '대각' 이란 표현을 아무데나 쉽게 붙일 수 없는 것이다.

대각여래위는 '일체 생령을 제도' 하기 위해 온전히 자신의 삶을 헌신해야 한다. 부처의 '대자대비' 를 '동체대비' 同體大悲라는 말로 표현하기도 하는데 대각여래위의 대자대비는 일체생령을 '한 몸' 으로 깨닫고 느끼는 경지여서 깊은 마음에서 자연스럽게 우러나는 심신작용이 '일체 생령을 제도' 하는 행위로 나타나게 되는 단계라고 할 수 있다.

그런데 왜 '만능이 겸비하며' 라는 대목이 있는 것일까? 이 대목을 뒤집어서 해석해보면 소태산의 의도를 파악하기 한결 쉬워진다. 만약에 '대자대비로 일체 생령을 제도하되' '만능을 겸비' 하지 못하면 어떻게 되겠는가? '만능' 이라는 것은 '일체 생령을 제도' 하려면 필요한 능력이라고 할 수 있다. 한 두 사람이나 특정한 대상만을 제도한다고 해도 엄청난 능력이 요구되는데 일체 생령을 제도하려면 갖춰야 할 능력이 다방면에 걸쳐서 얼마나 많아야 할지 가늠하기조차 쉽지 않다. 이런 능력이 없이 측은지심이나 선의만으로 일체 생령을 제도한다고 나선다면 그 결과가 어떻게 되겠는가. 아마도 의도와는 다를 수밖에 없을 것이다. 자칫하면 '능력 없는 자비' 가 또 다른 고통과 비극을 초래할 수도 있다. '대자대비' 의 마음과 태도도 갖기 어렵지만 그 마음을 실현하는데 필요한 '만능' 을 갖춰야만 한다.

부처의 마음엔 기쁨도 있지만 아픔도 크고 깊다.
일체 생령의 고통이 크고 깊기 때문이다.
부처 노릇은 한 가정의 부모 노릇과는 비교할 바가 아니다.
온 세상 모든 생령들을 책임져야 하기 때문이다.
가지 많은 나무에 바람 잘 날이 없다.

사랑만으로 좋은 부모가 되는 게 아니듯
자비심만으로 부처가 되는 것도 아니다.
모든 자녀들을 잘 키워내는 능력이 있어야 하듯이
일체 생령을 온전히 키워내는 능력이 있어야 한다.
사랑에는 책임과 능력이 따른다.
부처도 그렇다.
천만 경계에서 고통 받는 무수한 중생들을 구하려면
만 가지 능력, '만능'을 갖춰야 한다.
그런데 만능을 갖추기까지 얼마나 오래 공을 들여야 할까?
대자대비심이 있어야 가능한 일인 듯하다.

3. '천만 방편千萬方便으로 수기응변隨機應變하여 교화하되 대의에 어긋남이 없고'

모든 경계와 기틀에 따라 온갖 방법으로 교화하되 대의를 벗어나지 않는가?

'일체 생령' 을 제도하려니 '만능' 이 필요하다. '만능' 을 갖추었어도 그 능력을 '천만 경계' , 모든 상황에서 발휘하기란 결코 쉽지 않다. 또 다른 경지로 올라서야 자유자재로 일체 생령을 제도할 수 있는 수기응변의 능력을 갖게 되는 것이다. 천만 경계에 맞게,

수시로 바뀌는 기틀에 따라 그 능력을 발휘해야 하니 그 '만능' 은 '천만 방편' 千萬方便으로 발휘되어야 한다. 목적을 달성하기 위한 다양한 수단과 방법을 구사할 줄 알아야 한다는 말이다. 또한 너무나 당연하게도 그 수많은 방편들은 '진리' 에 바탕해야 하고 '성불제중' , '제생의세' 라는 '대의' 大義에 어긋나지 않아야 한다. 대의에 어긋난 '방편' 은 이미 '방편' 이 아니고 그냥 '수단' 이나 '방법' 이라고 할 수 있을 뿐이다. 목적이 대의에 바탕해야 하고 수단과 방법도 온전히 대의에 맞아야 한다. 목적과 방편이 괴리되지 않아야 '교화' 敎化이고 '제도' 濟度라고 할 수 있다. 대의에 어긋남이 없이 천만 방편으로 수기응변해서 교화할 수 있어야 여래의 '만능' 이라고 할 수 있다.

의대를 졸업했다고 해서
모든 환자를 치료할 수는 없다.
아무리 많은 의술을 연마해도
새롭고 낯선 병들이 생긴다.
훌륭한 의사란 어떤 의사일까?
오래전부터 부처님을 의왕醫王이라고 했으니
참 의미 깊은 비유이다.
내과 외과를 가리지 않고 모든 환자를 가리지 않고
모든 환자를 살려내는 의왕,
마음병까지 치유하고 병든 문명도 살려내는 의왕,
새로운 병에는 새로운 의술로 대응하는 의왕,
이왕이면 만능이 겸비한 의왕이 되자!

4. '교화 받는 사람으로서 그 방편을 알지 못하게 하며,'

교화를 받는 사람들이 교화를 받는 것조차 알지 못하게 하고 있나?

'교화'教化란 '가르치고 이끌어서 좋은 방향으로 나아가게 함', '부처의 진리로 사람을 가르쳐 착한 마음을 가지게 함'「네이버 표준국어대사전」이란 의미이다. 『대종경』실시품5장의 '무릇 불법의 대의는 모든 방편을 다하여 끝까지 사람을 가르쳐서 선으로 인도하자는 것'이라는 표현이 소태산이 생각하는 교화의 의미일 것이다. 소태산은 대각여래위에 걸맞은 교화란 '교화를 받는 사람으로서 그 방편을 알지 못하게' 행해져야 함을 말하고 있다. '교화를 하는 교화자'로서 무상無相의 교화를 전제로 해야 가능한 일인데 '교화를 받는 사람' 입장에서 그 교화의 '방편'을 의식하지 못할 정도로 완전한 교화를 하도록 요청하고 있다.

왜 피교화자가 교화의 방편조차 모르게 해야 하는 것일까? 아마도 온전한 교화가 이뤄지기를 바라기 때문이 아닐까? 이른바 '무위의 교화'無爲 敎化가 이뤄져야 하기 때문일 것이다. 법강항마위부터는 견성을 통해서 만유가 한 체성임을 깨달았다면 출가위에서는 일체 생령과 한 가족이 되는 단계이고, 대각여래위에서는 일체 생령과 온전히 한 몸이 되어 대자대비를 행하게 되는 단계여서 교화의 대상과 주체가 나뉘지 않는 '교화 아닌 교화'가 이뤄져야 참다운 교화가 이뤄진다고 할 수 있다.

'교화 아닌 교화', '무위의 교화'란 무엇일까? 『금강경』에서 '수보리야 보살도 또한 이와 같아서 만일 이러한 말을 하되 "내가 마땅히 무량 중생을 멸도하였노라"하면 곧 보살이라고 이름하지 못할지니, 어찌한 연고인고 수보리야 실로 법 있음이 없을새 이를 보살이라 이름하나니(하략)'라고 석가모니불이 설한 대목이나, 『정전』 천지보은의 조목에서 '천지의 응용무념應用無念한 도를 체받아서 동정간 무념의 도를 양성할 것이며, 정신·육신·물질로 은혜를 베푼 후 그 관념과 상相을 없이 할 것이며, 혹 저 피은자가 배은 망덕을 하더라도 전에 은혜 베풀었다는 일로 인하여 더 미워하고 원수를 맺지 아니할 것이니라.'라고 한 내용을 참고할 만하다. 교화자와 피교화자가 하나가 되고 목적과 방편이 하나가 되어 무위의 교화·무상의 교화·무념의 교화가 되어야 비로소 온전한 교화가 되고 어떤 후유증도 남지 않는 대자대비의 교화가 될 수 있기 때문에 소태산이 '방편을 알지 못하게' 라는 표현을 하지 않았나 싶다. 대자대비와 만능이 흘러넘쳐서 자연스럽게 교화가 이뤄지는 법위가 바로 대각여래위이다.

정말 큰 것은 보이지 않고 아주 큰 소리는 들리지 않듯이
큰 사랑은 느끼기 어렵고 깊은 자비는 자비롭지 않을 수 있다.
아이가 잠들었을 때 어머니는 밥을 하고
중생이 웃을 때 부처는 울고 있다.

5. '동하여도 분별에 착着이 없고 정하여도 분별이 절도節度에 맞는 사람의 위니라.'

일 할 때는 분별하되 집착하지 않고 일 없을 때에도 분별이 법도에 맞는가?

드디어 소태산이 공부인의 수행 정도에 따라 여섯 등급으로 나눈 법위의 맨 윗 단계인 대각여래위 내용 가운데서도 가장 마지막 대목에 다다랐다. 가장 독특할 것 같은 대목이 오히려 일견 매우 평범해 보인다. '동하여도 분별에 착이 없고 정하여도 분별이 절도에 맞는 사람의 위' 라고 대각여래위의 마지막 덕목을 정의하고 있다.

'동' 動은 흔히 '일이 있을 때' 나 '심신작용하는 때' 등 활동을 하는 때나 상태를 이르는 말이다. '정' 靜은 그 반대로 '일이 없을 때' 나 '심신작용을 하지 않는 때' , 활동을 하지 않는 때나 상태를 의미한다. 더 간단히 말하자면 '움직임' 이 있으면 '동' 이고 '움직임' 이 없으면 '정' 이다. 생활 속에서 동과 정을 나누는 것은 비교적 쉽다. 일반적으로 수행을 위해서 동과 정을 나눠보는 관점에서는 '일' 의 유무 또는 '적극적 활동' 의 유무를 기준으로 동과 정을 정의하는 것이 타당할 것이다.

'동動하여도 분별分別에 착着이 없다' 는 것은 무슨 의미일까. 일을 하거나 적극적인 활동이나 심신작용을 할 때는 '분별' 을 하지만 주착하지 않는다는 것이다. 나누어 구별하는 것이 분별이니 일을 하거나 활동을 하면서 분별은 필수적인 심신작용일 수밖에 없다. 하지만 분별된 것 중 하나에 편착偏着하거나 집착執着하는 착심着心을 내지 말아야 한다는 말이다. '분별에 착' 한다는 것은 '온전한 생각으로 취사' 하지 못한다는 것이고 삼학의 수행이 소용없어지는 일이 되고 만다. 마음의 자유를 잃고 주착심의 노예가 된다는 의미이다. '동하여도 분별에 착이 없는 경지' 는 평소에 삼학 수행으로 마음의 힘을 얻고 천만 경계에서도 '응용하는 데 온전한 생각으로 취사' 하는 상시 훈련으로 단련되어 있어야 가능한 경지라고 할 수 있다.

'정하여도 분별이 절도에 맞는' 다는 것은 무슨 의미일까. 여기서의 '정' 은 돌과 같은 무생물의 정이 아니라 '일' 이 없는 상태거나 '적극적인 활동' 이 없는 상태라고 할 수 있다. 몸을 움직이지 않아도 마음은 분별을 하는 상태인데 그 마음의 분별 작용이 '절도' 節度에 맞아야 한다는 뜻이다. '절도' 란 '일이나 행동 따위를 정도에 알맞게 하는 규칙적인 한도' 「네이버-표준국어대사전」를 의미하니, 마음의 분별 작용이 적절해야 한다는 뜻이다. 대각여래위의 수행자에게는 아마도 가장 궁극적인 수행의 단계라고 할 수 있겠다. 오직 자신만이 알 수 있는 정할 때의 마음마저 진리에 맞게 분별해야 하기 때문이다.

흔히 수행자는 '분별' 을 하지 않거나 '분별심' 자체를 피해야 할 것으로 여기는 경우가 많은데 이는 매우 잘못된 견해이다. 『정전』 「정신수양」 내용 가운데서 '정신이라 함은 마음이 두렷하고 고요하여 분별성과 주착심이 없는 경지를 이름이요, 수양이라 함은 안으로 분별성과 주착심을 없이하며 밖으로 산란하게 하는 경계에 끌리지 아니하여 두렷하고 고요한 정신을 양성함을 이름이니라.' 는 대목을 모든 경우에 적용해서 '분별성' 이나 '분별' 자체를 부정적으로 보는 경우가 있는데 이런 견해는 이 법문이 '정신수양' 에 한한 것을 망각한 데서 비롯된 잘못된 견해이다. 분별성과 주착심을 없게 하는 '정신수양' 공부를 해야 일상생활에서 온전한 분별을 할 수 있고 그래야 적절한 취사도 할 수 있는 것이다. 천만 경계에 응해서 심신작용을 제대로 하려면 '분별' 을 하지 않을 수 없다. 오히려 정신수양은 온전한 분별을 하기 위해서 하는 공부라고 할 수 있다.

또한 흔히 동할 때는 분별을 해야 하지만 정할 때는 분별을 하지 말아야 한다고 생각하기 쉬운데 소태산은 '동하여도 분별에 착이 없고 정하여도 분별이 절도에 맞는 사람의 위' 라고 해서 동과 정 두 경우 모두 '분별' 을 말하고 있다. 여기서 알 수 있는 것은 '정' 할 때에도 '분별' 작용이 없을 수 없다는 사실이다. 정할 때에도 '분별' 하는 마음을 진리에 맞게, 절도 있게 해야 한다는 것이다. 정할 때 '분별심' 을 내야 할지 말지를 결정하기 위한 '분별' 도 할 수 밖에 없는 것이다. '일이 없으니 분별성조차 없는 온전한 정신 수양을 해야겠다' 라고 마음 먹는 것조차 일종의 '분별' 인 셈이다.

예컨대, 아무 일 없이 한가로운 때에도 마음에서는 분별작용이 계속되는데 이런 경우 '분별이 절도에 맞는다' 는 의미는 무엇일까? 해야 할 생각이 있다면 하고, 하지 않아야 할 생각이라면 하지 않아야 한다. 마음의 분별작용을 하거나 하지 않을 수 있는 마음의 힘이 있어야 가능한 경지이다. 정할 때에도 마음을 내고 거두는 데 자유로워야 하고, 마음의 방향도 마음대로 잡을 수 있어야 한다. 마음을 자율할 수 있을때 비로소 소태산이 말하는 '마음의 자유' 를 얻을 수 있을 것이다. 이 마음의 자유가 심신의 자유를 가능하게 하고 인격의 변화는 물론 정신개벽, 참 문명세계, 광대무량한 낙원을 가능하게 하는 원동력이다.

이 대목과 관련된 교리를 보면 소태산이 「무시선법」에서 '육근六根이 무사無事하면 잡념을 제거하고 일심을 양성하며, 육근이 유사有事하면 불의를 제거하고 정의를 양성하라.' 고 한 무시선법의 강령이 있으며, 「일원상 서원문」의 '일원의 위력을 얻도록 까지 서원하고 일원의 체성에 합하도록 까지 서원함' 이란 내용 중에서 '일원의 위력을 얻' 는 부분은 '동' 할 때 '일원의 체성에 합하' 는 부분은 '정' 할 때의 공부로 볼 수 있을 것이다. 또한 「일원상 법어」에서 '원만구족 지공무사' 圓滿具足 至公無私라는 내용의 '원만구족' 은 '정' 할 때, '지공무사' 는 '동' 할 때의 공부 표준으로 볼 수 있겠다.

단, 소태산이 교리 표어로 '동정일여' 動靜一如을 제시한 데서 알 수 있는 바와 같이 동과 정을 완전히 둘로 나눠서만 본다든지 해석한다면 그건 소태산의 본의와 어긋난다는 것을 유념해야 한다. 소태산의 일원 사상 안에서는 모든 대립적 사물이나 현상들이 '하나' 로 수렴되고 융통되기 때문이다.

소태산이 제시한 최고 법위단계인 대각여래위 항목의 마지막 내용이 '동정' 의 관점에서 설명되고 그의 수행론 또한 '정기훈련' 과 '상시훈련' 으로 구분해서 실시하되 서로 긴밀히 연결되어 상승효과를 내도록 한 점은 수행의 동정일여를 교리적으로 구조화한 것으로 볼 수 있다. 동과 정으로 나누어 물 샐 틈 없이 수행을 하도록 한 것 또한 미래 사회를 내다 본 주세불 소태산의 자비로운 방편이라고 하겠다. 내용과 관련된 소태산과 대산의 법문을 참고하기 바란다.

동정일여

수양이 깊은 큰 도인들이 경계를 당하는 것은 마치 큰 바다가 바람을 만나되 겉은 동하나 속은 여여한 것 같은 것이다. 설혹 큰 경계를 당하여도 그 마음이 움직이지 아니하고 설혹 마음이 움직이더라도 본성에 가서는 조금치도 흔들리는 바가 없어서, 항시 동하여도 항시 정하고, 항시 정하여도 항시 동하여 동정이 한결같은 것이다.

『대종경선외록』 일심적공장 7절

만능겸비

'대자대비로 일체 생령을 제도하되 만능이 겸비한다.'는 것은 만능·만지·만덕이 되어 한 중생도 스스로 버릴 수 없는 대자대비로 누가 미워하고 싫어하고 멀리한다 할지라도 조금도 거기에 끌리지 않고 죽이고 살리고를 자유자재하는 큰 능력으로 제도함을 이름이니라. 또 '천만 방편으로 수기응변하여 교화하되 대의에 어긋남이 없다.'는 것은 어떠한 경우에 처할지라도 회상의 법통을 어기지 아니하고 자리이타로 하다가 안 될 때는 내가 해害를 차지하는 심법을 가진다는 뜻이요, '교화 받는 사람으로서 그 방편을 알지 못한다.'는 것은 생각으로 헤아려 알 수도 없고 흔적을 찾을 수도 없는 경지

를 이름이니라. 『대산종사법어』 법위편 35장

분별무착分別無着

대산 종사, 이어 말씀하시기를 「'동하여도 분별에 착이 없다.'는 것은 활선 공부로 육식이 육진 중에 출입하되 섞이지도 아니하고 물들지도 아니하여 매사에 중도행을 하며 온전한 생각으로 취사함을 이름이니, 일체 경계에 부동심이 되고 모든 일이 때에 맞아서 '응무소주 이생기심應無所住而生其心' '화이 불류和而不流' '화광 동진和光同塵'이 되는 것을 이름이니라. 또 '정하여도 분별이 절도에 맞다.'는 것은 일이 없을 때는 일이 있을 때를 대비해 준비 공부를 하자는 것으로 선정 삼매禪定三昧와 나가 대정那伽大定과 적멸 궁전寂滅宮殿과 대적 광전大寂光殿과 무위 대행無爲大行의 정정 공부定靜工夫를 하자는 것이니라.」 『대산종사법어』 법위편 36장

분별유절分別有節

'동하여도 분별에 착이 없고 정하여도 분별이 절도에 맞다.'는 말은 세상을 위해 일할 때는 착 없이 하고, 정할 때는 노를 품고 숨어서 준비를 해야 한다는 뜻이니라. 대종사께서도 대각하신 후 변산에 가시어 교법을 제정하신 것은 태평양의 많은 고기를 맨손으로 잡지 않고 뒤로 물러나 그물을 짜신 것과 같으니라. 『대산종사법어』 법위편 37장

대각도인

과거에는 도가나 정부나 민간에서 각각 차별 세우는 법을 주로하여 여러 사람을 다스려 왔지마는 돌아오는 세상에는 어떠한 처지에서나 그 쓰는 법

이 편벽되면 일반 대중을 고루 화하게 하지 못할 것이니, 그러므로 우리 회상에서는 재가 출가와 남녀 노소를 물론하고 대각한 도인이 나면 다 여래위로 받들 것이요, 생일이나 열반 기념일이나 기타 모든 행사에도 어느 개인을 본위로 할 것이 아니라, 이 회상을 창립한 사람이면 다 같이 한 날에 즐겨할 일은 즐겨하고 슬퍼할 일은 슬퍼하게 하여야 하리라.

『대종경』 부촉품 17장

여래의 명호

또 묻기를 [영모전 위패에 대종사에게 여래의 명호를 바쳤사온데 종래 불교에서는 서가모니불 이외에는 함부로 쓰지 못하게 한 명호이오니 혹 외람되이 생각하는 이가 있지 아니하오리까.] 답하시기를 [여래는 부처님의 열가지 명호 중 하나로서 대단히 존중한 명호인 것이 사실이나, 여래의 명호를 가지신 어른이 한 분에만 그치고 다시 이어 나오는 인물이 없다면 이는 쇠퇴하는 불교에 지나지 못하는 것이요, 또는 그러한 인물이 있음에도 불구하고 공연히 그 명호를 금한다면 이는 정신적 제압에 지나지 못할 것이니라. 우리가 추상으로 생각하여 보아도 서가모니불께서 삼천년 동안에 중생을 위하사 여러 번 이 세상에 출현하셨을 것인데 그 한 부처님 한 법력으로써 같은 명호를 갖지 못하셨다면 도리어 이치에 모순된 일이 아니겠는가. 그러므로, 우리 회상에서는 여섯 가지 법위 가운데 대각 여래위의 최고 법위를 정식으로 두어서 대종사 뿐 아니라 어느 대를 막론하고 선진 도인이 인가를 하시든지 또는 많은 대중이 일제히 봉대할 때에는 그 실력을 따라 여래의 명호를 제한하지 아니할 것이니라. 그러나 이것이 그 중한 명호를 함부로 쓰는 것도 아니요, 또는 종래의 법통을 문란히 하는 것이 아니라, 법위를 올릴 때에는 반드시 승진에 대한 조례가 있고, 법통에 대하여도 조상은 조상이요 자손은 자손인 그 대수代數 구분이 역역히 있나니, 이를 무조건하고 외람이라고만 평한다면 다시 변명할 것이 없지마는 만일 조

리를 찾아서 말한다면 이것이 외람이 아니라 도리어 불법의 문을 크게 열어 주는 것이라고 생각하노라.]

『정산종사법어』 예도편 13장

4. 성불의 두 가지 큰 길

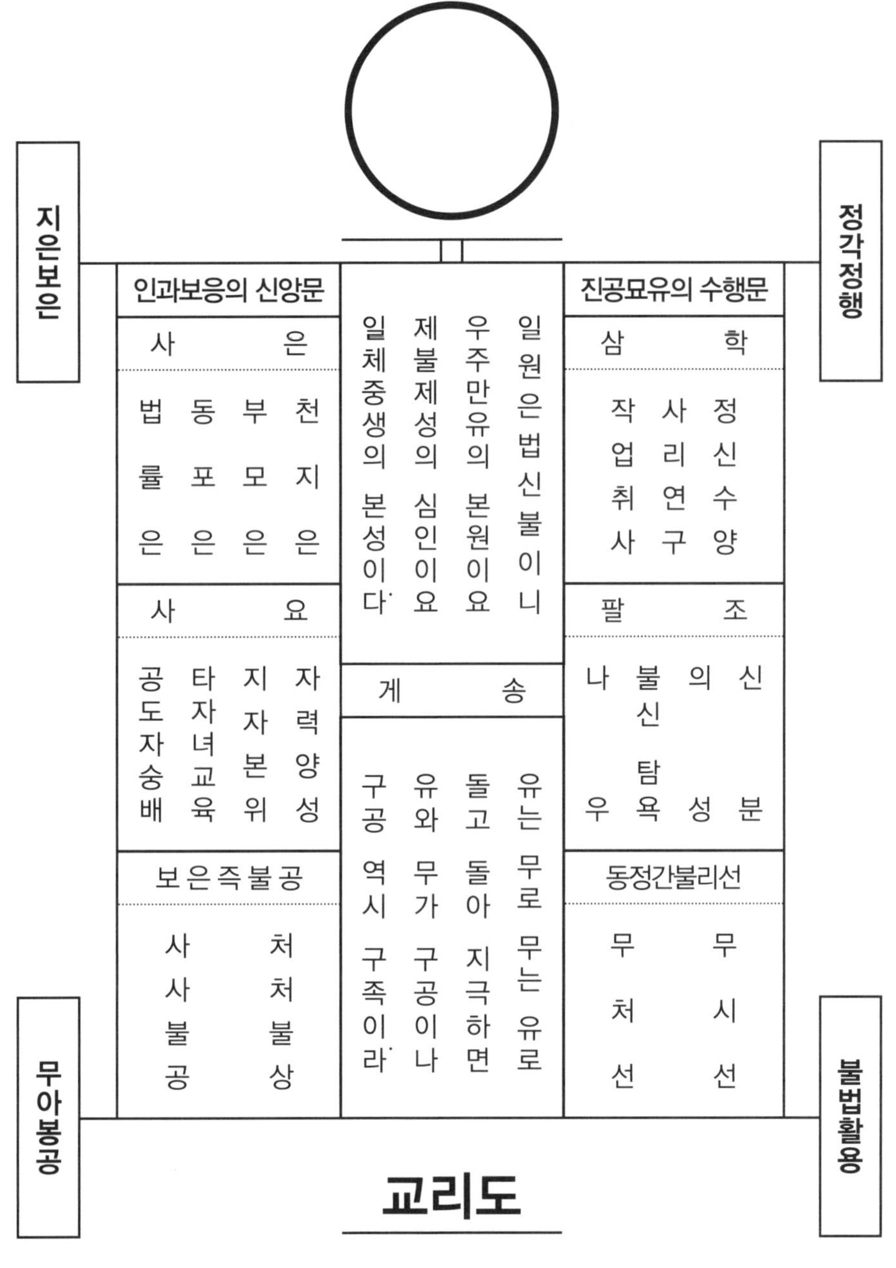

『정전』 교리도(한글)

1. 인생의 요도와 공부의 요도

신앙문·수행문

소태산은 「교리도」에서 부처가 되는 길을 두 가지로 제시했다. '인과보응의 신앙문'과 '진공묘유의 수행문' 이다. 하나는 은혜를 알고 은혜에 보답하는 '지은보은' 의 길이고, 또 하나는 마음공부로 진리를 깨닫고 진리대로 행동하는 '마음공부' 의 길이라고 할 수 있다. 신앙은 '사은사요' 를 핵심 내용으로 하고 수행은 '삼학 팔조' 를 핵심으로 삼는다. 「교리도」에 따라 부연하자면 '지은보은' 과 '무아봉공' 의 신앙길과 '정각정행' 과 '불법활용' 의 수행길이라는 두 가지 길을 제시했다고도 할 수 있다.

인생의 요도와 공부의 요도

사은·사요는 인생의 요도人生 要道**요, 삼학·팔조는 공부의 요도**工夫 要道**인 바**, 인생의 요도는 공부의 요도가 아니면 사람이 능히 그 길을 밟지 못할 것이요, 공부의 요도는 인생의 요도가 아니면 사람이 능히 그 공부한 효력을 다 발휘하지 못할지라, 이에 한 예를 들어 그 관계를 말한다면, 공부의 요도는 의사가 환자를 치료하는 의술과 같고, 인생의 요도는 환자를 치료하는 약재와 같나니라.

『정전』인생의 요도와 공부의 요도

소태산은 『정전』「교의편」에서 사은·사요의 신앙과 삼학·팔조의 수행에 대한 교리를 서술하고 바로 '인생의 요도와 공부의 요도' 라는 내용으로 신앙과 수행을 하나로 묶어서 병진해야 함을 말하고 이 둘이 서로 긴밀히 연계된 것임을 말하고 있다. 아마도 신앙과 수행을 둘로 나눠서 이해하거나 순서상 선후 관계로 나눠볼 우려를 방지하려 한 것 같다. 소태산이 직접 쓴 『정전』이라는 교리서에서 신앙 부분이 먼저 다뤄지고 그 다음에 수행 부분이 다뤄지지만 이는 단순히 서술상으로 피할 수 없는 현상일 뿐이다.

특히 '교리도' 를 보면 신앙과 수행이 완전히 수평적으로 표현되고 있음을 알 수 있다.

소태산은 그냥 '인생의 도', '공부의 도' 라고 표현해도 될 듯한데 '요도' 要道라는 표현으로 '반드시 가야할 길' 로서 그가 제시한 신앙과 수행의 핵심 내용을 강조하고자 했다. 또한 '인생의 요도는 공부의 요도가 아니면 사람이 능히 그 길을 밟지 못할 것이요, 공부의 요도는 인생의 요도가 아니면 사람이 능히 그 공부한 효력을 다 발휘하지 못할지라' 라고 두 가지 길의 병진을 말하고 있다. 의술과 약재의 비유까지 동원해서 두 가지가 상호 의존적이고 보완적인 것임을 강조했다.

두 길과 법위

> 법마상전의 뜻을 알아 법마상전을 하되 **인생의 요도와 공부의 요도**에 대기사大忌事는 아니하고, 세밀한 일이라도 반수 이상 법의 승勝을 얻는 사람의 급이요,
>
> 『정전』 법위등급 중에서

이 법문은「법위등급」중 '법마상전급' 에 나오는 내용이다. '인생의 요도' 와 '공부의 요도' 라는 표현이 처음으로 나오는데 소태산의 교리상으로 보자면 '인생의 요도' 와 '공부의 요도' 를 온전히 실행하는 정도가 결국은 법위등급으로 나뉜 것이라고 할 수 있다. '인생의 요도' 와 '공부의 요도' 가 무엇인지도 모르고 시작하는 단계가 '보통급' 이라면 내용을 잘 이해하지 못해도 믿음으로 실행하는 단계가 '특신급' 이라고 할 수 있고 궁극에는 이 길을 통해서 완전한 인격을 갖추고 일체 생령을 제도하는 만능까지 겸비하는 단계가 '대각여래위' 라고 할 수 있다.

부처의 지견
부처의 실행

> 한 제자 여쭙기를[부모 보은의 조목에 "**공부의 요도와 인생의 요도를 유루**

없이 밟으라." 하셨사오니 그것이 어찌 부모 보은이 되나이까.] 대종사 말씀하시기를 [공부의 요도를 지내고 나면 부처님의 지견을 얻을 것이요, 인생의 요도를 밟고 나면 부처님의 실행을 얻을지니, 자녀된 자로서 부처님의 지행을 얻어 부처님의 사업을 이룬다면 그 꽃다운 이름이 너른 세상에 드러나서 자연 부모의 은혜까지 드러나게 될 것이라, 그리 된다면 그 자녀로 말미암아 부모의 영명令名이 천추에 길이 전하여 만인의 존모할 바 될 것이니, 어찌 단촉한 일생에 시봉만 드리는 것에 비하겠는가. 그러므로, 이는 실로 무량한 보은이 되나니라.]

『대종경』 변의품 25장 중에서

삼학·팔조의 공부의 요도가 곧 수행의 길이니 이를 통해서 부처의 지견을 얻는다고 했다. 이는 정신수양으로 수양력, 사리연구로 연구력, 작업취사로 취사력을 얻는다는 말과 같다. 또한 이렇게 수행을 하게 되면 자연히 부처의 실행을 하게 되니 이는 사은의 은혜를 알아서 보은하는 지은보은의 삶을 살게 된다는 의미이다. 불보살이 된다는 것은 언제 어디서나 마땅히 가야할 길을 간다는 것이고 그 길이 진리의 길이라면 반드시 인격이 향상되고 진급이 될 것이다. 소태산이 제안한 인생의 요도와 공부의 요도는 사실 두 개의 길이 아니라 하나의 길이다. 마음공부하면서 보은하는 이 길을 가며 무지몽매했던 중생이 부처의 지견과 실행을 얻게 되고 서서히 부처로 변화하게 되는 것이다. 소태산은 이 길이 바로 성불에 이르는 길이라고 안내하고 있다.

진리적 종교의 신앙
사실적 도덕의 훈련

그러므로, 진리적 종교의 신앙과 사실적 도덕의 훈련으로써 정신의 세력을 확장하고, 물질의 세력을 항복 받아, 파란 고해의 일체 생령을 광대무량한 낙원樂園으로 인도하려 함이 그 동기니라.

『정전』 개교의 동기 중에서

소태산은 「개교의 동기」에서 일체 중생이 파란고해에서 고통 받는 이유를 물질의 노예 생활에서 찾았고 그것에서 해방되는 길로서 '진리적 종교의 신앙' 과 '사실적 도덕의 훈련' 을 제시했다. 소태산이 '인생의 요도' 라고 이름한 '사은·사요' 의 신앙 교리와 '공부의 요도' 라고 이름한 '삼학·팔조' 의 수행 교리가 바로 자신이 제시한 '진리적 종교의 신앙' 과 '사실적 도덕의 훈련' 에 대한 구체적 대안이었던 셈이다. 이미 출현한 여러 부처와 성현들이 일체생령의 제도를 위해 내 놓은 '진리적 종교의 신앙' 과 '사실적 도덕의 훈련' 을 어느 정도 인정한 것이고 미래에도 여러 가지 종교와 가르침이 등장하겠지만 그것들의 내용이 '진리적 종교의 신앙' 이어야 하고 '사실적 도덕의 훈련' 에 기반 해야 함을 설한 것이다. 이렇게 열린 태도를 갖고 있는 소태산이 내놓은 교리가 바로 '사은·사요' 와 '삼학·팔조' 인 것이니 자신의 교리에 대한 자긍심이 전제되어 있음을 추측할 수 있다.

함께 가자
이 길을

> 한 제자 여쭙기를 [어떠한 것을 큰 도라 이르나이까.] 대종사 말씀하시기를 [**천하 사람이 다 행할 수 있는 것은 천하의 큰 도요**, 적은 수만 행할 수 있는 것은 작은 도라 이르나니, 그러므로 우리의 일원 종지와 사은 사요 삼학 팔조는 온 천하 사람이 다 알아야 하고 다 실행할 수 있으므로 천하의 큰 도가 되나니라.]
>
> 『대종경』 교의품 2장

불교의 '소승' 小乘과 '대승' 大乘처럼 소태산은 '큰 도' 와 '작은 도' 라는 비유로 방편적 표현을 하고 있다. 소태산은 자신이 제시한 '일원 종지' 一圓 宗旨와 '사은·사요' 와 '삼학·팔조' 의 교리가 모든 사람이 다 함께 갈 수 있는 '큰 길' 이라고 확신했다. 그래서 '인생의 요도', '공부의 요도' 라는 표현을 사용한 것 같다.

그런즉 이 병들을 고치기로 할진대 무엇보다 먼저 도학을 장려하여 분수에 편안하는 도와, 근본적으로 은혜를 발견하는 도와, 자력 생활하는 도와, 배우는 도와, 가르치는 도와, 공익 생활하는 도를 가르쳐서 사람 사람으로 하여금 안으로 자기를 반성하여 각자의 병든 마음을 치료하게 하는 동시에, 선병자 의先病者醫라는 말과 같이 밖으로 세상을 관찰하여 병든 세상을 치료하는 데에 함께 노력하여야 할지니, **지금 세상의 이 큰 병을 치료하는 큰 방문은 곧 우리 인생의 요도인 사은 사요와 공부의 요도인 삼학 팔조라, 이 법이 널리 세상에 보급된다면 세상은 자연 결함 없는 세계가 될 것이요, 사람들은 모두 불보살이 되어 다시없는 이상의 천국에서 남녀노소가 다 같이 낙원을 수용하게 되리라.**

『대종경』 교의품 35장

소태산은 '파란고해의 일체 생령을 광대무량한 낙원으로 인도하려 함이 그 동기니라.' 라고 「개교의 동기」에서 천명한 목적을 '인생의 요도' 와 '공부의 요도' 라는 교리적 방편으로 실현하려는 초지일관한 태도를 보이고 있다.

세간에서 공부하라

나의 법은 인도상 요법人道上要法을 주체삼아 과거에 편벽된 법을 원만하게 하며 어려운 법을 쉽게 하여 누구나 바로 대도에 들게 하는 법이어늘, 이 뜻을 알지 못하고 묵은 생각을 버리지 못하는 사람은 공부를 하려면 고요한 산중에 들어가야 한다고 하며, 혹은 특별한 신통神通을 얻어서 이산 도수移山渡水와 호풍 환우呼風喚雨를 마음대로 하여야 한다고 하며, 혹은 경전·강연·회화는 쓸 데 없고 염불·좌선만 해야 한다고 하여, 나의 가르침을 바로 행하지 않는 수가 간혹 있나니, 실로 통탄할 일이니라. 지금 각도 사찰 선방이나 심산궁곡에는 평생 아무 직업 없이 영통이나 도통을 바라고 방황하는 사람이 그 수가 적지 아니하나, 만일 세상을 떠나서 법을 구하며 인도를 여의고 신통만 바란다면 이는 곧 사도邪道니라. 그런즉, 그대들은 먼저 나의 가르치는 바 **인생의 요도와 공부의 요도에 따라 세간 가운데서 공부를 잘 하여 나아가라**. 그러한다면, 마침내 복혜 양족福慧兩足을 얻는 동시에 신통과 정력도 그 가운데 있을 것이니 **이것이 곧 순서 있는 공부요 근원 있는 대도니라**.]

『대종경』 수행품 41장

신통과 이적을 구하던 일부 과거 수행자들의 관점에서 보자면 소태산의 신앙과 수행은 너무나 평범해 보일 수 있다. 뭔가 특별하고 빠른 성취를 원하여 산중에 들어가 수행해야 한다고 생각하는 수행자들에게는 흡족하지 않을 수 있다. 이 법문에서는 그런 '묵은 생각을 버리지 못하는 사람' 들을 향해서 '세간에서' 인생의 요도와 공부의 요도를 잘 수행해야 한다고 설득한다. 더구나 '만일 세상을 떠나서 법을 구하며 인도를 여의고 신통만 바란다면 이는 곧 사도邪道' 라고 단언한다. 소태산의 관점을 명확하게 보여주는 법문이다.

사람이라면 반드시 가야 할 길을
소태산은 '인생의 요도'라고 했다.
종교적으로는 '인과보응의 신앙문'이라고 했다.
'지은보은', '무아봉공'의 길이고 '사은 사요'의 길이다.
감사와 은혜의 길이다.

사람이라면 반드시 가야 할 공부 길을
소태산은 '공부의 요도'라고 했다.
종교적으로는 '진공묘유의 수행문'이라고 했다.
'정각정행', '불법활용'의 길이고 '삼학 팔조'의 길이다.

마음공부의 길이다.

마음이 맑아야 은혜가 보이고
은혜에 감사하면 마음도 맑아진다.
마음을 비우면 은혜가 채워지고
보은에 정성을 다하면 마음도 비워진다.
봉공奉公하면 무아無我가 되고
무아가 되면 저절로 봉공이 된다.
일심一心이 되면 불공佛供이 되고
불공을 하면 일심이 된다.
마음공부와 지은보은이 둘이 아니고
인생의 요도와 공부의 요도가 둘이 아니다.
일원一圓으로 하나인 길이다.
가면 갈수록 자유롭고 은혜로운 행복한 성불의 길이다.

견성하면 이 길이 환히 보이고
길을 찾았으면 기쁘고 씩씩하게 이 길을 가면 된다.
다른 실은 눈에 자지 않는다.
가면 간만큼 부처다.

2. 은혜의 길-지은보은-사은四恩 사요四要

소태산은 사람이라면 반드시 가야 할 길을 '인생의 요도' 라고 이름하고 그 내용을 '사은 사요' 로 구성했다. 교리도에서 '인과보응의 신앙문' 이라고 했듯이 '인과의 이치' 를 인간사에 적용해서 반드시 깨닫고 실행해야 할 교리로 구체화했다. 우주만유를 서로 '없어서는 살 수 없는' 관계를 맺고 있는 '은혜' 恩惠로 파악하는 소태산의 '은사상' 恩思想의 관점에서 우주만유를 네 가지 은혜로 범주화해서 '사은' 四恩이라고 했다.

『정전』에서 '사은' 은 천지은·부모은·동포은·법률은인데 이들 사은에 대해서 '피은의 강령' , '피은의 조목' , '보은의 강령' , '보은의 조목' , '배은' , '보은의 결과' , '배은의 결과' 라는 일곱 가지 면에서 서술되고 있다. 먼저 은혜를 느끼고 알 수 있도록 하고, 구체적으로 어떻게 은혜를 입고 있는지를 설명하고 있다. 이어서 그렇게 입은 은혜에 보은을 하려면 어떻게 해야 하는지 원리와 방법을 자세히 설명하고, 보은을 하면 어떤 결과를 얻게 되는지 반대로 배은을 하면 하면 어떤 결과를 받게 되는지를 자세히 설명한다.

천지은, 부모은, 동포은, 법률은을 느끼고 그 은혜에 보은하는 것이 견성 성불과 무슨 관계가 있는지 의아할 수도 있겠으나 견성에 대한 설명 부분에서 언급했듯이 소태산에 있어서 '은혜' 를 깨닫는 것은 곧 깨달음의 핵심이라고 할 수 있다. 또한 그 깨달음에 바탕해서 '보은' 을 하는 행위가 곧 성불을 위한 수행이라고 할 수 있다. 특히 사은의 '보은의 조목' 들을 보면 그 내용 자체가 매우 속 깊은 마음공부와 연결됨을 알 수 있다. 예컨대, 천지보은의 조목 여덟 가지를 보면 매우 형이상학적인 내용들이 열거되어 있음을 알 수 있다. '지극히 밝은 도를 체받아서' 라는 내용에서 '응용무념한 도를 체받아서' 라는 내용까지 무려 여덟가지 내용 모두가 '천지의 도' 를 '체받는' 내용이다. 수행 중에서도 가장 심오한 경지를 언급하고 있는 것이다.

또한「사대강령」 '지은보은' 내용중에 '원망할 일이 있더라도 먼저 모든 은혜의 소종래를 발견하여 원망할 일을 감사함으로써 그 은혜를 보답하자' 라는 내용도 일견 신앙적 당위론으로 보일 수 있지만 상당한 수행, 속 깊은 마음공부가 전제되지 않으면 실천할 수 없는 내용이다. 신앙과 수행은 둘이 아니고 상호보완적이다.

견성을 하지 못하면 '은혜' 도 발견할 수 없고 견성을 하지 못하고는 눈에 보이지 않는 '천지의 도' 또한 볼 수 없으며, 성불을 위한 수행도 '보은의 조목' 과 같이 구체적인 내용이 없다면 매우 관념적이고 추상적인 수준에 머물고 말 것이다. 이렇게 소태산의 교리는 묘하게도 '은혜' 의 개념을 깨달음과 성불로 연결하고 신앙과 수행의 핵심 개념으로 삼고 있는 것이다. 전체 교리가 '신앙-인생의 요도-사은 사요-인과보응' , '수행-공부의 요도-삼학 팔조-진공묘유' 로 이분화된 것으로 볼 수 있지만 그 내용을 깊이 들여다보면 신앙과 수행의 두 틀이 결국은 하나의 진리에서 비롯된 것임을 알 수 있다. '일원' 一圓의 교리가 바로 신앙과 수행의 일원성一元性을 잘 보여주고 있다.

* 다음은 『정전』 사은四恩 원문이다.

사은 四恩

천지은 天地恩

1. 천지 피은被恩의 강령

우리가 천지에서 입은 은혜를 가장 쉽게 알고자 할진대 먼저 마땅히 천지가 없어도 이 존재를 보전하여 살 수 있을 것인가 하고 생각해 볼 것이니, 그런다면 아무리 천치天痴요 하우자下愚者라도 천지 없어서는 살지 못할 것을 다 인증할 것이다. 없어서는 살지 못할 관계가 있다면 그 같이 큰 은혜가 또 어디 있으리요.

대범, 천지에는 도道와 덕德이 있으니, 우주의 대기大機가 자동적으로 운행하는 것은 천지의 도요, 그 도가 행함에 따라 나타나는 결과는 천지의 덕이라, 천지의 도는 지극히 밝은 것이며, 지극히 정성한 것이며, 지극히 공정한 것이며, 순리 자연한 것이며, 광대 무량한 것이며, 영원 불멸한 것이며, 길흉이 없는 것이며, 응용에 무념無念한 것이니, 만물은 이 대도가 유행되어 대덕이 나타나는 가운데 그 생명을 지속하며 그 형각形殼을 보존하나니라.

2. 천지 피은의 조목

1. 하늘의 공기가 있으므로 우리가 호흡을 통하고 살게 됨이요,
2. 땅의 바탕이 있으므로 우리가 형체를 의지하고 살게 됨이요,
3. 일월의 밝음이 있으므로 우리가 삼라 만상을 분별하여 알게 됨이요,
4. 풍·운·우·로風雲雨露의 혜택이 있으므로 만물이 장양長養되어 그 산물로써 우리가 살게 됨이요,
5. 천지는 생멸이 없으므로 만물이 그 도를 따라 무한한 수壽를 얻게 됨이니라.

3. 천지 보은報恩의 강령

사람이 천지의 은혜를 갚기로 하면 먼저 마땅히 그 도를 체받아서 실행할 것이니라.

4. 천지 보은의 조목

1. 천지의 지극히 밝은 도를 체받아서 천만 사리事理를 연구하여 걸림 없이 알 것이요,
2. 천지의 지극히 정성한 도를 체받아서 만사를 작용할 때에 간단 없이 시종이 여일하게 그 목적을 달할 것이요,
3. 천지의 지극히 공정한 도를 체받아서 만사를 작용할 때에 원·근·친·소遠近親疎와 희·로·애·락喜怒哀樂에 끌리지 아니하고 오직 중도를 잡을 것이요,
4. 천지의 순리 자연한 도를 체받아서 만사를 작용할 때에 합리와 불합리를 분석하여 합리는 취하고 불합리는 버릴 것이요,
5. 천지의 광대 무량한 도를 체받아서 편착심偏着心을 없이 할 것이요,
6. 천지의 영원 불멸한 도를 체받아서 만물의 변태와 인생의 생·로·병·사에 해탈解脫을 얻을 것이요,
7. 천지의 길흉 없는 도를 체받아서 길한 일을 당할 때에 흉할 일을 발견하고, 흉한 일을 당할 때에 길할 일을 발견하여, 길흉에 끌리지 아니할 것이요,
8. 천지의 응용 무념應用無念한 도를 체받아서 동정간 무념의 도를 양성할 것이며, 정신·육신·물질로

은혜를 베푼 후 그 관념과 상相을 없이 할 것이며, 혹 저 피은자가 배은 망덕을 하더라도 전에 은혜 베풀었다는 일로 인하여 더 미워하고 원수를 맺지 아니할 것이니라.

5. 천지 배은背恩

천지에 대한 피은·보은·배은을 알지 못하는 것과 설사 안다 할지라도 보은의 실행이 없는 것이니라.

6. 천지 보은의 결과

우리가 천지 보은의 조목을 일일이 실행한다면 천지와 내가 둘이 아니요, 내가 곧 천지일 것이며 천지가 곧 나일지니, 저 하늘은 비록 공허하고 땅은 침묵하여 직접 복락福樂은 내리지 않는다 하더라도, 자연 천지같은 위력과 천지같은 수명과 일월같은 밝음을 얻어 인천 대중人天大衆과 세상이 곧 천지같이 우대할 것이니라.

7. 천지 배은의 결과

우리가 만일 천지에 배은을 한다면 곧 천벌을 받게 될 것이니, 알기 쉽게 그 내역을 말하자면 천도天道를 본받지 못함에 따라 응당 사리간에 무식할 것이며, 매사에 정성이 적을 것이며, 매사에 과불급한 일이 많을 것이며, 매사에 불합리한 일이 많을 것이며, 매사에 편착심이 많을 것이며, 만물의 변태와 인간의 생·로·병·사와 길·흉·화·복을 모를 것이며, 덕을 써도 상에 집착하여 안으로 자만하고 밖으로 자랑할 것이니, 이러한 사람의 앞에 어찌 죄해罪害가 있으리요. 천지는 또한 공적하다 하더라도 우연히 돌아오는 고苦나 자기가 지어서 받는 고는 곧 천지 배은에서 받는 죄벌이니라.

부모은父母恩

1. 부모 피은의 강령

우리가 부모에게서 입은 은혜를 가장 쉽게 알고자 할진대, 먼저 마땅히 부모가 아니어도 이 몸을 세상에 나타내게 되었으며, 설사 나타났더라도 자력自力 없는 몸으로서 저절로 장양될 수 있었을 것인가 하고 생각해 볼 것이니, 그런다면 누구나 그렇지 못할 것은 다 인증할 것이다. 부모가 아니면 이 몸을 나타내지 못하고 장양되지 못한다면 그 같이 큰 은혜가 또 어디 있으리요.

대범, 사람의 생사라 하는 것은 자연의 공도요 천지의 조화라 할 것이지마는, 무자력할 때에 생육生育하여 주신 대은과 인도의 대의를 가르쳐 주심은 곧 부모 피은이니라.

2. 부모 피은의 조목

1. 부모가 있으므로 만사 만리의 근본되는 이 몸을 얻게 됨이요,
2. 모든 사랑을 이에 다 하사 온갖 수고를 잊으시고 자력을 얻을 때까지 양육하고 보호하여 주심이요,
3. 사람의 의무와 책임을 가르쳐 인류 사회로 지도하심이니라.

3. 부모 보은의 강령

무자력할 때에 피은된 도를 보아서 힘 미치는 대로 무자력한 사람에게 보호를 줄 것이니라.

4. 부모 보은의 조목

1. 공부의 요도要道 삼학·팔조와 인생의 요도 사은·사요를 빠짐 없이 밟을 것이요,
2. 부모가 무자력할 경우에는 힘 미치는 대로 심지心志의 안락과 육체의 봉양을 드릴 것이요,
3. 부모가 생존하시거나 열반涅槃하신 후나 힘 미치는 대로 무자력한 타인의 부모라도 내 부모와 같이 보호할 것이요,
4. 부모가 열반하신 후에는 역사와 영상을 봉안하여 길이 기념할 것이니라.

5. 부모 배은

부모에 대한 피은·보은·배은을 알지 못하는 것과 설사 안다 할지라도 보은의 실행이 없는 것이니라.

6. 부모 보은의 결과

우리가 부모 보은을 한다면 나는 내 부모에게 보은을 하였건마는 세상은 자연히 나를 위하고 귀히 알 것이며, 사람의 자손은 선악간에 그 부모의 행하는 것을 본받아 행하는 것이 피할 수 없는 이치인지라, 나의 자손도 마땅히 나의 보은하는 도를 본받아 나에게 효성할 것은 물론이요, 또는 무자력한 사

람들을 보호한 결과 세세 생생 거래간에 혹 나의 무자력한 때가 있다 할지라도 항상 중인의 도움을 받을 것이니라.

7. 부모 배은의 결과

우리가 만일 부모에게 배은을 한다면 나는 내 부모에게 배은을 하였건마는 세상은 자연히 나를 미워하고 배척할 것이요, 당장 제가 낳은 제 자손도 그것을 본받아 직접 앙화를 끼칠 것은 물론이며, 또는 세세 생생 거래간에 혹 나의 무자력한 때가 있다 할지라도 항상 중인의 버림을 받을 것이니라.

동포은 同胞恩

1. 동포 피은의 강령

우리가 동포에게서 입은 은혜를 가장 쉽게 알고자 할진대 먼저 마땅히 사람도 없고 금수도 없고 초목도 없는 곳에서 나 혼자라도 살 수 있을 것인가 하고 생각해 볼 것이니, 그런다면 누구나 살지 못할 것은 다 인증할 것이다. 만일, 동포의 도움이 없이, 동포의 의지가 없이, 동포의 공급이 없이는 살 수 없다면 그 같이 큰 은혜가 또 어디 있으리요.

대범, 이 세상은 사·농·공·상士農工商의 네 가지 생활 강령이 있고, 사람들은 그 강령 직업 하에서 활동하여, 각자의 소득으로 천만 물질을 서로 교환할 때에 오직 자리 이타自利利他로써 서로 도움이 되고 피은이 되었나니라.

2. 동포 피은의 조목

1) 사士는 배우고 연구하여 모든 학술과 정사로 우리를 지도 교육하여 줌이요,

2) 농農은 심고 길러서 우리의 의식 원료를 제공하여 줌이요,

3) 공工은 각종 물품을 제조하여 우리의 주처와 수용품을 공급하여 줌이요,

4) 상商은 천만 물질을 교환하여 우리의 생활에 편리를 도와 줌이요,

5) 금수 초목까지도 우리에게 도움이 됨이니라.

3. 동포 보은의 강령

동포에게 자리 이타로 피은이 되었으니 그 은혜를 갚고자 할진대, 사·농·공·상이 천만 학술과 천만 물질을 서로 교환할 때에 그 도를 체받아서 항상 자리 이타로써 할 것이니라.

4. 동포 보은의 조목

1) 사는 천만 학술로 교화할 때와 모든 정사를 할 때에 항상 공정한 자리에서 자리 이타로써 할 것이요,
2) 농은 의식 원료를 제공할 때에 항상 공정한 자리에서 자리 이타로써 할 것이요,
3) 공은 주처와 수용품을 공급할 때에 항상 공정한 자리에서 자리 이타로써 할 것이요,
4) 상은 천만 물질을 교환할 때에 항상 공정한 자리에서 자리 이타로써 할 것이요,
5) 초목 금수도 연고 없이는 꺾고 살생하지 말 것이니라.

5. 동포 배은

동포에 대한 피은·보은·배은을 알지 못하는 것과 설사 안다 할지라도 보은의 실행이 없는 것이니라.

6. 동포 보은의 결과

우리가 동포 보은을 한다면, 자리 이타에서 감화를 받은 모든 동포가 서로 사랑하고 즐거워하여, 나 자신도 옹호와 우대를 받을 것이요, 개인과 개인끼리 사랑할 것이요, 가정과 가정끼리 친목할 것이요, 사회와 사회끼리 상통할 것이요, 국가와 국가끼리 평화하여 결국 상상하지 못할 이상의 세계가 될 것이니라.

그러나, 만일 전 세계 인류가 다 보은자가 되지 못할 때에, 혹 배은자의 장난으로 인하여 모든 동포가 고해 중에 들게 되면, 구세 성자들이 자비 방편을 베푸사 도덕이나 정치나 혹은 무력으로 배은 중생을 제도하게 되나니라.

7. 동포 배은의 결과

우리가 만일 동포에게 배은을 한다면, 모든 동포가 서로 미워하고 싫어하며 서로 원수가 되어 개인과

개인끼리 싸움이요, 가정과 가정끼리 혐극嫌隙이요, 사회와 사회끼리 반목反目이요, 국가와 국가끼리 평화를 보지 못하고 전쟁의 세계가 되고 말 것이니라.

법률은 法律恩

1. 법률 피은의 강령

우리가 법률에서 입은 은혜를 가장 쉽게 알고자 할진대, 개인에 있어서 수신하는 법률과, 가정에 있어서 제가齊家하는 법률과, 사회에 있어서 사회 다스리는 법률과, 국가에 있어서 국가 다스리는 법률과, 세계에 있어서 세계 다스리는 법률이 없고도 안녕 질서를 유지하고 살 수 있겠는가 생각해 볼 것이니, 그런다면 누구나 살 수 없다는 것은 다 인증할 것이다. 없어서는 살 수 없다면 그 같이 큰 은혜가 또 어디 있으리요.

대범, 법률이라 하는 것은 인도 정의의 공정한 법칙을 이름이니, 인도 정의의 공정한 법칙은 개인에 비치면 개인이 도움을 얻을 것이요, 가정에 비치면 가정이 도움을 얻을 것이요, 사회에 비치면 사회가 도움을 얻을 것이요, 국가에 비치면 국가가 도움을 얻을 것이요, 세계에 비치면 세계가 도움을 얻을 것이니라.

2. 법률 피은의 조목

1) 때를 따라 성자들이 출현하여 종교와 도덕으로써 우리에게 정로正路를 밝게 하여 주심이요,
2) 사·농·공·상의 기관을 설치하고 지도 권면에 전력하여, 우리의 생활을 보전시키며, 지식을 함양하게 함이요,
3) 시비 이해를 구분하여 불의를 징계하고 정의를 세워 안녕 질서를 유지하여 우리로 하여금 평안히 살게 함이니라.

3.법률 보은의 강령

법률에서 금지하는 조건으로 피은이 되었으면 그 도에 순응하고, 권장하는 조건으로 피은이 되었으면 그 도에 순응할 것이니라.

4. 법률 보은의 조목

1) 개인에 있어서는 수신修身하는 법률을 배워 행할 것이요,

2) 가정에 있어서는 가정 다스리는 법률을 배워 행할 것이요,

3) 사회에 있어서는 사회 다스리는 법률을 배워 행할 것이요,

4) 국가에 있어서는 국가 다스리는 법률을 배워 행할 것이요,

5) 세계에 있어서는 세계 다스리는 법률을 배워 행할 것이니라.

5. 법률 배은

법률에 대한 피은·보은·배은을 알지 못하는 것과 설사 안다 할지라도 보은의 실행이 없는 것이니라.

6. 법률 보은의 결과

우리가 법률 보은을 한다면, 우리 자신도 법률의 보호를 받아, 갈수록 구속은 없어지고 자유를 얻게 될 것이요, 각자의 인격도 향상되며 세상도 질서가 정연하고 사·농·공·상이 더욱 발달하여 다시 없는 안락세계安樂世界가 될 것이며, 또는 입법立法·치법治法의 은혜도 갚음이 될 것이니라.

7. 법률 배은의 결과

우리가 만일 법률에 배은을 한다면, 우리 자신도 법률이 용서하지 아니하여, 부자유不自由와 구속을 받게 될 것이요, 각자의 인격도 타락되며 세상도 질서가 문란하여 소란한 수라장修羅場이 될 것이니라.

사요 四要

소태산의 신앙문, 인생의 요도는 '사은' 만으로 그치지 않고 '사요' 를 동반한다. 인과의 이치에 바탕해서 모든 존재를 부처로 보고(처처불상處處佛像) 그들에게 최적, 최선의 불공을 하는 것(사사불공事事佛供)이 핵심이니 사은에 대한 보은만으로도 충분해보일 수 있다.

그런데 소태산은 '긴요하게 불공할 네 가지' 부문을 제시했다.

그가 『대종경』 부촉품16장에서 '나의 교법 가운데 일원을 종지로 한 교리의 대강령인 삼학 팔조와 사은 등은 어느 시대 어느 국가를 막론하고 다시 변경할 수 없으나, 그 밖의 세목이나 제도는 그 시대와 그 국가에 적당하도록 혹 변경할 수도 있나니라.' 라고 한 것을 보면 '사요' 는 특정 시대와 국가 등의 상황에 맞게 변경할 수도 있는 교리의 세목이라고 할 수 있다. 즉, 사요가 특정 시대의 사회적 상황에서 필요로 하는 대사회 불공의 주요 내용이라고 볼 수 있다. 소태산이 자신의 교리를 낸 시대적 상황을 참고해서 내놓은 교리임을 유념해야 한다. 예컨대, 초기 교단에서는 '남녀권리동일' 이란 내용이 나중에 '자력양성' 으로 변한 것도 그런 취지를 반영한 것이라고 할 수 있다.

하지만 현재 교리상 사요의 기본 정신과 취지를 보면 앞으로도 상당한 세월 동안 사요의 내용을 변경할 필요는 크지 않아 보인다. 그만큼 사요의 실현은 어느 시대나 상황에서도 결코 쉽지 않아 보이기 때문이다. 소태산이 느꼈을 사회적 부조리나 불평등한 차별적 현상은 현재진행형이다. 특정 지역이나 국가별로 편차가 있기는 하지만 사요의 실천은 인류 공동의 과제라고 할 수 있다. 사요가 실현되지 못하는 불합리하고 차별적인 현상을 보면서도 그에 대한 개선의 의지를 가지지 못한다면 견성과 깨달음을 구하는 수행자의 목적은 어디에 있는 것인지 묻지 않을 수 없다. 또한 그런 문제를 느끼고서도 개선의 노력을 하지 않은 채 성불을 논한다는 것은 무슨 의미를 가지는 것인지도 반문해야 한다. 견성 성불은 개인의 진급만이 아니라 인류 전체의 진급으로 이어져야 마땅하다.

*다음은『정전』 사요 원문이다.

자력양성 自力養成

1. 자력양성의 강령

자력이 없는 어린이가 되든지, 노혼老昏한 늙은이가 되든지, 어찌할 수 없는 병든 이가 되든지 하면이어니와, 그렇지 아니한 바에는 자력을 공부삼아 양성하여 사람으로서 면할 수 없는 자기의 의무와 책임을 다하는 동시에, 힘 미치는 대로는 자력 없는 사람에게 보호를 주자는 것이니라.

2. 과거의 타력 생활 조목

1) 부모·형제·부부·자녀·친척 중에 혹 자기 이상의 생활을 하는 사람이 있으면 그에 의지하여 놀고 살자는 것이며, 또는 의뢰를 구하여도 들어주지 아니하면 동거하자는 것이며, 또는 타인에게 빚을 쓰고 갚지 아니하면 일족一族이 전부 그 빚을 갚다가 서로 못 살게 되었음이요,
2) 여자는 어려서는 부모에게, 결혼 후에는 남편에게, 늙어서는 자녀에게 의지하였으며, 또는 권리가 동일하지 못하여 남자와 같이 교육도 받지 못하였으며, 또는 사교社交의 권리도 얻지 못하였으며, 또는 재산에 대한 상속권도 얻지 못하였으며, 또는 자기의 심신이지마는 일동 일정에 구속을 면하지 못하게 되었음이니라.

3. 자력자로서 타력자에게 권장할 조목

1) 자력 있는 사람이 부당한 의뢰를 구할 때에는 그 의뢰를 받아주지 아니할 것이요,
2) 부모로서 자녀에게 재산을 분급하여 줄 때에는, 장자나 차자나 여자를 막론하고 그 재산을 받아 유지 못할 사람 외에는 다 같이 분급하여 줄 것이요,
3) 결혼 후 물질적 생활을 각자 자립적으로 할 것이며, 또는 서로 사랑에만 그칠 것이 아니라 각자의 의무와 책임을 주로 할 것이요,
4) 기타 모든 일을 경우와 법에 따라 처리하되 과거와 같이 남녀를 차별할 것이 아니라 일에 따라 대우하여 줄 것이니라.

4. 자력 양성의 조목

1) 남녀를 물론하고 어리고 늙고 병들고 하여 어찌 할 수 없는 의뢰면이어니와, 그렇지 아니한 바에는 과거와 같이 의뢰 생활을 하지 아니할 것이요,
2) 여자도 인류 사회에 활동할 만한 교육을 남자와 같이 받을 것이요,
3) 남녀가 다 같이 직업에 근실하여 생활에 자유를 얻을 것이며, 가정이나 국가에 대한 의무와 책임을 동등하게 이행할 것이요,
4) 차자도 부모의 생전 사후를 과거 장자의 예로써 받들 것이니라.

지자본위 智者本位

1. 지자 본위의 강령

지자는 우자愚者를 가르치고 우자는 지자에게 배우는 것이 원칙적으로 당연한 일이니, 어떠한 처지에 있든지 배울 것을 구할 때에는 불합리한 차별 제도에 끌릴 것이 아니라 오직 구하는 사람의 목적만 달하자는 것이니라.

2. 과거 불합리한 차별 제도의 조목

1. 반상班常의 차별이요,
2. 적서嫡庶의 차별이요,
3. 노소老少의 차별이요,
4. 남녀男女의 차별이요,
5. 종족種族의 차별이니라.

3. 지자 본위의 조목

1. 솔성率性의 도와 인사의 덕행이 자기 이상이 되고 보면 스승으로 알 것이요,
2. 모든 정사를 하는 것이 자기 이상이 되고 보면 스승으로 알 것이요,
3. 생활에 대한 지식이 자기 이상이 되고 보면 스승으로 알 것이요,
4. 학문과 기술이 자기 이상이 되고 보면 스승으로 알 것이요,
5. 기타 모든 상식이 자기 이상이 되고 보면 스승으로 알 것이니라.

   이상의 모든 조목에 해당하는 사람을 근본적으로 차별 있게 할 것이 아니라, 구하는 때에 있어서 하자는 것이니라.

타자녀 교육 他子女 教育

1. 타자녀 교육의 강령

교육의 기관이 편소하거나 그 정신이 자타의 국한을 벗어나지 못하고 보면 세상의 문명이 지체되므

로, 교육의 기관을 확장하고 자타의 국한을 벗어나, 모든 후진을 두루 교육함으로써 세상의 문명을 촉진시키고 일체 동포가 다같이 낙원의 생활을 하자는 것이니라.

2. 과거 교육의 결함 조목

1. 정부나 사회에서 교육에 대한 적극적 성의와 권장이 없었음이요,
2. 교육의 제도가 여자와 하천한 사람은 교육받을 생의도 못하게 되었음이요,
3. 개인에 있어서도 교육을 받은 사람으로서 그 혜택을 널리 나타내는 사람이 적었음이요,
4. 언론과 통신 기관이 불편한 데 따라 교육에 대한 의견 교환이 적었음이요,
5. 교육의 정신이 자타의 국한을 벗어나지 못한 데 따라, 유산자有產者가 혹 자손이 없을 때에는 없는 자손만 구하다가 이루지 못하면 가르치지 못하였고, 무산자는 혹 자손 교육에 성의는 있으나 물질적 능력이 없어서 가르치지 못하였음이니라.

3. 타자녀 교육의 조목

1. 교육의 결함 조목이 없어지는 기회를 만난 우리는, 자녀가 있거나 없거나 타자녀라도 내 자녀와 같이 교육하기 위하여, 모든 교육 기관에 힘 미치는 대로 조력도 하며, 또는 사정이 허락되는 대로 몇 사람이든지 자기가 낳은 셈 치고 교육할 것이요,
2. 국가나 사회에서도 교육 기관을 널리 설치하여 적극적으로 교육을 실시할 것이요,
3. 교단教團에서나 사회·국가·세계에서 타자녀 교육의 조목을 실행하는 사람에게는 각각 그 공적을 따라 표창도 하고 대우도 하여 줄 것이니라.

공도자 숭배 公道者 崇拜

1. 공도자 숭배의 강령

세계에서 공도자 숭배를 극진히 하면 세계를 위하는 공도자가 많이 날 것이요, 국가에서 공도자 숭배를 극진히 하면 국가를 위하는 공도자가 많이 날 것이요, 사회나 종교계에서 공도자 숭배를 극진히 하면 사회나 종교를 위하는 공도자가 많이 날 것이니, 우리는 세계나 국가나 사회나 교단을 위하여

여러 방면으로 공헌한 사람들을 그 공적에 따라 자녀가 부모에게 하는 도리로써 숭배하자는 것이며, 우리 각자도 그 공도 정신을 체받아서 공도를 위하여 활동하자는 것이니라.

2. 과거 공도 사업의 결함 조목

1. 생활의 강령이요 공익의 기초인 사·농·공·상의 전문 교육이 적었음이요,
2. 사·농·공·상의 시설 기관이 적었음이요,
3. 종교의 교리와 제도가 대중적이 되지 못하였음이요,
4. 정부나 사회에서 공도자의 표창이 적었음이요,
5. 모든 교육이 자력을 얻지 못하고 타력을 벗어나지 못하였음이요,
6. 타인을 해하여서까지 자기를 유익하게 하려는 마음과, 또는 원·근·친·소에 끌리는 마음이 심하였음이요,
7. 견문과 상식이 적었음이요,
8. 가정에 헌신하여 가정적으로 숭배함을 받는 것과, 공도에 헌신하여 공중적으로 숭배함을 받는 것이 무엇인지 아는 사람이 적었음이니라.

3. 공도자 숭배의 조목

1. 공도 사업의 결함 조목이 없어지는 기회를 만난 우리는 가정 사업과 공도 사업을 구분하여, 같은 사업이면 자타의 국한을 벗어나 공도 사업을 할 것이요,
2. 대중을 위하여 공도에 헌신한 사람은 그 노력한 공적에 따라 노쇠하면 봉양하고, 열반 후에는 상주가 되어 상장喪葬을 부담하며, 영상과 역사를 보관하여 길이 기념할 것이니라.

사람이라면 반드시 가야 할 길이 있다.
이를 '인생의 요도'라고 한다.
우주에 가득한 은혜를 깊이 느끼고 깨닫는 것이고
그 은혜에 감사하고 보은하는 길이다.

복 받는 길이고 즐거운 길이고 부처로 가는 길이다.
소태산은 이 메시지를 '사은 사요'에 담았다.
누구나 갈 수 있는 길인데
이 길이 아니라 배은망덕의 길을 가는 사람도 많다.
불행한 상극의 길이다.
그런데 어찌하랴.
이 길은 마음공부로 마음이 맑아져야 보이는 길이다.
'공부의 요도'가 반드시 필요한 이유이다.

3. 마음의 길–마음공부–삼학三學 팔조八條

삼학 三學

정신수양 精神修養

1. 정신 수양의 요지

정신이라 함은 마음이 두렷하고 고요하여 분별성과 주착심이 없는 경지를 이름이요, 수양이라 함은 안으로 분별성과 주착심을 없이하며 밖으로 산란하게 하는 경계에 끌리지 아니하여 두렷하고 고요한 정신을 양성함을 이름이니라.

2. 정신 수양의 목적

유정물有情物은 배우지 아니하되 근본적으로 알아지는 것과 하고자 하는 욕심이 있는데, 최령한 사람은 보고 듣고 배우고 하여 아는 것과 하고자 하는 것이 다른 동물의 몇 배 이상이 되므로 그 아는 것과 하고자 하는 것을 취하자면 예의 염치와 공정한 법칙은 생각할 여유도 없이 자기에게 있는 권리와 기능과 무력을 다하여 욕심만 채우러 하나가 결국은 가패 신망도 하며, 번민 망상과 분심 초려로 자포 자기의 염세증도 나며, 혹은 신경 쇠약자도 되며, 혹은 실진자도 되며, 혹은 극도에 들어가 자살하는 사람까지도 있게 되나니, 그런 고로 천지 만엽으로 벌여가는 이 욕심을 제거하고 온전한 정신을 얻어 자주력自主力을 양성하기 위하여 수양을 하자는 것이니라.

3. 정신 수양의 결과

우리가 정신 수양 공부를 오래오래 계속하면 정신이 철석 같이 견고하여, 천만 경계를 응용할 때에 마음에 자주自主의 힘이 생겨 결국 수양력修養力을 얻을 것이니라.

사리연구 事理研究

1. 사리 연구의 요지

사事라 함은 인간의 시·비·이·해是非利害를 이름이요, 이理라 함은 곧 천조天造의 대소 유무大小有無를 이름이니, 대大라 함은 우주 만유의 본체를 이름이요, 소小라 함은 만상이 형형 색색으로 구별되어 있음을 이름이요, 유무라 함은 천지의 춘·하·추·동 사시 순환과, 풍·운·우·로·상·설風雲雨露霜雪과 만물의 생·로·병·사와, 흥·망·성·쇠의 변태를 이름이며, 연구라 함은 사리를 연마하고 궁구함을 이름이니라.

2. 사리 연구의 목적

이 세상은 대소 유무의 이치로써 건설되고 시비 이해의 일로써 운전해 가나니, 세상이 넓은 만큼 이치의 종류도 수가 없고, 인간이 많은 만큼 일의 종류도 한이 없나니라. 그러나, 우리에게 우연히 돌아오는 고락이나 우리가 지어서 받는 고락은 각자의 육근六根을 운용하여 일을 짓는 결과이니, 우리가 일의 시·비·이·해를 모르고 자행 자지한다면 찰나찰나로 육근을 동작하는 바가 모두 죄고로 화하여 전정 고해가 한이 없을 것이요, 이치의 대소 유무를 모르고 산다면 우연히 돌아오는 고락의 원인을 모를 것이며, 생각이 단촉하고 마음이 편협하여 생·로·병·사와 인과 보응의 이치를 모를 것이며, 사실과 허위를 분간하지 못하여 항상 허망하고 요행한 데 떨어져, 결국은 패가 망신의 지경에 이르게 될지니, 우리는 천조의 난측한 이치와 인간의 다단한 일을 미리 연구하였다가 실생활에 다달아 밝게 분석하고 빠르게 판단하여 알자는 것이니라.

3. 사리 연구의 결과

우리가 사리 연구 공부를 오래오래 계속하면, 천만 사리를 분석하고 판단하는 데 걸림 없이 아는 지혜의 힘이 생겨 결국 연구력을 얻을 것이니라.

작업취사 作業取捨

1. 작업 취사의 요지

작업이라 함은 무슨 일에나 안·이·비·설·신·의眼耳鼻舌身意 육근을 작용함을 이름이요, 취사라 함은 정의는 취하고 불의는 버림을 이름이니라.

2. 작업 취사의 목적

정신을 수양하여 수양력을 얻었고 사리를 연구하여 연구력을 얻었다 하더라도, 실제 일을 작용하는 데 있어 실행을 하지 못하면 수양과 연구가 수포에 돌아갈 뿐이요 실효과를 얻기가 어렵나니, 예를 들면 줄기와 가지와 꽃과 잎은 좋은 나무에 결실이 없는 것과 같다 할 것이니라. 대범, 우리 인류가 선善이 좋은 줄은 알되 선을 행하지 못하며, 악이 그른 줄은 알되 악을 끊지 못하여 평탄한 낙원을 버리고 험악한 고해로 들어가는 까닭은 그 무엇인가. 그것은 일에 당하여 시비를 몰라서 실행이 없거나, 설사 시비는 안다 할지라도 불 같이 일어나는 욕심을 제어하지 못하거나, 철석같이 굳은 습관에 끌리거나 하여 악은 버리고 선은 취하는 실행이 없는 까닭이니, 우리는 정의어든 기어이 취하고 불의어든 기어이 버리는 실행 공부를 하여, 싫어하는 고해는 피하고 바라는 낙원을 맞아 오자는 것이니라.

3. 작업취사의 결과

우리가 작업 취사 공부를 오래오래 계속하면, 모든 일을 응용할 때에 정의는 용맹 있게 취하고, 불의는 용맹 있게 버리는 실행의 힘을 얻어 결국 취사력을 얻을 것이니라.

삼학으로 다 성불할 것이다

일원의 원리를 깨닫는 것은 견성見性이요, 일원의 체성을 지키는 것은 양성養性이요, 일원과 같이 원만한 실행을 하는 것은 솔성率性인 바, 우리 공부의 요도인 정신 수양·사리 연구 ·작업 취사도 이것이요, 옛날 부처님의 말씀하신 계·정·혜戒定慧 삼학도 이것으로서, 수양은 정이며 양성이요, 연구는 혜며 견성이요, 취사는 계며 솔성이라, 이 공부를 지성으로 하면 학식 있고 없는 데에도 관계가 없으며 총명 있고 없는 데에도 관계가 없으며 남녀 노소를 막론하고 다 성불함을 얻으리라. 『대종경』 교의품 5장 중에서

말 그대로 삼학은 소태산이 제시한 수행의 강령이다. 수행의 핵심, 마음공부의 알맹이다. 삼학이라는 수행을 통해서 삼대력, 마음의 힘을 키워서 성불에 이르는 것이다. 소태산의 교리 전반을 관통하는 수행법이다. 불교의 삼학을 계승했지만 그 내용의 범위를 더 넓혔고 이 삼학에 바탕해서 법위등급이라는 인격완성의 길을 냈다고 할 수 있다. 소태산은 '정기훈련' 과 '상시훈련' 을 하도록 했지만 그 내용은 바로 삼학이다. 삼학 수행을 '정기' 로 그리고 '상시' 로 하도록 한 것이다. '일원상의 수행' 이든 '일원상 서원문' 이나 '무시선법' , '참회문' 이든 어떤 수행법이든지 결국은 그 핵심 내용은 '삼학' 이다. 이 책의 주제가 견성과 성불이기 때문에 삼학에 대한 자세한 설명은 생략하고 몇 가지 유념해야 할 법문만을 인용한다.

우리의 삼학

삼학에 대하여 말씀하시기를 [과거에도 삼학이 있었으나 계정혜와 우리의 삼학은 그 범위가 다르나니, 계는 계문을 주로 하여 개인의 지계에 치중하셨지마는 취사는 수신 제가 치국 평천하의 모든 작업에 빠짐없이 취사

케하는 요긴한 공부며, 혜도 자성에서 발하는 혜에 치중하여 말씀하셨지마는 연구는 모든 일 모든 이치에 두루 알음알이를 얻는 공부며, 정도 선정에 치중하여 말씀하셨지마는 수양은 동정 간에 자성을 떠나지 아니하는 일심 공부라, 만사의 성공에 이 삼학을 벗어나지 못하는 것이니 이 위에 더 원만한 공부 길은 없나니라.] 『정산종사법어』 경의편 13장

정산은 흔히 일컫는 불교의 계·정·혜 삼학과 소태산이 제시한 정신수양·사리연구·작업취사의 삼학이 내용의 범위가 다르다는 점을 설명하면서 소태산의 삼학이 가장 원만한 마음공부 길이라고 설했다. 삼학을 수행하는 공부인들이 유념해야 할 내용이다.

부처되는 길을 확신하노라

나는 대종사를 뵈온 후로는 일호의 이의가 없이 오직 가르치시는 대로만 순종하였으며, 다른 것은 모르지마는 이 법으로 부처 되는 길만은 확실히 자신하였노니, 그대들이 기필 성불하고자 하거든 대종사의 교법대로만 수행하고 나의 지도에 순종하라. 법을 알기 전에는 고행도 하고 편넉되이 헤매기도 하지마는 스승을 만나 안 후에는 스승의 지도 대로만 하면 되나니라.

『정산종사법어』 기연편 10장

소태산의 뒤를 이어 교단을 이끈 정산이 소태산의 교법을 '부처되는 길' 로 확신하고 있음을 드러내며 '교법대로만 수행' 하기를 당부하는 내용이다. 자신의 경험에 비춰서 후래 수행자들에게 소태산의 교법을 온전히 전하고자 하는 정산의 심경이 잘 표현된 법문이다.

삼학의 대중을 놓지 마라

공부하는 사람은 세상의 천만 경계에 항상 삼학의 대중을 놓지 말아야 할 것이니, 삼학을 비유하여 말하자면 배를 운전하는데 지남침 같고 기관수 같은지라, 지남침과 기관수가 없으면 그 배가 능히 바다를 건너지 못할 것이요, 삼학의 대중이 없으면 사람이 능히 세상을 잘 살아 나가기가 어렵나니라.

『대종경』 교의품 22장

앞서서 이미 말한 바와 같이 소태산의 교법은 일상 생활 속에서, 천만 경계 속에서 수행되어져야 한다. 소태산은 자신의 교법을 그렇게 설계했다. 그래서 삼학도 마찬가지로 천만 경계에서 '늘' 수행해야 함을 설하고 있다.

동정간 삼대력 빠르게 얻는 법

공부인이 동動하고 정靜하는 두 사이에 수양력修養力 얻는 빠른 방법은, 첫째는 모든 일을 작용할 때에 나의 정신을 시끄럽게 하고 정신을 빼앗아 갈 일을 짓지 말며 또는 그와 같은 경계를 멀리할 것이요, 둘째는 모든 사물을 접응할 때에 애착 탐착을 두지 말며 항상 담담한 맛을 길들일 것이요, 세째는 이 일을 할 때에 저 일에 끌리지 말고 저 일을 할 때에 이 일에 끌리지 말아서 오직 그 일 그 일에 일심만 얻도록 할 것이요, 네째는 여가 있는 대로 염불과 좌선하기를 주의할 것이니라.

또는, 동하고 정하는 두 사이에 연구력 얻는 빠른 방법은, 첫째는 인간 만사를 작용할 때에 그 일 그 일에 알음알이를 얻도록 힘쓸 것이요, 둘째는 스승이나 동지로 더불어 의견 교환하기를 힘쓸 것이요, 세째는 보고 듣고 생각하는 중에 의심나는 곳이 생기면 연구하는 순서를 따라 그 의심을 해결하도록 힘쓸 것이요, 네째는 우리의 경전 연습하기를 힘쓸 것이요, 다섯째는 우리의 경전 연습을 다 마친 뒤에는 과거 모든 도학가道學家의 경전을 참고하여 지견을 넓힐 것이니라.

또는, 동하고 정하는 두 사이에 취사력 얻는 빠른 방법은, 첫째는 정의인 줄 알거든 크고 작은 일을 막론하고 죽기로써 실행할 것이요, 둘째는 불의인줄 알거든 크고 작은 일을 막론하고 죽기로써 하지 않을 것이요, 세째는 모든 일을 작용할 때에 즉시 실행이 되지 않는다고 낙망하지 말고 정성을 계속하여 끊임 없는 공을 쌓을 것이니라.

『대종경』 수행품 2장

소태산은 삼학 중 정신수양 공부를 통해서는 '마음에 자주의 힘이 생겨 결국 수양력을 얻을 것' 이고, 사리연구 공부를 통해서는 '천만 사리를 분석하고 판단하는 데 걸림없이 아는 지혜의 힘이 생겨 결국 연구력을 얻을 것' 이고, 작업취사 공부를 통해서는 '모든 일을 응용할 때에 정의는 용맹 있게 취하고, 불의는 용맹 있게 버리는 실행의 힘을 얻어 취사력을 얻을 것' 이라고 했다. 이를 위해서는 삼학의 각 과목을 '오래오래 계속' 해야 한다고 했다. 삼학 공부가 성불에 이르기 위한 가장 핵심적인 공부이고 수행법인 것이다.

또한 소태산은 생활 속에서 일상으로 이뤄지는 수행을 중요시했기 때문에 위 법문과 같이 동정간에 삼대력(수양력, 연구력, 취사력)을 빠르게 얻을 수 있도록 매우 구체적인 방법을 제시하고 있다. 실용성을 강조하는 소태산의 의도가 잘 드러나는 법문이다.

팔조 八條

진행 사조 進行四條

1. 신信

신이라 함은 믿음을 이름이니, 만사를 이루려 할 때에 마음을 정하는 원동력原動力이니라.

2. 분忿

분이라 함은 용장한 전진심을 이름이니, 만사를 이루려 할 때에 권면하고 촉진하는 원동력이니라.

3. 의疑

의라 함은 일과 이치에 모르는 것을 발견하여 알고자 함을 이름이니, 만사를 이루려 할 때에 모르는 것을 알아내는 원동력이니라.

4. 성誠

성이라 함은 간단 없는 마음을 이름이니, 만사를 이루려 할 때에 그 목적을 달하게 하는 원동력이니라.

사연 사조 捨捐四條

1. 불신不信

불신이라 함은 신의 반대로 믿지 아니함을 이름이니, 만사를 이루려 할 때에 결정을 얻지 못하게 하는 것이니라.

2. 탐욕貪慾

탐욕이라 함은 모든 일을 상도에 벗어나서 과히 취함을 이름이니라.

3. 나懶

나라 함은 만사를 이루려 할 때에 하기 싫어함을 이름이니라.

4. 우愚

우라 함은 대소 유무와 시비 이해를 전연 알지 못하고 자행 자지함을 이름이니라

소태산의 수행 강령인 '삼학팔조' 에서 '팔조' 는 다시 '진행사조' 와 '사연사조' 로 나뉜다. 진행사조란 공부인의 수행을 촉진하는 네 가지 마음의 덕목을 의미하고, 사연사조는 수행을 방해하는 마음가짐이나 태도를 의미한다. 마음공부를 하는 공부인이라면 반드시 진행사조로 사연사조를 극복해야 한다.

마음공부에 성공하려면

신·분·의·성을 마음 공부에 들이대면 삼학 공부에 성공하고 사·농·공·상에 들이대면 직업에 성공하나니라.

『정산종사법어』 권도편32장

삼학 공부가 아무리 천하의 대도이고 효과적인 성불의 수행법이라고 해도 신·분·의·성의 추진이 없어서는 공부가 진행될 수 없고 성취의 결과도 얻지 못할 것이다. 어떻게 생각하면 '팔조' 를 생략해도 될 것 같은데 소태산은 늘 '사은사요, 삼학팔조' 를 기본 교리로 삼은 뜻을 잘 새겨야 할 것이다.

정기훈련 상시훈련

정기 훈련법과 상시 훈련법의 관계를 말하자면, 정기 훈련법은 정할 때 공부로서 수양·연구를 주체 삼아 상시 공부의 자료를 준비하는 공부법이 되며, 상시 훈련법은 동할 때 공부로서 작업 취사를 주체삼아 정기 공부의 자

> 료를 준비하는 공부법이 되나니, 이 두 훈련법은 서로서로 도움이 되고 바탕이 되어 재세 출세의 공부인에게 일분 일각도 공부를 떠나지 않게 하는 길이 되나니라. 『정전』 정기훈련법과 상시훈련법의 관계

소태산은 '수행' 이라는 말도 많이 사용했지만 '공부' 라는 말을 매우 자주 썼고 '훈련' 이란 용어도 자주 썼다. 어쩌면 '수행' 이라는 말에 덧씌워진 고정관념을 불식하고자 사용한 것 같다. 특히 '일' 과 '이치' 를 똑같이 깨달음과 공부의 대상으로 보고 '동정일여' , '불법활용' 을 중시한 소태산의 입장에선 수행자들이 과거 수행자들처럼 산중 선방에서 정적으로 깨달음을 구하던 관습적 행태에서 벗어나게 할 필요가 있었다. 그래서 '정기훈련' 만이 아니라 평범한 사람들의 일상생활 속에서 수행하는 '상시훈련' 을 강조하지 않을 수 없었다고 본다. 특정한 시간과 장소에서만 수행을 하려는 잘못된 관행을 '상시훈련' 으로 극복하고자 했다고 볼 수 있다. 이미 앞에서 언급했듯이 '무시선' , '일상수행의 요법' , '상시응용주의사항' 등의 교리가 등장한 데는 언제 어디서나 조금의 간격도 없이 물샐틈없게 마음공부를 하게 하려는 소태산의 의지가 반영되어 있다.

정기훈련과 상시훈련에 관한 설명은 앞부분에서 어느 정도 했기 때문에 생략한다. 원문은 **【참고-10】【참고-11】**을 참고하기 바란다.

사람이라면 반드시 공부해야 할 것이 있다.
이를 '공부의 요도'라고 한다.
우주에 가득한 진리를 깨달아 아는 것이고
진리와 하나 되는 마음공부 길이다.
자유로워지는 길이고 행복한 길이고 부처로 가는 길이다.
소태산은 이 메시지를 '삼학 팔조'에 담았다.
누구나 갈 수 있는 길인데
이 길이 아니라 탐욕과 집착의 길을 가는 사람도 많다.
불행한 지옥의 길이다.
마음공부로 길눈이 밝아지면 바른 길이 보인다.
'인생의 요도'를 뚜벅뚜벅 가기만 하면 된다.
천하 사람들과 손잡고 함께!

4. 소태산의 꿈

견성·성불을 말하다보니 아무래도 개인에 한정된 논의가 된 감이 있다. 물론 견성 자체가 우주만유 전체를 아우르는 진리에 대한 깨달음을 전제로 하고 성불의 노력도 법강항마위 이상이 되면서부터는 개인의 문제 해결에서 벗어나 일체 생령의 제도라는 큰 책임을 지게 되지만 우선은 개인의 신앙과 수행에 몰입해야 하기 때문이다.

개인의 깨달음과 성불을 위해 밟아온 '인생의 요도–신앙–사은 사요' 와 '공부의 요도–수행–삼학팔조' 라는 두 가지 길 이후에는 어떤 길이 있는 것일까? 소태산의 교리에서는 또 달리 이름한 길은 나오지 않는다. 하지만 그가 깨달음을 얻고 새로운 교문을 열면서 표방한 '개교의 동기' 에서 비롯된 몇몇 표현들은 그의 궁극의 목적지이자 꿈이라고 할 수 있고 모든 사람들이 함께 가기를 간절히 염원한 새로운 길이라고 할 수 있다.

광대무량한 낙원으로

그런즉 이 병들을 고치기로 할진대 무엇보다 먼저 도학을 장려하여 분수에 편안하는 도와, 근본적으로 은혜를 발견하는 도와, 자력 생활하는 도와, 배우는 도와, 가르치는 도와, 공익 생활하는 도를 가르쳐서 사람 사람으로 하여금 안으로 자기를 반성하여 각자의 병든 마음을 치료하게 하는 동시에, 선병자 의先病者醫라는 말과 같이 밖으로 세상을 관찰하여 병든 세상을 치료하는 데에 함께 노력하여야 할지니, 지금 세상의 이 큰 병을 치료하는 큰 방문은 곧 우리 인생의 요도인 사은 사요와 공부의 요도인 삼학 팔조라, **이 법이 널리 세상에 보급된다면 세상은 자연 결함 없는 세계가 될 것이요, 사람들은 모두 불보살이 되어 다시없는 이상의 천국에서 남녀노소가 다 같이 낙원을 수용하게 되리라.**

『대종경』 교의품 35장

인생의 요도와 공부의 요도로 '사람들은 모두 불보살이 되' 고 세상은 '결함 없는 세계' 가 되어 '다시없는 이상의 천국' 이 건설될 것이라고 예상하고 있다. 소태산이 '개교의 동기' 에서 밝힌 '광대무량한 낙원' 이 건설될 수 있다는 전망을 보여주고 있다.

용심법用心法과 참문명 세계

지금 세상은 물질 문명의 발전을 따라 사·농·공·상에 대한 학식과 기술이 많이 진보되었으며, 생활 기구도 많이 화려하여졌으므로 이 화려한 물질에 눈과 마음이 황홀하여지고 그 반면에 물질을 사용하는 정신은 극도로 쇠약하여, 주인된 정신이 도리어 물질의 노예가 되고 말았으니 이는 실로 크게 근심될 현상이라. 이 세상에 아무리 좋은 물질이라도 사용하는 마음이 바르지 못하면 그 물질이 도리어 악용되고 마는 것이며, 아무리 좋은 재주와 박람 박식이라도 그 사용하는 마음이 바르지 못하면 그 재주와 박람 박식이 도리어 공중에 해독을 주게 되는 것이며, 아무리 좋은 환경이라도 그 사용하는 마음이 바르지 못하면 그 환경이 도리어 죄업을 돕지 아니하는가. 그러므로, 천하에 벌여진 모든 바깥 문명이 비록 찬란하다 하나 오직 마음 사용하는 법의 조종 여하에 따라 이 세상을 좋게도 하고 낮게도 하나니, 마음을 바르게 사용하면 모든 문명이 다 낙원을 건설하는데 보조하는 기관이 되는 것이요, 마음을 바르지 못하게 사용하면 모든 문명이 도리어 도둑에게 무기를 주는 것과 같이 되나니라. 그러므로, **그대들은 새로이 각성하여 이 모든 법의 주인이 되는 용심법用心法을 부지런히 배워서 천만 경계에 항상 자리 이타로 모든 것을 선용善用하는 마음의 조종사가 되며, 따라서 그 조종 방법을 여러 사람에게 교화하여 물심 양면으로 한 가지 참 문명 세계를 건설하는 데에 노력할지어다.**

『대종경』 교의품 30장

소태산은 물질문명이 발달하더라도 은혜와 마음공부로 훈련된 도덕적 인간들에 의해 도덕문명을 발달시키지 못하면 인류의 미래가 위태롭다고 보았다. 소태산의 가르침은 개인의 마음을 잘 쓰는 용심법에서 시작한다. 그래야 모든 것을 선용할 수 있고 그래야 '참 문명 세계' 를 건설할 수 있다고 보았다.

소태산의 꿈

> 현하 과학의 문명이 발달됨에 따라 물질을 사용하여야 할 사람의 정신은 점점 쇠약하고, 사람이 사용하여야 할 물질의 세력은 날로 융성하여, 쇠약한 그 정신을 항복 받아 물질의 지배를 받게 하므로, 모든 사람이 도리어 저 물질의 노예 생활을 면하지 못하게 되었으니, 그 생활에 어찌 파란 고해波瀾苦海가 없으리요. 그러므로, 진리적 종교의 신앙과 사실적 도덕의 훈련으로써 정신의 세력을 확장하고, 물질의 세력을 항복 받아, 파란 고해의 일체 생령을 광대무량한 낙원樂園으로 인도하려 함이 그 동기니라.
>
> 『정전』 개교의 동기

소태산이 깨달음을 얻어 밝은 눈으로 본 세상은 '물질의 노예' 로 전락한 '파란 고해' 였다. 그 고통을 끝내기 위해서는 '정신의 세력' 을 확장해야겠다고 판단했다. 그 방법을 고민한 끝에 '진리적 종교의 신앙' 에 바탕한 '사실적 도덕의 훈련' 이 필요하다는 결론에 도달했던 것이다. 그래야 '파란 고해의 일체 생령' 을 '광대무량한 낙원으로 인도' 할 수 있다고 본 것이다. 고통의 원인 파악과 이를 극복하기 위한 방법과 이를 통해서 이루고자 하는 목적까지를 명확히 선언하면서 이를 '개교의 동기' 라고 이름했다. 물질문명과 정신문명의 조화를 말하고 있는 것이다.

정신개벽 精神開闢

물질이 개벽되니 정신을 개벽하자 『정전』

소태산은 '개교의 동기' 를 한 줄로 요약해서 표어로 만들었다. 그것이 바로 '물질이 개벽되니 정신을 개벽하자' 는 개교 표어다. 소태산의 개벽은 철저히 개인의 '진리적 종교의 신앙' 과 '사실적 도덕의 훈련' 에 의해 이뤄진다. 마음공부에 바탕해서 사람의 마음을 변화시키고 행동을 변화시켜서 새로운 문명의 변화를 가져오겠다는 계획인 것이다. 그가 꿈꾸는 개벽인 것이다. 소태산의 모든 교리는 이같은 '정신개벽' 을 구체적으로 실현하기 위한 방편인 것이다. 대산이 법위등급을 '개교의 동기를 구현하기 위한 인격의 표준' 이라 한 것도 결국은 정신개벽을 하려면 법위의 진급이 전제되어야 한다는 의미이다. 소태산이 공부인의 수행 정도를 측정하기 위해 법위등급을 기준으로 3년마다 법위사정을 한 것도 같은 목적이다. 공부인이라면 자신의 변화를 위해서도 세상의 개벽을 위해서도 성불에 정성을 다해야 한다.

천지개벽은 하늘과 땅이 갈라질 때 시작되었다면
정신개벽은 한 마음 잘 쓸 때 시작된다.
마음공부로 마음이 맑아져야
온 세상 가득한 은혜도 볼 수 있다.
한 마음 잘 쓰고 또 잘 써야
마음에 힘이 붙어서 조금씩 부처가 된다.
그래야 물질의 노예 생활에서 벗어날 수 있다.
그래야 정신개벽이다.
가장 근본적인 변화여서 개벽인데
어마어마한 개벽도 보이지도 않는 한 마음에서 시작된다.
마음이 답이다.

IV

소태산이 답하다

소태산이 답하다

견성·성불과 관련해서 의문을 갖기 쉬운 내용에 대해 소태산이 응답한 법문을 일부 싣는다.

신통 神通

나의 법은 인도상 요법人道上要法을 주체삼아 과거에 편벽된 법을 원만하게 하며 어려운 법을 쉽게 하여 누구나 바로 대도에 들게 하는 법이어늘, 이 뜻을 알지 못하고 묵은 생각을 버리지 못하는 사람은 공부를 하려면 고요한 산중에 들어가야 한다고 하며, 혹은 특별한 신통神通을 얻어서 이산 도수移山渡水와 호풍 환우呼風喚雨를 마음대로 하여야 한다고 하며, 혹은 경전·강연·회화는 쓸 데 없고 염불·좌선만 해야 한다고 하여, 나의 가르침을 바로 행하지 않는 수가 간혹 있나니, 실로 통탄할 일이니라. 지금 각도 사찰 선방이나 심산 궁곡에는 평생 아무 직업 없이 영통이나 도통을 바라고 방황하는 사람이 그 수가 적지 아니하나, 만일 세상을 떠나서 법을 구하며 인도를 여의고 신통만 바란다면 이는 곧 사도邪道니라. 그런즉, 그대들은 먼저 나의 가르치는 바 인생의 요도와 공부의 요도에 따라 세간 가운데서 공부를 잘 하여 나아가라. 그러한다면, 마침내 복혜 양족福慧兩足을 얻는 동시에 신통과 정력도 그 가운데 있을 것이니 이것이 곧 순서 있는 공부요 근원 있는 대도니라.

『대종경』 수행품 41장

이적 異蹟

정법 회상에서 신통을 귀하게 알지 않는 것은 신통이 세상을 제도하는 데에 실다운 이익이 없을 뿐 아니라, 도리어 폐해가 되는 까닭이니, 어찌하여 그런가하면 신통을 원하는 사람은 대개 세속을 피하여 산중에 들며 인도를 떠나 허무에 집착하여 주문이나 진언眞言 등으로 일생을 보내는 것이 예사이니, 만일 온 세상이 다 이것을 숭상한다면 사·농·공·상이 무너질 것이요, 인륜 강기人倫綱紀가 묵어질 것이며, 또는 그들이 도덕의 근원을 알지 못하고 차서 없는 생각과 옳지 못한 욕심으로 남 다른 재주를 바라고 있으니, 한때 허령으로 혹 무슨 이적異蹟이 나타난다면 그것을 악용하여 세상을 속이고 사람을 해롭게 할 것이라, 그러므로 성인이 말씀하시기를 "신통은 말변末邊의 일이라" 하였고, "도덕의 근거가 없이 나타나는 신통은 다못 일종의 마술魔術이라"고 하였나니라. 그러나, 사람이 정도正道를 잘 수행하여 욕심이 담박하고 행실이 깨끗하면 자성의 광명을 따라 혹 불가사의不可思議한 자취가 나타나는 수도 있으나 이것은 구하지 아니하되 자연히 얻어지는 것이라, 어찌 삿된 생각을 가진 중생의 견지로 이를 추측할 수 있으리요.

『대종경』 수행품 42장

시해법 尸解法

또 여쭙기를 [수도인이 공부를 하여 나아가면 시해법尸解法을 행하는 경지가 있다 하오니 어느 위位에나 승급하여야 그리 되나이까.] 대종사 말씀하시기를 [여래위에 오른 사람도 그리 안 되는 사람이 있고, 설사 견성도 못하고 항마위에 승급도 못 한 사람이라도 일방 수양에 전공하여 그와 같이 되는 수가 있으나, 그것으로 원만한 도를 이루었다고는 못 하나니라. 그러므로, 돌아오는 시대에는 아무리 위로 천문을 통하고 아래로 지리를 통하며 골육이 분형되고 영통을 하였다 할지라도 인간 사리를 잘 알지 못하면

조각 도인이니, 그대들은 삼학의 공부를 병진하여 원만한 인격을 양성하라.]

『대종경』 변의품 36장

좌탈입망 坐脫立亡

또 여쭙기를 [법강항마위 승급 조항에 생·로·병·사에 해탈을 얻어야 한다고 한 바가 있사오니, 과거 고승들과 같이 좌탈 입망坐脫立亡의 경지를 두고 이르심이오니까.] 대종사 말씀하시기를 [그는 불생 불멸의 진리를 요달하여 나고 죽는 데에 끌리지 않는다는 말이니라.]

『대종경』 변의품 37장

불보살들은 먼저 생사의 도를 익히나니, 그는 마음을 들여 놓고 내어 보내지 아니하는 입정 공부와 마음을 내어 놓고 들이지 아니하는 출정 공부를 잘하고 보면 출생 입사出生入死와 좌탈입망坐脫立亡을 마음대로 할 수 있는 것이다.

『대종경선외록』 생사인과장 1절

근기 根機

처음 발심한 사람이 저의 근기도 잘 모르고 일시적 독공篤工으로 바로 큰 이치를 깨치고자 애를 쓰는 수가 더러 있으나 그러한 마음을 가지면 몸에 큰 병을 얻기 쉽고, 마음대로 되지 않을 때에는 퇴굴심退屈心이 나서 수도 생활과 멀어질 수도 있나니 조심할 바이니라. 그러나, 혹 한 번 뛰어서 불지佛地에 오르는 도인도 있나니 그는 다생 겁래에 많이 닦아 온 최상의 근기요 중·하中下의 근기는 오랜 시일을 두고 공을 쌓고 노력하여야 되나니, 그 순서는 첫째 큰 원이 있은 뒤에 큰 신信이 나고, 큰 신이 난 뒤에 큰 분忿이 나고, 큰 분이 난 뒤에 큰 의심이 나고, 큰 의심이 있은 뒤에 큰 정성이 나고, 큰 정성이 난 뒤에 크게 깨달음이 있으며, 깨달아 아는 것도 한 번에 끝나는 것이 아니라 천통 만통이 있나니라.

『대종경』 수행품 43장

돈오돈수 頓悟頓修

또 여쭙기를 [최상의 근기는 일시에 돈오 돈수頓悟頓修를 한다 하였사오니 일시에 오悟와 수修를 끝마치나이까.] 대종사 말씀하시기를 [과거 불조 가운데 돈오 돈수를 하였다 하는 이가 더러 있으나, 실은 견성의 경로도 천만 층이요 수행도 여러 계단을 거쳐서 돈오 돈수를 이루는 것이니 비하건대 날이 샐 때에 어둠이 가는지 모르게 물러가고 밝음이 오는 줄 모르게 오는 것 같나니라.]

『대종경』 변의품 40장

학인의 돈점頓漸과 오수悟修에 대한 질문에 답하시기를 [점수 돈오는 보통 근기로서 선지식의 지도에 의하여 모든 수행을 쌓아가다가 점점 지혜의 발달을 따라서 문득 자성의 원리를 깨치는 것이니 이는 보편적 수행하는 길이요, 돈오 점수는 지혜의 힘으로써 이미 견성은 하였으나 아직도 다생 습관이 그대로 남아 있어서 그 법력에 의하여 점점 옛 습관을 고쳐가는 것이니 이는 과거 세상에 지혜의 단련은 이미 많으나 수행의 실력이 적은 이의 공부하는 길이요, 돈오 돈수는 지혜의 힘으로써 견성함과 동시에 수행의 힘이 또한 한결 같아 지행의 공부가 한 때에 다 성취되나니 이는 다생겁래로 삼학의 공부가 구비하여 조금도 부족함이 없는 불보살로서 인도에 잠간 매하였다가 일시에 그 광명이 발현된 것이니라.]

『정산종사법어』 경의편 47장

적공 積功

어리석은 사람은 한 생각 나는 즉시로 초범 월성의 큰 지혜를 얻으려 하나 그것은 크게 어긋난 생각이라, 저 큰 바다의 물도 작은 방울 물이 합하여 이룬 것이요, 산야의 대지도 작은 먼지의 합한 것이며, 제불 제성의 대과를 이룬 것도 형상 없고 보이지도 않는 마음 적공積功을 합하여 이룬 것이니, 큰 공부에 뜻하고 큰 일을 착수한 사람은 먼저 마땅히 작은 일부터 공을 쌓기 시작하여야 되나니라.

『대종경』 수행품 44장

박식 博識

도를 구하기 위하여 출가한 사람이 중간에 혹 본의를 잊어버리고 외학外學과 외지外知 구하는 데에 정신을 쓰는 수도 더러 있으나, 이러한 사람은 박식博識은 될지언정 정신 기운은 오히려 약해져서 참 지혜를 얻기가 어려울 것이니, 참 도를 구하는 사람은 발심한 본의를 반성하여 여러 방면으로 흩어지는 마음을 바로 잡아 삼대력 쌓는 데에 공을 들이면 자연히 외학과 외지의 역량도 갖추어지나니라.

『대종경』 수행품 45장

마음챙김

내가 그대들에게 일상 수행의 요법을 조석으로 외게 하는 것은 그 글만 외라는 것이 아니요, 그 뜻을 새겨서 마음에 대조하라는 것이니, 대체로는 날로 한 번씩 대조하고 세밀히는 경계를 대할 때마다 잘 살피라는 것이라, 곧 심지心地에 요란함이 있었는가 없었는가, 심지에 어리석음이 있었는가 없었는가, 심지에 그름이 있었는가 없었는가, 신·분·의·성의 추진이 있었는가 없었는가, 감사 생활을 하였는가 못하였는가, 자력 생활을 하였는가 못하였는가, 성심으로 배웠는가 못 배웠는가, 성심으로 가르쳤는가 못 가르쳤는가, 남에게 유익을 주었는가 못 주었는가를 대조하고 또 대조하며 챙기고 또 챙겨서 필경은 챙기지 아니하여도 저절로 되어지는 경지에까지 도달하라 함이니라. 사람의 마음은 지극히 미묘하여 잡으면 있어지고 놓으면 없어진다 하였나니, 챙기지 아니하고 어찌 그 마음을 닦을 수 있으리요. 그러므로, 나는 또한 이 챙기는 마음을 실현 시키기 위하여 상시 응용 주의 사항과 교당 내왕시 주의 사항을 정하였고 그것을 조사하기 위하여 일기법을 두어 물 샐 틈 없이 그 수행 방법을 지도하였나니 그대들은 이 법대로 부지런히 공부하여 하루 속히 초범超凡 입성入聖의 큰 일을 성취할지어다.

『대종경』 수행품 1장

삼명육통 三明六通

한 제자 여쭙기를 [과거 부처님 말씀에 공부가 순숙되면 삼명 육통三明六通을 얻는다 하였사오니, 어느 법위에나 오르면 삼명 육통을 얻게 되나이까.] 대종사 말씀하시기를 [삼명 가운데 숙명宿明·천안天眼의 이명과 육통 가운데 천안天眼·천이天耳·타심他心·숙명·신족神足의 오통은 정식 법강항마위가 되지 못한 사람도 부분적으로 혹 얻을 수가 있으나 정식 법강항마위 이상 도인도 얻지 못하는 수가 있으며, 누진명漏盡明과 누진통은 대원 정각을 한 불보살이라야 능히 얻게 되나니라.]

『대종경』 변의품 18장

영문 靈門

내가 한 생각을 얻기 전에는 혹 기도도 올렸고, 혹은 문득 솟아 오르는 주문도 외웠으며, 혹은 나도 모르는 가운데 적묵寂默에 잠기기도 하였는데, 우연히 한 생각을 얻어 지각知覺이 트이고 영문靈門이 열리게 된 후로는, 하루에도 밤과 낮으로, 한 달에도 선후 보름으로 밝았다 어두웠다 하는 변동이 생겼고, 이 변동에서 혜문慧門이 열릴 때에는 천하에 모를 일과 못할 일이 없이 자신이 있다가도 도로 닫히고 보면 내 몸 하나도 어찌할 방략이 없어서, 나의 앞 길을 어떻게 하면 좋을까 하는 걱정이 새로 나며 무엇에 홀린 것 같은 의심도 나더니, 마침내 그 변동이 없어지고 지각이 한결같이 계속되었노라.

『대종경』 수행품 46장

고행 苦行

대종사 겨울 철에는 매양 해수咳嗽로 괴로움이 되시사 법설을 하실 때마다 기침이 아울러 일어나는지라 인하여 대중에게 말씀하시기를 [나의 자라난 길룡리는 그대들이 아는 바와 같이 생활의 빈궁함과 인지의 미개함이 세상에 드문 곳이라, 내가 다행히 전세의 습관으로 어릴 때에 발심하여 성심으로 도는 구하였으나 가히 물을 곳이 없고 가히 지도 받을 곳이 없으므로, 홀로 생각을 일어내어 난행難行 고행苦行을 하지 아니함이 없었나니, 혹은 산에 들어가서 밤을 지내기도 하고, 혹은 길에 앉아서 날을 보내기도 하며, 혹은 방에 앉아 뜬 눈으로 밤을 새우기도 하고, 혹은 얼음 물에 목욕도 하며, 혹은 절식絶食도 하고, 혹은 찬 방에 거처도 하여, 필경 의식意識을 다 잊는 경계에까지 들었다가 마침내 그 의심한 바는 풀리었으나, 몸에 병근病根은 이미 깊어져서 기혈이 쇠함을 따라 병고는 점점 더해가나니, 나는 당시에 길을 몰랐는지라 어찌할 수 없었지마는, 그대들은 다행히 나의 경력을 힘입어서 난행 고행을 겪지 아니하고도 바로 대승 수행의 원만한 법을 알게 되었으니 이것이 그대들의 큰 복이니라. 무릇, 무시선 무처선의 공부는 다 대승 수행의 빠른 길이라 사람이 이대로 닦는다면 사반 공배事半功倍가 될 것이요, 병들지 아니하고 성공하리니 그대들은 삼가 나의 길 얻지 못할 때의 헛된 고행을 증거하여 몸을 상하는 폐단에 들지 않기를 간절히 부탁하노라.]

『대종경』 수행품 47장

마왕 魔王

저 학교에서도 학기 말이나 학년 말에는 시험이 있는 것과 같이 수도인에게도 법위가 높아질 때에나 불지佛地에 오를 때에는 순경 역경을 통하여 여러 가지로 시험이 있나니, 그러므로 부처님께서도 성도成道하실 무렵에 마왕 파순波旬이가 팔만 사천 마군을 거느리고 대적하였다 하며 후래 수행자들도 역시 그러한 경계를 지냈나니, 내가 지금 그대들을 살펴볼 때에 그대들 중에도 시험에 걸려서 고전苦戰을 하고 있는 사람과 패전하여 영생 일을 그르쳐 가는 사람과 또는 좋은 성적으로 시험을 마쳐서 그 앞 길이 양양한 사람도 있나니, 각자의 정도를 살피어 그 시험에 실패가 없기를 바라노라.

『대종경』 수행품 48장

사도 邪道

광전光田이 여쭙기를 [일원상과 인간과의 관계가 어떠하오니까.] 대종사 말씀하시기를 [네가 큰 진리를 물었도다. 우리 회상에서 일원상을 모시는 것은 과거 불가에서 불상을 모시는 것과 같으나, 불상은 부처님의 형체形體를 나타낸 것이요, 일원상은 부처님의 심체心體를 나타낸 것이므로, 형체라 하는 것은 한 인형에 불과한 것이요, 심체라 하는 것은 광대 무량하여 능히 유와 무를 총섭하고 삼세를 관통하였나니, 곧 천지 만물의 본원이며 언어도단의 입정처入定處라, 유가에서는 이를 일러 태극太極 혹은 무극無極이라 하고, 선가에서는 이를 일러 자연 혹은 도라 하고, 불가에서는 이를 일러 청정법신불이라 하였으나, 원리에 있어서는 모두 같은 바로서 비록 어떠한 방면 어떠한 길을 통한다 할지라도 최후 구경에 들어가서는 다 이 일원의 진리에 돌아가나니, 만일 종교라 이름하여 이러한 진리에 근원을 세운 바가 없다면 그것은 곧 사도邪道라, 그러므로 우리 회상에서는 이 일원상의 진리로써 우리의 현실 생활과 연락시키는 표준을 삼았으며, 또는 신앙과 수행

의 두 문을 밝히었나니라.] 『대종경』 교의품 3장

악도 惡道

그러나, 만일 도덕의 원리를 알지 못하고 사사하고 기괴한 것을 찾으며 역리逆理와 패륜悖倫의 일을 행하면서 입으로만 도덕을 일컫는다면 이것은 사도와 악도를 행하는 것이니, 그 참 도에 무슨 상관이 있으며, 또는 무슨 덕이 화할 수 있으리요. 그러므로, 도덕을 배우고자 하는 사람은 반드시 먼저 도의 원리를 알아야 할 것이며, 도의 원리를 안 이상에는 또한 정성스럽게 항상 덕을 닦아야 할 것이니, 그러한다면 누구를 막론하고 점점 도를 통하고 덕을 얻으리라. 그러나, 범상한 사람들은 도덕의 대의를 알지 못하므로 사람 가운데에 대소 유무의 근본 이치는 알거나 모르거나 어떠한 이상한 술법만 있으면 그를 도인이라 말하고 또는 시비 이해의 분명한 취사는 알거나 모르거나 마음만 한갓 유순하면 그를 덕인이라 하나니 어찌 우습지 아니하리요. 그대가 이제 새로 입교한 사람으로서 먼저 도덕을 알고자 하는 것은 배우는 순서에 당연한 일이니, 나의 한 말을 명심하여 항상 도덕의 대의에 철저하고 사사한 도에 흐르지 말기를 바라노라.

『대종경』 인도품 3장

미륵불 彌勒佛

최 도화崔道華 여쭙기를 [이 세상에 미륵불彌勒佛의 출세와 용화회상龍華會上의 건설을 목마르게 기다리는 사람이 많사오니 미륵불은 어떠한 부처님이시며 용화회상은 어떠한 회상이오니까.] 대종사 말씀하시기를 [미륵불이라 함은 법신불의 진리가 크게 들어나는 것이요, 용화 회상이라 함은 크게 밝은 세상이 되는 것이니, 곧 처처 불상處處佛像 사사 불공事事佛供의 대의가 널리 행하여지는 것이니라.] 장 적조 여쭙기를 [그러하오면, 어느 때나 그러한 세계가 돌아오겠나이까.] 대종사 말씀하시기를 [지금 차차 되어지고 있나니라.] 정 세월鄭世月이 여쭙기를 [그 중에도 첫 주인이 있지 않겠나이까.] 대종사 말씀하시기를 [하나하나 먼저 깨치는 사람이 주인이 되나니라.]

『대종경』 전망품 16장

용화회상 龍華會上

박 사시화朴四時華 여쭙기를 [지금 어떤 종파들에서는 이미 미륵불이 출세하여 용화 회상을 건설한다 하와 서로 주장이 분분하오니 어느 회상이 참 용화 회상이 되오리까.] 대종사 말씀하시기를 [말만 가지고 되는 것이 아니니, 비록 말은 아니 할지라도 오직 그 회상에서 미륵불의 참 뜻을 먼저 깨닫고 미륵불이 하는 일만 하고 있으면 자연 용화 회상이 될 것이요 미륵불을 친견할 수도 있으리라.]

『대종경』 전망품 17장

불퇴전 不退轉

한 제자 여쭙기를 [어느 위에나 오르면 불퇴전不退轉이 되나이까.] 대종사 말씀하시기를 [출가위 이상이라야 되나니라. 그러나, 불퇴전에만 오르면 공부심을 놓아도 퇴전하지 않는 것이 아니니, 천하의 진리가 어느 것 하나라도 그대로 머물러 있는 것이 없는지라 불퇴전 위에 오르신 부처님께서도 공부심은 여전히 계속되어야 어떠한 순역 경계와 천마 외도라도 그 마음을 물러나게 하지 못할지니 이것이 이른바 불퇴전이니라.]

『대종경』 변의품 39장

영혼 靈魂

한 제자 여쭙기를 [영혼이 이 육신을 버리고 새 육신을 받는 경로와 상태를 알고 싶나이다.] 대종사 말씀하시기를 [영혼이 이 육신과 갈릴 때에는 육신의 기식氣息이 완전히 끊어진 뒤에 뜨는 것이 보통이나, 아직 육신의 기식이 남아 있는데 영혼만 먼저 뜨는 수도 있으며, 영혼이 육신에서 뜨면 약 칠·칠七七일 동안 중음中陰으로 있다가 탁태되는 것이 보통이나, 뜨면서 바로 탁태되는 수도 있고, 또는 중음으로 몇 달 혹은 몇 해 동안 바람 같이 떠돌아 다니다가 탁태되는 수도 있는데, 보통 영혼은 새 육신을 받을 때까지는 잠잘 때 꿈꾸듯 자기의 육신을 그대로 가진 것으로 알고 돌아다니다가 한 번 탁태를 하면 먼저 의식은 사라지고 탁태된 육신을 자기 것으로 아나니라.]

『대종경』 천도품 13장

염라국 閻羅國

대종사 선원 대중에게 말씀하시기를 [그대들은 염라국閻羅國과 명부사자冥府使者를 아는가. 염라국이 다른 데가 아니라 곧 자기 집 울타리 안이며 명부사자가 다른 이가 아니라 곧 자기의 권속이니, 어찌하여 그런고 하면 보통 사람은 이 생에 얽힌 권속의 정애情愛로 인하여 몸이 죽는 날에 영이 멀리 뜨지 못하고 도로 자기 집 울 안에 떨어져서 인도 수생의 기회가 없으면 혹은 그 집의 가축도 되며 혹은 그 집안에 곤충류의 몸을 받기도 하나니, 그러므로 예로부터 제불 조사가 다 착 없이 가며 착 없이 행하라고 권장하신 것은 그리하여야 능히 악도에 떨어지는 것을 면할 수 있기 때문이니라.]

『대종경』 천도품 18장

천도재 遷度齋

또 여쭙기를 [천도재를 어찌 사십 구일로 정하였나이까.] 대종사 말씀하시기를 [사람이 죽으면 대개 약 사십 구일 동안 중음에 어렸다가 각기 업연業緣을 따라 몸을 받게 되므로 다시 한 번 청정 일념을 더하게 하기 위하여, 과거 부처님 말씀을 인연하여 그 날로 정해서 천도 발원을 하는 것이나, 명을 마친 즉시로 착심을 따라 몸을 받게 되는 영혼도 허다하나니라.]

『대종경』 천도품 34장

영단 靈丹

그러므로, 옛 성인의 말씀에 "사흘의 마음 공부는 천년의 보배요, 백년의 탐낸 물건은 하루 아침 티끌이라" 하였건마는 범부는 이러한 이치를 알지 못하므로 자기의 몸만 귀히 알고 마음은 한 번도 찾지 아니하며, 도를 닦는 사람들은 이러한 이치를 알므로 마음을 찾기 위하여 몸을 잊나니라. 그런즉, 그대들은 너무나 무상한 모든 유有에 집착하지 말고 영원한 천상락을 구하기에 힘을 쓰라. 만일 천상락을 오래 오래 계속한다면, 결국은 심신의 자유를 얻어서 삼계의 대권을 잡고 만상의 유무와 육도의 윤회를 초월하여 육신을 받지 아니하고 영단靈丹만으로 시방 세계에 주유할 수도 있고, 금수 곤충의 세계에도 임의로 출입하여 도무지 생사 거래에 걸림이 없으며, 어느 세계에 들어가 색신을 받는다 할지라도 거기에 조금도 물들지 아니하고 길이 낙을 누릴 것이니 이것이 곧 극락이니라. 그러나, 천상락을 길게 받지 못하는 원인은 형상 있는 낙에 욕심이 발하여 물질에 돌아감이니 비록 천상락을 받는 사람이라도 천상락 받을 일은 하지 않고 낙만 받을 욕심이 한 번 발하면 문득 타락하여 심신의 자유를 잃고 순환하는 대자연의 수레바퀴에 끌려서 또 다시 육도의 윤회를 면하지 못하나니라.

『대종경』 불지품 16장

생사 生死

사람의 생사는 비하건대 눈을 떴다 감았다 하는 것과도 같고, 숨을 들이 쉬었다 내쉬었다 하는 것과도 같고, 잠이 들었다 깼다 하는 것과도 같나니, 그 조만의 차이는 있을지언정 이치는 같은 바로서 생사가 원래 둘이 아니요 생멸이 원래 없는지라, 깨친 사람은 이를 변화로 알고 깨치지 못한 사람은 이를 생사라 하나니라.

『대종경』 천도품 8장

육도윤회 六度輪廻

또 여쭙기를 [사람이 죽은 후에는 유명幽明이 서로 다르온데 영식만은 생전과 다름 없이 임의로 거래할 수 있나이까.] 대종사 말씀하시기를 [그 식심識心만은 생전 사후가 다름이 없으나 오직 탐·진·치에 끌린 영과 탐·진·치를 조복 받은 영이 그 거래에는 다름이 있나니, 탐·진·치에 끌린 영은 죽어 갈 때에 착심에 묶인 바가 되어 거래에 자유가 없고, 무명의 업력에 가리워서 착심 있는 곳만 밝으므로 그 곳으로 끌려가게 되며, 몸을 받을 때에도 보는 바가 모두 전도되어, 축생과 곤충 등이 아름답게도 보여서 색정色情으로 탁태되되 꿈꾸는 것과 같이 서노 모르게 입태하며, 인도 수생의 부모를 정할 때에도 색정으로 상대하여 탁태하게 되며, 혹 무슨 결정보決定報의 원을 세웠으나 사람 몸을 받지 못할 때에는 축생이나 곤충계에서 그에 비슷한 보를 받게도 되어, 이와 같이 생사에 자유가 없고 육도 윤회에 쉴 날이 없이 무수한 고를 받으며, 십이 인연十二因緣에 끌려 다니나니라. 그러나, 탐·진·치를 조복 받은 영은 죽어 갈 때에 이 착심에 묶인 바가 없으므로 그 거래가 자유로우며, 바르게 보고 바르게 생각하여 정당한 곳과 부정당한 곳을 구분해서 업에 끌리지 않으며, 몸을 받을 때에도 태연 자약하여 정당하게 몸을 받고, 태중에 들어갈 때에도 그 부모를 은의로 상대하여 탁태되며, 원을 세운 대로 대소사간에 결정보를 받게 되어, 오직 생사에 자유하고 육도 윤회에 끌리는 바가 없이 십이 인연을 임의로 궁글리고 다니나니라.]

『대종경』 천도품 36장

참 문명 세계

오는 세상의 모든 인심은 이러하리라. 지금은 대개 남의 것을 못 빼앗아서 한이요, 남을 못 이겨서 걱정이요, 남에게 해를 못 입혀서 근심이지마는, 오는 세상에는 남에게 주지 못하여 한이요, 남에게 지지 못하여 걱정이요, 남을 위해 주지 못하여 근심이 되리라. 또 지금은 대개 개인의 이익을 못 채워서 한이요, 뛰어난 권리와 입신 양명을 못 하여서 걱정이지마는, 오는 세상에는 공중사公衆事를 못 하여서 한이요, 입신 양명할 기회와 권리가 돌아와서 수양할 여가를 얻지 못할까 걱정일 것이며, 또 지금은 대개 사람이 죄 짓기를 좋아하며, 죄 다스리는 감옥이 있고, 개인·가정·사회·국가가 국한을 정하여 울과 담을 쌓아서 서로 방어에 전력하지마는, 오는 세상에는 죄 짓기를 싫어할 것이며, 개인·가정·사회·국가가 국한을 터서 서로 융통하리라. 또 지금은 물질 문명이 세계를 지배하고 있지마는, 오는 세상에는 위 없는 도덕이 굉장히 발전되어 인류의 정신을 문명시키고 물질 문명을 지배할 것이며 물질 문명은 도덕 발전의 도움이 될 것이니, 멀지 않은 장래에, 산에는 도둑이 없고 길에서는 흘린 것을 줍지 않는 참 문명 세계를 보게 되리라.

『대종경』 전망품 20장

미래의 불법

이제는 우리가 배울 바도 부처님의 도덕이요, 후진을 가르칠 바도 부처님의 도덕이니, 그대들은 먼저 이 불법의 대의를 연구해서 그 진리를 깨치는 데에 노력하라. 내가 진작 이 불법의 진리를 알았으나 그대들의 정도가 아직 그 진리 분석에 못 미치는 바가 있고, 또는 불교가 이 나라에서 여러 백 년 동안 천대를 받아 온 끝이라 누구를 막론하고 불교의 명칭을 가진 데에는 존경하는 뜻이 적게 된지라 열리지 못한 인심에 시대의 존경을 받지 못할까 하여, 짐짓 법의 사정 진위를 물론하고 오직 인심의 정도를 따라 순서 없는 교화로 한갓 발심 신앙에만 주력하여 왔거니와, 이제 그 근본적 진리를 발견하고 참다운 공부를 성취하여 일체 중생의 혜·복慧福 두 길을 인도하기로 하면 이 불법으로 주체를 삼아야 할 것이며, 뿐만아니라 불교는 장차 세계적 주교가 될 것이니라. 그러나, 미래의 불법은 재래와 같은 제도의 불법이 아니라 사·농·공·상을 여의지 아니하고, 또는 재가 출가를 막론하고 일반적으로 공부하는 불법이 될 것이며, 부처를 숭배하는 것도 한갓 국한된 불상에만 귀의하지 않고, 우주 만물 허공 법계를 다 부처로 알게 되므로 일과 공부가 따로 있지 아니하고, 세상 일을 잘하면 그것이 곧 불법 공부를 잘하는 사람이요, 불법 공부를 잘하면 세상 일을 잘하는 사람이 될 것이며, 또는 불공하는 법도 불공할 처소와 부처가 따로 있는 것이 아니라, 불공하는 이의 일과 원을 따라 그 불공하는 처소와 부처가 있게 되나니, 이리 된다면 법당과 부처가 없는 곳이 없게 되며, 부처의 은혜가 화피초목化被草木 뇌급만방賴及萬方하여 상상하지 못할 이상의 불국토가 되리라. 그대들이여! 시대가 비록 천만 번 순환하나 이 같은 기회 만나기가 어렵거늘 그대들은 다행히 만났으며, 허다한 사람 중에 아는 사람이 드물거늘 그대들은 다행히 이 기회를 알아서 처음 회상의 창립주가 되었나니, 그대들은 오늘에 있어서 아직 증명하지 못할 나의 말일지라도 허무하다 생각하지 말고, 모든 지도에 의하여 차차 지내가면 멀지 않은 장래에 가히 그 실지를 보게 되리라.

『대종경』 서품 15장

참고자료

【참고-1】『원불교대사전』의 소태산少太山박중빈朴重彬

원불교의 교조. 아명은 처화處化 · 진섭鎭燮. 족보명은 희섭喜燮. 중빈은 법명. 법호는 소태산少太山. 원불교 교단의 존호는 대종사大宗師 · 원각성존圓覺聖尊으로 받든다. 1891년 5월 5일(음 3.27), 전남 영광군 백수면 길룡리 영촌마을의 평범한 농가에서 부친 회경晦頃과 모친 유정천劉定天의 4남 2녀 중 3남으로 태어났다. 어린 시절부터 진리에 뜻을 두고 오랜 구도 고행 끝에 1916년 4월 28일 일원상진리一圓相眞理를 대각하고 원불교를 창립했다. 원불교에서는 이날을 대각개교절大覺開教節로 정하고 경축하며, 이 해를 원기圓紀 원년으로 헤아린다. 소태산은 최초법어를 설하고 시국을 살펴 '물질이 개벽되니 정신을 개벽하자'(《대종경》 서품4)는 표어를 지도강령으로 삼았다.

구인제자를 얻고 저축조합과 방언공사를 시행하며 법인기도法認祈禱를 행한 다음, 1919년(원기4) 주석처를 전북 부안으로 옮겨 교리강령教理綱領을 제정하고 교서를 초안하며 회상창립을 위한 인연규합에 힘썼다. 1924년(원기9) 6월 1일 전북 익산의 보광사普光寺에서 불법연구회佛法研究會 창립총회를 개최하고, 같은 해에 익산시 신룡동 344-2번지에 중앙총부를 건설하여 전무출신 공동생활을 시작한다. 이어 소태산은 28년간 각종 제도확립 · 인재육성 · 교서편정 · 교화훈련 등의 활동을 전개하다가 1943년(원기28) 5월 16일 생사법문生死法門을 설하고, 6월 1일 열반했다. (하략)

【참고-2】『원불교 교사』의 소태산 대종사

1. 대종사의 탄생과 유시

대종사의 성姓은 박朴씨요, 이름은 중빈重彬이시요, 호號는 소태산少太山이시니, 원기 전圓紀前 25년(1891 · 辛卯) 음 3월 27일에 한반도의 서남 해변, 전라남도 영광군 백수면 길룡리全羅南道 靈光郡 白岫面 吉龍里 영촌永村에서 탄생하시어, 이웃 마을 구호동九號洞에서 성장하시었다. 부친은 박 회경法名晦傾 字成三이시요, 모친은 유 정천江陵劉氏 法名正天이시며, 신라 시조왕 박 혁거세新羅始祖王朴赫居世의 후예이시다. 본관本貫은 밀양密陽이시니, 신라 밀성 대군景明王長子密成大君에 의하여 본本을 얻었고, 그 후, 지금의 경기도 양주

군楊州郡에 세거世居하다가, 대종사의 7대조 때 영광군에 이거하였으며, 처음에는 군서면 마읍리에 거주하다가, 대종사 탄생 전 7년(1884·甲申) 길룡리로 이사하시었다. 부친은, 가난하여 학문은 없었으나, 천성이 명민하여 평생에 사람들의 경모함을 받았고, 모친은, 천성이 인후하여 이웃에서 항상 덕인이라는 칭호를 받았으며, 대종사는 그 3남이시었다.

대종사, 어려서 부터 기상이 늠름하시고 도량이 활달하시며, 모든 사물을 대함에 주의하는 천성이 있어, 보고 듣고 말하고 행동함을 항상 범연히 아니하시며, 매양 어른들을 좇아 그 모든 언행에 묻기를 좋아 하시며, 남과의 약속에 한번 하기로 한 일은 아무리 어려운 일이라도 반드시 실행하시었다. 어리신 때에 마을 앞 개울 가에서 큰 뱀을 보고도 놀라지 않고 그를 쫓으신 일과, 4세 때 부친과의 약속을 지켜 동학군 왔다는 경보로 부친을 크게 놀라게 하신 일과, 10세 때 한문 서당 선생과의 약속을 지켜 그 날 해 전에 화재火災로 그를 크게 놀라게 하신 일 등은, 대종사의 비범한 성격 일단을 보이는 일화들로서 당시 참견한 여러 사람은, 혹은 장차 큰 일을 저지를 사람이라고 비방도 하고, 혹은 장차 큰 인물이 되리라고 찬탄도 하였다.

2. 대종사의 발심

대종사, 7세 되시던 해, 어느 날, 화창한 하늘에 한 점 구름이 없고, 사방 산천에 맑은 기운이 충만함을 보시다가, 문득 [저 하늘은 얼마나 높고 큰 것이며, 어찌하여 저렇게 깨끗하게 보이는고] 하는 의심이 일어 나고, 뒤를 이어 [저와 같이 깨끗한 하늘에서 우연히 바람이 일고 구름이 일어나니, 그 바람과 구름은 또한 어떻게 일어 나는 것인가] 하는 의심이 일어났다.

이러한 의심이 시작됨을 따라 모든 의심이 꼬리를 물고 일어 나서, 9세 때 부터는 나를 생각한즉 내가 스스로 의심이 되고, 부모와 형제간을 생각한즉 부모와 형제간 되는 일이 의심이 되고, 물건을 생각한즉 물건이 또한 의심이 되고, 주야가 변천하는 것을 생각한즉 그것이 또한 의심이 되어, 이 의심 저 의심이 한 가지로 대종사를 답답하게 하였다.

그 후 10세 때 부터 부모의 명에 의하여 겉으로는 비록 한문 서당에 다니시었으나, 글 배우는 데에는 뜻이 적으시며, 의복·음식·유희 등에는 조금도 생각이 없으시고, 오직 이 수 많은 의심을 풀어 알고자 하는 한 생각으로 마음이 차 있었다.

3. 대종사의 구도

대종사, 한번 의심을 발하신 후로는 날이 갈수록 그 마음이 더욱 간절하시어, 밤 낮으로 오직 소원 성취의 길을 찾기에 노심勞心하시더니, 11세 때 마읍리 선산 묘제先山墓祭에 참례하셨다가, 산신을 먼저 제사하고 선조를 뒤에 제사함을 보시고 친족 중 한 사람에게 그 연유를 물어, 산신은 크게 신령하다 함을 들으시고는 나의 이 모든 의심을 산신에게 물으면 알 수 있으리라 생각하시어, 그 날 부터 내심內心에 산신을 만나기로 작정하시었다.

그 후로는, 매일 산중을 더듬어 산과山果를 거두시며, 혹 정한 음식을 보시면 그것을 가지고 마을 뒷산 삼밭재에 오르시어, 마당바위라는 바위 위에 제물을 진설하시고, 전후 사방을 향하여 종일토록 예배하시다가, 해 진 후에야 귀가하시기를 매일 과정으로 하시되, 혹은 그 곳에서 밤을 지내기도 하고, 혹은 비가 오고 눈이 와도 하루도 빠짐 없이 5년 간을 일관하시었으며, 처음에는 부모 모르게 그 일을 시작하시었으나, 마침내 모친께서 알으시고 그 정성에 감동하여 많은 후원을 하시었다.

대종사, 15세 때에 부모의 명에 의하여 면내 홍곡리의 규수 양 하운濟州梁氏 法名夏雲과 결혼하시고, 16세 되시던 정월, 환세 인사 차로 처가에 가셨다가, 마침 마을 사람이 고대 소설(朴太溥傳 趙雄傳 등) 읽는 것을 들으시는 중, 그 소설의 주인공들이 천신 만고 끝에 도사道士를 만나 소원을 성취하는 지라, 대종사의 심중에 큰 변동이 생기게 되었다. [내가 지금까지 만나고자 하던 산신은, 5년 간 한결 같이 정성을 들였으나 한 번도 보이지 않으니, 가히 믿을 수 없을 뿐 더러, 그 유무를 확실히 알 수도 없는 것인즉, 나도 이제 부터는 저 소설의 주인공 같이 도사 만나는데에 정성을 들인다면, 도사는 사람이라 반드시 없지도 아니하리라] 생각하시고, 전날의 결심을 도사 만날 결심으로 돌리시었다.

그 후로는 길에 이상한 사람이나 걸인이 있어도 그가 혹 도사나 아닌가 하여 청하여 시험해 보시며, 또한 어디에 이인異人이나 은사隱士가 있다고 하면 반드시 찾아 가 보시고, 혹은 청하여 같이 지내시며 시험해 보기도 하여, 그 후 6년 간 도사를 찾아 일천 정성을 다 들이시었다.

4. 대종사의 입정

대종사, 어려서 부터 글 공부와 살림에는 뜻이 없으시고, 오직 도道 구하는 데에만 뜻을 두시매, 부친께서 처음에는 이해를 못하다가, 마침내 대종사의 정성에 감동되어 그 구도를 적극 후원하셨으며,

대종사께서 20세에 이르도록 도사 만날 소원도 이루지 못함을 보시고는 마당바위 부근에 수간의 초당을 지어 심공心功을 들이게도 하시더니, 원기 전 6년(1910·庚戌) 10월 마침내 별세하시었다. 이에 대종사께서는 생활과 구도의 후원을 일시에 잃게 되신 데다가, 이미 큰 형과 아우는 출계出系분가하고, 중형은 일찍 별세한지라, 모친의 봉양과 권속의 부양을 다 대종사께서 책임지시게 되니, 뜻 없는 살림과 경험없는 고생에 그 괴로움은 이루 다 말할 수 없으시었다.

뿐만 아니라, 6년 동안 구하고 바라던 도사도, 수많은 사람을 접응하여 보시었으나, 바른 스승을 찾을 곳이 없게 되매, 22세 때 부터는 도사 만날 생각도 차차 단념하시고 [이 일을 장차 어찌할꼬] 하는 한 생각만 점점 깊어져 갔다. 처음에는 생활에 대한 계교심도 혹 있었고, 고생이라는 느낌도 혹 있었으나, 세월이 갈수록 다른 생각은 다 잊으시고, 오직 그 한 생각으로 아침에서 저녁에 이르고 저녁에서 아침에 이르시며, 때로는 저절로 떠 오르는 주문呪文도 외우시고, 때로는 고창 연화봉全北高敞郡心元面蓮花峰 초당 등으로 장소를 옮기어 정신을 수습도 해 보시었으나, 25세 때 부터는 [이 일을 장차 어찌할꼬]하는 그 생각마저도 잊어버리게 되어, 점점 행하여도 행하는 줄을 모르고, 말하여도 말하는 줄을 모르며, 음식을 드시어도 드는 줄을 모르는 지경에 이르렀다.

그 동안 두 번 이사에 집은 두 번 다 무너지고, 생계는 막연하여 조석 공양이 어려운 데다가, 복중腹中에는 큰 적癪이 들고, 온 몸에는 종기가 가득하여, 가족들의 근심은 말할 것도 없고, 마을 사람들은 다 폐인으로 인증하게 되었으며, 그 정신이 어느 때에는 혹 분별이 있는 듯 하다가 다시 혼돈하여 지고, 혹 기억이 나타나는 듯 하다가 다시 어두어 지니, 부인은 대종사의 정신 회복을 위하여 다년간 후원 별처後園別處에서 기도를 드리기도 하였다.

5. 대종사의 대각

원기 원년(1916·丙辰) 음 3월 26일 이른 새벽에, 대종사, 묵연히 앉으셨더니, 우연히 정신이 쇄락해지며, 전에 없던 새로운 기운이 있으므로, 이상히 여기시어 밖에 나와 사면을 살펴 보시니, 천기가 심히 청랑하고 별과 별이 교교皎皎하였다. 이에, 맑은 공기를 호흡하시며 뜰 앞을 두루 배회하시더니,

문득 이 생각 저 생각이 마음에 나타나, 그동안 지내 온 바가 모두 고생이 아닌가 하는 생각이며, 고생을 면하기로 하면 어떻게 하여야 하겠다는 생각이며, 날이 밝으면 우선 머리도 빗고 손톱도 자르고 세수도 하리라는 생각이 일어 났다. 날이 밝으매, 대종사, 먼저 청결하는 기구들을 찾으시는지라, 이를 본 가족들은 대종사의 의외 행동에 한 편 놀라고 한 편 기뻐하여 그 동작을 주시하였으니, 이것이 곧 대종사 출정出定의 초보이었다.

그 날 조반 후, 이웃에 사는 몇 몇 마을 사람이 동학의 [동경대전東經大全]을 가지고 서로 언론言論하는 중, 특히 [오유영부 기명선약 기형태극 우형궁궁吾有靈符其名仙藥其形太極又形弓弓]이란 귀절로 논란함을 들으시매, 문득 그 뜻이 해석되는지라, 대종사 내심에 대단히 신기하게 여기시었다. 얼마 후, 또한 유학자 두 사람이 지나다가 뜰 앞에 잠간 쉬어 가는 중, [주역]에 [대인 여천지합기덕 여일월합기명 여사시합기서 여귀신합기길흉大人與天地合其德與日月合其明與四時合其序與鬼神合其吉凶]이라는 귀절을 가지고 서로 언론함을 들으시매, 그 뜻이 또한 환히 해석 되시었다. 이에 더욱 이상히 여기시어 [이것이 아마 마음 밝아지는 증거가 아닌가]하시고, 전 날에 생각하시던 모든 의두를 차례로 연마해 보신즉, 모두 한 생각에 넘지 아니하여, 드디어 대각을 이루시었다.

대종사, 이에 말씀하시기를 [만유가 한 체성이며 만법이 한 근원이로다. 이 가운데 생멸 없는 도와 인과보응되는 이치가 서로 바탕하여 한 두렷한 기틀을 지었도다] 하시었다. 이로부터 대종사의 심경은 날이 갈수록 명랑해 지고, 야위던 얼굴과 몸에 기혈이 충만하여, 그간의 모든 병증도 차차 저절로 회복되니, 보는 이들 누구나 정신이 황홀하지 않을 수 없었다.

대종사의 생장하신 길룡리는 산중 궁촌으로, 견문이 심히 적었고, 대종사께서도 글 공부한 시일이 2년에 불과하였으므로, 그 동안 어떤 종교의 교의教義와 역사를 듣고 배우신 바가 없었으나, 듣고 보신 바가 없이 스스로 원을 발하시고, 스스로 정성을 다하시고, 스스로 정定에 드시고, 스스로 대각을 성취하여, 필경은 천만 교법의 대소 본말을 일원의 이치로써 관통하시었으니, 이는 곧 영겁에 수도의 종성種性이 매昧하지 아니한 까닭이라 할 것이다.(하략)

【참고-3】「원각성존 소태산 대종사 비명 병서」圓覺聖尊少太山大宗師碑銘並序

대종사성비大宗師聖碑 : 소태산대종사의 생애와 업적을 기린 추모 비석. 제명題銘은 '원각성존소태산대종사비명병서圓覺聖尊少太山大宗師碑銘並序' 이다. 대종사성탑大宗師聖塔과 구분하여 '성비' 로 불린다. 전북 익산시 신룡동 344-2번지 원불교중앙총부 안쪽의 성탑 동남편에 위치하며, 제1대 성업봉찬사업의 일환으로 한국전쟁이 끝난 1953년(원기38) 4월 26일 세워졌다. 비문은 정산종사가 찬술하고 서예가 강암 송성용剛菴宋成鏞이 썼다.『원불교대사전』

대범 천지에는 사시가 순환하고 일월이 대명代明하므로 만물이 그 생성生成의 도를 얻게 되고 세상에는 불불佛佛이 계세繼世하고 성성聖聖이 상전相傳하므로 중생이 그 제도의 은恩을 입게 되나니 이는 우주 자연의 정칙이다. 옛날 영산회상靈山會上 열린 후 정법正法과 상법像法을 지내고 계법季法시대에 들어와서 바른 도가 행하지 못하고 삿된 법이 세상에 편만하며 정신이 세력을 잃고 물질이 천하를 지배하여 생령生靈의 고해苦海가 날로 증심增深했나니 이것이 곧 구주救主이신 대종사大宗師께서 다시 이 세상에 출현하시게 된 기연機緣이다.

대종사의 성은 박朴씨요 휘는 중빈重彬이요 소태산少太山은 그 호이시니 석존기원釋尊紀元2918년 신묘 3월 27일에 전라남도 영광군 백수면 길룡리에서 탄생하시었다. 부는 박회경朴晦傾 모는 유정천劉定天이시요 신라시조왕 박혁거세朴赫居世의 후예이시다. 대종사 유시로부터 기상이 늠름하시고 도량이 웅대하시며 모든 사물에 매양 사색의 정신이 많으시고 한번 하기로 한 일은 아무리 어려운 일이라도 반드시 실천하는 용단력이 있으시었다.

9세시에 우주의 자연 현상을 보시고 큰 의심이 발하시었으나 그 의두疑頭를 풀기로 한즉 생각이 막연하여 도저히 구경처究竟處를 해득하기가 어려우매 대종사의 우울하신 심경은 날이 갈수록 깊어지시사 처음에는 산신에게 다음에는 도사에게 의뢰를 구하여 보시었으나 뜻을 이루지 못하시고 필경은 주소일념晝宵一念이 오직 한 의심뿐으로 점점 계교돈망計較頓忘하는 삼매의 경계에 드시시었으니 이 사이에 생활의 곤란과 심신의 피로는 이루 다 말할 수 없으시었다. 26세되시던 병진 3월 26일 이른 아침에 동천의 서광을 보시고 정신이 문득 상쾌해지시며 적세에 맺혔던 의두가 풀리기 시작하여 드디어 대각大覺을 이루시었다.

대종사 대각을 이루신 후 전성前聖의 증오처證悟處를 참고하기 위하사 제가諸家의 경전을 열람하시다가 금강경金剛經을 보시고 가라사대 석가모니불釋迦牟尼佛은 진실로 성중성聖中聖이라 하시고 이에 부처님에게 연원淵源을 정하시고 다시 현 시국을 관찰하시매 세도世道가 이미 위기에 당하여 그 구제사업이 시급함을 생각하시고 처음 구인제자를 얻으사 최초법어最初法語를 설하신 후 영육쌍전靈肉雙全의 기초를 닦기 위해 먼저 저축조합을 설치하사 길룡리 해면의 간석지를 개척하시고 무아봉공無我奉公의 정신을 세우기 위해 기도서원祈禱誓願을 명하시었던 바 9인이 한가지 혈인血印의 신성을 바치었다. 기미 8월에 2, 3제자를 데리시고 석장錫杖을 부안 봉래산에 옮기시어 5년간 주재하시며 교리제도敎理制度의 초안을 대략 마치신 후 갑자 4월에 하산하시어 총부總部를 차此 신룡리에 건설하시고 불법연구회佛法研究會라는 임시 명칭으로 교문敎門을 공개하사 제자 수 10인으로 더불어 주경야독晝耕夜讀의 간고한 생활을 하여가며 교리훈련을 시작하시었나니 교리의 대강은 일원一圓을 최고종지最高宗旨로 하여 이를 신앙의 대상과 수행의 표본으로 하는 동시에 천만사리千萬事理를 다 이에 통일케 하시고 사은사요四恩四要를 윤리로 하여 종전에 미달한 모든 윤리를 다 통하게 하시고 삼학팔조三學八條를 수행으로 하여 종전에 편벽된 일체 수행을 병진하게 하시며 다시 영육쌍전靈肉雙全 이사병행理事竝行 처처불상處處佛像 사사불공事事佛供 무시선無時禪 무처선無處禪 등 대체를 밝히사 사통오달의 원융한 도로써 모든 법을 간이능행簡易能行케 하신 것이다.

이와 같이 교리 훈련을 실시하시는 일방 다시 생활제도의 개선에 착수하사 허례산삭虛禮刪削과 미신타파迷信打破며 자작자급自作自給과 수지대조收支對照 등 방법으로써 새로운 사업기초를 쌓으사 춘풍추우春風秋雨 20어년에 숙야근간夙夜勤懇하시와 일정日政의 압제와 싸워가며 모든 난관을 극복하시어 교단 건설에 오로지 심혈을 다하시더니 무상無常이 신속迅速하여 계미 5월 16일에 대중을 모으시고 생사진리生死眞理의 대법문大法門을 최후로 설하신 후 6월 1일에 열반상涅槃相을 보이시니 세수는 53이요 개법開法이 28년이었다.

때에 도중度衆들은 반호벽용攀號擗踊하여 그칠 줄을 몰랐고 일반 사회의 차탄嗟嘆하는 소리 연하여 마지아니했으며 허공법계虛空法界와 삼라만상이 다 같이 오열嗚咽하는 기상을 보이었다. 그 후 교단은 한결같이 선사先師의 유업을 이어 시국의 만난萬難을 겪으며 대중이 일심동진一心同進하던 중 을유 8월에 민족이 해방이 되자 신생국운의 발전과 아울러 교세가 점차 확장되매 병술 4월에 교명을 원불교圓佛敎라 정하고 이를 천하에 공시했다.

오호라, 대종사는 일찍이 광겁종성曠劫種聖으로 궁촌변지窮村邊地에 생장하시어 학문의 수습이 없었으나 문리를 스스로 알으시고, 사장師長의 지도가 없었으나 대도를 자각하시었으며 판탕板蕩한 시국을 당했으나 사업을 주저하지 아니하시고, 완강한 중생을 대할지라도 제도의 만능이 구비하시었으며, 기상은 태산교악泰山喬嶽같으시나 춘풍화기春風和氣의 자비가 겸전하시고, 처사는 뇌뢰낙락磊磊落落하시나 세세곡절世世曲節의 진정을 통해주시며, 옛 법을 개조하시나 대의는 더욱 세우시고, 시대의 병을 바루시나 완고에는 그치지 않게 하시며, 만법을 하나에 총섭하시나 분별은 오히려 역력히 밝히시고, 하나를 만법에 시용施用하시나 본체는 항상 여여히 드러내사, 안으로는 무상묘의無上妙義의 원리에 근거하시고 밖으로는 사사물물事事物物의 지류支流까지 통하시어 일원대도一圓大道의 바른 법을 시방삼세에 한없이 열으시었으니, 이른바 백억화신百億化身의 여래如來시요 집군성이대성集群聖而大成이시라, 영천영지 천만겁永天永地 千萬劫에 무량한 그 공덕을 만일萬一이라도 표기標記하기 위해 이 돌을 세우고 이 명銘을 지어 가로대,

월약종사 광겁종성 粵若宗師 曠劫種聖 응화기연 구세도중 應化機緣 救世度衆
자수자각 경로간난 自修自覺 經路艱難 건교사업 평지조산 建敎事業 平地造山
일원대도 만법지모 一圓大道 萬法之母 교문통달 중성공회 敎門通達 衆聖共會
이팔년간 숙야근간 二八年間 夙夜勤懇 천만방편 무량법문 千萬方便 無量法門
법륜부전 불일중휘 法輪復轉 佛日重輝 인천함대 육중동귀 人天咸戴 六衆同歸
수긍삼제 횡편시방 竪亘三際 橫遍十方 우로지택 일월지명 雨露之澤 日月之明
무변공덕 표이사석 無邊功德 標以斯石 영천영지 모앙무극 永天永地 慕仰無極

원기38년 4월 26일 입(立)

【참고-4】 소태산 대종사 연보

『소태산 평전』(이혜화, 2018, 북바이북.) 연보 인용

원기(년)	서기(나이)	중요 사항	비고
−25	1891 (1세)	· **5월 5일**(음 신묘 3월27일), 전남 영광군 백수면 길룡리 영촌에서, 밀양박씨 규정공파 박성삼의 4남2녀 중 3남(출생서열 5번째)으로 출생. 모친은 강릉유씨 정천. 아명 진섭鎭燮	
−22	1894 (4세)	· 부친에게 "동학군 온다"고 거짓말해서 부친으로 하여금 놀라 피신케 함.	· 동학농민전쟁 발발.
−19	1897 (7세)	· 자연현상에서 시작하여 인간사에 이르기까지 의문이 생겨서 확대 심화 과정을 거침.	· 고종, 대한제국 수립 선포, 황제 즉위. · 아우 한석(동국) 출생.
−16	1900 (10세)	· 한문서당 입학(훈장 이화숙). 훈장과의 갈등으로 훈장 집 땔감에 방화한 후 자퇴.	· 2세 종법사 송도군(규), 경북 성주에서 출생.
−15	1901 (11세)	· 음10월에, 집안 시제에 참석하여 산신에 관한 이야기 듣고 나서 자연현상과 인간사에 대한 오랜 의문을 산신에게 묻고자 구수산 삼밭재(마당바위)에서 산신기도 시작. 이후 15세까지 만4년 동안 기도 계속.	· 수해로 길룡리 영촌 생가 훼손
−11	1905 (15세)	· 구호동 새 집에서 제주 양씨 하운과 결혼. 자를 처화處化로 함. · 두 번째 훈장 김화천에게 「통감」을 배우고 한문 공부 마침.	· 한일 간 을사조약 체결. · 손병희, 동학의 교단명을 천도교로 개칭. · 중형 만옥 18세로 사망.
−10	1906 (16세)	· 정초, 처가에 가서 고소설 〈조웅전〉 〈박태보전〉 읽는 것을 듣다가 신비한 능력을 가진 도사道士의 존재를 발견. 이로부터 응답 없는 산신기도 대신 도사, 이인을 찾아 나섬. 이후 만 5년 동안 스승 찾아 고행함.	
−7	1909 (19세)	· **1월**, 장녀 길선 출생.	· 증산 강일순 화천(사망). · 안중근 의사, 이토 히로부미 사살.

원기(년)	서기(나이)	중요 사항	비고
–6	1910 (20세)	· **11월,** 부친 사망. 중형 만옥의 요절에 이어 맏형 군옥이 양자로 간 터라 3남 처화가 가계를 계승함.	· 한일강제병합으로 대한제국 멸망하고 일제강점기 개시.
–5	1911 (21세)	· 부친 채무의 상환 독촉과 생계 곤란으로 절박한 상황에 처함. · 과부 이원화 만나 길룡리 귀영바위에 밥집 차렸으나 실패. · 6월~10월, 임자도 부근 타리섬 민어 파시에 가서 돈벌이하고 채무 상환.	
–4	1912 (22세)	· 도사 찾기에 실망하고 단념함. '이 일을 장차 어찌할꼬?' 고뇌하며 홀로 명상하고 주문 외우며 구도.	
–3	1913 (23세)	· 귀영바위 집 수해로 무너져 길룡리 노루목 빈집으로 이사함.	
–2	1914 (24세)	· 음2월~5월, 김광선의 주선으로 고창군 심원면 연화봉 초당을 빌려 3개월 간 독공獨功.	· 3세 종법사 김대거, 전북 진안에서 출생.
–1	1915 (25세)	· 종일 우두커니 앉아 있는 입정 상태가 깊어지고, 악성 피부병 등으로 건강이 악화하여 마을에서 폐인 취급을 당함. · **8월,** 장남 길진(광전) 출생.	
1(원년)	1916 (26세)	· **4월 28일**(음 병진 3월 26일), 대각을 이룸. 각 종교(유불선 및 기독교, 동학 등)의 경서 열람. · **6월,** 이씨 제각 모임에서 〈최초법어〉 발표. · **7월,** 천제天祭를 빙자한 치성으로 방편교화를 시작하여 추종자 40여 명 모음. · **12월,** 추종자 가운데 8인 뽑아 표준 제자로 삼음. · 스스로 법명을 중빈重彬, 법호를 소태산少太山으로 함.	· 대종교 초대교주 나철 자결. · 소태산이 〈탄식가〉 〈경축가〉 〈권도가〉등 가사 작품과 한시문을 원기 원년에서 2년 사이에 지은 것으로 보임.
2	1917 (27세)	· **5월,** 꿈으로 경 이름을 접하고 불갑사에서 금강경 구해다가 읽고 감동. · **9월,** 저축조합 설립. 저축금으로 목탄 구입, 다음해 약 10배의 이익을 남김. · **11월,** 손수 지은 가사와 한시문 모아 『법의대전法義大全』 엮음.	

원기(년)	서기(나이)	중요 사항	비고
3	1918 (28세)	· 음4월 4일(5월 13일), 마련된 자금 8, 9천원을 자본으로 간석지 방언공사 개시. · 음4월 하순, 김광선 대동하고 정읍 화해리 은거 중인 송도군(규)을 찾아가 형제지의를 맺음. · 음7월 송도군을 영광으로 데려와 수제자로 삼음. · 음10월, 창립한도(3단계 36년 계획) 발표. · **12월,** 옥녀봉 아래 조합사무소이자 최초 교당인 구간도실九間道室 착공하여 2개월 후 완공.	· 조철제, 무극도 (→태극도) 창시.
4	1919 (29세)	· **4월,** 방언공사 완공(2만 6천 평 농경지 조성) · 방언공사 자금 출처 등 혐의로 일경에 연행되어 1주일 구금. · **4월 26일**(음3월 26일), 9인 제자들 산상기도 결제, 음10월 6일 해제. · 8월 21일(음7월 26일), 9인 제자가 백지혈인白指血印의 이적을 보임(법인성사, 법인절 근거). · **9월,** 김광선과 함께 금산사 가서 짚신 삼으며 한 달여 체류. 숙소 문미 벽지에 처음으로 일원상을 그림. · 음9월, 졸도한 승려(혹은 신도)를 살려낸 일로 민심이 동요하자 일경이 김제경찰서로 연행하여 1주일 구금. · 음3월에 부안 변산 월명암 가서 주지 백학명 만나고, 음7월 말 송규를 학명의 시자로 위탁하고, 음10월에 몸소 제자 오창건과 월명암에 가서 학명에게 의탁함.	· 고종 승하. · 3.1운동 전국 확산. · 중국 상하이에 대한민국 임시정부 수립. · 법인성사 후 9인 제자에게 법명을 주고 이어서 법호 수여. · 음10월 6일 (11월 28일), 저축조합(방언조합) 명칭을 불법연구회 기성조합으로 개칭.
5	1920 (30세)	· **2월,** 월명암에서 나와 실상사 부근에 초당을 마련한 후 백학명 외에 한만허, 송만암 등 실상사 승려들과도 사귐. · 음3월, 가사 〈회성곡〉 〈교훈편〉 〈안심곡〉 등을 지음. · 음4월, 『조선불교혁신론』 『수양연구요론』 등 저술을 초안하고 교강(4은4요, 3강령8조목)을 제정하여 발표.	· 김제, 전주 일대 증산교 신도 등 입소문을 타고 소태산 찾는 이들 증가. (송적벽, 김남천, 송만갑, 구남수, 장적조 등) · 『법의대전』 등 이전에 제작한 저술과 가사 작품 등을 폐기.

원기(년)	서기(나이)	중요 사항	비고
6	1921 (31세)	· **8월,** 석두암 신축 착공하여 10월 준공. 이후 소태산은 석두거사란 자호를 사용. · **10월,** 학명에게 위탁했던 송규를 소환하여 만행 길을 떠나보냄. 송규, 만덕산 미륵사 머물며 최도화 만남.	
7	1922 (32세)	· 봄, 미륵사 송규 인연으로 최도화 변산 석두암 와서 소태산에 귀의. · **12월,** 송규 친제 송도성 출가 서원하고 석두암 와서 소태산 시봉.	· 천도교주 의암 손병희 환원(사망).
8	1923 (33세)	· **1월,** 오창건 등과 진안 만덕산 산제당(만덕암)에서 3개월쯤 체류. 전음광 만나 은부시자 결의, 일가 귀의. · **7월,** 서동풍의 인도로 친제 서중안이 변산 석두암에서 귀의하고 소태산의 하산을 종용. 교단 창립을 추진키로 약속하고 서중안에 준비 절차 일임. · **8월,** 모친 유정천 별세.	· 모친 장례 치른 후 구간도실을 범현동으로 옮겨 영산원으로 증축.
9	1924 (34세)	· **1월,** 차남 길주(광령) 출생. · **2월,** 내장사 방문. 주지 백학명이 제안한 강원 설립 등 합작 사업이 무산됨. 송만경 귀의. · **3월,** 최도화 안내로 경성 가서, 4월 한 달간 당주동에 임시출장소 차리고 박사시화, 박공명선, 이동진화, 김삼매화 등 여성 제자의 귀의를 받음. · **5월,** 송적벽 소개로 전주 한벽당에서 기독교 장로 조공진(송광) 만남. · **6월 1일,** 이리 보광사에서 불법연구회 창립총회 개최. 총재 소태산, 회장 서중안 선출. · **6월,** 소태산과 12명의 남녀 제자들이 만덕산에서 최초로 훈련初禪 3개월. 이때 노덕송옥이 11살짜리 손자 김대거와 합류. · **9월,** 익산군 북일면 신룡리 일대를 불법연구회 총부 기지로 정하고, 서중안 회장이 3,500평을 매입하여 희사. · **11월,** 소태산이 2차로 상경하여 이공주 등 일가의 귀의를 받음.	· 소태산 상경 전 삭발. · 창립총회 시 회세(회원 130여 명, 전무출신 13명)

원기(년)	서기(나이)	중요 사항	비고
		· **12월,** 2개월의 공사 끝에 회관 건물로 초가 2동 17간 건물을 준공함으로써 불법연구회 총부가 갑자년에 문을 열고 전무출신(출가자) 공동생활 개시.	
10	1925 (35세)	· **1월,** 총부 유지대책으로 엿방 차리고 전무출신 길거리 행상. 8, 9개월 후 폐업하고 만석들 소작농으로 전업. · **7월,** 훈련법에 따른 최초 정기훈련(하선) 3개월 시행. · **12월,** 정기훈련(동선) 3개월 시행.	· 조철제의 무극도(태극도) 재정책임자 성정철 개종 입회, 전무출신 서원.
11	1926 (36세)	· **3월,** 신정의례 발표하고, 출생 및 혼상제례를 이에 따라 시행. · **8월,** 서울 창신동에 불법연구회 경성출장소 개설(교무 송도성) · **12월,** 삼남 길연(광진) 출생.	· 순종 승하, 6.10만세 사건.
12	1927 (37세)	· **4~5월,** 『취지규약서』『수양연구요론』 등 발간. · **10월,** 장로 조공진(송광)의 귀의에 반대하던 3녀 조전권(기전여고보 3학년)이 개종하고 이듬해 전무출신하여 최초 정녀 됨. · 소태산 명으로 1차 조갑종, 2차 김영신, 박길선이 경성부기학원 6개월 과정 이수. · 김영신, 학교(경성여고보) 졸업 후 전무출신하여 후일에 정녀로서 최초 교무가 됨. · 산업부창립단과 육영부창립단 발족.	· 신흥(영광) 교당 신설. · 1대(12년) 결산 기념 총회 때 회세(회원 438명, 진무출신 20여 명).
13	1928 (38세)	· **5월 15일**(음3월 26일), 불법연구회 제1대(12년)기념총회. 제1대 서중안에 이어 제2대 회장으로 조송광 선출. · **5월,** 기관지 《월말통신》 창간. · **음10월,** 산업부에서 과수원 사업 시작. 이후 묘목, 약초, 양계, 양돈, 한약업 등 확대.	· 11월 25일자 《동아일보》에 '세상 풍진 벗어난 담호반의 이상적 생활' 이란 기사 이후 각종 신문에 불법연구회 찬양 기사 빈번.

원기(년)	서기(나이)	중요 사항	비고
14	1929 (39세)	· 장녀 길선과 송도성(송규 친제) 결혼.	· 마령(진안) 교당 신설. · 미국발 세계 경제공황 (대공황) 발발. · 광주학생독립운동.
15	1930 (40세)	· **5월,** 금강산 유람(이공주, 이동진화 등 동행).	· 좌포(진안), 원평(김제) 교당 신설. · 6월, 제1대 회장 서중안 사망.
16	1931 (41세)	· **4월,** 여자수위단 시보단 내정. · **9월,** 장적조 초청으로 부산 가서 교화, 하단 지부 창립 근거 마련. · **10월,** 부산 일정 마치고 동래(범어사), 양산(통도사), 경주(석굴암, 수운묘 등) 등 경상도 탐방. · **11월,** 일본 오사카 지역 교화 개시.	· 하단(부산) 교당 신설.
17	1932 (42세)	· **4월,** 최초 교리서『보경육대요령』발간. · **5월,** 부산 출장소(하단) 초대 교무로 김기천 파견. · **5월,**《월말통신》15개월간 정간 후《월보》로 개제하여 속간.	· 정산〈원각가〉발표 · 윤봉길 의사 중국 훙커우공원 투탄사건.
18	1933 (43세)	· **8월,**《월보》48호 압수 폐간 후, 다시 출판 허가 받아《회보》로 개제 후 속간. · **8월,** 경성지부 터로 돈암동에 585평 부지 마련 후 건축 시작하여 11월 준공 이사.	
19	1934 (44세)	· **5월,** 정기총회에서 양원 십부제로 회규를 개정하고 소태산을 종법사로 추대. · **8월,** 합자회사 보화당 약방 설립.	· 남부민(부산) 교당 신설.
20	1935 (45세)	· **4월,** 일본 오사카지부 설립(교무 박대완). · **4월,** 총부 대각전 준공(처음으로 일원상 공식 봉안). · **4월,**『조선불교혁신론』발간. · **8월,**『예전』발간.	· 전주, 오사카(일본) 교당 신설. · 4월, 장남 박길진 (광전) 일본 동양대학 철학과 진학. · 삼산 김기천 열반.

원기(년)	서기(나이)	중요 사항	비고
21	1936 (46세)	· **2월,** 도산 안창호 익산총부 내방 면담. · **4월,** 계룡산 신도안 탐방. · **7월,** 부산 초량의 학교시설에서 소태산이 몸소 1주일간 교리강습. · **8월,** 경성지부에 1개월 이상 체류하며 정기훈련에서 매일 법설. · **9월,** 오사카 지부 폐쇄하고 박대완 교무 귀국. · **10월,** 일경이 총부 구내 북일주재소 설치 후 상주하며 사찰. · **12월,** 평양 방문.	· 관촌(임실), 초량(부산) 교당 신설. · 장적조, 함경북도 청진, 만주 용정, 목단강시 등지에서 순교 활동. · 조선총독부, 유사종교해산령 발동. · 보천교 교주 차경석 사망, 보천교 해체. · 조철제의 무극도(태극도) 해체.
22	1937 (47세)	· 이리경찰서장과 고등과장이 총독부 종교담당관 수행하여 새벽에 총부 급습, 생활관 등 수색하며 남녀문제 추궁. · 전북도경 회계주임과 고등계 형사 등이 불시에 총부 방문하여 회계자료 검색.	· 7월, 중일전쟁 발발. · 대마(영광), 신하(영광), 용신(김제), 개성에 교당 신설. · 정산〈불법연구회 창건사〉 발표.
23	1938 (48세)	· **8월,** 총독부 경무국장, 전북도경 경찰부장 등 불시에 총부 방문, 소태산 사상 검증. · **11월,** 필수 독송경문 〈심불일원상내역급서원문(→일원상서원문)〉 작성 발표.	· 남원, 화해(정읍) 교당 신설.
24	1939 (49세)	· **7월,** 송벽조 교무(마령지부) 천황 불경죄로 구속(1년 6월 징역). 장남 송규 연좌 구금(21일)당하고 소태산도 연행되어 조사받음.	· 전도법문 연속 발표(회보 54, 57, 64호) · 운봉(남원), 이리 교당 신설. · 팔산 김광선 열반
25	1940 (50세)	· **6월,** 《회보》 65호로 종간. · **10월,** 일제 강요로 '천황 알현' 준비하고 부산 체류하다가 자동 무산. · 일제의 창씨개명 강요로 소태산(一圓諦士) 및 총부 회원들 일원(一圓) 씨로 창씨하여 개명.	· 제1대 제2회 회세(회원 5,954명, 전무출신 80여 명) · 8월, 동아일보, 조선일보 폐간. · 대덕(장흥), 호곡(남원) 교당 신설.

원기(년)	서기(나이)	중요 사항	비고
26	1941 (51세)	· **1월,** 〈게송〉 발표. · **1월,** 불교전수학원(유일학림) 설립 신청, 불허.	· 4월, 소태산 장남 길진(광전) 동양대 졸업 후 총부 학원 교무 발령. · 진주 교당 신설. · 12월, 일본의 진주만 공격으로 태평양 전쟁 발발.
27	1942 (52세)	· 전북도경에 『정전』 출판 허가를 신청했으나 거부당함. · **4월,** 탁아소 겸 보육원(자육원) 설립 운영하면서 당국에 허가 신청했으나 불허. · **9월,** 불교시보사장 김태흡 총부 방문. 『정전』 출판 협조 부탁. · **10월,** 조동종 히로부미지 주지 우에노 슌에이(上野舜穎) 교리 시찰차 총부 내방. · **12월,** 소태산 차남 길주(광령) 18세로 사망. · **12월,** 김태흡 도움으로 출판허가 받아 『불교정전』 인쇄 부침.	· 신태인(정읍) 교당 신설. · 총부(수도학원) 및 지부에서 야학 운영. · 조선어학회 강제해산. 대종교 윤세복 교주와 간부 검거(임오교변).
28	1943 (53세)	· **1월,** 〈교리도〉 발표. · **3월,** 『불교정전』 교정 완료. · **4월,** 여자수위단 조직 확정. · **5월 16일,** 법회에서 생사법문 설하고 병석에 누움. · **5월 27일,** 이리병원 입원. · **6월 1일,** 오후 2시 반경 열반. · **6월 7일,** 정산 송규를 2세 종법사로 추대, 8일 취임식. · **8월,** 『불교정전』 1천 권 익산총부 도착.	· 장남 박길진(광전), 경성 히로부미지(博文寺) 파견, 3개월간 조동종 의식 연구. · 3월~4월, 경성교당, 개성교당 최후 순시. · 4월, 서대원 '손을 끊은 사건' 으로 물의.
29	1944	· 정산 종법사, 불법연구회를 황도불교화하려는 일제의 집요한 요구에 시달림.	
30	1945	· **1월,** 정산 종법사, 소태산이 내정했던 여자수위단 9명 명단 공개. · **8월,** 정산 종법사, 황도불교화 결재를 피하여 부산 체류 후 해방과 함께 총부 귀환. · **9월,** 해방 후 전재동포 구호사업에 거교적으로 나섬(서울, 전주, 이리, 부산 등지).	· 8.15해방.

원기(년)	서기(나이)	중요 사항	비고
31	1946	· **3월,** 송도성 교무, 서울구호소에서 감염된 전염병으로 순직. · **5월,** 교육기관 '유일학림' (중등부/전문부) 설립. · **11월,** 자선기관 '보화원' (고아원) 설립.	· 유일학림 중등부는 원광중고, 전문부는 원광대학교 설립의 모체.
32	1947	· **4월 27일,** 총회, 교명을 원불교로 정함.	
33	1948	· **1월 16일,** 재단법인 원불교 등록 인가. · **4월,** 원불교교헌 제정, 교명 '원불교' 공표. · **6월,** 자선기관 '전주양로원' 개원.	
34	1949	· **4월,** 소태산대종사 성탑 건립. · **4월,** 기관지 《원광》 창간.	

【참고-5】 조선불교혁신론

소태산대종사 친저로 1920년(원기5)경 부안 봉래정사에서 초안하여 1935년(원기20) 발간된 원불교 초기교서 중의 하나이며, 불교혁신의 방향을 제시하고 있다. 《조선불교혁신론》은 《불법연구회규약》(1927년, 원기12), 《수양연구요론》(1927년, 원기12), 《보경육대요령》(1932년, 원기17), 《불법연구회통치조단규약》(1932년, 원기17), 《삼대요령》(1934년, 원기19)에 이어 교과서 형태로 간행된 단행본 교서이다.

『원불교대사전』

【참고-6】 정산鼎山

소태산대종사의 뒤를 이어 원불교 종법사를 역임. 본명은 송도군宋道君, (1900~1962), 법명은 송규宋奎, 정산鼎山은 법호法號이며 종사宗師는 법위가 출가위 이상인 분에게 드리는 법훈法勳이다.

『원불교대사전』

【참고-7】 대산大山

본명은 영호榮灝, (1914~1998). 법명은 김대거金大擧. 법호는 대산大山. 법훈은 종사. 1914년 음력 3월 16일 전북 진안군 성수면 좌포리에서 부친 인오金仁悟와 모친 안경신安敬信의 5남매 중 장남으로 출생했다. 소태산대종사와 정산종사의 뒤를 이어 1962년(원기47)부터 1994년(원기79)까지 원불교 종법사를 역임했다.

『원불교대사전』

【참고-8】 삼동윤리三同倫理

> 이어서 한 번 더 설명을 하게 하신 후, 말씀하시기를 [물을 말이 있으면 물어 보라.] 잠시 후 시자가 대중의 뜻을 받아 여쭙기를 [이 삼동윤리의 요지로써 스승님의 게송을 삼으오리까.] 말씀하시기를 [그러하라. 과거에는 천하의 도가 다 나뉘어 있었으나 이제부터는 천하의 도가 모두 합하는 때이

니, 대세계 주의인 일원 대도로 천하를 한 집안 만드는 데 같이 힘쓰라] 하시고 산회하라 하시더니, 이 날 오후 송頌하시기를 [한 울안 한 이치에 한 집안 한 권속이 한 일터 한 일꾼으로 일원 세계 건설하자] 하시고 24일 거연히 열반하시니라. 『정산종사법어』 유촉편 38장

이어 말씀하시기를 [삼동윤리의 첫째 강령은 **동원도리**同源道理니, 곧 모든 종교와 교회가 그 근본은 다 같은 한 근원의 도리인 것을 알아서, 서로 대동 화합하자는 것이니라. 이 세상에는 이른 바 세계의 삼대 종교라 하는 불교와 기독교와 회교가 있고, 유교와 도교 등 수 많은 기성 종교가 있으며, 근세 이래 이 나라를 비롯하여 세계 각처에 신흥 종교의 수도 또한 적지 아니하여, 이 모든 종교들이 서로 문호를 따로 세우고, 각자의 주장과 방편을 따라 교화를 펴고 있으며, 그 종지에 있어서도 이름과 형식은 각각 달리 표현되고 있으나, 그 근본을 추구해 본다면 근원되는 도리는 다 같이 일원의 진리에 벗어남이 없나니라. 그러므로, 모든 종교가 대체에 있어서는 본래 하나인 것이며, 천하의 종교인들이 다 같이 이 관계를 깨달아 크게 화합하는 때에는 세계의 모든 교회가 다 한 집안을 이루어 서로 넘나 들고 융통하게 될 것이니, 먼저 우리는 모든 종교의 근본이 되는 일원 대도의 정신을 투철히 체득하여, 우리의 마음 가운데 모든 종교를 하나로 보는 큰 정신을 확립하며, 나아가 이 정신으로써 세계의 모든 종교를 일원으로 통일하는데 앞장서야 할 것이니라.] 『정산종사법어』 도운편 35장

이어 말씀하시기를 [삼동윤리의 둘째 강령은 **동기연계**同氣連契니, 곧 모든 인종과 생령이 근본은 다 같은 한 기운으로 연계된 동포인 것을 알아서, 서로 대동 화합하자는 것이니라. 이 세상에는 이른 바 사색 인종이라고 하는 인종이 여러 지역에 살고 있으며, 같은 인종 중에도 여러 민족이 있고, 같은 민족 중에도 여러 씨족이 여러 지역에 각각 살고 있으나, 그 근본을 추구해

본다면 근본되는 기운은 다 한 기운으로 연하여 있는 것이므로, 천지를 부모 삼고 우주를 한 집 삼는 자리에서는 모든 사람이 다 같은 동포 형제인 것이며, 인류 뿐 아니라 금수 곤충까지라도 본래 한 큰 기운으로 연결되어 있나니라. 그러므로, 천하의 사람들이 다 같이 이 관계를 깨달아 크게 화합하는 때에는 세계의 모든 인종과 민족들이 다 한 권속을 이루어 서로 친선하고 화목하게 될 것이며, 모든 생령들에게도 그 덕화가 두루 미칠 것이니, 우리는 먼저 모든 인류와 생령이 그 근본은 다 한기운으로 연결된 원리를 체득하여 우리의 마음 가운데 일체의 인류와 생령을 하나로 보는 큰 정신을 확립하며, 나아 가서는 이 정신으로써 세계의 인류를 평등으로 통일하는데 앞장서야 할 것이니라.] 『정산종사법어』 도운편 36장

이어 말씀하시기를 [삼동윤리의 세째 강령은 **동척사업**同拓事業이니 곧 모든 사업과 주장이 다 같이 세상을 개척 하는 데에 힘이 되는 것을 알아서, 서로 대동 화합하자는 것이니라. 지금 세계에는 이른바 두 가지 큰 세력이 그 주의와 체제를 따로 세우고 여러가지 사업을 각각 벌이고 있으며, 또한 중간에 선 세력과 그 밖에 여러 사업가들이 각각 자기의 전문 분야와 사업 범위에 따라 여러가지 사업들을 이 세상에 벌이고 있어서, 혹은 그 주장과 방편이 서로 반대되는 처지에 있기도 하고 혹은 서로 어울리는 처지에 있기도 하나, 그 근본을 추구하여 본다면 근원되는 목적은 다 같이 이 세상을 더 좋은 세상으로 개척하자는 데 벗어남이 없는 것이며, 악한 것 까지라도 선을 각성하게 하는 한 힘이 되나니라. 그러므로, 모든 사업이 그 대체에 있어서는 본래 동업인 것이며, 천하의 사업가들이 다 같이 이 관계를 깨달아 서로 이해하고 크게 화합하는 때에는 세계의 모든 사업이 다 한 살림을 이루어 서로 편달하고 병진하다가 마침내 중정中正의 길로 귀일하게 될 것이니, 우리는 먼저 이 중정의 정신을 투철히 체득하여 우리의 마음 가운데 모든 사업을 하나로 보는 큰 정신을 확립하며, 나아 가서는 이 정신으로써 세계의

모든 사업을 중정으로 통일하는 데 앞장서야 할 것이니라.]

『정산종사법어』 도운편 37장

【참고-9】 성품性稟

본성本性, 곧 태어나면서부터 본래적으로 지닌 성질을 말한다. 성품은 인간의 마음을 통하여 우주의 본체를 밝히려는 입장에서 심체心體라고도 한다. 소태산대종사는 "사람의 성품이 정한 즉 선도 없고 악도 없으며, 동한 즉 능히 선하고 능히 악하나니라"(《대종경》 성리품2)라고 했다. 선악의 상대성을 초월하여 궁극적으로 인식되는 어떤 것임을 시사한다. 성품은 인간의 본성이며 동시에 우주적 본원과 일치하는 것이기도 하다. 소태산은 천도법문薦度法門에서 "없다 하는 말도 또한 없는 것이며, 유도 아니요 무도 아닌 그것이나, 그중에서 그 있는 것이 무위이화無爲而化 자동적으로 생겨나, 우주는 성 · 주 · 괴 · 공으로 변화하고"(《대종경》 천도품5)라고 했다. 무위이화 자동적으로 운행되는 이법에 따라 우주의 변화가 일어나듯 성품이 현상을 대하여 응함에 따라 수많은 분별이 일어난다.

정, 곧 드러나지 않은 본래의 상태에서는 성품은 분별이 없는 본래의 상태에 그쳐 있으나, 동, 즉 응하여 드러나는 가운데 온갖 분별이 나타나게 된다. 정산종사는 "본래에 선악염정染淨이 없는 우리의 본성에서 범성凡聖과 선악의 분별이 나타나는 것은 우리 본성에 소소영령한 영지靈知가 있기 때문"(《정산종사법어》 원리편11)이라고 했다. 분별이 나타날 때 어떻게 발현되느냐에 따라 갖가지 차별의 세계가 전개된다. 정산은 "우리의 성품은 원래 청정하나, 경계를 따라 그 성품에서 순하게 발하면 선이 되고 거슬려 발하면 악이 되나니 이것이 선악의 분기점이요"(《정산종사법어》 원리편10)라고 했다. 분별이 나타남을 잘 관조하고 공부길을 따라 수행하여 성품의 본연이 본래 그대로 발현되게 하려는 것이다.

*사전에는 '性品' 으로 표기되었으나, 오기라고 보아 '性稟' 으로 썼다. (편저자)

『원불교대사전』

【참고-10】 견성見性

개요

성품을 본다는 의미 또는 도를 깨닫는다는 말로 오도悟道라고도 한다. 흔히 불교 선종에서 말하는 불립문자不立文字 · 교외별전敎外別傳 · 직지인심直指人心 · 견성성불見性成佛에서 견성을 말한다. 견성이란 자각이라고도 하는데, 이 말은 본래 가지고 있는 자기의 본성을 깨달아 보는 것, 참 자기를 알게 되는 것, 깨달음이 열리는 것이란 뜻이다.

내용

선가禪家에서는 견성을 일대사라고 하여 수행의 제일의 목적으로 삼는다. 견성이란 말은 보리달마의 저작으로 알려진 《혈맥론》에 처음 이 단어가 등장하는데, 이를 설명하기를 "만약 부처를 구하려거든 모름지기 성품을 보라見性. 성性은 곧 부처이다. 만약 견성을 못하면 염불 · 송경 · 지계 · 보시 등은 모두가 이익이 없다. 염불은 인과를 얻고, 송경은 총명을 얻고, 지계는 생천을 얻고, 보시는 복을 얻을 뿐 부처를 구함에는 아직 따르지 못한다. 만약 자기를 밝게 요달하지 못했으면 모름지기 계정혜 삼학을 겸비한 선지식을 찾아서 생사의 근본을 궁구하라. 견성을 못하면 가령 십이부경을 통설할지라도 생사윤회를 면치 못한다. 삼계에 고를 받아서 벗어날 기약이 있을 수 없다"고 말했다.

그러므로 우선 부처가 되려면 견성을 해야 한다. 견성을 못한 사람은 다른 선善의 행위가 있어도 선의 과보는 얻을 수 있지만, 삼계를 벗어나는 인因을 얻지 못했으므로 진정한 불도는 아니다. 참다운 불도는 진정한 자성을 보는 데 있다. 자기 마음이 부처이며 부처는 자기 마음이다. 달마는 마음 밖에 부처는 없다自心是佛 佛是自心 心外無佛라고 말했다. 부처를 구하려거든 견성하라. 만약 견성을 못하면 평생을 밖을 향하여 치달릴 뿐 부처를 구해도 얻지 못한다. 이 말은 선禪의 종지를 철저히 표현한 말이다.

특히 육조혜능에 이르러 이 견성이 근본사상이 되어 중요하게 여기게 되었다. 견성이란 글자 그대로 성품을 본다는 말이다. 그래서 혹 성을 우리의 신체 내에 어떤 고정적으로 있는 것으로 오해를 하기도 한다. 그러나 우리 몸에 그런 것이 있다고 생각하여 그것을 찾으려 한다면 크게 잘못된 것이다.

견성의 실제 의미가 무엇인지에 대하여 달마는 《오성론》에서 마음이 텅 빈 것心是空을 아는 것을 이름하여 부처를 본 것見佛이라고 말했다.

다시 정해정견正解正見을 다음과 같이 말했다. "대체 정견을 얻은 이는 마음이 공하여 없는 줄을 알아서, 미함과 깨달음迷悟을 초월한다". 곧 깨달음도 없고 깨닫지 못함도 없는 데를 정해정견이라 했다. 그래서 진견眞見이란 보지 못하는 것도 없고 보는 것도 없이 보는 것을 말한다. 보통 사람이 본다고 하는 견해를 갖는데, 여기에서 본다는 것은 자기의 마음 가운데 경계가 생겨 본다는 의식이 생기는 것인데, 이것은 범부의 소견이요 망상이다. 안으로 마음이 일어나지 않으면 밖으로 경계가 생기지 않는 것이다. 마음과 경계 둘이 다 깨끗하게 보는 것을 진견이라 하고, 이러한 이해가 생길 때를 정견이라고 한다.

우리가 본다든가 보인다든가 하는 것은, 자기의 마음과 마음의 상대인 모든 사물에 대한 상대적 생각으로 그것은 범부의 분별이고 망상인 것이다. 이 대립적 의식을 버리고 초월적 세계를 개척하는 것이 견성이다. 다시 말하면, 마음이라든가 경계라든가 미함이라든가 깨달음이라고 하는 일체의 분리의식 곧 능소能所 주객主客 등의 분별적 대경對境이 있을 때는 견성에 이르지 못한 때다. 그러므로 견성이란 모든 대립적 의식을 다 부수어서 시비 · 선악 · 미오 · 범성 · 천당과 지옥 · 번뇌와 보리 · 생사와 열반이라는 분별적 견해를 모두 제거하여 본래 한 물건이 없는 경지에 이른 것을 말한다.

원불교에서의 의미

원불교에서도 불교와 마찬가지로 견성을 매주 중요하게 생각한다. 견성을 못하고서는 원불교의 수행계위인 법강항마위에는 승급하지 못한다고 했다(《대종경》 변의품34). 그러나 원불교에서는 무조건적으로 견성만을 추구하는 것이 아니라 견성 이후 성불을 중요시하고 있는데, 이를 "수도修道하는 사람이 견성을 하려는 것은 성품의 본래 자리를 알아, 그와 같이 결함 없게 심신을 사용하여 원만한 부처를 이루는 데에 그 목적이 있나니, 만일 견성만 하고 성불하는데에 공을 들이지 아니한다면 이는 보기 좋은 납도끼와 같아서 별 소용이 없다"(《대종경》 성리품7)고 했다.

아울러 견성하는 공보다 성불에 이르는 공이 더 들고, 과거에는 인지가 어두운 고로 견성만 하면 곧 도인이라 했지만 돌아오는 세상에는 견성만으로는 도인이라 할 수 없으며, 대개의 수도인들이 견성만은 일찍 가정에서 마치고 성불을 위해 큰 스승을 찾아다니며 공을 들인다고 말하고 있다(《대종경》 성리품23). 견성을 원불교적 의미로 정리해 보면 일원一圓과 같이 원만구족하고 지공무사한 각자의 성품을 증득하여 보다 확실하게 알게 되는 것을 견성見性이라 할 수 있다. 구체적으로는

① 천지 만물의 시종본말과 인생의 생 · 로 · 병 · 사의 이치와 인과보응의 이치를 아는 것.
 텅 빈 마음과 밝은 지혜로 천만 사물을 있는 그대로 바르게 볼 줄 아는 것.

② 본래 그대로의 자기 본성을 보는 것. 참된 자기를 깨닫고 아는 일. '나는 누구인가', '산다는 것은 무엇인가', '인생은 무엇인가', '죽음은 무엇인가' 하는 등 인생의 근본적인 문제에 대해 깊이 생각하여 바른 해답을 얻는 것.

③ 자기의 마음속에 항상 정견正見을 가져 번뇌 망상에 물들지 아니하는 것 등으로 정리할 수 있다.
 〈김도공 교무 씀〉

『원불교대사전』

【참고-11】 정기 훈련법 定期訓練法

공부인에게 정기定期로 법의 훈련을 받게 하기 위하여 정기 훈련 과목으로 염불念佛 · 좌선坐禪 · 경전經典 · 강연講演 · 회화會話 · 의두疑頭 · 성리性理 · 정기 일기定期日記 · 상시 일기常時日記 · 주의注意 · 조행操行 등의 과목을 정하였나니, 염불 · 좌선은 정신 수양 훈련 과목이요, 경전 · 강연 · 회화 · 의두 · 성리 · 정기 일기는 사리 연구 훈련 과목이요, 상시 일기 · 주의 · 조행은 작업 취사 훈련 과목이니라.

염불은 우리의 지정한 주문呪文 한 귀를 연하여 부르게 함이니, 이는 천지 만엽으로 흩어진 정신을 주문 한 귀에 집주하되 천념 만념을 오직 일념으로 만들기 위함이요,

좌선은 기운을 바르게 하고 마음을 지키기 위하여 마음과 기운을 단전丹田에 주住하되 한 생각이라는 주착도 없이 하여, 오직 원적 무별圓寂無別한 진경에 그쳐 있도록 함이니, 이는 사람의 순연한 근본 정신을 양성하는 방법이요,

경전은 우리의 지정 교서와 참고 경전 등을 이름이니, 이는 공부인으로 하여금 그 공부하는 방향로를 알게 하기 위함이요,

강연은 사리간에 어떠한 문제를 정하고 그 의지를 해석시킴이니, 이는 공부인으로 하여금 대중의 앞에서 격格을 갖추어 그 지견을 교환하며 혜두慧頭를 단련시키기 위함이요,

회화는 각자의 보고 들은 가운데 스스로 느낀 바를 자유로이 말하게 함이니, 이는 공부인에게 구속없고 활발하게 의견을 교환하며 혜두를 단련시키기 위함이요,

의두는 대소유무의 이치와 시비이해의 일이며 과거의 불조의 화두話頭 중에서 의심나는 제목을 연구하여 감정을 얻게하는 것이니, 이는 연구의 깊은 경지를 밟는 공부인에게 사리간 명확한 분석을 얻도록 함이요,

성리는 우주 만유의 본래 이치와 우리의 자성 원리를 해결하여 알자 함이요,

정기 일기는 당일의 작업 시간 수와 수입 지출과 심신 작용의 처리건과 감각感覺 감상感想을 기재시킴이요,

상시 일기는 당일의 유무념 처리와 학습 상황과 계문에 범과 유무를 기재시킴이요,

주의는 사람의 육근을 동작할 때에 하기로 한 일과 안 하기로 한 일을 경우에 따라 잊어버리지 아니하고 실행하는 마음을 이름이요,

조행은 사람으로서 사람다운 행실 가짐을 이름이니, 이는 다 공부인으로 하여금 그 공부를 무시로 대조하여 실행에 옮김으로써 공부의 실효과를 얻게 하기 위함이니라.

『정전』

【참고-12】 상시 훈련법 常時訓練法

공부인에게 상시로 수행을 훈련시키기 위하여 「상시 응용 주의 사항常時應用注意事項」 육조六條와 「교당 내왕시 주의 사항敎堂來往時注意事項」 육조를 정하였나니라.

01. 상시 응용 주의 사항

1. 응용應用하는 데 온전한 생각으로 취사하기를 주의할 것이요,
2. 응용하기 전에 응용의 형세를 보아 미리 연마하기를 주의할 것이요,

3. 노는 시간이 있고 보면 경전·법규 연습하기를 주의할 것이요,

4. 경전·법규 연습하기를 대강 마친 사람은 의두 연마 하기를 주의할 것이요,

5. 석반 후 살림에 대한 일이 있으면 다 마치고 잠자기 전 남은 시간이나 또는 새벽에 정신을 수양하기 위하여 염불과 좌선하기를 주의할 것이요,

6. 모든 일을 처리한 뒤에 그 처리건을 생각하여 보되, 하자는 조목과 말자는 조목에 실행이 되었는가 못 되었는가 대조하기를 주의할 것이니라.

02. 교당 내왕시 주의 사항

1. 상시 응용 주의 사항으로 공부하는 중 어느 때든지 교당에 오고 보면 그 지낸 일을 일일이 문답하는 데 주의할 것이요,

2. 어떠한 사항에 감각된 일이 있고 보면 그 감각된 바를 보고하여 지도인의 감정 얻기를 주의할 것이요,

3. 어떠한 사항에 특별히 의심나는 일이 있고 보면 그 의심된 바를 제출하여 지도인에게 해오解悟 얻기를 주의할 것이요,

4. 매년 선기禪期에는 선비禪費를 미리 준비하여 가지고 선원에 입선하여 전문 공부하기를 주의할 것이요,

5. 매 예회例會날에는 모든 일을 미리 처결하여 놓고 그 날은 교당에 와서 공부에만 전심하기를 주의할 것이요,

6. 교당에 다녀갈 때에는 어떠한 감각이 되었는지 어떠한 의심이 밝아졌는지 소득 유무를 반조返照하여 본 후에 반드시 실생활에 활용하기를 주의할 것이니라.

『정전』

【참고문헌】

• 이 책에 실린 법문과 원불교용어 설명 대부분은
'원불교' 홈페이지 https://won.or.kr/ '경전법문집', '원불교대사전' 내용을 인용했음.

• 『원불교전서』 원불교정화사, 원불교출판사, 1977.
• 『대종경선외록』 범산 이공전, 원불교출판사, 2017.
• 『천여래만보살의 회상』 법무실. 원불교출판사, 2008.
• 『교전공부』 각산 신도형, 원불교출판사, 1992.
• 『정전마음공부길』 법타원 김이현, 도서출판 마음공부, 2016.
• 『소태산평전』 이혜화, 북바이북, 2018.

발행일 | 원기107년(2022년) 7월 25일
편저자 | 최정풍 교무

디자인 | 토음디자인
인쇄 | ㈜문덕인쇄

펴낸곳 | 도서출판 마음공부
출판등록 | 2014년 4월 4일 제2022-000003호
ISBN | 979-11-974429-3-3
주소 | 전북 익산시 익산대로 463, 3층
전화 | 070-7011-2392
값 | 25,000원

도서출판 마음공부는 소태산마음학교를 후원합니다.
후원계좌: 농협, 301-0172-5652-11 (예금주: 소태산마음학교)